CB081953

MÚSICA **CULTURA POP** ESTILO DE VIDA COMIDA
CRIATIVIDADE & IMPACTO SOCIAL

Bem-vindo à DUNDER MIFFLIN

OS BASTIDORES DA SÉRIE *THE OFFICE*

Brian Baumgartner
e Ben Silverman

PREFÁCIO DE GREG DANIELS

Belas Letras

Título original: *Welcome to Dunder Mifflin: the ultimate oral history of The Office*
Publicado mediante acordo com HarperCollins Publishers.

Este livro é o resultado de um trabalho feito com muito amor, diversão e gente finice pelas seguintes pessoas:

Gustavo Guertler (*publisher*), Paula Diniz (tradução), Celso Orlandin Jr. (capa, adaptação de projeto gráfico e diagramação), Michelle Crowe (projeto gráfico original), David Smart, Devita ayu silvianingtyas, magiccoven, MMPhotos, P-fotography/Shutterstock (arte de fundo e ilustrações originais), Vivian Matsushita (preparação), Paola Sabbag Caputo (revisão), Mariane Genaro (edição).
Obrigado, amigos.

Fotos da capa: imagem do elenco: © Universal Television LLC | imagem de Brian Baumgartner: © Adam Hendershott | imagem de Ben Silverman: cortesia do autor.

2022
Todos os direitos desta edição reservados à
Editora Belas Letras Ltda.
Rua Antônio Corsetti, 221 – Bairro Cinquentenário
CEP 95012-080 – Caxias do Sul – RS
www.belasletras.com.br

Dados Internacionais de Catalogação na Fonte (CIP)
Biblioteca Pública Municipal Dr. Demetrio Niederauer
Caxias do Sul, RS

B348b Baumgartner, Brian
Bem-vindo à Dunder Mifflin: os bastidores da série The Office / Brian Baumgartner e Ben Silverman; tradutora: Paula Diniz. - Caxias do Sul, RS: Belas Letras, 2022.
445 p.

ISBN: 978-65-5537-259-5
978-65-5537-258-8

1. The Office (Programa de televisão).
2. Televisão – Seriados. I. Silverman, Ben. II. Diniz, Paula. III. Título.

22/53 CDU 791.43

Catalogação elaborada por Vanessa Pinent, CRB-10/1297

FSC
www.fsc.org
MISTO
Papel produzido a partir de fontes responsáveis
FSC® C148257

Para nossos fãs e a família *The Office*.

Sumário

PREFÁCIO

POR GREG DANIELS

Maio de 2004. Uma pequena empresa chamada Netflix só envia DVD de filmes por correio. A NBC, a casa de "Must See TV" [1], está dando uma festa em um restaurante de Manhattan para lançar os novos programas da temporada 2004-2005. Estou de pé, sem ser notado, vestindo meu único terno, e os elencos e os produtores dos pilotos que a NBC ama estão comemorando com os executivos. A festa está repleta de equipes de *Joey* (*Vida de Artista*) e *Rei da Selva*, uma série de desenho animado sobre os tigres de estimação dos mágicos Siegfried & Roy, de Las Vegas. A NBC está incrivelmente confiante no projeto de *Rei da Selva*, apesar de o verdadeiro Roy ter sido recém-atacado por seu tigre, o que já seria um indício de fracasso. A programação da emissora é montada em torno dessa coisa certa, que foi escolhida semanas antes, proporcionando à equipe bastante tempo para reservar quartos de hotel e planejar tudo. *The Office* foi selecionada apenas horas antes, e eu tinha acabado de chegar a Nova York para representar a série na festa. Naquela noite, eu dormiria no sofá da casa dos meus pais.

No dia anterior, eu estava desesperado discutindo com os executivos que *The Office*, com seu ambiente facilmente relacionável, humor observacional e tom agridoce, era típica da NBC – e que o resultado ruim do teste com o público só mostrava que estávamos mostrando algo novo, que seguiríamos a mesma trajetória de *Cheers* ou *Seinfeld*. Depois de muita persistência por parte do chefe de programação, Kevin Reilly, e de uma súplica persuasiva do produtor

---

1 Bloco de programação da NBC que durou quase 25 anos, no qual passavam séries famosas como *ER*, *Seinfeld*, entre outras. [N.T.]

Ben Silverman, Jeff Zucker, chefe da NBC, finalmente concordou e nos deu uma instrução: poderíamos fazer cinco episódios além do piloto para um lançamento no meio da temporada.

Para ser sincero, o ceticismo não vinha apenas do alto escalão. Um escritor nova-iorquino queria me acompanhar durante a filmagem do piloto e literalmente me disse que a série "não faria *você* parecer ruim, mas mostraria a estupidez da NBC".

Andei sozinho pela festa, desejando que a minha equipe estivesse lá para compartilhar comigo aquela experiência estranha. Já tinham se passado dezesseis meses desde que conhecera Ricky Gervais e Stephen Merchant na sala de Ben. Quando encerramos a semana de filmagem da adaptação norte-americana da série, o elenco e a equipe sentiram que, mesmo que o piloto fosse o máximo alcançado, já tinha valido muito a pena. Mas agora poderíamos filmar mais cinco. O programa teria a chance de crescer e ganhar vida própria.

Na festa, ignorado pelo alto escalão, conheci os funcionários comuns da NBC dos departamentos de vendas, marketing e relações com as afiliadas com os quais eu trabalharia, e descobri que todos eles tinham assistido ao piloto em exibições internas e adorado. Eles captaram o espírito da série, pois tinham que lidar com o Michael Scott deles, e me deram a certeza de que não estávamos loucos: o programa era especial e merecia tentar a sorte.

Esperei na fila para agradecer a Jeff Zucker pelos cinco episódios. Ele me puxou para um aperto de mão rápido, antes de passar para a próxima pessoa, murmurando apenas: "Tudo bem, Greg, estou dando uma chance. Não faça besteira".

Ainda está lendo isto? Se sim, você deve ter interesse nos bastidores do nosso programa. Ou então talvez esteja em uma livraria, fingindo estar fascinado, enquanto secretamente desvia o olhar do livro para o seu crush do escritório, que você convenceu a ir até o shopping com você. As duas situações funcionam pra mim.

Tenho um monte de histórias de bastidores de *The Office*, começando em 2002, quando meu agente me enviou uma fita VHS da primeira temporada do brilhante programa britânico para que eu avaliasse a possibilidade de fazer uma adaptação, até a entrega da edição final do último episódio da série, que reuniu a equipe com nosso adorado número um Steve Carell. No papel de showrunner, o responsável pelo projeto como um todo, da maior parte da série (comecei a contar com Paul Lieberstein e Jen Celotta no meio da quinta temporada, e Paul assumiu as rédeas na sétima e na oitava temporadas), eu selecionava quais histórias contaríamos a partir de centenas de ideias apresentadas, quais cenas ou falas entrariam no roteiro e quais momentos ou improvisos dos atores fariam parte das edições. Isso significa que meu cérebro está cheio de falsos começos, besteirol e caminhos não percorridos. Acho que uma das conversas mais engraçadas de Michael Scott com as câmeras foi uma longa reclamação sobre sua cortina de chuveiro e um pênis de touro que ele ganhou de presente e usa como suporte para o xampu. Isso nunca saiu da sala dos roteiristas, por uma boa razão, mas rimos por horas na segunda temporada, formulando a cena de todas as maneiras possíveis. Fazer o programa era divertido, o que seria de se esperar em qualquer comédia de TV, mas muitas vezes este não é o caso.

Para nos guiar com relação ao tom da série, escrevi três palavras em fichas e as colei no meu computador: **original · engraçado · pungente**. (O algoritmo da Netflix tem três palavras diferentes para o show: **espirituoso · sitcom · comédia**, que é basicamente **engraçado · engraçado · engraçado**. Bom trabalho, robô!) Quando penso em nosso elenco e nossa equipe, as palavras que me vêm à mente são **talento · paixão · amor**. Eles tinham habilidades insanas, se importavam profundamente com cada detalhe e apoiavam uns aos outros.

Duas decisões iniciais contribuíram para o espírito dos bastidores do programa. A primeira foi bagunçar o limite entre o trabalho e as pessoas. Os roteiristas atuavam, os atores escreviam, os editores dirigiam. Eu perguntava a opinião sobre as edições e ouvia o feedback do diretor de arte Phil Shea ou da cenógrafa Shelley Adajian a respeito da história. A segunda foi encontrar um pequeno lote no meio do nada só para nós, em vez de alugar palcos em um estúdio de Hollywood que rodava diversos outros programas. Eu queria principalmente filmar em um prédio e um estacionamento de verdade, mas o melhor de tudo foi que, em todos os dias de produção, o elenco e a equipe podiam almoçar juntos. Ao longo dos anos, durante muitas refeições maravilhosas de nosso querido fornecedor,

Sergio Giacoman, nos unimos, a ponto de talvez dizer que, sem que soe muito um Michael Scott iludido, que éramos uma família?!

Steve era o pai que ia trabalhar todos os dias para nos sustentar, levava para casa a cereja do bolo com seu talento único e era o centro moral, o pilar da integridade. Eu era o pai que ficava em casa, responsável pela criação das crianças (roteiristas?) e da realização das tarefas nos bastidores. Uma coisa legal sobre minha parceria com Steve era que, como temos a mesma idade, fomos criados em mundos semelhantes. Enquanto a maioria do elenco e dos roteiristas era de uma geração mais jovem e mais moderna, nossas referências e instintos funcionaram muito bem para Michael, como os esquetes de *Saturday Night Live* (*SNL*) do fim dos anos 1980, que lembrávamos palavra por palavra e faziam os outros fazerem cara de interrogação. Steve acessou seu lado humano para tornar Michael um personagem adorável, apesar dos defeitos. Por ser o chefe, eu mesmo inspirava os roteiristas em relação à estupidez de Michael. Como quando Mindy estava deprimida por ter rompido um relacionamento, e eu, de brincadeira, pedi o celular dela emprestado e fingi que estava ligando para o ex. No meio do caminho, vacilei e realmente fiz a ligação, entrei em pânico e desliguei, enquanto ela observava cada vez mais horrorizada. Não é de se admirar que ela pudesse escrever a personagem Pam tão bem.

Muitas vezes, as experiências reais que tínhamos em nosso escritório de produção iam direto para o programa. Jen fez um jogo com o protetor de tela com o ícone DVD saltando de um lado para o outro na TV... Bum! Teaser. É assim que uma sala de roteiristas deve funcionar. Mas às vezes é mais aleatório. A roteirista Caroline Williams estava ansiosa porque sua avó iria assistir a seu primeiro episódio, "Phyllis Wedding", então, para provocá-la durante a reescrita, fingimos que iríamos inserir uma piada de peido. Mas as piadas de peido são mágicas poderosas, e como acontece com os roteiristas, nos apaixonamos por ela, e logo a piada criou raízes e não pôde ser retirada. (Desculpe, vovó Williams.) Uma vez, ainda, inserimos coisas que não faziam sentido algum, como quando B. J. e Mike Schur tiveram uma discussão acalorada na sala dos roteiristas por causa de uma camiseta de manga comprida. Ficou eternizado na tela quando Ryan perguntou, "Vou sentir calor com uma camiseta de manga comprida?", em "Safety Training".

Essa fala é totalmente inútil no episódio, mas eu a deixei para nos lembrar da fúria superarticulada e hilária que Mike trouxe para essa questão inconsequente. Eu ainda não tenho ideia do que se tratava.

Este livro está cheio de memórias e histórias do elenco e da equipe e conta como nos encontramos, na perspectiva de cada um. Eu adorava ouvir todas aquelas vozes, comandadas habilmente por Brian em seu podcast. A falta de sucesso inicial do programa trouxe o benefício de afastar os cautelosos e políticos e atrair pessoas aventureiras dispostas a fazer algo novo. Meus dez anos de trabalho com essas personalidades vívidas foram os melhores. Deixe "With or Without You", do U2, no fundo para eu contar a minha história em câmera lenta. Fui para Londres com o genial Ben e apresentei as minhas primeiras ideias para Ricky e Stephen, graciosos e solidários, no Groucho Club. Conheci Steve em uma lanchonete perto de Mulholland e descobri em instantes que, além de amigos, seríamos irmãos de comédia. Fiz longas reuniões com John e Jenna para compartilhar nossas histórias românticas a fim de trazer mais veracidade para Jim e Pam. Tive acessos de riso com Rainn ao dirigir as cenas dele conversando com a câmera ou debruçando-se sobre seus álbuns de família em busca de uma estranha história de fundo para Dwight. Oscar, Angela e Brian me chamando para ver o show dentro de um show que estavam produzindo no canto dos contadores. Chutei os pés da cadeira de Dave Rogers para fazer "Watson" editar mais rápido. Jeff Blitz e eu tentando fazer com que o colecionador de gatos colocasse um valor monetário no resto da carreira de ator de um gatinho, caso ele não quisesse retornar ao set depois de ser jogado (com segurança) pelo teto em "Stress Relief". O programa de detetives que escrevemos no Video Village para Veda Semarne, a supervisora de script. ("Mentirosa! Naquela manhã seu cabelo estava no ombro esquerdo!") De pé com Ken Kwapis no casamento sobre os túmulos da família Schrute – em uma fazenda varrida pelo vento, quando se fechava um ciclo...

The Office resumiu bem uma década do melhor do nosso trabalho em cerca de setenta horas de momentos divertidos. Quem acompanha a série está participando de um grande jogo sobre o comportamento humano, o esporte predileto do espectador. É possível ver os delírios e as obsessões dos personagens, percebê-los fazendo caras e tendo comportamentos e notar o quanto aquilo é parecido com a realidade ou com nossos desejos em relação à vida. Quem trabalhou no programa participou desse jogo, então é possível compartilhar essa conexão com todos aqueles que Brian entrevistou e cujas histórias estão neste livro. Todos nós consideramos cada indivíduo e suas peculiaridades muito interessantes.

A verdadeira história contada nesta obra sobre a produção da série talvez não seja tão divertida quanto o programa em si, mas também é bem legal: um pequeno grupo de praticantes apaixonados por certo estilo de comédia que se uniu como uma equipe, que foi zombado e criticado, que lutou contra adversidades improváveis, que descobriu como deixar a própria luz brilhar e, finalmente, que saiu por cima, todos ainda amigos, deixando lembranças para a próxima geração enquanto os créditos sobem na tela. Onde isso aconteceu? Em uma quadra de basquete em Indiana? Nos campos de *Uma Grande Aventura*? No mosteiro shaolin? Ou, neste caso, em um lote qualquer ladeado pelas vias férreas, descendo uma rua de cortadores de pedra e estofadores, na fronteira entre Van Nuys e Panorama City. A aventura da minha vida aconteceu no lugar mais comum do mundo. Se isso não é a marca do programa, não sei o que seria.

Introdução

COMO CHEGAMOS AQUI?

POR BRIAN BAUMGARTNER

Em 2007, poucos dias após o fim da nossa terceira temporada, Angela Kinsey e eu viajamos de Nova York para Scranton, na Pensilvânia. Tínhamos uma série de compromissos lá na cidade. Coisas bem simples. Daríamos autógrafos no Steamtown Mall, um centro comercial construído no antigo pátio abandonado de uma ferrovia; tomaríamos um café da manhã VIP no "Rad", o hotel Radisson construído onde antes havia uma estação ferroviária, e, por fim, participaríamos de uma "festa no quarteirão" que deveria acontecer no centro da cidade. Eu estava muito animado. Seria minha primeira visita à cidade que servia de cenário para o nosso mundo fictício. Eu queria ver tudo.

A meu pedido, algumas pessoas na cidade (que agora são parte da minha família) nos levaram a muitos dos locais conhecidos de *The Office*. No Poor Richard's Pub, assinei um pino de boliche (nem sabia que o pub era em uma pista de boliche!), na Cooper's Seafood House, pus um elegante chapéu de caranguejo feito de feltro e, no The Bog, Angela e eu acabamos atendendo no bar madrugada adentro. Mas os fãs... até hoje é difícil descrevê-los. Olhando para trás, essa viagem a Scranton foi o momento em que percebi a conexão profunda de *The Office* com os fãs. Enquanto estávamos lá, Angela conseguiu expressar bem o sentimento: "Agora sabemos como os Beatles devem ter se sentido em Liverpool".

Sabia que nossa humilde série era um sucesso – eu tinha visto os índices de audiência –, mas isso é basicamente em teoria. Uma coisa é entender de forma racional que um programa está se tornando um sucesso. Outra bem diferente é SENTIR isso – estar em um espaço confinado com uma multidão de fãs, todos olhando para você, vidrados, enquanto avançam para apertar sua mão ou tirar uma foto com você. É incrível, mas, para ser sincero, também é um pouco assustador. Pela primeira vez na vida, recebi uma escolta policial completa. Jenn Gerrity (novamente, agora a considero como parte da família) era a policial designada para me ajudar. Eu me lembro de me virar para ela, com voz e olhos cheios de medo, e dizer: "Você está preparada para me proteger, certo? Porque parece que a coisa pode sair do controle" – palavras que nunca pensei que falaria em relação a mim e aos fãs.

No dia seguinte, Angela e eu estávamos em segurança no bar do saguão, e Tim Holmes, diretor regional de marketing e eventos da cidade, me disse que havia uma recepção de casamento no hotel. A noiva, segundo ele, era uma "grande fã de Kevin". Ele perguntou se eu estaria disposto a ir lá para dar um oi. Claro que eu estava, mas àquela altura da viagem, eu não tinha certeza COMO. Não podia simplesmente entrar pela porta da frente do salão de festas – isso talvez acabasse em confusão. Ele disse que não teria problemas, que já haviam conseguido autorização do hotel para que eu usasse a entrada exclusiva dos funcionários, descesse um lance de escadas, passasse pela entrada de serviço, fosse para os fundos da cozinha até uma porta destrancada ao lado do salão de festas, onde a noiva estaria, e nos encontraríamos. Isso tudo me parecia um pouco 007, mas, enfim, topei. Quando entrei no salão, a noiva – ainda com o vestido branco do casamento, é bom lembrar – veio em minha direção, me abraçou e começou a chorar.

"Este é o melhor momento da minha vida", confessou ela.

Desculpa, mas o quê?

Tentei sorrir e disfarçar. O clima poderia ficar estranho. O marido dela estava em pé LOGO ALI do lado. "Não", respondi a ela. "Este não pode ser o melhor momento de sua vida. Você se CASOU faz uma hora!"

Mas ela não parecia ligar. "O melhor momento da minha vida", insistiu ela, enquanto o marido tirava fotos de NÓS DOIS.

Por um tempo, me convenci de que a popularidade do nosso programa seria passageira. Claro, teríamos uma segunda chance nas reprises ou na venda para outros canais, mas nunca seria tão grande de novo. Nossa conexão foi com o público certo, na hora certa, mas se encaixar no *zeitgeist*[1] cultural é uma coisa fugaz, que acontece uma vez na vida.

No entanto, algo estranho e maravilhoso aconteceu. Anos depois de as gravações de *The Office* terminarem, a série tornou-se mais popular do que nunca. Ela foi redescoberta – e, em alguns casos, descoberta pela primeira vez – em serviços de streaming como Netflix e Peacock. Nielsen, a empresa que mede os índices de audiência na TV, descobriu que o público assistiu a 57,1 bilhões de minutos de *The Office* em 2020. Não milhões, mas bilhões.

Alguns anos atrás, voltei para The Westminster Schools, onde cursei o ensino médio em Atlanta. Ed Helms frequentou a mesma escola e, embora ele pareça muito mais velho do que eu, acabei me formando um ano antes. Perguntaram se eu toparia participar de uma sessão de perguntas e respostas com os alunos, e pensei: “Por que não? Pode ser divertido”. Eu esperava, no máximo, uma plateia pequena – bem, estamos falando de adolescentes. Jovens deveriam estar preocupados com celulares, criando memes e tirando selfies. Que interesse eles poderiam ter em um programa de TV de uma década atrás sobre funcionários de escritório de meia-idade em uma indústria de papel fadada à extinção?

Mas, quando apareci, o teatro estava lotado. Havia estudantes sentados nos corredores e (juro!) o local estava apinhado de gente. Eu já tinha feito muitas apresentações naquele teatro e nunca tinha visto tanta gente espremida lá dentro. E o que realmente me impressionou foi que aqueles jovens não poderiam ter assistido a *The Office* durante a primeira exibição da série. Muitos deles usavam fraldas ou ainda nem tinham nascido. Eles encontraram a série em serviços de streaming, nos quais de alguma forma escolheram nosso programa entre milhares de outras opções.

Um dos alunos me perguntou qual era o meu episódio favorito. Minha resposta muda dependendo do meu humor, mas, naquele dia em particular, escolhi

1 Palavra alemã que indica a atmosfera cultural e intelectual de determinado período. [N.E.]

"Diversity Day", da primeira temporada. No momento em que disse isso, apenas o nome do episódio, a plateia caiu na risada. Era o riso de reconhecimento, o prazer de se lembrar de um episódio de televisão que deixa você feliz.

Fiquei pasmo. Esse episódio foi exibido em 2005, ano em que o YouTube foi lançado e a Netflix ainda fazia a maior parte de seus negócios em DVDs. Como explicar a conexão tão profunda deles com esse programa que poderia muito bem ter sido de outro século? Eu me lembro dos meus dezoito anos e garanto que meu programa predileto não era aquele que tinha ido ao ar quinze anos antes. E eu posso afirmar com toda a CERTEZA que não me recordaria de um episódio específico pelo TÍTULO.

Por que *The Office* é diferente? Como fizemos um programa que tem uma base de fãs maior e mais fiel hoje do que quando o criamos?

Essas são as perguntas que nos propusemos a responder neste livro, que surgiu a partir de centenas de horas de entrevistas. Perguntei a todos os envolvidos no programa – o elenco, os roteiristas, os diretores e a equipe de filmagem, os produtores, os agentes de elenco, os maquiadores e o nosso destemido líder, Greg Daniels – para tentar solucionar esse enigma.

O que você está prestes a ler em *Bem-vindo à Dunder Mifflin: os bastidores da série The Office* não é apenas um relato dos bastidores de como *The Office* foi criado, embora certamente seja isso também. Vamos mostrar, sim, como a salsicha é produzida e, ao contrário de uma fábrica de salsichas, nosso processo foi muito mais divertido (e consideravelmente menos nojento, tirando a pimenta). Michael Scott costumava insistir que a Dunder Mifflin era como uma família. Bem, é discutível se algum de seus funcionários concordava com essa opinião, mas o que certamente é verdade é que o elenco e a equipe de *The Office* eram uma família, e ainda nos sentimos assim.

Mas isso é mais do que apenas histórias de guerra das trincheiras da TV. Quando comecei a trabalhar neste livro, pensei em um podcast da vida real. Não havia nenhum cadáver ou personagem decadente e abominável ou um perigo subjacente. Mas o mistério era igualmente cativante.

Como chegamos até aqui? O que *The Office* fez certo? Poderíamos encontrar as pistas, refazer nossos passos e descobrir como nos deparamos com uma fórmula que ressoa mais forte hoje do que nunca?

Eu tenho algumas teorias. E muitos dos meus ex-colegas de *The Office* também. E, caramba, foi muito divertido explorar essas perguntas com eles. Mas, mais do que isso, foi divertido ver todo mundo de novo. Reviver as experiências coletivas que tivemos no contexto dessas perguntas e a popularidade do programa hoje. A gravação do piloto. Os terríveis índices de audiência no início. O primeiro Golden Globe Awards. Nosso primeiro Emmy Awards. Nossas diversas filmagens durante a noite toda para "Booze Cruise". A saída de Steve. O casamento de Jim e Pam. Nossa última temporada depois de dez anos juntos. E por diversas vezes, enquanto eu conversava com meus velhos amigos, ficava pensando no que aquela noiva disse: "Este é o melhor momento da minha vida".

Vamos começar pelo princípio.

Bem-vindo à
DUNDER MIFFLIN

1

“OK, aqui está a apresentação”

THE OFFICE ATRAVESSA O ATLÂNTICO

BEN SILVERMAN (PRODUTOR-EXECUTIVO): Era verão de 2001, e me hospedei na casa da minha amiga Henrietta Conrad [produtora de TV] em Londres. Ela saiu uma noite, e eu estava sentado na sala dela, zapeando os canais na TV, então me deparei com esse programa. Me lembro de ficar hipnotizado.

Ben Silverman não estava acostumado a ser surpreendido por programas de TV. Desde 1995, ele trabalhava na conceituada agência William Morris, onde foi promovido a chefe do departamento de aquisição internacional. Isso significa que ele encontrava programas de TV de sucesso em outros países e os "adaptava" para o público norte-americano.

BEN SILVERMAN: Eu viajava ao redor do mundo, procurando ideias e referências culturais que pudessem ganhar vida nos Estados Unidos. Encontrei tudo, desde *Who Wants to Be a Millionaire* a uma infinidade de outros programas, como *Big Brother* e *Queer as Folk*.

Em 2001, Silverman deixou a William Morris para lançar a própria empresa de produção de TV, a Reveille. Foi durante uma viagem a Londres em busca de possíveis projetos que ele se deparou pela primeira vez com esse misterioso programa.

BEN SILVERMAN: No começo, fiquei me perguntando se era comédia ou de verdade, mas logo percebi. E eu estava rindo, o que quase nunca acontece. Como trabalho em televisão, muito do prazer visceral da televisão episódica desaparece para mim. Mas esse programa, seja lá o que fosse, era tão brilhante e engraçado, que me conquistou de imediato. Então Henrietta chegou em casa, e eu perguntei: "Que diabos é isso? Como eu não conhecia? Este é o meu trabalho". E ela disse: "Ah, acabou de ser lançada".

A série era tão nova que a maioria dos londrinos ainda nem sabia de sua existência. Tratava-se de um "mocumentário" ou um pseudodocumentário gravado com uma única câmera, chamado *The Office*, da dupla de comediantes praticamente desconhecida (pelo menos nos EUA) Ricky Gervais e Stephen Merchant. O programa se passava em uma filial de uma empresa fictícia de fornecimento de papel, Wernham Hogg, situada nos subúrbios de Londres, e tinha Gervais no papel de um gerente carente e narcisista chamado David Brent, que se descrevia "basicamente como um comediante descontraído".

BEN SILVERMAN: Henrietta me disse que a melhor maneira de chegar até Ricky era provavelmente contatar Dan Mazer, que na época era parceiro de Sacha Baron Cohen. Então marcamos e fomos jantar com Dan naquela noite. Comecei a fazer perguntas ao Dan sobre *The Office* e ele me deu o número do celular do Ricky.

BRIAN BAUMGARTNER: Vinte e quatro horas depois de ver *The Office* pela primeira vez, você de alguma forma conseguiu o número de telefone de Ricky Gervais?

BEN SILVERMAN: [*Risos.*] Bem, sou do ramo do entretenimento.

Ele ligou para Ricky na manhã seguinte.

FICHA DE RECURSOS HUMANOS

Ben Silverman

Cargos: produtor-executivo de *The Office* e copresidente da NBC Universal Entertainment (2007-2009)

Cidade natal: Manhattan

Formação: História, Universidade de Tufts, turma de 1992

Empregos anteriores: estagiário da Warner Bros., chefe da divisão internacional de adaptações da Agência William Morris (1995-2002), fundador da produtora Reveille

Trabalhos pós-*The Office*: fundador da produtora Electus (2009); produtor-executivo de shows como *Jane the Virgin* (2014-2019), *Fameless* (2015-2017) e *Charmed* (2018-2021)

Honraria: chefe de divisão mais jovem já empregado na William Morris

Habilidade especial: adaptações de shows internacionais para o público norte-americano

História pessoal: pediu sua futura esposa em casamento em um campo de golfe (o anel estava escondido no *cup*)

RICKY GERVAIS (COCRIADOR DE *THE OFFICE*): Eu estava andando na rua em Londres - acho que ia encontrar meu agente - e o celular tocou. "Oi, aqui é o Ben Silverman. Você não me conhece, mas quero adaptar *The Office* para o público dos EUA." E eu disse: "OK".

BEN SILVERMAN: Continuei: "Queria muito encontrar você. Está em Londres?".

RICKY GERVAIS: Olhei para cima e respondi: "Estou do lado de fora da Starbucks na rua Wardour". E falou: "Espere aí. Chego em quinze minutos".

BEN SILVERMAN: Como quem costuma viajar pelo mundo, odeio frequentar cadeias de restaurantes. Mas quase achei que Ricky estava me testando. Tipo: "Ah, você é norte-americano, vai adorar isto".

STEPHEN MERCHANT (COCRIADOR DE *THE OFFICE*): Sempre que há um personagem produtor de um filme de Hollywood, a fala é assim: "Vamos fazer de você uma estrela, garoto". Ben é o clichê de produtor de Hollywood que você vê nos filmes, mas funciona.

BEN SILVERMAN: Conversamos por duas horas. Logo de cara, [Ricky e eu] nos demos muito bem porque nós dois amamos televisão. Conversamos sobre os programas que o inspiraram, como *Os Simpsons* e [o filme de 1960 estrelado por Jack Lemmon] *Se Meu Apartamento Falasse*. Conversamos sobre reality shows, formato em que fui pioneiro nos Estados Unidos.

STEPHEN MERCHANT: Na época, no Reino Unido, havia uma onda do que eu acho que chamaríamos agora de reality shows. Documentários observacionais, sem intervenções, com o método do tipo "mosca na parede", sobre assuntos do dia a dia. Havia um muito famoso sobre uma autoescola.

Driving School, que foi ao ar na BBC One no verão de 1997, mostrava aspirantes a motoristas em Bristol e South Wales. O documentário produziu uma das primeiras estrelas de reality show britânicas, Maureen Rees, que foi diversas vezes reprovada na prova prática de direção.

STEPHEN MERCHANT: O programa apenas acompanhava pessoas normais fazendo aulas de direção. E esses tipos de show eram incrivelmente populares. Ninguém tinha visto pessoas comuns na tela dessa maneira antes.

RICKY GERVAIS: Eram pessoas comuns tentando obter seus quinze minutos de fama. É claro, hoje a fama é bem diferente. Agora tentariam ter o próprio game show e aproveitar ao máximo. Mas, nos anos 1990, era mais incomum.

STEPHEN MERCHANT: Quando criamos *The Office*, tínhamos esses programas em mente.

BEN SILVERMAN: Todos esses reality shows ambientados nos locais de trabalho no Reino Unido claramente serviram de inspiração para Ricky em relação ao que ele estaria imitando. Eu expliquei a ele que ainda não tínhamos programas nesse formato. Então, quando analisamos a série, precisamos garantir onde os personagens estão ancorados e de onde vem a comédia. Não pode ser apenas através das lentes de um falso documentário.

BRIAN BAUMGARTNER: Você também perguntou a ele se o programa estava à venda?

BEN SILVERMAN: Não, não perguntei, porque, nesse ramo, não se vende nada. Não é como o ramo de calçados. É mais tipo "Você tem interesse que seu ótimo trabalho seja adaptado nos Estados Unidos? Gostaria de colaborar comigo nesse processo? Eu sei tudo sobre como fazer um programa de televisão nos Estados Unidos. Qual parte desse processo você gostaria de aprender? Quanto você gostaria de estar envolvido?". Ele claramente tinha escolhido a Starbucks por um motivo, porque ele me disse: "Ah, boas notícias. Meu agente está ali na esquina. Vamos lá nos encontrar com ele".

Mesmo antes de falar com Ricky, Ben já tinha entrado em contato com a BBC (British Broadcasting Corporation). Afinal, não era a primeira vez que ele negociava para levar um programa de TV britânico para o outro lado do Atlântico.

BEN SILVERMAN: Foi fundamental saber onde buscar, para quem ligar na BBC Worldwide e já ter esses contatos.

BRIAN BAUMGARTNER: Houve resistência por parte da BBC?

BEN SILVERMAN: A BBC é uma instituição cultural maravilhosa, de que sou muito fã. Mas também é uma burocracia governamental gigante. Literalmente, era como lidar com personagens de *The Office*, tentando fazê-los seguir em frente. Eles não estavam acostumados com o ritmo e o processo que eu queria seguir. Eles estão muito mais sofisticados agora, mas na época demorou muito para explicar, ensinar e mostrar as possibilidades.

RICKY GERVAIS: Quando estávamos apresentando nossa versão de *The Office* para Jon Plowman [o produtor da BBC], ele disse: "Tenho uma pergunta. Esse cara que é o chefe, se ele é tão ruim no trabalho, como consegue se manter ali?". E sugeri: "Vamos dar uma volta pela BBC?". Ele apenas começou a rir e disse: "OK, vamos fazer isso". [*Risos.*]

BEN SILVERMAN: Comecei um processo que durou três meses para garantir os direitos. E acabei envolvido em torno disso com a BBC por um longo período. Foi só quando Duncan [Hayes, o agente de Ricky na época] me ajudou a destravar tudo que percebi que tanto a BBC quanto Ricky controlavam os direitos. E nenhum dos dois poderia fazer isso sem o outro. Ao lidar com a BBC, saquei logo que precisava do Ricky e do Stephen Merchant para conseguir o que eu queria. A partir daí, rolaram as negociações e conversas.

Havia ainda outro problema. Ricky e Stephen não estavam convencidos de que uma adaptação norte-americana poderia funcionar.

RICKY GERVAIS: Eu tinha ouvido falar praticamente de todos os fracassos, como quando eles tentaram adaptar *Fawlty Towers* e ficou horrível.

Na verdade, houve três tentativas de recriar *Fawlty Towers*, o clássico de John Cleese, nos EUA, incluindo as sitcoms estreladas por Harvey Korman (em 1978), Bea Arthur (em 1983) e John Larroquette (em 1999). Todas foram fracasso de público e de crítica.

STEPHEN MERCHANT: *The Office* era um programa peculiar até mesmo no Reino Unido. A ideia de que essa sitcom estranha e deprimente do Reino Unido de alguma forma conseguiria ser traduzida na televisão americana, em que todos deveriam ser bonitos e vencedores, era difícil de imaginar.

BEN SILVERMAN: Ricky compartilhou comigo que queria acabar com *The Office* do Reino Unido.

Ricky tinha acabado de encerrar a segunda e última temporada da versão britânica de *The Office*, que foi ao ar no outono de 2002. A decisão de terminar após apenas doze episódios partiu de Ricky; a série não foi cancelada pela BBC.

BEN SILVERMAN: Eu disse a ele: "Faremos vinte e cinco vezes mais episódios do que vocês terão feito no Reino Unido, e será muito mais valioso para vocês do que o conquistado no Reino Unido". As duas coisas se tornaram realidade.

A negociação levou meses, mas Ben finalmente recebeu a bênção de Ricky, de Stephen e da BBC. Como ele conseguiu isso?

STEPHEN MERCHANT: Ben é uma força da natureza. Ele é como um homem que bebe quinze expressos antes de uma reunião. E ele tem um entusiasmo enorme. Ben era apaixonado pelo programa e seu entusiasmo era muito contagiante. Ele definitivamente tomou as rédeas.

BEN SILVERMAN: No meu ramo, se você não vai atrás do que quer com perseverança e convicção, não consegue nada. Tive uma premonição sobre esse programa. Você sente quando está certo. Eu sabia disso quando ouvi o título *Who Wants to Be a Millionaire*, eu nem precisava ver o game show. Quando vi cinco frames de *The Office*, sabia que era algo inédito e que rompia paradigmas. É por isso que insisti para fazer esse acordo.

"Movendo o barco da comédia rumo a uma nova direção"

The Office encontra seu capitão

Embora Ben tivesse encontrado a série, ele não era um showrunner, a pessoa que cria e supervisiona um programa de televisão. Como não havia nada na TV parecido com *The Office*, era difícil imaginar quem seria perfeito para a função.

BEN SILVERMAN: Imediatamente mirei Larry David e fui ver o que ele estava fazendo. Porque pensei que tinha o formato mais próximo, e poderíamos talvez trabalhar com o diretor dele. Então nos encontramos com Larry Charles, com Bob Weide, com muitas pessoas do mundo de Larry David. Eu também era um grande fã de Greg Daniels, embora não o conhecesse.

GREG DANIELS (DESENVOLVEU *THE OFFICE* PARA A TV NOS EUA): Eu tinha acabado de sair de oito anos muito intensos em *O Rei do Pedaço*, e foi a primeira vez que trabalhei como showrunner.

Depois que *O Rei do Pedaço* se tornou um sucesso, eu estava procurando o que fazer em seguida e participei de todos os tipos de reuniões interessantes. Tipo, tive uma reunião sobre a possibilidade de fazer um remake de *The Muppet Show*. Na época do Natal de 2003, se não me engano, meu agente Ari Emanuel – ele é o cara que inspirou o personagem Ari Gold em *Entourage: Fama & Amizade* – me enviou uma fita VHS da versão britânica de *The Office*. Eu não assisti à fita, e ele me ligou depois do feriado e disse: "Ei, vou enviar isso para o próximo cara da minha lista se você não assistir". E eu falei: "Tudo bem, tudo bem, vou tentar ver hoje à noite". Então coloquei a fita tipo umas nove da noite ou algo assim e fiquei acordado até uma da manhã assistindo a tudo e simplesmente adorei. Não conseguia desvendar como aquilo tinha sido feito. Não parecia nada roteirizado. Era tão natural e descolado.

Greg ligou para Ari, que o pôs em contato com Ben.

BEN SILVERMAN: A conexão com Greg foi imediata. Simplesmente senti a genialidade, a consideração e a abordagem rigorosa dele.

GREG DANIELS: Ben e eu crescemos em Nova York, no mesmo tipo de ambiente inteligente da vida urbana.

BEN SILVERMAN: Acho que nós dois tínhamos um verdadeiro respeito pelo intelecto dos nossos pais, que é algo que nem todo filho tem. Muitos batalham para conseguir ir além dos pais.

O pai de Greg comandava uma rede de rádio comercial em Nova York e a mãe trabalhava para a Biblioteca Pública de Nova York. O pai de Ben é um compositor premiado e a mãe é atriz e executiva de programação.

BEN SILVERMAN: O pai de Greg agora joga bridge com os melhores amigos da minha mãe, cinquenta anos depois. É incrível.

GREG DANIELS: Ben tem um entusiasmo e uma energia que eu não tenho. Gosto de planejar cuidadosamente a forma como lido com as coisas, mas Ben é ágil. Ele dá foco nas coisas. Ele também é capaz de juntar várias referências e fazer aquilo ter uma visão coerente.

BEN SILVERMAN: A experiência que nós dois tivemos para desenvolver o programa tinha a ver com a arquitetura da televisão e da ideia, porque muita coisa relacionada à série tinha sido recém-concebida. Continuamos

FICHA DE RECURSOS HUMANOS

Greg Daniels

Cargos: criador e showrunner original da versão americana de *The Office*

Cidade natal: Manhattan

Formação: História e Literatura, Universidade Harvard, turma de 1985

Empregos anteriores: cocriador de *O Rei do Pedaço* (1997-2010), programa de animação amado pela crítica (que conseguiu ser mais realista do que a maioria dos programas live-action) sobre um vendedor de propano, sua família peculiar e seus amigos, todos moradores de uma pequena cidade do Texas; roteirista de *Not Necessarily the News* (1985-1987), *Saturday Night Live* (1987-1990), Os Simpsons (1994-1995); três vezes vencedor do Emmy antes de *The Office* (SNL, *Os Simpsons* e *O Rei do Pedaço*)

Trabalhos pós-*The Office*: cocriador, produtor-executivo e roteirista de *Parks and Recreation* (2009-2020); criador, diretor e produtor-executivo de *Upload* (2020-presente) e *Space Force* (2020-2022)

Projeto concluído: seiscentos episódios de meia hora na televisão (até o momento)

Estilo de gestão: colaborativo, incentivo à improvisação e a inúmeras viagens de campo para os funcionários

Habilidade especial: consegue recitar de cabeça o esquete "Cavaleiros que Dizem 'Ni!'", do *Monty Python*

Contato de emergência: Conan O'Brien, ex-parceiro de redação no *Harvard Lampoon*

falando sobre isso com um amor compartilhado pela televisão. Crescemos com esse mesmo sentimento.

BRIAN BAUMGARTNER: Você se preocupava com o fato de ele estar mais envolvido com o mundo da animação naquela época?

BEN SILVERMAN: Nem um pouco. Os personagens que ele havia criado eram muito acessíveis e reais e de uma forma que funcionava para os personagens de *The Office*. E saber que *Os Simpsons* tinham moldado Ricky e Stephen me fez sentir que haveria uma boa correlação.

GREG DANIELS: *Os Simpsons* foram de fato um bom estágio em muitos aspectos, mas havia muitas coisas que eu queria fazer de forma diferente. Quando entrei para *Os Simpsons*, a série estava no fim da quarta temporada. O desenho estava ficando um pouco mais selvagem. Em *O Rei do Pedaço*, eu queria manter tudo mais contido e realista. Naquela época, muitos programas tentavam recriar o sucesso de *Os Simpsons*, e o ritmo das histórias era muito frenético. Eu acreditava no valor da lentidão. Em grande parte de *O Rei do Pedaço*, o objetivo era desacelerar tudo. Como foi no piloto, em que os primeiros minutos tinham apenas esses caras parados ao redor de um caminhão, dizendo só "É. É" muito devagar. Isso assustou todo mundo na Fox. Eles tinham recém-produzido um programa chamado *The Critic*, que era *pá, pá, pá* com as piadas. E aí viemos nós com esse programa de ritmo lento que ou iria funcionar ou seria um desastre e seríamos retirados do ramo.

Não foi um desastre. O *Rei do Pedaço* se tornou um dos programas mais bem avaliados da Fox e, em 1999, ganhou um Emmy de Melhor Animação. Mas, para conseguir o emprego como showrunner de *The Office*, Greg precisava da bênção de Ricky Gervais e Stephen Merchant. Então, em fevereiro de 2003, Ben convidou todos para uma reunião em seu escritório.

GREG DANIELS: Queria conhecer pessoas que eu achava que estavam fazendo o melhor trabalho, independentemente de um dia trabalhar ou não com elas. Eu achava muito importante vender um episódio para *Seinfeld* para que eu pudesse trabalhar com Larry David e ver o que estava acontecendo. Ricky e Stephen criaram algo incrível, e eu queria saber mais sobre aquilo. Mas não achava que fosse plausível que viesse para a TV americana ou que eu conseguisse o emprego. Só queria conhecê-los e fazer perguntas a eles.

Ben, Greg, Stephen e Ricky se reuniram em um bangalô no terreno da Universal.

GREG DANIELS: Primeiro, eles amavam *Os Simpsons*. Segundo, o episódio favorito de Ricky em *Os Simpsons* é "Homer Badman" ("Homer Tarado"), que eu escrevi.

O episódio de 1994 mostrava Homer sendo acusado de assédio sexual depois de recuperar o chiclete da marca Venus de Milo preso ao traseiro da babá.

LISA: Pai, eu não entendo. O que ela está dizendo que você fez?

HOMER: Lisa, lembra aquele cartão-postal que o vovô nos enviou da Flórida com aquele jacaré mordendo o traseiro daquela mulher?

BART: Ah, sim, aquilo foi brilhante!

HOMER: Isso mesmo, todos achamos hilário. Mas parece que estávamos errados: aquele jacaré estava assediando sexualmente aquela mulher.

GREG DANIELS: Então começamos a nos dar bem. Falei com eles sobre o que vi no programa e como eu iria adaptá-lo. Muito veio de *O Rei do Pedaço*, a coisa realista, lenta e pungente.

STEPHEN MERCHANT: O que nos encantou no Greg foi que ele percebeu que o coração pulsante do programa era o romance chove não molha.

RICKY GERVAIS: Nos reunimos com muitos showrunners incríveis de alguns dos meus programas prediletos. Escolhemos Greg não apenas por causa do conjunto de sua obra, que era tão bom quanto o de qualquer outro, ou porque ele era um sujeito bom, mas porque ele foi o único a mencionar que achou que era uma história de amor. Isso foi muito importante para mim, a história de amor.

STEPHEN MERCHANT: É o tipo de coisa que realmente é preciso acertar. As pessoas sintonizavam para ver o personagem de David Brent/Michael Scott, mas *ficavam* para acompanhar o caso de amor.

Greg, no entanto, diferentemente dos outros, não acreditava que seria capaz de fazer isso.

BEN SILVERMAN: Ele estava muito ansioso e preocupado em relação à série. Ficava me dizendo: "Não consigo fazer melhor do que a versão britânica". Eu tinha feito um programa chamado *Coupling*, que foi ao ar enquanto eu estava trabalhando em *The Office* e era uma adaptação de uma série britânica no estilo de *Friends*. Era quase como se *Friends* tivesse sido adaptada para o Reino Unido e depois adaptada de volta para o outro lado do Atlântico. O show não foi bem recebido nos Estados Unidos.

A adaptação norte-americana de *Coupling*, sobre um grupo de amigos de trinta e poucos que vivem em Chicago, estreou em setembro de 2003 e durou apenas quatro episódios antes de ser cancelada. Até o presidente da NBC, Jeff Zucker, admitiu publicamente que a série "era uma droga".

BEN SILVERMAN: Greg estava preocupado que acontecesse a mesma coisa.

GREG DANIELS: O que mais me preocupava era pegar essa pequena joia de programa de TV e estragar tudo. Eu tinha uns pesadelos típicos de quem está ansioso: havia tipo um tribunal de comédia, e todas as pessoas boas da comédia estavam me julgando por adaptar *The Office* e dizendo que eu tinha estragado tudo.

BRIAN BAUMGARTNER: Uau. Você costumava ter esses sonhos carregados de ansiedade antes de iniciar um novo projeto?

GREG DANIELS: Bem, no início da minha carreira, eu escrevia em parceria com Conan O'Brien. E ele costumava me dizer: "Quando você começa a pensar demais, sai fumaça". [*Risos.*] Ele meio que achava que eu me preocupava demais.

BEN SILVERMAN: Greg era a pessoa com quem eu realmente queria fazer isso. E de repente ele estava ficando receoso por causa da preocupação de adaptar algo tão aclamado pela crítica. Eu disse: "Ninguém nos Estados Unidos viu algo assim. É sombria, muito limitada, e não vai funcionar para o grande público daqui, a menos que façamos uma adaptação mais otimista, informada por *sua* visão e *sua* propriedade do mundo".

GREG DANIELS: Ben pode ser muito persuasivo.

BEN SILVERMAN: Eu disse a ele que a todo tempo milhões de grandes livros são adaptados. Você quer adaptar a maior porcaria de todas? Ou você quer tentar adaptar um romance vencedor do Prêmio Pulitzer?

Eles tinham o showrunner. Tinham as bênçãos de Gervais e Merchant. Detinham o direito de produzir a série nos EUA. Havia apenas um pequeno problema.

BEN SILVERMAN: Ninguém queria bancar isso. Então tudo o que fizemos foi perda de tempo. Ou seja, estávamos na estaca zero. Não tivemos nenhuma adesão.

Ben entrou em contato com todos que ele conhecia na televisão, tentando instigar entusiasmo e avaliar quem poderia estar pronto para um programa inovador na televisão baseado em um sucesso cult do Reino Unido de que ninguém nos EUA tinha ouvido falar (ainda).

BEN SILVERMAN: Fui até Les Moonves [o CEO da CBS], e ele rejeitou. Gail Berman [presidente de entretenimento da Fox], e ela rejeitou de cara. Não entendi. A HBO disse: "Nunca faremos um remake de uma série". A Showtime não estava produzindo séries como essa. A HBO, com sua palhaçada típica, disse: "Somos muito *cool* para você, amigo". Eles só queriam algo seleto e não estavam tentando alcançar tantas pessoas quanto eu. Sou de fato focado na cultura e na pungência cultural e eu queria escala, então estava preocupado com a possibilidade de a série ficar em um canal a cabo.

Quando se tratavam de comédias de TV no início dos anos 2000, os canais abertos tinham uma fórmula testada e aprovada que conquistava grandes públicos no horário nobre e proporcionava toneladas de dólares em publicidade. Só dava *Friends*.

BEN SILVERMAN: Não apenas *Friends*, era *Friends* e *Baywatch* (*S.O.S. Malibu*). Ou seja, *Friends* e *Friends* com roupa de banho. Era o pano de fundo da TV naquela época, uma espiral descendente de beleza e superficialidade.

EMILY VANDERWERFF (CRÍTICA DE TV PARA O SITE *VOX*): Os anos 2000 são muitas vezes chamados de era de ouro da televisão, mas isso se deve principalmente por causa de dramas como *Família Soprano, Deadwood, The Wire, The Shield*, todos aqueles grandes dramas sombrios com adultos inteligentes contando histórias sobre figuras complicadas. Isso não se espalhou para a comédia. Certamente havia boas comédias naquela época. *Everybody Loves Raymond* é uma comédia fantástica. *Arrested Development* saiu em 2003 e realmente mudou tudo. Mas não era uma época com muita comédia na TV.

BEN SILVERMAN: Não havia comédias de câmera única na televisão nem documentários falsos além de, talvez, *Reno 911*! Então foi fácil para as pessoas rejeitarem. Entendo por que o chefe da CBS teria rejeitado. Não achei que deveria passar na CBS naquele momento. Sinceramente, acho que não teria dado certo.

Mas Ben continuou ligando e finalmente encontrou uma rede – bem, uma pessoa, na verdade – que aceitou.

BEN SILVERMAN: Um cara chamado Nick Grad, que trabalhava no FX. Ele conhecia o programa e adorava.

Então Nick levou a pauta para o chefe, Kevin Reilly.

KEVIN REILLY (EXECUTIVO DE TV): O Nick sempre teve um bom faro para tendências. Ele era o cara para quem sempre perguntei: "Essa música é legal? É? Beleza, ótimo. Também acho bacana". Essa era uma daquelas coisas em que eu meio que ouvi falar a respeito, e Nick disse: "Se puder, temos que conseguir isso". Era um programa perfeito para o FX.

FX era conhecido por dar espaço na TV para programas experimentais e ousados, como *The Shield*, *Nip/Tuck* (*Estética*) e *Rescue Me* (*Esquadrão Resgate*). *The Office*, com seu formato não convencional e sua sensibilidade obscura, seria um encaixe perfeito. Ben e Kevin tiveram algumas reuniões para discutir as possibilidades, e parecia que *The Office* tinha encontrado sua casa perfeita nos EUA. Havia apenas um obstáculo.

KEVIN REILLY: Meu contrato no FX tinha encerrado. Eu estava no meio de um monte de negociações e parecia que iria voltar para a NBC. Conversei com Ben e disse a ele: "Escuta, eu queria levar isso comigo". Acho que Ben sentiu o cheiro da oportunidade. Teria sido um ótimo programa no FX, mas acho que ele pensou algo do tipo: "NBC? Bom, pode ser ainda melhor".

Ben tinha o entusiasmo e o apoio de Kevin, mas Jeff Zucker, o então presidente da NBC Entertainment, não tinha tanta certeza.

BEN SILVERMAN: Kevin disse: "Posso ser a única pessoa no prédio que gosta do programa, mas vou garantir o piloto a você". Kevin mal sabia que, na verdade, ele era meu *único* comprador na época. Era o único interessado.

BRIAN BAUMGARTNER: Não tinha ninguém nem sequer considerando a possibilidade?

BEN SILVERMAN: Ninguém! Em toda a televisão. Todos os outros rejeitaram.

BRIAN BAUMGARTNER: Ele não tinha ideia disso?

BEN SILVERMAN: Não.

Não poderíamos viver com esse segredo terrível sem compartilhá-lo com Kevin.

BRIAN BAUMGARTNER: Você sabia que, quando discutiu sobre *The Office* com Ben, você era o único comprador?

KEVIN REILLY: [*Risos.*] Não me surpreende. Ben, do jeito dele, sempre me fez acreditar que era um tiro no escuro. "Acho que consigo para você. Farei o meu melhor, cara." Qualquer outra pessoa do ramo naquele momento teria dito: "De jeito nenhum". De fato não havia muitos compradores.

Se Kevin Reilly tivesse se dado conta, mudado de ideia e dito: "Não, desculpe, é um risco muito grande", nossa versão de *The Office* poderia nunca ter existido. Mas, em vez disso...

BEN SILVERMAN: Kevin disse: "Vamos lá. Vamos fazer a série". Fiquei bem feliz por ser lá. A NBC tinha uma tradição de comédias adultas inteligentes. O canal é a maior aspiração em comédia de TV em termos de qualidade. Eu amava *Cheers* e *Family Ties* (*Caras e Caretas*). E [o ex-presidente da NBC] Brandon Tartikoff foi minha inspiração e meu mentor. Em parte, é por isso que eu queria levar *The Office* para a NBC. Como se eu quisesse fazer parte da história das comédias da NBC.

GREG DANIELS: Não me pareceu uma boa ideia. Quando aceitei fazer o programa, o mais provável era que

FICHA DE RECURSOS HUMANOS

Kevin Reilly

Cargos: presidente de entretenimento do FX (2000-2003), presidente de entretenimento no horário nobre da NBC (2003) e presidente da divisão de entretenimento da NBC (2004-2007)

Cidade natal: Port Washington, Nova York

Formação: Arte e Comunicação, Universidade Cornell (já ouviu falar?), turma de 1984

Empregos anteriores: gerente de assuntos criativos na NBC; presidente de televisão na Brillstein-Grey Entertainment; ajudou a desenvolver shows como *Law & Order, NewsRadio, Just Shoot Me!, Família Soprano* e *Saved by the Bell*

Trabalhos pós-*The Office*: diretor de conteúdo do HBO Max (2018-2020); presidente da TNT, TBS e diretor de criação da Turner Entertainment (2014-2020); presidente de entretenimento da Fox Broadcasting Company (2007-2012) e presidente do conselho de entretenimento (2012-2014)

Suporte técnico: Kevin, o robô do personagem Screech em *Saved by the Bell*, foi batizado em sua homenagem

Habilidade especial: entrevistas de emprego completamente mudas (como demonstrado em sua aparição no episódio "The Return", da terceira temporada de *The Office*)

o venderíamos para a HBO ou o FX. Para mim, foi uma grande reviravolta eles mudarem para a NBC depois de eu ter concordado em participar. Eu via também com ceticismo, porque tudo na NBC era filmado com múltiplas câmeras. *Will & Grace* era a série número um do canal – e não tinha nada a ver com *The Office*.

BRIAN BAUMGARTNER: Como você finalmente se decidiu por fazer o programa?

GREG DANIELS: Comecei a me convencer de que talvez o objetivo de levar *The Office* para uma rede como a NBC fosse mover o barco da comédia para uma nova direção, rumo a algo de que eu gostasse mais.

BRIAN BAUMGARTNER: Então, mesmo que tivesse dado muito errado, você teria feito sua parte?

GREG DANIELS: Isso. Mesmo se eu tivesse apenas empurrado um pouquinho nessa direção, talvez fosse válido.

"Scraaaaan-ton"

The Office, à moda norte-americana

No verão de 2003, Ben e Greg se juntaram oficialmente. A NBC havia prometido a eles o piloto, e Greg começou a pensar: "Qual é esse mundo do *The Office*?".

GREG DANIELS: Tinha essa metáfora da Margaret Mead que eu gostava de usar. Mead era uma antropóloga cultural que ganhou reputação indo para alguma das ilhas do arquipélago de Samoa e escrevendo um livro sobre os estranhos rituais de cortejo e acasalamento dos jovens locais.

O livro de Mead, *Coming of Age in Samoa* (Tornando-se Adolescente em Samoa), de 1928, documentou os hábitos sexuais de meninas adolescentes na ilha de Ta'u.

GREG DANIELS: Alguém voltou para a ilha trinta anos depois e os ilhéus disseram: "Ah, sim, aquela senhora? Contamos a ela as coisas mais doidas possíveis". Mas eu senti que o programa deveria ter essa pegada antropológica. Um escritório é um lugar tão estranho que reúne um monte de pessoas diferentes e tem uma cultura peculiar. Achei que seria interessante abordar o programa como se eu fosse um antropólogo.

RICKY GERVAIS: Trabalhei em um escritório por quase dez anos, de 1989 a 1997, e essa foi a maior influência na série, a experiência real de trabalhar em um escritório. Somos jogados em meio a pessoas aleatórias, e todos têm que se dar bem. E David Brent, ele era o monstro Frankenstein daqueles caras que se conhecem na infância, como os professores que às vezes davam vexame ou o primeiro chefe que era um idiota. Pessoas que se comportam de maneiras inapropriadas.

Ricky também observou uma onda crescente do politicamente correto corporativo.

RICKY GERVAIS: As pessoas estavam sendo ensinadas sobre o que dizer e fazer, mas a atitude não era sincera. Caras como David Brent sabiam que não poderiam ser sexistas no escritório porque teriam problemas com o RH, então tinham uma boa conversa, palestravam sobre sexismo, misoginia e racismo, mas no fundo não tinham mudado nada. Eles poderiam escapar com suas piadas obscenas com os caras do depósito, que ainda não tinham sido afetados por essa nova cultura do politicamente correto. Então Brent ficava entre esses dois mundos.

Se isso soa familiar, é porque David Brent era o modelo para o chefe da Dunder Mifflin, Michael Scott. Ben desenvolveu ideias de como ligar os pontos entre Michael e outras figuras da história da televisão americana.

BEN SILVERMAN: O personagem Michael Scott foi uma versão de Archie Bunker em *All in the Family* (*Tudo em Família*). Ele também era parecido com Homer Simpson. Era o casamento do politicamente incorreto com o mundo real do local de trabalho. Eu achava que ter o escritório como o cenário do programa era, de certa forma, um conceito muito americano. A vida no escritório e no trabalho era realmente uma invenção americana, e os programas e filmes que moldaram o pensamento de Ricky eram muito do que existia nos Estados Unidos. Imediatamente vi a banalidade do local de trabalho e sabia, tendo vivido nesse ambiente como assistente e secretário quando eu era mais jovem, que há um *páthos* subjacente ali que ainda não tinha sido explorado na televisão norte-americana.

STEPHEN MERCHANT: Sou um grande fã da comédia norte-americana. Como *Cheers*. O bar *Cheers* é esse tipo de família substituta, que é muito do que *The Office* é.

BRIAN BAUMGARTNER: É engraçado que você mencione *Cheers*, porque sempre senti que nossa linhagem em termos de televisão americana era fortemente baseada em *Cheers*. A diferença era que, em *Cheers*, essas pessoas tinham escolhido frequentar o lugar, todos os dias, e interagir umas com as outras. Já em *The Office* elas foram forçadas a conviver. Mas, nos dois programas, a comédia vinha de um grupo de pessoas díspares que frequentavam o mesmo local e mostrava como essas relações mudavam e evoluíam.

STEPHEN MERCHANT: Costumávamos nos referir muito a Norm de *Cheers* ao desenvolver o personagem Tim [que se tornaria Jim na versão norte--americana]. Se você se lembra, Norm tinha algum tipo de trabalho vago na área de contabilidade de que ele de fato não gostava, mas ficava preso a uma rotina enfadonha. No entanto, ele tinha um senso de humor muito seco, que usava para levar a vida. Com certeza, foi uma influência para o personagem Tim, assim como Hawkeye de *M*A*S*H* [interpretado por Alan Alda], que foi outro ponto de partida para nós da TV americana. Hawkeye usava sua inteligência, no caso dele, diante da guerra. Mas a ideia era usar o humor para superar as dificuldades da vida.

Ben e Greg começaram a criar a série *The Office* deles, decidindo o que aproveitar da versão britânica e o que deixar de lado. A ideia de parecer um documentário falso gravado com uma única câmera permaneceu e, como na versão britânica de *The Office*, o local seria sombrio. Eles encontraram o cenário perfeito em uma antiga cidade de mineração de carvão que já tinha tido seu auge: Scranton, na Pensilvânia.

GREG DANIELS: Eu queria um lugar que fosse fora da cidade, mas que ninguém em Nova York tivesse visitado antes. Há algo no nordeste dos EUA que me parece a Inglaterra em muitos aspectos. Por causa do clima, é um pouco mais difícil viver lá. As pessoas pareciam esconder suas emoções de alguma forma. Eu estava lendo John O'Hara, o escritor de contos, e ele tem um monte de histórias que se passam em Scranton. Eu tinha uma lista de milhares de cidades que pensei que funcionariam, como Nashua [New Hampshire] e Yonkers [Nova York], mas Scranton é uma palavra de comédia. Tem aquele "a" arrastado. *Scraaaan-ton.*

Mas a chave para o sucesso do programa, de acordo com Stephen Merchant, tinha menos a ver com o local e mais com o toque agridoce e melancólico dos personagens.

STEPHEN MERCHANT: Havia um programa que foi sucesso no Reino Unido quando eu era jovem, nos anos 1970, chamado *Whatever Happened to the Likely Lads* (O que Aconteceu com os Caras Atraentes?). A letra da música de abertura era algo como [*canta*], "Oh, what happened to you? (Oh, o que aconteceu com você?) / Whatever happened to me? (O que aconteceu comigo?) / What became of the people we used to be? (O que sobrou do que costumávamos ser?)". Era sobre oportunidades que deram errado e chances perdidas. Há esse tipo de tradição no Reino Unido, e acho que nos EUA este não tem sido tanto o caso nas emissoras de TV. E quando você pensa em *Friends*, é muito diferente.

BRIAN BAUMGARTNER: [*Canta.*] "I'll be there for you, you'll be there for me" (Eu estarei aqui quando você precisar, você estará aqui para mim).

STEPHEN MERCHANT: Então me pareceu sensato que, se eles conseguissem fazer uma versão de *The Office*, talvez fosse necessário apenas minimizar alguns desses elementos britânicos mais cínicos e ácidos e aumentar mais aquele brilhante otimismo americano, sem perder o DNA fundamental que fez o programa funcionar.

No fim das contas, Ricky e Stephen deixaram Greg assumir o comando.

STEPHEN MERCHANT: O único conselho sensato que me lembro de dar a Ricky foi que, como eu conhecia muito da história da TV americana e das tentativas de traduzir programas do Reino Unido, muitas vezes era um erro quando as pessoas do programa original britânico se envolviam. Porque eles vinham e pensavam: "Bem, estamos tentando fazer a nossa parte aqui nos EUA". E a verdade é que eles provavelmente não sabiam o suficiente sobre os EUA. Eles não sabiam o suficiente sobre as nuances ou as sutilezas da cultura americana ou estavam tão ocupados tentando replicar o original que não conseguiam encontrar algo novo e fresco. Inicialmente, a maior contribuição minha e do Ricky foi dar um passo para trás e confiar que Greg encontraria a fórmula sozinho, em vez de nos intrometermos.

Pode ter sido um presente Ben e Greg não terem que lidar com muitos palpiteiros do Reino Unido, mas eles ainda tinham uma missão difícil nos EUA.

BEN SILVERMAN: Sempre era algo como: "OK, aqui está a apresentação...".

GREG DANIELS: Um líder desagradável.

BEN SILVERMAN: Uma única câmera, e ninguém no elenco de fato atraente no sentido tradicional da televisão.

GREG DANIELS: Um programa bem esquisito e lento.

BEN SILVERMAN: Nenhuma trilha de risada, e um documentário fictício. Sabemos que os documentários não são populares. Agora pense em um documentário fictício.

GREG DANIELS: O público deve ter isso em mente.

BEN SILVERMAN: E a câmera é um personagem.

Era 2003, e dois anos haviam se passado desde que Ben se apaixonou pela primeira vez por *The Office* no sofá de Henrietta, em Londres. A pressão começava a aumentar.

BEN SILVERMAN: Eu realmente pensei: "Bem, *Friends* está envelhecendo. Vai precisar de um substituto". Isso foi quando as emissoras de TV tinham uma programação de shows semelhantes. Tipo, a grade de sexta-feira à noite era reservada para quatro programas de família. Parecia que *The Office* seria transformador. A versão britânica era amada pela crítica, e a BBC America acabou adquirindo os direitos de exibição, então estava começando a criar um burburinho nos Estados Unidos.

Mas isso foi antes de Netflix, Hulu, YouTube e serviços de streaming em geral. Nem todo mundo assistia à BBC America.

BEN SILVERMAN: Peguei meu telefone e comecei a ligar para as pessoas para contar do programa. Eu ligava e enviava links [de sites] para elas, mostrando a série e apostando nossas fichas nela. Dizia que seria o maior programa da história dos Estados Unidos. Não havia comédia como esta no país. E isso remete às comédias de Norman Lear. Podemos fazer o que esses programas fizeram. Não é apenas um mundo de *Baywatch*, sabe? Não é apenas um mundo de *Friends*.

Nem todos compartilhavam do entusiasmo dele. Kevin Reilly pode ter autorizado o piloto, mas ainda enfrentava resistência de outros executivos da NBC.

KEVIN REILLY: Ainda havia essa coisa que circulava no prédio depois de *Friends*, do tipo "Não, não, nós queremos algo engraçado. Mas eles vão ser sexy também, certo? Precisamos disso". Esse combo passou a fazer parte da comédia, mas antes não era assim. Então entrei na NBC pensando: "*The Office* é exatamente o que precisamos fazer". E muitas pessoas diziam: "Não, precisamos da próxima versão da garota solteira sexy em Nova York morando com alguns amigos". E eu fiquei tipo: "Não, não precisamos disso". A série era exatamente o oposto do que todos achavam que era necessário, que era "Must See TV", ou seja, que passaria em horário nobre, que àquela altura tinha se tornado quase um clichê.

Muita coisa em relação a *The Office* era desconhecida do alto escalão da NBC. Eles queriam um programa com multicâmeras sobre citadinos atraentes que não enfrentavam grandes problemas na vida. A série definitivamente não tratava disso.

KEVIN REILLY: Tive que ouvir opiniões sobre os americanos associarem documentários a algo pesado e não comercial. Diziam coisas como: "É apenas um formato obstrutivo para a maioria dos norte-americanos". Eu só ouvia e pensava: "Ai, meu Deus, é *sério* isso?". Algumas dessas pessoas eram profissionais. Tinham o próprio espaço no marketing ou em qualquer área. Mas tudo o que eu conseguia pensar era: "Você tem noção da m... que está falando?".

BRIAN BAUMGARTNER: Mas qual era o seu grau de confiança de que isso poderia ser traduzido para o público na TV? Na época, uma sitcom de câmera única, um mocumentário e sem trilha de risada não era a norma nas emissoras de TV.

KEVIN REILLY: Sim, mas o que senti o tempo todo, desde o primeiro minuto, foi que uma comédia que se passa no escritório seria o principal ingrediente para a televisão. O tom com certeza é diferente, e a atitude da liderança é de fato diferente. Mas, no fim das contas, você não vai olhar para isso e pensar: "Não estou entendendo, o que é isso?".

BEN SILVERMAN: O ramo do entretenimento é isso aí. Faz parte da nossa vida; a cada dois meses, estamos basicamente apostando na loteria. Mas a verdadeira loteria é a cultural. Deixando de lado o processo, a produção, as vendas, a adaptação, as negociações, tudo isso, o que importa é o que o público pensa. Essa é a minha aposta na vida. Todo o resto é irrelevante. Meu bilhete de aposta é inteirinho baseado no impacto cultural.

Apesar da reticência de praticamente todos na NBC, com exceção de Kevin Reilly, eles tinham a autorização para fazer o piloto. A notícia foi divulgada em janeiro de 2004, logo quando *The Office* do Reino Unido ganhou dois Globos de Ouro de melhor série em comédia e melhor ator em comédia (Ricky Gervais). Mas será que o remake da NBC conseguiria ir ao ar? Alguns críticos já estavam se demovendo da ideia. O colunista do *San Francisco Chronicle*, Tim Goodman, previu que "a NBC vai nos apresentar atores de boa aparência de vinte e poucos anos em Manhattan, cenários mastigados ao som ensurdecedor de uma trilha de risada". Apesar de bem improvável, chegamos até aqui, mas, como Steve Carell observou...

STEVE CARELL (MICHAEL SCOTT): Estávamos todos por um fio.

Toda a história de *The Office* resumida em uma só frase.

Como o programa que qualquer pessoa sensata previa que não passaria da produção do piloto acabou se tornando um dos mais icônicos e amados da TV moderna? Como um programa que tinha pouca coisa a seu favor – uma história desfavorável de remakes americanos de shows britânicos, um showrunner cujo último sucesso tinha sido desenho animado, uma emissora que preferia comédia com mandíbula definida e otimismo alegre – passou por cima de tudo isso e se tornou... bem, *The Office*?

2

“Atraente para Scranton”

ESCOLHENDO O ELENCO DOS ADORÁVEIS DESAJUSTADOS DA DUNDER MIFFLIN

BEN SILVERMAN: Eu só queria que as coisas saíssem do papel. Era verão de 2003, e eu já estava, sei lá, havia dezoito meses nesse projeto, e nós nem sequer tínhamos gravado uma página do roteiro ainda. O programa estava ficando cada vez maior no Reino Unido e foi selecionado para ter uma segunda temporada. Eu consegui contratar Greg Daniels para adaptá-lo. Consegui fazer com que Ricky e Stephen e a BBC assinassem o acordo. Eu tinha um comprador que tinha mudado de uma rede para outra com mais autoridade e capacidade de fazer a série, e aí eu queria torná-la realidade. Então o próximo obstáculo seria o elenco.

BRIAN BAUMGARTNER: É um obstáculo e tanto.

BEN SILVERMAN: A escolha do elenco foi a chave para a arquitetura do programa. Eu sabia que os personagens e quem escolhêssemos tinham que ser reais e não bonitos demais. Isso foi uma coisa com que todos concordamos e foi outro voto de confiança da emissora. Buscávamos fazer algo mais experimental.

BRIAN BAUMGARTNER: Então quem foi cogitado na primeira reunião sobre o elenco? Fui eu, não foi?

BEN SILVERMAN: Tudo girava em torno de Brian Baumgartner. [*Risos.*] Contar a história apenas me lembra de quantos milhões de elementos tiveram que ser reunidos para criar algo significativo ou bem-sucedido.

É difícil imaginar agora, sendo *The Office* tão icônica na cultura pop, mas os atores não vestiram simplesmente a roupa dos personagens e os incorporaram. O processo de encontrar a mistura perfeita de personagens – as pessoas para quem você olhava e de cara pensava: "Bem, é claro que aquele é o Dwight, é claro que são Jim e Pam, quem mais poderiam ser?" – foi um caminho longo e às vezes estressante.

Antes de *The Office*, éramos apenas um bando de atores (e alguns não atores) em busca da grande oportunidade.

JENNA FISCHER (PAM BEESLY): Antes de *The Office*? Eu era uma atriz batalhadora. Estava fazendo testes para tudo o que aparecia. Tinha feito um piloto chamado *Rubbing Charlie* (Esfregando Charlie). Isso é verdade.

BRIAN BAUMGARTNER: Sério? [*Risos.*]

JENNA FISCHER: Estrelando Scott Wolf e eu.

BRIAN BAUMGARTNER: Você estava... esfregando Scott Wolf?

JENNA FISCHER: Sim, o personagem dele se chamava Charlie. E eu o esfregava porque eu era uma massagista.

BRIAN BAUMGARTNER: Então era realmente o *seu* piloto?

JENNA FISCHER: Na verdade, o foco era todo no Charlie. O título mais preciso deveria ter sido *Charlie Is Rubbed* (Charlie é esfregado). Isso foi em 2002, e àquela altura estava finalmente conseguindo me manter como atriz havia um ano. Eu já estava em Los Angeles fazia mais de sete anos, e enfim pagando as contas só com o trabalho de atriz. E aí o piloto não foi escolhido.

RAINN WILSON (DWIGHT SCHRUTE): Antes de *The Office* – bom, bem lá atrás –, atuei no teatro por cerca de dez anos em Nova York e só depois fui fazer alguma coisa na TV ou no cinema. Então, na verdade, eu era ator de teatro. Vim para Los Angeles em 1999, e até 2001 ou 2003, foi muita luta com poucas conquistas, fazendo testes para comerciais, dublagem e algumas participações bem pequenas em programas de TV. Fiz *Charmed* (*Jovens Bruxas*) e *CSI* e...

BRIAN BAUMGARTNER: Eu fiz *CSI*!

RAINN WILSON: Você fez *CSI* também?

BRIAN BAUMGARTNER: Eu era um cara "peludo", que se satisfazia sexualmente ao usar uma grande fantasia peluda.

Brian apareceu na quarta temporada de *CSI*, no episódio "Fur and Loathing", transmitido pela primeira vez em outubro de 2003.

RAINN WILSON: Eu era o cara assustador no supermercado. Não estou brincando. O cara assustador no supermercado.

Rainn apareceu no final da primeira temporada, no episódio "The Strip Strangler", que originalmente foi ao ar em maio de 2001.

OSCAR NUÑEZ (OSCAR MARTINEZ): Eu estava fazendo testes, mas durante o dia eu trabalhava em serviços de bufê e como babá.

ANGELA KINSEY (ANGELA MARTIN): Eu estava trabalhando no ImprovOlympic, iO West, um teatro de comédia de improviso em Los Angeles. Ajudava a comandar o centro de treinamento e me apresentava lá sempre que liberavam tempo no palco para mim. Então, normalmente, cerca de três noites por semana, eu fazia improviso. Estava fazendo uma apresentação com Kate Flannery, que acabou interpretando Meredith em *The Office*. O nome do show era *Girl Team Balls*. Acontecia aos domingos, às dez da noite, que é *realmente* quando você quer ver comédia.

JENNA FISCHER: Eu estava dando tudo de mim lá e só pensava: "Vou me tornar técnica em veterinária". Estava muito certa daquilo. Eu trabalhava com um grupo de resgate de animais e cuidava de gatos na minha casa. Estava aprendendo a fazer soro e tudo relacionado a medicamentos. Castrar e soltar gatos na natureza.

CREED BRATTON (O ÚNICO QUE É ELE MESMO): Eu fiz um monte de coisas antes de *The Office*. *Quincy* e *Eight Is Enough* e um monte de filmes de TV e outras coisas. John Crosby, o famoso agente, me viu em uma peça com Beau Bridges, e eu tinha cabelo e estava muito, muito confiante. Então ele me contratou. Não precisei ficar procurando nem nada. Ele apenas disse: "Tem um emprego pra você aqui". Naquela época, era isso o que eles diziam.

BRIAN BAUMGARTNER: Você viveu uma vida de estrela do rock.

CREED BRATTON: Ah, nossa, sim! Por anos. Sorte de estar vivo.

BRIAN BAUMGARTNER: John Krasinski e eu falávamos disso o tempo todo. Você chegava e começava a contar uma história, e era tão fora do comum que não podia ser verdade. Mas talvez seja.

CREED BRATTON: Eu posso ter floreado um pouco, Brian, sabe como é, né? Mas não tenho que florear muito.

BRIAN BAUMGARTNER: Não tem mesmo, parceiro. Você curtiu festas com Jim Morrison.

CREED BRATTON: Eu saía com aquela banda o tempo todo. John Densmore [baterista do The Doors] foi o padrinho do meu casamento. E isso é verdade.

JOHN KRASINSKI (JIM HALPERT): Eu tinha acabado de conseguir um empresário em Nova York. Fui para Los Angeles para gravar um piloto e achei que era a melhor coisa do mundo. E então eles, de cara, não foram adiante com o piloto, e achei que minha vida tinha acabado.

JENNA FISCHER: Fiz um anúncio grandioso para o meu empresário e meus agentes de que eu estava abandonando a carreira de atriz. Eu não aguentava mais. Não conseguia aceitar os nãos. E meu empresário me pediu: "Jenna, dá mais um ano pra gente. Você está tão perto, de verdade". Meu professor gritou comigo e disse: "Não seja idiota, você está indo muito bem. A vida de um ator é assim! É uma série de pequenas realizações e milhares de nãos. Isso é ser ator, você está conseguindo!". Então eu concordei: "Tudo bem, fico por mais um ano".

JOHN KRASINSKI: Antes de deixar Los Angeles, meu empresário disse: "Você deve conhecer a Allison Jones". Então fui até lá e a conheci e queria que ela me adotasse. Ela disse: "Você deve prestar atenção a essa coisa que vai sair em breve. Chama-se *The Office* e você deve vir tentar".

Talvez você não saiba quem é Allison Jones, mas ela é a razão pela qual você conhece qualquer um dos atores de *The Office*.

JENNA FISCHER: Eu fazia testes para a Allison havia anos e conseguia poucas coisas. Meu primeiro personagem com fala na televisão foi para *Spin City*, nos anos de Charlie Sheen, que teve o elenco escolhido por Allison. Ela me chamou para uma minissérie do Steven Spielberg, e eu mandei mal. Não deu em nada. Minha atuação foi horrível. E ela disse: "Talvez o drama não seja a sua praia". [*Risos.*]

Mesmo antes de assumir a função de escolher quem iria trabalhar na filial de Scranton da Dunder Mifflin, Allison já havia ajudado a mudar a cara da televisão organizando elencos não convencionais para séries como *Supergatas*, *Um Maluco no Pedaço* e *O Mundo é dos Jovens*. Mas, no fim dos anos 1990, ela buscava algo diferente.

ALLISON JONES (DIRETORA DE ELENCO): Eu tinha acabado de terminar um piloto chamado *Roswell High* para a Warner Brothers (WB) [que acabou virando *Roswell*]. Todos os atores tinham que se parecer com os garotos de *Dawson's Creek*. Era uma tortura, todos os jovens tinham que ser bonitos e blá-blá-blá. Testamos Heath Ledger, e ele nem sequer era bonito o suficiente para estar no programa. Então, felizmente, consegui levar todos os rejeitados daquela série para *Freaks and Geeks*.

Para a curta, mas amada, comédia dramática da NBC sobre estudantes do ensino médio de Michigan, Allison reuniu uma equipe heterogênea de desconhecidos como Jason Segel, James Franco, Seth Rogen, Linda Cardellini e Busy Philipps.

ALLISON JONES: Eles eram muito mais interessantes e talentosos. E foi ótimo que Paul [Feig, criador] e Judd [Apatow, produtor-executivo] só queriam jovens de verdade. Acho que adoro observar as pessoas. Quando era adolescente, eu saía com nerds e simpatizava com eles e eu também era um pouco assim. *Freaks and Geeks* foi o primeiro programa legal em que trabalhei, e deve ser por isso que não deu certo. Mudou toda a cena da comédia. O roteiro, o ritmo da realidade, as pessoas não bonitas. Foi a primeira vez que fiz algo assim. Porque, em todos os programas adolescentes da época, os jovens tinham que ser bonitos e ter vinte e cinco anos.

Mas a série chamou a atenção do produtor-executivo Greg Daniels.

GREG DANIELS: Enquanto eu estava na Fox, fiz um piloto baseado na minha experiência crescendo em Nova York [*Life's Too Short*, estrelado por Michael McKean e Samm Levine]. Era um programa para a família toda no estilo *Seinfeld*. Eu estava escolhendo o elenco quando *Freaks e Geeks* foi cancelada [em 2000]. Vi todos aqueles jovens do programa, e muitos deles se debulhavam em lágrimas no teste porque estavam muito tristes que a série tinha sido cancelada. Acabei selecionando Samm Levine. Mas, de qualquer forma, eu de fato curtia *Freaks and Geeks*. Gostava muito das escolhas de Allison. Quando comecei a pensar em todos os diretores de elenco que eu poderia levar para *The Office*, fiquei, tipo: "Eu quero trabalhar com *ela*".

Allison tinha uma arma secreta, sua assistente de elenco Phyllis Smith. Allison e Phyllis trabalhavam juntas desde o fim dos anos 1990, e, embora Phyllis não tivesse ambição de atuar, ela tinha alguma experiência na frente das câmeras.

PHYLLIS SMITH (PHYLLIS VANCE): Eu trabalhava como recepcionista em uma empresa de defesa aeroespacial em Sherman Oaks. Uma amiga minha, que trabalhava para a Stu Billett Productions, me ligou e disse: "Phyllis, eles precisam de uma mulher tímida e pouco atraente para um programa de tribunal". Eu realmente não queria fazer aquilo, mas tinha uma hora de almoço, então subi o morro [no Vale de San Fernando] para fazer esse teste. Isso era antigamente, quando usávamos meias-calças, então fui ao banheiro, e ao puxar a meia, um enorme buraco se abriu. Meu joelho inteiro ficou de fora.

FICHA DE RECURSOS HUMANOS

Phyllis Smith

Profissão: atriz

Cidade natal: Lemay, Missouri

Formação: Bacharelado em Educação Básica, University do Missouri-St. Louis, turma de 1972

Empregos anteriores: líder de torcida do time de futebol St. Louis Cardinals (1973); artista burlesca com Will B. Able e sua Baggy Pants Revue (meados dos anos 1970)

Trabalhos pós-*The Office*: intérprete da personagem Tristeza, no filme *Divertida Mente* (2015); teve papel recorrente em *The OA* (2016-2019), da Netflix

Habilidades especiais: sapateado, balé, basquete e a proeza de preencher o imposto de renda enquanto filmava as cenas secundárias de *The Office*

Horas extras: foi escalada como mãe de Steve Carell em *O Virgem de 40 Anos*, mas as cenas dos dois juntos foram cortadas

ALLISON JONES: Quem te ligou para oferecer isso?

PHYLLIS SMITH: Ai, droga, não consigo lembrar o nome dela. Acabou que ficamos conversando. Eu não era tímida o suficiente para ser a mulher tímida, mas no decorrer da conversa, eu disse: "Acho que posso ser boa em escolher elenco". Cerca de um ano depois, ela me ligou e foi assim que fui parar [na produção de elenco].

Os pilotos de TV, em sua maioria, são lançados em janeiro e fevereiro, e depois é preciso apressar tudo para filmar em março. Mas Greg Daniels optou por uma abordagem diferente em *The Office*. Ele começou o processo de audição em outubro de 2003.

GREG DANIELS: Entramos nesse processo muito longo de produção de elenco e, por alguma razão, estávamos fora de ciclo. Eu estava muito feliz porque na televisão, que funciona como uma fábrica, havia muitos aspectos que reduziam a qualidade. E um deles era tentar escolher o elenco quando todos os outros pilotos estavam fazendo o mesmo. Escolhemos o elenco no outono, que não é a época em que fazem isso, então tivemos pelo menos três meses e observamos todo mundo.

ALLISON JONES: Fizemos do jeito antigo, com fotos do rosto. As pessoas mandavam fotos pelo correio e nós as analisávamos.

GREG DANIELS: Allison é uma baita estudiosa de comédia e sabe tudo. Ela vê todos os shows, conhece todo mundo, frequenta todos os grupos de improviso.

PHYLLIS SMITH: Eu não estou falando isso só porque ela está sentada aqui, mas ela consegue se lembrar de todos os atores, os que trocaram alguma palavra com ela e aqueles que apenas conhecia de vista. Ela tinha um bom olho para aquilo. Tinha um faro para alguém que era único e diferente.

GREG DANIELS: Nós nos instalamos em uma daquelas casas no terreno da Universal. Éramos eu, Allison, Phyllis, Teri Weinberg e Howard Klein, que representava a equipe geral para a escolha de todo o elenco. Foi meio engraçado porque essa casa ficava colada no bondinho que fazia o tour pelos estúdios da Universal. O bondinho passava e eles costumavam dizer algo como: "É nessas casas que os programas de televisão do futuro estão sendo feitos". [*Risos.*] Tínhamos que ouvir isso repetidamente.

ALLISON JONES: Sempre gostei de escalar pessoas que não são estrelas. Acho que, no final, vale mais a pena. Escolher as pessoas que conheço há anos, que sei que podem acelerar o processo e ser realmente interessantes e engraçadas. Pessoas dos grupos de comédia Groundlings e da UCB [Upright Citizens Brigade][1], que simplesmente não tinham descanso. Foi muito divertido juntá-las a um texto terrivelmente bonito e sutil.

1 The Groundlings e UCB são escolas/grupos de esquetes e improvisos em comédia. [N.E.]

"Muito estranhos para a TV"

A montagem do elenco

BRIAN BAUMGARTNER: Vocês estavam cientes da versão britânica de *The Office*?

RAINN WILSON: Eu estava. Meu amigo de faculdade, Sam Catlin [um roteirista de *Breaking Bad* e showrunner da série *Preacher*, da AMC], tinha conseguido um DVD do primeiro episódio antes da estreia, e ele ainda tinha um aparelho de DVD compatível. Então fui realmente uma das primeiras pessoas a assistir ao programa nos Estados Unidos. Nós adoramos, fomos surpreendidos. E depois ele conseguiu mais alguns episódios e aí assistimos a mais dois ou três enquanto jantávamos.

JOHN KRASINSKI: Eu vi e me apaixonei pelo show britânico. Estava na Virgin Records – lembra daquela loja? –, fui naquela da Union Square e comprei a edição especial do DVD que vinha em uma embalagem preta. Eu assisti a tudo de uma vez só.

ANGELA KINSEY: Eu era uma grande fã. Grande fã. Achava a série incrível. Assisti a muita coisa da televisão britânica porque cresci no exterior. [A família de Angela se mudou para a Indonésia quando ela tinha dois anos de idade.] Cresci vendo *Fawlty Towers* e *Good Neighbors*, então esse tipo de humor realmente me atraía.

KEN KWAPIS (DIRETOR DO PILOTO DE *THE OFFICE*): Eu não tinha visto muita coisa do programa. Acho que só assisti ao piloto do show britânico, então logo fui ver o máximo que pude. Nem sei se o especial de Natal já tinha saído.

BRIAN BAUMGARTNER: Eu era nerd e ator de teatro e não estava ganhando dinheiro, mas fui uma das primeiras pessoas, pelo menos da minha classe social, que possuía um TiVo. E eu gravava tudo do TiVo. Eu assistia a tudo. Vi o programa na BBC America, mas acho que só a primeira temporada.

Não me lembro. Então, quando ouvi que eles estavam fazendo uma versão americana, fui ao meu agente na época e disse: "*Este* é o programa. É o programa em que devo estar. Eles devem estar em busca de pessoas desconhecidas". Meu agente me disse, e estas são exatamente as palavras dele: "Eles estão procurando pessoas desconhecidas, mas não como você. Desconhecidas, mas não *totalmente* desconhecidas".

JENNA FISCHER: A descrição da chamada de elenco dizia "Apenas atores desconhecidos". Era por isso que eu estava tão frustrada e queria desistir. Eu passava por todo esse longo processo de testes para programas de televisão e chegava até a parte do teste de tela, na frente das câmeras, e aí eles davam o papel para Alyson Hannigan [a Willow de *Buffy: a Caça-Vampiros*]. Não conseguia superar Alyson Hannigan.

ALLISON JONES: O requisito de ser desconhecido não era obrigatório, mas todos compreendiam. Aconteceu o mesmo com *Freaks and Geeks*. Não era algo claramente expresso, mas era meio óbvio que caras novas eram necessárias.

JENNA FISCHER: Eu era uma atriz desconhecida e não tinha absolutamente nada para oferecer em um outdoor na Sunset Boulevard. Eu não tinha um nome conhecido. Então, até *The Office* eu não tinha conseguido grandes papéis principais. O que não me favorecia, na verdade, foi o meu presente, que era o fato de ser desconhecida.

BRIAN BAUMGARTNER: Houve resistência da rede de TV em relação a isso?

ALLISON JONES: Alguma resistência, mas a emissora não se metia tanto quanto agora. Eles não viam todas as malditas audições antes de aprovarem quem estávamos testando. Apenas dizíamos quem estávamos testando.

KEN KWAPIS: Provavelmente havia alguns candidatos que tinham um perfil mais elevado. Mas acho que, no fim das contas, os instintos do Greg estavam certos. Deveria ser um programa em que você não está apenas descobrindo um grupo de atores, mas que de fato dá a sensação de que você está espiando um escritório de verdade.

BRIAN BAUMGARTNER: Eu me lembro de ouvir o termo "Scranton hot" (atraente para Scranton) usado em algum momento. Você se lembra dessas conversas?

ALLISON JONES: "Scranton hot" soa familiar. Igual a quando fizemos *Veep* (*Vice*); o elenco tinha que ser atraente para Washington, DC, não atraente *de verdade*. Os atores tinham que parecer basicamente parrudos. "Scranton Hot" era definitivamente algo importante.

GREG DANIELS: Por ser um documentário em uma empresa de papel comum, as pessoas não precisam ser extremamente bonitas. Sem desrespeitar ninguém. Mas se pensarmos em um programa como *Friends*, os atores são todos atraentes. Eu acho que a coisa do mocumentário permite que o elenco seja escolhido pela comédia e pelo carisma acima de tudo.

ALLISON JONES: Greg nos fez trazer muitos de seus amigos que escreviam para *Os Simpsons* e eram incrivelmente ótimos e estranhos.

GREG DANIELS: Eu trouxe Mike Reiss, um dos principais roteiristas originais de *Os Simpsons*, e outro conhecido meu, o Chuck Tatham.

ALLISON JONES: Foi a primeira vez que percebi que os roteiristas eram tão engraçados quanto os atores quando se tratava desse tipo de comédia, se não mais. Algumas dessas pessoas, Deus as abençoe, eram muito estranhas para a TV.

GREG DANIELS: A primeira pessoa que contratei para qualquer coisa em *The Office* foi B. J. Novak. Ele foi uma contratação para roteirista-ator. Os roteiristas-atores eram algo comum no *SNL* quando eu era roteirista [entre 1987 e 1990]. E um dos meus programas favoritos quando criança era o *Monty Python's Flying Circus*, em que todos escreviam e atuavam.

ALLISON JONES: B. J. chegou e fez um pequeno discurso dizendo como ele adoraria estar neste projeto e tal. Não quero dizer que ele estava implorando, mas isso me vem à mente. Muita gente fazia isso. Era fofo.

GREG DANIELS: Eu vi B. J. fazer stand-up, e ele fez uma piada sobre não ter aprendido muito na faculdade porque ele tinha dois diplomas: de psicologia e de psicologia reversa. Eu pensei, tipo: "Uau, essa é uma piada muito boa".

"Tente me entediar"
Os *testes de elenco*

KEN KWAPIS: Eu me lembro de quando Jenna veio para os testes de tela. Ela estava sentada um pouco distante dos demais, e todas as outras pessoas estavam em grupos, conversando muito e de forma bastante amigável. E Jenna estava muito quieta. Ela parecia tão introvertida que eu de fato comecei a me perguntar se ela não estaria lá por engano e que, na verdade, estava lá para a entrevista para a vaga de recepcionista.

JENNA FISCHER: Eu tinha um monólogo que foi roteirizado e eu fiz a cena em que Michael demite Pam, e ela o chama de idiota, e ele finge demiti-la. Greg estava lá no meu primeiro teste. Lembro-me de Greg esfregando as mãos, como se não pudesse acreditar que iria começar o projeto, e ele estava muito animado. A maneira como ele me olhava, ele parecia muito curioso, tipo: "Ela não vai conseguir muita coisa".

GREG DANIELS: Jenna entrou e meio que me surpreendeu, porque fiquei sem entender. Eu estava, tipo, ela não parece que atua. Ela simplesmente parece *ser* a Pam.

KEN KWAPIS: Claro, ela estava completamente envolvida. Ela estava *no* personagem. Fiquei completamente perdido. Pensei: "Talvez ela tenha interpretado mal o aviso".

JENNA FISCHER: Eu improvisei uma entrevista com Greg.

GREG DANIELS: Eu tinha todas essas perguntas estranhas para ela que eram..., bem, você não faria essas perguntas a um ator. Comecei: "Onde você trabalhou?". Era como uma entrevista de verdade para uma vaga de recepcionista.

JENNA FISCHER: A minha opinião sobre essa garota Pam é que ela estava sendo forçada pelo chefe insano, Michael, a fazer parte de um documentário com o qual ela não se importava. E Pam não teve nenhum treinamento de mídia. Então pensei, ok, se essa é a circunstância, o que eu faria nessa situação real? Então Greg começa essa entrevista comigo e diz: "Pam, você gosta de ser recepcionista aqui na Dunder Mifflin?". E eu apenas disse: "Não". Só isso. Foi tudo o que eu disse. Eu meio que pensei sobre a pergunta. E aí disse não. Ele esperou que eu falasse mais, e eu não disse nada e fiquei sentada lá. Então ele começou a rir e continuou me fazendo mais perguntas. Eu pensei: "Ele vai amar ou odiar, certo?".

ALLISON JONES: Costumávamos dizer aos atores: "Se você acha que está fazendo muito pouco, ainda está fazendo muito", não é? Demos a seguinte orientação a todos: "Menos é mais".

JENNA FISCHER: Allison me disse: "Nem adianta entrar e fazer um monte de truque de comédia. Uma parte do teste vai ser improvisação, mas não estamos à procura de expressões faciais travessas e espertinhas. Apenas use a verdade". E então ela me disse: "Jenna, tente me entediar". Nunca esquecerei essas três palavras. "Tente me entediar."

ALLISON JONES: Testamos outras Pams, mas acho que Jenna elevou o nível. Kristen Wiig fez um teste para o papel e ela foi fantástica. Mas, por alguma razão, eu não a trouxe de volta para Greg ver. Costumo trazer de volta qualquer um que tenha ido bem e me sinto envergonhada por não ter trazido de volta a Kristen.

JENNA FISCHER: Eu acreditava com todo o meu coração que aquele era o meu papel. Acreditava que era a única que deveria interpretá-lo. E pensei: "Se eles não me escolherem, então não vão fazer o programa que acho que eles estão fazendo".

RAINN WILSON: Foi uma daquelas raras vezes em que eu disse: "Esse papel é meu".

JENNA FISCHER: Eu sou literalmente a única pessoa que deveria fazer esse papel. É meu.

RAINN WILSON: Ninguém conhece esse mundo de nerds brancos trash. É a minha praia.

JOHN KRASINSKI: Meu empresário ligou e disse: "Eles querem que você venha para um programa chamado *The Office*". Eu ainda estava trabalhando como garçom e não sei onde consegui a confiança para ir: "Não quero o personagem Dwight. Me avise quando eles estiverem fazendo testes para o Jim". E eles basicamente disseram: "Como você se atreve?". Ficaram muito chateados. Meu empresário disse: "Uau, isso não foi legal". Mas aí, pra minha grande sorte, quatro semanas depois, eles ainda não tinham encontrado um Jim e disseram: "Agora você pode vir fazer o teste para o Jim".

JENNA FISCHER: Eu me lembro das outras três Pams de forma tão nítida. Havia uma Pam que usava botas de couro na altura do joelho e fui supercrítica. Tipo: "Olha, querida, a Pam nunca usaria botas assim".

FICHA DE RECURSOS HUMANOS

Jenna Fischer

Profissão: atriz

Cidade natal: St. Louis, Missouri

Formação: bacharelado em Teatro e Jornalismo, Truman State University, turma de 1995

Empregos anteriores: garçonete no Long John Silver's; vidente por telefone (embora nunca tenha recebido salário, porque parecia "dinheiro sujo"); atriz em um vídeo de educação sexual para pacientes psiquiátricos; participações especiais em *Spin City* (2001), *Undeclared* (Curso: Incerto) (2001), *That 70's Show* (2005), *A Sete Palmos* (2005)

Trabalhos pós-*The Office*: protagonista da série *Splitting Up Together* (2018-2019), da ABC, e da minissérie *You, Me and the Apocalypse* (2015), da NBC

Habilidade especial: digita 85 palavras por minuto, com 90% de precisão

Contatos de emergência: Jim (seu pai, não seu namorado/noivo/marido fictício em *The Office*) e Dwight (seu cunhado, não seu inimigo fictício em *The Office*)

Possível ação disciplinar: roubou o anel de noivado dado a ela pelo namorado/noivo/marido fictício Jim Halpert

FICHA DE RECURSOS HUMANOS

John Krasinski

Profissão: ator, diretor e produtor

Cidade natal: Boston, Massachusetts

Formação: bacharelado em Inglês, Brown University, turma de 2001

Empregos anteriores: intérprete do personagem Daddy Warbucks, em uma produção escolar de *Annie* (1991) realizada pelos alunos do sexto ano; roteirista estagiário em *Late Night with Conan O'Brien* (2000); pequenos papéis em *Ed* (2003) e *Law & Order: Criminal Intent* (2004)

Trabalhos pós-*The Office*: diretor, protagonista e corroteirista de *Um Lugar Silencioso* (2018), filme de terror/suspense indicado ao prêmio de melhor roteiro pelo Critics Choice e pelo Writers Guild Awards; protagonista de *Jack Ryan* (2018-presente), série de espionagem da Amazon

Amizades em *The Office*: fazia parte do mesmo time de beisebol que B. J. Novak na época do ensino médio

Habilidade especial: ensinou inglês como língua estrangeira na Costa Rica

JOHN KRASINSKI: Estávamos todos nessa sala fazendo os testes, e eu lembro que fiquei muito nervoso. Cara, isso é como um flashback. Eu estou tendo uma espécie de flashback ácido. B. J. Novak entrou, e eu não o via desde o ensino médio. Fizemos o ensino médio juntos [na Newton South High School, em Massachusetts]. E aí fiquei totalmente sem ação. Imagina alguém da sua escola entrando em uma situação que já é bizarra. Eu estava muito nervoso e fiquei mais ainda porque B. J. tinha atuado e dirigido tudo no colégio, e eu praticamente nem era ator ainda. Quer dizer, eu não era ator, era garçom. Eu estava, tipo, "Ah, que papel você está tentando?". E ele disse: "Estou fazendo o teste para um personagem chamado Ryan". E eu falei: "Você não vai tentar fazer o Jim? Legal, cara, isso é incrível".

ALLISON JONES: John não precisava se esforçar, não mesmo. Eu o vi em um comercial [da Kodak] em que ele raspava a cabeça ou algo assim. E eu me lembro de um diretor de elenco em Nova York dizendo: "Esse garoto, John Krasinski, é naturalmente engraçado. Você não vai acreditar em como ele é engraçado. Só de falar já soa engraçado". Fiz a gravação do teste dele em Nova York. Estávamos usando o mesmo suéter da J. Crew. Me lembro de pensar: "Ah, merda, espero que ele não perceba". O dele era marrom, e o meu, verde.

JOHN KRASINSKI: Enquanto eu estava na sala de espera na 30 Rock [o endereço dos estúdios da NBC], seis Jims que pareciam idênticos a mim entraram e fizeram o teste e, na saída, estavam cumprimentando um ao outro. Eu era o último. Naquele exato momento, disseram: "Vamos fazer uma pausa de uma hora para o almoço". E fiquei, tipo: "Ai, talvez mais um para o teste? Podemos colocar mais um?". Alguém se sentou à minha frente comendo uma salada e disse: "Você está nervoso?". E respondi: "Não, sabe, ou você consegue, ou não. Mas estou aterrorizado com a pessoa que criou o show porque sinto que os americanos têm um histórico de pegar programas brilhantes e arruiná-los". E ele disse: "Tentarei não fazer isso. Meu nome é Greg Daniels. Eu sou o produtor-executivo". Definitivamente fiz aquela cara de ânsia de vômito. Juro por Deus. Saí no corredor e vomitei. Então liguei pro meu empresário e disse: "Vou embora agora. Não tem como eu entrar nessa sala". E ele retrucou: "Você precisa entrar lá". Eu me lembro de abrir a porta e escutar risos desordeiros, e não estavam rindo comigo. Estavam rindo de mim. Eu me lembro de Greg me dizer mais tarde: "Nunca vou esquecer que você me disse aquilo. Ajudou muito no seu teste, porque você foi muito honesto. E esse é um tipo de vibe que quero nesse programa. Alguém que seja honesto e que garanta que estamos fazendo um bom trabalho". Agora, para todo e qualquer teste que faço, entro com uma atitude de "Então, este filme é uma droga". [*Risos.*] Não tem funcionado desde então, mas...

“Parece um conto de fadas”

Encontrando o Jim, a Pam e o Dwight perfeitos

GREG DANIELS: Quando comecei a adaptar a série, tentei desmontá-la como um relojoeiro, para ver como ela foi construída, e depois juntar todas as peças de novo. E achei que foi de fato brilhantemente criada para esses quatro personagens, porque cada um está conectado ao outro de maneiras diferentes. Pam e Michael têm uma relação, então, nos testes para a personagem Pam, tínhamos que testar as atrizes com os Michaels, ver como funcionaria. E Dwight tinha que ser testado com os Jims e os Michaels.

ALLISON JONES: Ele costumava representar graficamente as qualidades dos atores. Anotava o que ele queria e o que via em cada um deles. Tinha uma mente muito científica quando se tratava de coisas assim. E é claro que isso me deixava louca.

GREG DANIELS: É, sou supermetódico. Se eu tiver tempo para tomar uma decisão, vou atrás de todas as opções.

ALLISON JONES: Uma vez, estávamos em uma reunião selecionando o elenco. Você se lembra disso, Phyllis? Estávamos todos sentados numa mesa de conferências em uma sala. Tudo calmo e, de repente, Greg se levanta e pula pela janela.

PHYLLIS SMITH: Felizmente, a janela ficava próxima ao chão. Foi numa casa da Universal. E todos nós fizemos cara de “o que foi isso?”.

ALLISON JONES: E então Nancy Perkins [diretora de elenco] disse com um carregado sotaque de Boston: “Meu Deus, já ouvi falar de produtores que querem pular da janela, mas ele acabou de *fazer isso de verdade*!”.

PHYLLIS SMITH: Não sei por que ele fez isso, mas foi engraçado. Ele precisava pegar um suéter no carro ou algo assim.

KEN KWAPIS: Muitas pessoas diziam: "Isso não vai dar certo porque nenhuma emissora vai permitir fazer o que fizeram na versão do Reino Unido". E Greg era o primeiro a dizer que não funcionaria, a menos que tivesse a mesma excentricidade do original. Isso afetava todas as decisões, incluindo não trazer os finalistas para atuar na frente de um monte de executivos de rede que não tinham humor nenhum.

JENNA FISCHER: Normalmente, quando se faz um teste para um programa, você representa o seu papel em uma sala de conferências cheia de executivos. É um teste ao vivo para eles.

ALLISON JONES: Você diria aos atores: "Sejam engraçados". Essa era a maneira de fazer série de comédia. E não importava o nível de sutileza.

TERI WEINBERG (COPRODUTORA-EXECUTIVA): Achamos que, se entrássemos em uma sala, eles nunca iriam fazer o programa. Apenas diriam: "Ah, bem, isso é um erro enorme. *Enorme*". Queríamos dar aos atores a oportunidade de criar a química de fato, e era possível sentir o tipo incomum de ritmos e compassos dos atores, dependendo da cena.

GREG DANIELS: Tivemos essa ideia de fazer testes de tela à moda antiga. Reservamos três dias e pegamos os três ou quatro melhores candidatos para cada papel e os juntamos em diferentes improvisações e filmamos tudo.

JENNA FISCHER: Fomos informados de que, como a câmera era uma parte essencial do nosso programa e se relacionar com ela era tão importante, eles queriam fazer uma série de cenas de teste em frente às câmeras com os quatro atores finalistas para cada papel.

TERI WEINBERG: Na verdade, conseguimos meio que produzi-las, porque Ken dirigiu todo mundo. E conseguimos reservar algum tempo para ter certeza de que obteríamos as melhores tomadas. Acho que fomos os pioneiros nesse tipo de técnica. E penso que isso fez mudar a maneira como as pessoas estavam realizando audições.

JENNA FISCHER: Eles nos chamaram para ir a um edifício de escritórios durante dois dias e misturaram e fizeram diferentes combinações entre nós e filmaram as cenas.

KEN KWAPIS: O que era realmente incomum é que, na verdade, filmamos aqueles testes em frente às câmeras no local onde passou a ser a Dunder Mifflin. De fato, os testes foram realizados na locação. Isso mudou todo o modo como o elenco fazia as cenas.

JENNA FISCHER: Conseguimos dar aqueles olhares para a câmera. Conseguimos reagir quando percebíamos que a câmera estava lá e achávamos que não estava. Isso foi realmente um grande elemento do programa. Outro argumento de Greg para fazer dessa forma era que o show era curto, e o mais importante eram os pequenos momentos. Ele realmente achava que fazer os testes dos personagens em uma sala de conferências daria aos executivos a sensação correta do que ele buscava, de como era o programa.

GREG DANIELS: Foi ótimo para Ken, porque ele descobriu muito sobre o estilo de filmagem ao fazer isso.

KEN KWAPIS: Greg pediu aos atores que improvisassem bastante. E às vezes trabalhamos com cenas que acabaram entrando no piloto.

RAINN WILSON: Eu improvisei todo o texto da minha cabeça. Falei algo que depois acabou entrando num episódio: "Dwight Schrute, em homenagem ao meu pai, Dwight Schrute, em homenagem ao pai dele, Dwide Schrude. Amish". Então, lá na ancestralidade de Dwight, havia alguém chamado Dwide Schrude.

GREG DANIELS: Foi divertido para mim também, porque inventei muitos jogos de improviso.

TERI WEINBERG: Acho que nenhum de nós tinha passado de fato por algo assim antes. Os atores entravam e liam uma cena e depois improvisavam, e Greg vinha com pequenas falas ridículas ou dizia coisas do tipo: "Conte como você entrou na sua geladeira esta manhã". Só essas coisas estranhas e aleatórias.

JOHN KRASINSKI: Fizeram uma improvisação em que eu tinha que ir ao banheiro e pedir para Rainn vigiar o meu telefone. Ele fez um gesto em que parecia que portas de segurança estavam descendo. Ele fez tão bem! Ele era muito irritante, mas da melhor maneira possível, como o personagem dele.

RAINN WILSON: Isso não era de fato a minha praia. Eu não fiz parte de Upright Citizens Brigade ou Groundlings. Eu não era de fato um cara do improviso, mas improvisei muito bem.

JOHN KRASINSKI: Foi incrível. E, no fim das contas, acabei rachando de rir, porque ele era muito irritante. Eu me lembro de sair da cena dizendo: "Ele deve ficar com o papel, porque estou de fato muito irritado de estar nesta sala com ele". Eu, John Krasinski, e não Jim Halpert. Ele foi muito bem. Estava me deixando fisicamente irritado.

RAINN WILSON: Depois que fui escalado, Greg veio até mim e disse de forma muito diplomática: "Você improvisa melhor do que atua seguindo o roteiro. Quando você está fazendo coisas do roteiro, parece um pouco pesado e forçado". Isso foi antes de gravarmos o piloto. Não consegui dormir naquela noite. Fiquei, tipo, "Ai, merda, o que isso significa? Improviso bem, mas sou um ator normal muito, muito ruim". Então implorei ao meu empresário para ver as fitas dos testes. E ele estava coberto de razão. Quando improvisei, ficou um pouco mais solto, mais natural e mais estranho. Quando eu fazia as coisas do roteiro, não quero dizer que soou como um ator de teatro, mas pareceu tudo roteirizado. Não tinha aquela vibe de documentário. Como ator, foi um ótimo aprendizado para mim.

JOHN KRASINSKI: Sei que parece um conto de fadas, mas me lembro de Jenna Fischer entrando, e assim que ela cruzou a soleira da porta, eu disse: "Bem, é ela. É exatamente ela quem deve interpretar a Pam. Espero que ela consiga juntar pelo menos duas palavras, porque o papel é dela".

GREG DANIELS: Uma parte de mim, ao tentar obter uma história de amor interessante entre Pam e Jim, pensou que talvez devesse ser uma história de amor inter-racial. Eu tinha uma versão disso em que Craig Robinson era Roy, não Darryl. Havia uma atriz realmente simpática, Erica Vittina Phillips, e pensei: "Bem, será que ela poderia ser a Pam?". Mas ela era uma segunda opção bem distante de Jenna. Jenna era aquela que você dizia: "É óbvio que é a Pam". Eu também senti isso em relação a John. Havia outros caras bons para o Jim, mas ninguém chegava perto de John.

JOHN KRASINSKI: O que aconteceu foi que vi Jenna entrar com todos os outros Jims e pensei: "Ela é o ponto da virada. É ela". Eu me lembro de dizer para mim mesmo, sozinho em um canto: "Se eu não entrar com ela, sei que não vou conseguir o papel". Então entrei, vi Jenna e pensei: "Voltei para o páreo! Tenho chance".

JENNA FISCHER: Ficou muito claro para mim que John era o Jim e eu acreditava que eu era a Pam. As pessoas perguntam muito sobre química. O que é química? Química não significa que John e eu estejamos apaixonados na vida real. Química significa que não havia outra pessoa que me fizesse sentir mais como Pam do que John Krasinski quando ele estava no papel de Jim. Havia algo completamente natural em ser a Pam quando eu estava perto dele. Ele me prendia na personagem.

JOHN KRASINSKI: Obviamente eu não tive filtro quando criança, porque depois do teste, virei pra ela e disse: "Você sabe que vai conseguir o papel, né?". E ela falou: "Meu Deus, falei a mesma coisa a seu respeito. Assim que vi você, fiquei, tipo: 'É o Jim'". Foi muito estranho.

JENNA FISCHER: Não só eu achava que ele era o melhor Jim, mas que eu só poderia fazer o melhor trabalho como Pam se ele fosse Jim. Então, quando me disseram que eu seria a Pam, eu tinha que saber. John Krasinski é o Jim?

JOHN KRASINSKI: Quando consegui o papel, o que foi incrível, pulei no sofá e provavelmente torci meu tornozelo, porque acho que meu pé ficou preso na fenda. A única pergunta que fiz ao meu empresário na época foi: "Jenna Fischer conseguiu o papel?". Era como se eu só fosse ficar totalmente feliz quando soubesse que o papel era dela.

JENNA FISCHER: E eles responderam que sim. E eu pensei: "OK, então vai dar tudo certo". Porque eu estava um pouco preocupada. Se não fosse ele, eu esperava ainda conseguir fazer o papel.

“10% mais de esperança”

A BUSCA POR MICHAEL SCOTT

GREG DANIELS: *Antes de começarmos a escolher alguém ou contratar um diretor de elenco, Stacey Snider [CEO da Universal] sugeriu a Ben o nome de Steve Carell.*

BEN SILVERMAN: *Ela me ligou e disse: “Ben, eu adoro* The Office*. É tão brilhante. É tão incrível”. Ela sabia mais sobre a série do que quase qualquer outra pessoa na televisão, porque ela estava sempre de olho em conteúdos do exterior. E ela me deu uma ideia. O que acha de Steve Carell para o papel principal? Ela disse: “Você viu* Todo Poderoso*? Ele faz essa coisa de quinze minutos e é o tour de force cômico mais brilhante que já vi. E estamos desenvolvendo um filme para ele,* O Virgem de 40 Anos*, e acho que ele vai ser uma grande estrela”.*

GREG DANIELS: *Nós assistimos à cena dele em* Todo Poderoso *e achamos que ele seria ótimo, então pedimos a seus empresários para nos dizerem se ele tinha recebido outras ofertas. Mas eu tenho um processo. Começamos a negociar com Allison Jones para ser a diretora de elenco. Não queria contratar Allison e dizer que já tínhamos decidido quem faria o papel principal. Levou duas semanas para fecharmos com Allison para ela ser a diretora de elenco. E nessas duas semanas, Steve aceitou fazer* Come to Papa*.*

BEN SILVERMAN: *Era uma sitcom da NBC de curta duração e ele era tipo o quarto protagonista.*

BEN SILVERMAN: *Quando encontramos Rainn Wilson, de fato pensamos que talvez ele pudesse ser Michael Scott. Não tínhamos certeza se ele poderia ser, mas íamos trazê-lo ao nosso mundo do elenco e ver qual papel funcionava pra ele.*

RAINN WILSON: *Naquela primeira audição, fiz um teste para Michael e outro para Dwight. E meu Michael foi simplesmente terrível.*

BEN SILVERMAN: *Ele foi para os bastidores, viu a fita e ficou muito envergonhado e horrorizado com sua interpretação de Michael Scott, porque percebeu que estava essencialmente fazendo uma imitação de Ricky Gervais.*

GREG DANIELS: *Lembro que gravei, tarde da noite, eu mesmo fazendo as falas de apoio para Michael. Porque estava, tipo: "Nem sei o que vou dizer a eles, sabe?". Fiz isso um monte de vezes e percebi que o mais importante para as pessoas que fariam o teste para o papel de Michael era entender que, na imaginação dele, se ele fizesse um bom trabalho no documentário, talvez Jennifer Aniston o assistisse. Isso estava em seu inconsciente.*

BEN SILVERMAN: *Continuamos acrescentando integrantes ao elenco, mas sem o protagonista. Comecei a entrar em pânico. Não temos Michael Scott! Temos uma trupe de talentos reunidos em uma janela de tempo, porque, quando se começa a montar o elenco, não dá para segurar todos para sempre. Basicamente eles estão disponíveis por um período e, em seguida, você pode perdê-los. Então estávamos lidando com todas essas extensões e expansões porque agora estávamos selecionando o elenco por mais tempo do que normalmente se faz para um programa. Estávamos escolhendo esse elenco havia meses, quando normalmente isso acontece em semanas.*

ALLISON JONES: *Ben falou sobre Paul Giamatti e Philip Seymour Hoffman. Na época, as estrelas de cinema não faziam televisão. Não faziam. Ponto-final. Giamatti disse não logo de cara. Então fomos atrás de Hoffman, o grande e saudoso Philip Seymour Hoffman, e ele rejeitou também. Fomos rejeitados por muita gente boa. Quer dizer, Adam Scott foi logo de cara. Greg e eu gostamos de Patton Oswalt para Michael Scott. É claro, ele fez uma leitura fantástica e fazia stand-up na época. Louis C. K. não estava disponível e tinha um acordo na CBS.*

BEN SILVERMAN: *Nossa opção imediata para o personagem Michael Scott era Bob Odenkirk.*

ALLISON JONES: *Eu queria Bob havia muito tempo. Ele era o rei desse tipo de comédia. Ele meio que a inventou com David Cross* [no sucesso underground da HBO, Mr. Show with Bob and David]. *Eu não podia acreditar que ele apareceu para fazer o teste.*

FICHA DE RECURSOS HUMANOS

Steve Carell

Profissão: ator, escritor e diretor

Cidade natal: Acton, Massachusetts

Formação: bacharelado em História, Denison University, turma de 1984

Empregos anteriores: carteiro em Littleton, Massachusetts (1984); artista do *Second City* (1991- 1994); correspondente do *The Daily Show* (1999-2004)

Trabalhos pós-*The Office*: estrelou em filmes como *Foxcatcher: uma História que Chocou o Mundo* (2014), *A Grande Aposta* (2015), *A Guerra dos Sexos* (2017), *Querido Menino* (2018) e *Irresistível* (2020); papéis principais nas séries de TV *The Morning Show* (2019-2020), da Apple TV+, e *Space Force* (2020-2022), da Netflix

Projeto paralelo: proprietário da Marshfield Hills General Store, em Marshfield Hills, Massachusetts

Licença médica: durante a greve dos roteiristas de 2007, pediu licença médica alegando "saco cheio"

Habilidades especiais: joga hóquei e toca pífaro

Contato de emergência: Nancy Carell (também conhecida como Carol Stills, a principal agente imobiliária de Scranton)

GREG DANIELS: Observamos todos na cidade, menos Carell. E aí, no fim do processo, ainda perdemos Carell.

BEN SILVERMAN: Liguei para Kevin Reilly [só lembrando: o presidente de desenvolvimento em horário nobre da NBC] e falei algo como "Você tem esse cara no seu programa, mas ele tem que ser nosso". E ele disse: "Você não ouviu isso de mim, mas acho que *Come to Papa* não vai voltar, mas não posso dizer isso a ninguém".

GREG DANIELS: Kevin soltou que poderia ser seguro arriscar com Carell, porque *Come to Papa* não parecia estar indo muito bem.

BEN SILVERMAN: Foi muito estressante. Ainda tínhamos Bob como alguém que amávamos como comediante. Mas Steve, apesar de ser do nordeste dos Estados Unidos, tinha uma energia cômica do meio-oeste muito acessível e adorável, como as grandes estrelas de comédia dos anos 1950 e 1960. Ele tinha aquela coisa. Havia algo na gente que queria suavizar o personagem. Bob tem uma característica mais durona, como se tivesse angularidade. Ele é brilhante, mas literalmente tem angularidade.

Rainn também, você sabe, o que se encaixou de forma perfeita em sua criação do Dwight.

ALLISON JONES: Para mim, foi uma escolha difícil entre Odenkirk e Carell, mas minha grande preocupação é sempre que não vão escolher a pessoa certa. Escolhem alguém porque uma pessoa da emissora diz que fulano não fez um bom trabalho em um piloto deles seis anos atrás. Esse é o pânico que tenho quando estou escolhendo o elenco para um piloto.

BEN SILVERMAN: *Come to Papa* não foi um sucesso gigante, mas também não foi um fracasso completo. E isso nos deixava ansiosos. O tempo estava cronometrado. A todo mês, podíamos perder os atores. Só tínhamos os direitos por certo tempo a mais também. Você tem que começar a fazer essas coisas ou perde a capacidade de ter o direito de fazê-las. Não tínhamos certeza de que conseguiríamos Steve porque ele tinha um contrato que o obrigava a ficar um tempo mais longo em *Come to Papa*. Mas, pra nossa felicidade, acho que a NBC também era dona do programa, e basicamente barganhamos e negociamos para conseguir um teste com Steve.

STEVE CARELL: Eu me lembro, antes de fazer o teste, de falar com Paul Rudd. Eu não tinha visto o original, e ele perguntou o que eu estava fazendo. Isso foi logo após *O Âncora: a Lenda de Ron Burgundy*. Comentei que estava indo fazer o teste para a versão americana de *The Office* e ele disse: "Ai, não faça isso. Decisão ruim, muito ruim. Tipo, nunca vai ser tão bom" – como o que todos diziam.

ALLISON JONES: Quando vi Steve Carell, e Phyllis pode confirmar isso, eu estava no chão rindo, porque ele foi muito bem.

KEN KWAPIS: Uma das coisas que Steve fez muito bem, ele é o único personagem que está animado com a presença da equipe gravando o documentário. Porque Michael Scott se acha um superastro. Mas, de alguma forma, ele atuava para as câmeras e também era o objeto do documentário. É uma das coisas que me deixava maravilhado. Michael Scott é arrogante, faz piadas e brinca com a câmera, mas não percebe que está sendo avaliado. Steve de alguma forma encontrou aquela dualidade estranha.

ALLISON JONES: Bob poderia ter sido visto como menos acessível, talvez um pouco menos... Não estou dizendo sobre ser simpático, porque ele é simpático. Mas o Michael Scott do Steve era simples, doce e simples. Bob era um pouco mais racional.

PHYLLIS SMITH: Mas teria sido uma história diferente. Um Michael diferente com Odenkirk.

ALLISON JONES: Teria sido diferente, o outro lado da moeda em relação a Steve Carell. Mas Steve era a escolha. Tinha que ser Steve Carell. Eu estava olhando pelo monitor, assistindo ao teste de Steve, e ri muito. Greg reparou nisso.

KEVIN REILLY: Quando você olha para Steve, você meio que sabe que, em sua essência, ele é um cara legal, mesmo fazendo o papel de babaca. Você simplesmente sabe que ele não é um cara tão ruim assim. Ele é uma versão mais benigna. E o que sempre lembro foi o que, desde o início, perguntei: "Greg, qual é a sua visão do programa?". E ele disse: "É o programa original com mais dez por cento de esperança". E acho que foi isso que Steve incorporou.

"Eu não sabia que ele estava me testando"

PREENCHENDO O ESCRITÓRIO DE *THE OFFICE*

BRIAN BAUMGARTNER: *Não sei se você e eu já conversamos sobre isso, mas você sabe que enganei vocês? Enganei todos vocês.*

KEN KWAPIS: *Não duvido que você seja mais esperto do que eu, mas como?*

BRIAN BAUMGARTNER: *Eu me encontrei com Phyllis e Allison Jones. Eu não as conhecia, e elas disseram: "OK, queremos que você faça uma audição para o papel de Stanley". Fui para casa e pensei: "Eu não deveria fazer o teste para este papel". Quando entrei, fiz a leitura para o personagem Stanley como se eu fosse Kevin. Então saí pela porta e deixei a sala. Allison ou Phyllis, não lembro quem foi, correu atrás de mim e disse: "Brian, espere, espere, espere. Eles querem que você leia para esse outro papel". Então voltei e fiz a leitura para Kevin.*

KEN KWAPIS: *Acho isso fantástico. Os atores poderiam seguir a sua ideia e ir a uma audição e interpretar o papel que eles têm na frente deles como se fossem o outro personagem.*

BRIAN BAUMGARTNER: *Provavelmente vai funcionar muito melhor, pessoal.*

FICHA DE RECURSOS HUMANOS

Brian Baumgartner

Profissão: ator e diretor

Cidade natal: Atlanta, Geórgia

Formação: bacharelado em Teatro, Southern Methodist University, turma de 1995

Empregos anteriores: diretor artístico do Hidden Theatre em Minneapolis (1995-1999); participações especiais em *Arrested Development* (2005) e *Everwood: uma Segunda Chance* (2005)

Trabalhos pós-*The Office*: papéis em *Hand of God* (2017), da Amazon, e *Hot in Cleveland* (2013-2015); fez a voz de um urso-preto sonolento na série animada *Zé Coleta* (2020), da Netflix

Atividade extracurricular: vocalista/baterista da Scrantonicity

Habilidades especiais: fazer chili e enterrar cestas de três pontos

Emprego dos sonhos: ser o jogador de primeira base do Atlanta Braves

PHYLLIS SMITH: Eu me lembro de quando Leslie [David Baker, que acabou sendo escalado como Stanley] entrou. Ele tinha outro teste para fazer. Então dissemos: "Vá fazer seu outro teste e volte". Na volta, ele pegou engarrafamento e estava de mau humor. Deve ter funcionado. [*Risos.*]

OSCAR NUÑEZ: Provavelmente fiquei como reserva para fazer o Stanley, porque não havia outro personagem disponível. E então eles disseram: "Vamos trazê-lo de volta". Pediram que eu improvisasse – e isso me deixa muito feliz.

BRIAN BAUMGARTNER: Você conhecia a Angela antes do programa, certo?

OSCAR NUÑEZ: Isso. Acho que de Groundlings ou ImprovOlympic.

ANGELA KINSEY: Tínhamos feito um esquete de comédia chamado *Hot Towel* (Toalha Quente).

BRIAN BAUMGARTNER: *Hot Towel*? Por que todos os esquetes de comédia têm nomes estranhos?

ANGELA KINSEY: Porque você, com vinte e poucos anos, se acha hilário.

BRIAN BAUMGARTNER: *Hot Towel* é hilário?

ANGELA KINSEY: Como a toalha quente que eles dão no avião, sabe? Estávamos, tipo, "Ah, vamos ser uma toalha quente". Bem, não sei. Então eu conhecia Oscar, e Kate Flannery e eu já tínhamos improvisado juntas. Eu conhecia Dave Koechner [que interpretou Todd Packer]. Eu costumava ajudar na iluminação de seu show *Beer Shark Mice*. Eu conhecia todos os círculos de improvisação. Quem mais? Estou tentando lembrar...

BRIAN BAUMGARTNER: Greg Daniels?

ANGELA KINSEY: Eu tinha um parentesco com Greg por casamento. Vocês sabem disso, né? Eu adorava o Greg. Ele apoiou demais a minha carreira. Ele ia aos meus shows de improviso. Pensando agora, Greg e a esposa provavelmente tiveram que arranjar uma babá. Quando você tem vinte e poucos anos, não pensa nisso. Você diz: "Tenho um show de improviso às dez da noite". Então ele ia fazer o remake da série e falou: "É meio que a sua praia".

BRIAN BAUMGARTNER: Tem algo específico de que você se lembre sobre o dia em que fez o teste?

FICHA DE RECURSOS HUMANOS

Oscar Nuñez

Profissão: ator

Cidade natal: Colón, Cuba (até os dois anos de idade), depois Boston e Union City, Nova Jersey

História de família: os pais estudaram com Fidel Castro na Universidade de Havana

Formação: Fashion Institute of Technology (Moda); Parsons School of Design (Escrita); formando da oficina de escritores de comédia da Warner Bros. (1997)

Empregos anteriores: artista do grupo de improviso Groundlings (1998); participação especial em *Curb Your Enthusiasm* (2000), *Malcolm* (2002-2003), *Reno 911!* (2003) e *24 Horas* (2003)

Trabalhos pós-*The Office*: interpretou Desi Arnaz na produção teatral de *I Love Lucy: a Funny Thing Happened on the Way to the Sitcom* (2018); desempenhou papéis nas séries de TV *Benched* (2014), *People of Earth* (2016) e *Mr. Iglesias* (2019-2020)

Habilidade especial: técnico em Odontologia (formado pelo Magna Institute of Dental Technology)

Ação disciplinar: repreendido por fazer uma piada de boquete em um episódio do game show *Match Game* exibido em 1998

FICHA DE RECURSOS HUMANOS

Angela Kinsey

Profissão: atriz

Cidade natal: nascida em Lafayette, Louisiana, criada em Jacarta, Indonésia

Formação: bacharelado em Inglês, Baylor University, turma de 1994

Apelido na faculdade: Junior Mint

Empregos anteriores: estagiária em *Late Night with Conan O'Brien* (1993-1994); operadora da linha 1-800-DENTIST; artista dos grupos de improviso Groundlings e IO West

Trabalhos pós-*The Office*: papéis na série *Haters Back Off* (2016-2017), da Netflix, e nos filmes *Half Magic* (2018) e *Crush à Altura* (2019)

Horas extras: interpretou Angela, que trabalha na seção de armas infantis no Mega Lo Market, em dois episódios de O *Rei do Pedaço* (1997-1998)

Contatos de emergência: seus dois gatos (Snickers e Oreo) e dois cães (Biscuit e Buster)

ANGELA KINSEY: Eu estava fazendo teste para a Pam. Eu me lembro muito, muito bem, porque, antes de entrar, Greg falou: "Angela, parece meio engraçado dizer isso, mas não vou te apresentar, OK? Vou fingir que não nos conhecemos". Ele falou: "Confie em mim. Se eles acharem que você está lá como qualquer outra pessoa, vai ser melhor pra você. Sei que você é capaz". Então eu estava, tipo, OK, entendi. E vocês conhecem minha cara de indiferente. Terrível. Mas fiquei, tipo, OK, não vou fazer contato visual.

ALLISON JONES: Me lembro de Phyllis e eu dizendo a Greg: "Devemos fingir que não sabemos que ela é sua parente".

ANGELA KINSEY: Entrei e havia uma sala cheia de pessoas. Trabalhei muito duro na cena. Eu estava passando o texto com a Phyllis, porque todos nós fazíamos isso com ela. Há uma cena em que Michael finge demitir Pam na frente de Ryan, e é só uma jogada boba. E Pam o chama de idiota e começa a chorar. Quando Phyllis me demitiu interpretando o Michael falso, eu a chamei de idiota e todos começaram a rir. Eu lembro que pensei: "Não acho que caberia uma risada aqui".

BRIAN BAUMGARTNER: Você conseguiu uma risada numa fala idiota.

ANGELA KINSEY: Então dois meses se passaram. Eu estava esperando por notícias e recebi uma ligação do meu agente: "Você sabe aquele programa *The Office*? Eles gostaram muito de você. Mas acharam você um pouco agressiva demais para a Pam". Chocante. Chocante. Mas disseram: "Há outra personagem. Ela trabalha na contabilidade e é meio seca, e não tem nada de bom pra falar de ninguém". Fui lá e passei o texto com Ken Kwapis e era uma fala. Nunca vou me esquecer disso, porque ele disse: "Bem, Angela, você fez do limão uma limonada com essa fala". Eu estava, tipo, "espera aí, isso é bom?". Eu não sei.

ALLISON JONES: Tínhamos um pequeno plano para o Greg. Íamos insistir pela Angela porque sabíamos que era a pessoa certa, mas íamos fingir que não sabíamos que ela é parente dele. Quando estávamos na sala dizendo que deveríamos contratar Angela, Greg por algum motivo se opôs. Phyllis e eu estávamos nos cutucando por baixo da mesa. De alguma forma, eu não sei o que aconteceu lá, conseguimos a Angela. Talvez fosse a psicologia reversa ou algo assim.

OSCAR NUÑEZ: Eu não sabia que ela tinha conseguido o papel. Apareci pra trabalhar e ela estava lá no [canto] dos contadores, e isso é como o sonho de um ator se tornando realidade. Fiquei, tipo: "O que você está fazendo aqui?". E ela: "O que você está fazendo aqui?". E eu: "Ah, meu Deus, Angela, estamos nesta série. Estamos nesta bendita série!".

BRIAN BAUMGARTNER: O que você achou de mim? Porque até então era só você e a Angela, e eu era o cara novo.

OSCAR NUÑEZ: Você já não estava lá? Você não estava lá para o piloto?

BRIAN BAUMGARTNER: Você claramente não tem nenhuma lembrança de quando nos vimos pela primeira vez.

OSCAR NUÑEZ: Não, eu sabia que você era engraçado em comerciais. Você tinha aquele comercial da rede de fast-food Jack in the Box que era brilhante.

BRIAN BAUMGARTNER: Obrigado. Essa é a coisa mais legal que você já disse a meu respeito.

KATE FLANNERY (MEREDITH PALMER): Lembro que eles disseram para ir sem maquiagem. Tipo, totalmente sem maquiagem. Em geral, quando dizem sem maquiagem, significa sem batom e rímel. Mas era como: "Não, não, não, tire, tire, tire os cílios postiços".

BRIAN BAUMGARTNER: Você lembra o que eles disseram pra você sobre Meredith?

KATE FLANNERY: Eles apenas disseram que ela tinha intolerância à lactose, era divorciada e tinha feito uma histerectomia. Vai!

KEN KWAPIS: Eu também me sinto responsável pelo Creed.

BRIAN BAUMGARTNER: Como você conheceu o Creed?

KEN KWAPIS: Quando eu estava envolvido em *The Bernie Mac Show* (*Bernie Mac, Um Tio da Pesada*), Creed era dublê. Lembro um dia em que Creed e outro dublê estavam conversando enquanto preparávamos a iluminação e fiquei escutando os dois. A certa altura, ouvi Creed dizer algo como: "E então Hendrix me ensinou essa improvisação naquela noite". Aí me virei e o vi tocando guitarra no ar para o outro dublê. Então fui até ele e me apresentei. Ele se apresentou como "Creed Bratton, ex-Grass Roots", que era uma banda pop da área da baía de São Francisco, de meados dos anos 1970, responsável por abrir as portas para Janis Joplin, The Doors e outros. Então nos tornamos amigos. Mas acabei saindo pra fazer outras coisas e perdi contato com ele por um tempo. Depois, um amigo em comum me disse que Creed estava procurando trabalho e tinha ouvido que eu estava dirigindo o piloto para *The Office*, e perguntou se precisavam de dublês.

CREED BRATTON: Eu disse: “Olha, adoro o programa do Ricky Gervais. Tem como eu ir aí e fazer a leitura para alguma coisa?”. Ken me liga de volta e diz: “Eu disse a Greg que você é um cara muito interessante. Ele falou: ‘Bem, se ele é tão interessante, vamos ver se podemos colocá-lo ali no meio’”.

KEN KWAPIS: Respondi ao Creed: “Não há garantia de nada, mas, se quiser ser figurante no fundo do escritório dessa empresa de papel por uma semana, você pode se sentar nesta mesa”.

A maior parte do elenco era desconhecida, mas ninguém mais do que Phyllis. Antes de *The Office*, ela não era aspirante a atriz. Ela era assistente de elenco, fazia listas de pessoas que poderiam fazer os testes para os papéis, entrava em contato com os agentes e, em seguida, passava o texto com os atores. Ela fazia tudo isso havia quase duas décadas.

ALLISON JONES: Mas então Ken Kwapis veio até mim e disse: “Você poderia deixar a Phyllis ler? Porque eu acho que ela seria uma boa opção para o programa”.

FICHA DE RECURSOS HUMANOS

Creed Bratton

Profissão: ator e músico

Cidade natal: Coarsegold, Califórnia

Formação: aos treze anos, comprou uma guitarra de um catálogo de encomendas por correio da Sears

Empregos anteriores: guitarrista principal da banda de pop/rock psicodélico The Grass Roots (1966-1969); participações especiais em *Playboy After Dark* (1969), *Quincy M. E.* (1977) e *O Maravilhoso Mundo de Disney* (1986)

Trabalhos pós-*The Office*: performances no festival SXSW (2010 e 2012); lançou dois álbuns, *While the Young Punks Dance* (2018) e *Slightly Altered* (2020); papéis nos filmes *The Ghastly Love of Johnny X* (2012), *O Guardião de Lincoln* (2013) e *Band of Robbers* (2015)

Ação disciplinar: foi demitido (ou possivelmente desistiu) de sua banda no Fillmore West

Habilidades especiais: jogar Paciência Spider e pedir carona pela Europa, pela África e pelo Oriente Médio

GREG DANIELS: Acho que foi Ken quem sugeriu escolher Phyllis para o elenco, mas comprei logo a ideia. Achei ótimo.

KEN KWAPIS: Vou contar o que aconteceu. Estávamos Greg, eu, Phyllis e Allison. Phyllis estava passando o texto com os atores, e alguns deles estavam atuando muito e exagerando um pouco. Phyllis, enquanto isso, estava lendo suas falas de maneira monótona, às vezes nem olhava para os atores, apenas para a folha de papel. Fiquei fascinado com ela. Eu meio que perdi o teste de dois atores porque só conseguia olhar para Phyllis. Durante um intervalo, puxei Greg de canto e disse: "Esta mulher realmente pertence a uma empresa de papel".

PHYLLIS SMITH: Fiquei com medo porque queria fazer um bom trabalho para os atores, não queria arruinar tudo pra eles. E não sabia que ele estava me testando.

ALLISON JONES: Eu não tinha permissão para te contar. Você passa o texto com todo mundo.

PHYLLIS SMITH: Eu passei o texto com Krasinski e me lembro de pensar: "Ah, ele é o cara". É. Parecia ser a escolha certa.

JOHN KRASINSKI: Antes de eu fazer aquele teste com a Jenna, entrei em uma sala com a Phyllis, e ela interpretou a Pam, o Dwight. Eu fiz essas cenas com ela, e ela era incrível. Quando saí, brinquei com o Greg: "Cara, você deveria contratá-la". E então, supostamente, Rainn disse a mesma coisa. E Jenna disse exatamente a mesma coisa.

TERI WEINBERG: Me lembro de perguntarmos: "Allison, como você se sentiria se roubássemos Phyllis e a colocássemos no elenco do programa?". Foi muito incrível. Foi impressionante ver a vida dela mudar.

KEN KWAPIS: Perguntei a Phyllis se ela estaria disposta a basicamente largar o emprego para se sentar a uma mesa atrás de Rainn, sem ter falas nem garantias de que esse show iria a algum lugar. E ela aceitou.

PHYLLIS SMITH: Ninguém realmente veio até mim. Na verdade, o departamento de figurino foi o primeiro que ligou e disse: "Você está interpretando a personagem Phyllis, certo?".

KEN KWAPIS: Há um detalhe a mais que é incrível... Depois que Greg aceitou incluí-la no elenco, e ela concordou, Greg e eu tivemos uma conversa, em que ele perguntou: "Você sabe se ela consegue atuar?". Levei Phyllis pra um canto e perguntei: "Você tem experiência em atuação?". "Não muita", ela falou, mas alguns anos antes, ela havia trabalhado no teatro burlesco em Branson, no Missouri. E eu disse: "Você está brincando!". Então, alguns dias depois, ela trouxe uma foto dela em um traje burlesco antigo maravilhoso.

PHYLLIS SMITH: Não tenho formação nisso. Então comprei livros de comédia e improviso, porque vocês eram ótimos. Meio que me ajudou a me sentir um pouco mais segura quanto a atuar. Eu me sentia insegura em relação à coisa toda.

STEVE CARELL: É mesmo? Não sabia disso.

BRIAN BAUMGARTNER: Eu também nunca soube disso.

STEVE CARELL: Isso me surpreende, porque sempre pensei que ela era quem improvisava melhor entre nós. Tudo era muito sincero, e ela apenas ouvia e respondia dentro do personagem. Exatamente isso. Esse é o ponto crucial.

PHYLLIS SMITH: Porque eu tinha feito aquele outro trabalho [de atuação] dezenove anos antes. Eu continuei pagando o sindicato [Screen Actors Guild]. Minhas dívidas estavam completamente pagas. Mas não foi porque pensei que eu ia ser atriz. Contribuía porque gosto de atores, sabe?

ALLISON JONES: Qual foi seu primeiro trabalho dezenove anos antes? Foi a menina [tímida e pouco atraente no programa de tribunal]?

PHYLLIS SMITH: Não, eu não consegui esse papel. Foi um documentário filmado em Illinois em defesa do direito das mulheres ao voto. Era uma produção de época.

BRIAN BAUMGARTNER: Tudo parecia certo. Não importa se os atores estavam superconfiantes, como Rainn e Jenna, ou bem nervosos, como John e Phyllis. Quando nos reunimos, sabíamos lá no fundo que esse grupo ia funcionar.

TERI WEINBERG: Sabíamos que eram todos vocês porque nenhum se encaixava em um molde que estávamos procurando, mas trouxeram algo especial e bonito. Era como montar um quebra-cabeça. Todo mundo se encaixava muito bem.

Quando o quebra-cabeça estava completo, o trabalho duro ficou para trás. Nós apenas tínhamos que gravar um piloto, fazê-lo ser escolhido pela NBC, e então conquistar um público fiel que assistisse à série, semana após semana, e lentamente se apaixonasse por esses personagens até que se sentissem como parte da família. OK, então não foi tão fácil assim. Mas, como logo saberíamos no primeiro dia de filmagem do piloto, quanto mais difícil, melhor ficava.

Foi o que ela disse.

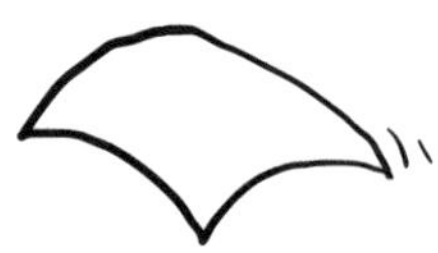

3

“Quanto mais difícil, melhor fica”

FILMANDO O PILOTO

RANDALL EINHORN (DIRETOR DE FOTOGRAFIA): Acho que o que eu tanto adorava no show era o fato de ser bastante colaborativo. Nem sempre foi fácil encontrar uma maneira de fazer algo, mas acabávamos descobrindo.

Embora Peter Smokler fosse o diretor de fotografia original do piloto, Randall Einhorn foi trazido para a primeira temporada e se tornou o cara responsável pelo modo como *The Office* era filmado. Ele escolheu as câmeras, as lentes e até os filtros. O diretor de fotografia decide como as câmeras se movem, de que maneira cada cena deve ser iluminada e como enquadrar o que você vê na tela da TV em casa.

RANDALL EINHORN: Uma das coisas que Greg costumava dizer era "Quanto mais difícil, melhor fica", o que acho que é uma espécie de metáfora para a vida.

Metáfora ou não, Greg Daniels estava totalmente correto, pelo menos em relação a *The Office*: quanto mais difícil, melhor ficava de fato. E não na perspectiva do copo meio cheio. Não era como se o telhado de casa desabasse e você dissesse: "Não é o fim do mundo". Não se tratava de superar, mas sim de enxergar como ferramenta as coisas que tornavam nosso trabalho mais difícil.

RANDALL EINHORN: Acho que vem de Albert Einstein. Ele disse: "No meio da dificuldade, encontra-se a oportunidade".

BRIAN BAUMGARTNER: Isso é brilhante.

RANDALL EINHORN: Ele disse isso em alemão, o que soa muito mais lírico. "*In der mitte...*". Não sei o que significa.

BRIAN BAUMGARTNER: Ah, então você está gastando o seu alemão agora?

RANDALL EINHORN: É a única coisa que sei em alemão.

Assim como a língua alemã, a máxima de Greg não é uma lição fácil de aprender. Não é como se Greg dissesse: "Quanto mais difícil, melhor fica", e todos nós concordássemos, tipo, "Ah, sim, entendi totalmente!". Levou tempo para entrarmos no espírito da coisa, para compreendermos o método bastante peculiar dele. Mas acabou se tornando nosso mantra, que aplicamos a todos os aspectos do show.

Foi especialmente útil na criação do mundo para *The Office*, tanto na Dunder Mifflin fictícia quanto no escritório muito pequeno e muito real onde filmamos a série.

No início de 2004 estávamos todos animados para começar a filmar o piloto, mas percebíamos que nossa série seria algo muito diferente das produções que estavam no ar naquela época. Os programas mais populares de 2004 eram sobre pessoas sensuais com problemas sensuais - *Desperate Housewives*, *Lost*, *ER*, *Grey's Anatomy*, *House* e *Boston Legal* (*Justiça Sem Limites*). Ou eram dramas realistas de crime com muita violência e caras durões, *Família Soprano*, *The Wire*, *The Shield*, *Nova York Contra o Crime*, *Deadwood* e os diversos spin-offs de *CSI*.

Não éramos nada disso. Então onde nos encaixaríamos na TV?

RANDALL EINHORN: Eu costumava me referir a *The Office* como um cachorro-quente de tofu. Greg meio que compreendeu a ideia.

BRIAN BAUMGARTNER: O que isso significa?

RANDALL EINHORN: É um alimento saudável embrulhado como junk food.

Greg queria que o programa refletisse a realidade. E não a realidade de reality shows como *Survivor* e *The Real Housewives de Onde Quer que Seja*, que fingiam refletir a realidade. Ele queria que *The Office* fosse sobre a realidade real, com personagens que pareciam ter vivido nesse escritório muito antes de as câmeras estarem lá.

GREG DANIELS: Quando fiz *O Rei do Pedaço*, trabalhávamos em um prédio de escritórios e cercados por cultura de escritório. Na época, eu lamentava que não estávamos em um lote de entretenimento descolado, e sim no oitavo andar de algum edifício comercial em Century City. Mas o tempo todo eu ouvia coisas nos elevadores. Como uma vez em que ouvi uma mulher dizer algo do tipo: "Eu não quero ser escrota, mas...". Eu pensei: "Daria uma boa personagem". E virou Angela. [*Risos.*]

BRIAN BAUMGARTNER: Meu Deus.

GREG DANIELS: Havia um cara que sempre dizia coisas como: "Tenho que voltar para o esclitório". Ele era o tipo de cara que chama Target de "Tarjay".

A ideia original de Greg para o piloto envolvia o Dundies, uma cerimônia de premiação anual que Michael Scott organiza para a equipe como uma forma de aumentar o moral dos funcionários, mas também de mostrar seus dons cômicos. Além disso, seria uma homenagem ao pai de Greg.

GREG DANIELS: A ideia foi de fato baseada no meu pai distribuindo de forma cômica prêmios na festa anual da pimenta.

O pai de Greg, Aaron Daniels, foi presidente da ABC Radio Network em Nova York (antes de se aposentar no início dos anos 1990). Ele competiu como jogador de *frontenis* [um tipo de pelota basca criado no México] nas Olimpíadas de 1968, na Cidade do México, não porque ele era um atleta profissional, mas porque soube que os EUA não tinham uma equipe oficial para o esporte de raquete pouco conhecido na época. Sua equipe, que começou a treinar apenas semanas antes das Olimpíadas, perdeu todos os jogos.

GREG DANIELS: Ele costumava fazer uma reunião de gerentes todos os anos na empresa dele, na qual usava um chapéu Carnac – sabe, o turbante –, e o nome dele é Aaron, então ele incorporava o personagem "Aaronac".

Se você não cresceu assistindo a *The Tonight Show* com Johnny Carson, um de seus personagens mais populares foi Carnac, the Magnificent (Carnac, o Magnífico). Para interpretá-lo, Johnny usava um turbante e uma capa e previa as respostas para perguntas que estavam seladas em um envelope.

GREG DANIELS: Minha primeira experiência escrevendo humor foi criar as piadas para Aaronac. Quando me tornei escritor de comédia, algumas pessoas muito boas, como Conan O'Brien e Mike Reiss [roteirista de *Os Simpsons*], escreveram para Aaronac. Um monte de bons escritores de comédia acabou escrevendo para Aaronac. Usamos isso nos Dundies. Michael tem um turbante Carnac e ele faz exatamente a mesma piada que escrevi pela primeira vez para o meu pai. A resposta era algo como: "A OLP, o IRA e uma barraca de cachorro-quente", e ele pega o envelope, e a pergunta é "Cite três empresas com melhores planos de saúde do que a Capital Cities Communications". Eu também costumava fazer um show de prêmios para o pessoal de *O Rei do Pedaço*, chamado Swampies (algo como "pantanoso"), em homenagem a Jeff "Swampy" Marsh, que tinha sido um dos nossos designers e deixara a equipe para criar [a série animada transmitida de 2007 a 2015 pelo canal Disney] *Phineas e Ferb*. Ele tinha uma personalidade forte, então chamamos a premiação de Swampies, e consegui aqueles troféus de plástico de agente de vendas, que não são muito difíceis de encontrar.

BRIAN BAUMGARTNER: E isso inspirou os Dundies?

GREG DANIELS: Sim. Porque pensei que, com os Dundies, distribuindo prêmios a todos, seria possível apresentar todos esses personagens diferentes.

Mas então Greg decidiu fazer algo não convencional, e talvez até um pouco doido. Em vez de escrever um roteiro original, criando sua própria versão de *The Office*, ele decidiu que o piloto seria intencionalmente semelhante ao roteiro britânico.

GREG DANIELS: Percebi que os executivos do escalão médio da NBC fariam anotações e comentários no novo roteiro, mas se eu reescrevesse o roteiro original, poderíamos entrar em produção mais cedo, quase sem essas intervenções dos executivos. Decidi reescrever o original. Eu me lembro de dizer a mim mesmo: "Kevin Reilly diz que gosta da série original, vamos ver se ele realmente gosta". Porque, naquele momento, minha maior preocupação era mudar demais. Depois, percebemos que precisávamos mudar mais, porém mantive a decisão de que a estratégia era começar com o original.

RAINN WILSON: As emissoras são famosas por intervir e dizer: "Não gosto do corte de cabelo dessa pessoa" e "Por que você não diz algo diferente aqui?", ou "Isso não é engraçado" e "Por que não refilmamos isso?". Greg disse à NBC: "Vocês amam o piloto britânico, certo? É brilhante, não é? Bem, aqui está o roteiro".

Isso não significava que Greg estava apenas pegando carona no sucesso da versão britânica de *The Office*. Ele teve uma visão para o nosso programa que ia além do piloto. Para alcançar esse objetivo, era preciso criar um mundo de sitcom peculiar, diferente de qualquer outra coisa da televisão na época.

GREG DANIELS: Uma das minhas teorias era que o programa tinha que ser feito à mão. Não poderia ser um produto de fábrica. O que eu não gostava na televisão era o quanto tudo era fabricado. Os roteiristas escreviam piadas, que eram passadas para os atores, que, por sua vez, não mudavam muito.

BRIAN BAUMGARTNER: Então você queria se concentrar em fazer o *mundo* de *The Office*.

GREG DANIELS: Isso mesmo, exatamente.

BRIAN BAUMGARTNER: Encontrar os ritmos e as realidades do mundo daquele escritório sem necessariamente torná-lo uma fábrica de piadas?

GREG DANIELS: Exato, isso. De fato, senti que o desafio do piloto era: podemos fazer algo que parece com *The Office* e não com *Will & Grace* sem estragar tudo?

Para criar esse mundo, Greg chamou Ken Kwapis para ser o diretor. Ken também estava superfocado em aumentar o realismo.

KEN KWAPIS: Tenho uma memória muito, muito específica do nosso encontro, porque fluiu muito bem. E em determinado momento eu me senti tão confortável com Greg – estávamos falando sobre a versão britânica –, que eu disse: "Uma das coisas que me confundem sobre o programa britânico é que não consigo entender visualmente o layout do escritório". Eu estava me arriscando, porque, como diretor, você quer demonstrar que é uma pessoa que pode pensar visualmente. E ali eu estava basicamente dizendo: "Não consigo entender nada!". E, felizmente, Greg disse: "Nem eu!". Então nos sentamos no chão ao lado de uma

FICHA DE RECURSOS HUMANOS

Ken Kwapis

Profissão: diretor

Cidade natal: Belleville, Illinois

Formação: Northwestern University, University of Southern California

Empregos anteriores: diretor do *The Larry Sanders Show* (1992-1993), *Freaks and Geeks* (1999-2000), *Malcolm* (2000-2004) e *The Bernie Mac Show* (2001-2006)

Trabalhos pós-*The Office*: diretor de filmes como *O Grande Milagre* (2012) e *Por Aqui e Por Ali* (2015); diretor de programas de TV como *Happyish* (2015), *One Mississippi* (2016-2017), *Santa Clarita Diet* (2017-2019) e *#BlackAF* (2020)

Avaliações de desempenho: altamente recomendado por Robert Redford (protagonista de *Por Aqui e Por Ali*) e por Garibaldo (protagonista de *Vila Sésamo: Onde Está o Garibaldo?*, filme de 1985)

Habilidades especiais: elaboração compulsiva de listas, criação de cenas de confissão

Contato de emergência: Capitão Canguru (que produziu a estreia de Ken como diretor, "Revenge of the Nerd" [1983], um episódio da CBS *Afternoon Playhouse*)

mesa de centro com pedaços de papel e canetas e tentamos desenhar o layout da Wernham Hogg.

BRIAN BAUMGARTNER: Isso ajudou a entender a Dunder Mifflin?

KEN KWAPIS: Conversamos muito sobre onde as pessoas iriam ficar, como as mesas ficariam dispostas. Isso foi de fato uma grande parte do meu trabalho na preparação do piloto. Eu tinha que descobrir onde personagens diferentes moravam.

Eles queriam ter certeza de que a versão parecesse verossímil. Então, em vez de utilizar um set, decidiram filmar em um escritório de verdade, o que é muito mais difícil.

KEN KWAPIS: Mas isso foi definitivamente algo que Greg e eu conversamos. Como você cria uma atmosfera de – como posso dizer isso? – um ambiente que *não* parece ser um show? Como criamos um local de trabalho real, onde as pessoas se sentem um pouco presas?

Como criamos um local de trabalho real? Obviamente, fizemos isso tornando tudo mais difícil.

"Quanto mais específico, mais universal"
Criando o mundo de *The Office*

John Krasinski, ao saber que tinha sido escalado para *The Office*, imediatamente fez uma viagem de carro até Scranton, na Pensilvânia.

MATT SOHN (DIRETOR DE FOTOGRAFIA): Foi uma das minhas coisas favoritas. John fez uma viagem de carro e passou por Scranton levando sua Handycam e filmou algumas coisas no local porque ele estava muito animado por fazer parte da série. E algumas filmagens acabaram entrando no programa. Olha como é engraçado.

E é verdade. Na época, John Krasinski morava em Nova York, e a viagem de carro até Scranton durava apenas cerca de duas horas. Não havia motivo para ele visitar Scranton, a não ser...

JOHN KRASINSKI: Pura nerdice. Era só eu sendo supernerd. Quando Greg entrou em contato comigo para dizer: "Parabéns, o papel é seu", fiquei muito animado. Eu tinha vinte e três anos e, naquela época, minhas únicas experiências eram estar na faculdade e deixar a vida acontecer. Então eu estava empolgado como um filhotinho de cachorro. Eu disse a Greg: "Vou para Scranton fazer uma sondagem. Na verdade, tem uma empresa de papel lá". E ele disse: "OK, legal". Fui com meu amigo Kevin Connors.

Kevin Connors, filho de Jack Connors, o fundador da agência de publicidade Hill Holliday (que fez o anúncio "America Runs on Dunkin", da Dunkin' Donuts), sediada em Boston, foi colega de quarto de Krasinski na Brown University e produtor-executivo de *Brief Interview with Hideous Men*, de 2009, que marcou a estreia de John como diretor.

JOHN KRASINSKI: Eu tinha uma câmera pequenininha, como uma daquelas primeiras digitais de alta definição. Mas não era de alta definição, era apenas uma câmera digital. E eu, do teto solar do jipe de Kevin, filmei a placa de Scranton, com o carro no limite da velocidade máxima. Eu devia ter parado, mas não parei. Simplesmente saí pelo teto solar e disse: "Espera, espera, espera!". Filmei enquanto passávamos de carro.

E essa filmagem embaçada, feita sem segurança alguma do teto solar de um jipe, foi usada nos créditos de abertura de *The Office*.

JOHN KRASINSKI: E então Greg perguntou: "Posso ter uma cópia dessa filmagem?". Eu disse que sim, claro. Então ele comentou: "Talvez eu use para a abertura do programa". E eu fiquei, tipo: "O quê?". E ele disse: "Então tenho que comprar a filmagem de você. Posso comprar?". E eu: "Ah, não, não, não. Toma". De novo, eu era muito jovem. Ele disse: "Não, temos que comprar". Acho que ele comprou por mil dólares.

BRIAN BAUMGARTNER: Decisão idiota.

JOHN KRASINSKI: Muito, muito idiota. Poderia ter sido o maior investimento da minha vida.

BRIAN BAUMGARTNER: Essa placa não existe mais. Você sabia disso?

MATT SOHN: Não!

BRIAN BAUMGARTNER: Bem, existe. Agora está no shopping [o Marketplace em Steamtown, no centro de Scranton].

MATT SOHN: Meu Deus. Por que levaram pra lá? Estava causando acidentes?

BRIAN BAUMGARTNER: Provavelmente. Então, por que você foi para Scranton? Para sondar o ambiente?

JOHN KRASINSKI: Eu só queria fazer uma imersão em Scranton. Eu não sabia o que estava fazendo. Eu não era um ator formado. Eu estava, tipo, "Isso é provavelmente o que as pessoas fazem, certo? Deve ser o que os atores fazem para realmente entrar no personagem". E então fui a uma empresa local que vendia papel e entrevistei o chefe.

A Pennsylvania Paper and Supply Company, fundada em 1922, é uma empresa familiar de terceira geração no centro de Scranton.

JOHN KRASINSKI: Entrevistei pessoas. Não sei se essa filmagem foi vista alguma vez, mas fiz entrevistas de verdade. Greg adorou e acho que ele teve algumas ideias com partes daquilo. O diretor [da Pennsylvania Paper and Supply] descobriu [que nosso programa de TV] era baseado na série inglesa e percebeu que o chefe é o tolo. Ele conseguiu entrar em contato e disse: "Essas entrevistas [que fizeram conosco] jamais podem ir ao ar! Não me faça parecer malvado!". Não foi legal.

Esse chefe da empresa de papel da vida real não era o único apreensivo com o fato de ser o assunto de uma comédia de TV. A cidade de Scranton ainda lambia suas feridas por causa de uma música de Harry Chapin de 1974 chamada "30,000 Pounds of Bananas", sobre um infame acidente com um caminhão de bananas em Scranton na metade dos anos 1960. Não era exatamente um chamariz para o turismo.

STEVE CARELL: Scranton não queria ser alvo de piada. Lembro que inicialmente eles recusaram a ideia. Greg garantiu a eles que não era o que parecia, que tinha a ver com uma cidade pequena, honesta e trabalhadora. Não era uma piada.

RAINN WILSON: Eu me lembro de Greg dizer que queria que fosse na costa leste, para que houvesse outras filiais. É perto de Nova York ou da Filadélfia, se precisar ir lá, mas é apenas uma daquelas cidades esquecidas onde o tempo não passou.

KATE FLANNERY: Segue a mesma linha de Slough, na Inglaterra [onde fica a sede da versão britânica de *The Office*], que é uma cidade esquecida que já teve seus dias de glória. Como cresci na Filadélfia, Scranton sempre foi alvo de muitas piadas. Eu ia lá para beber quando era menor de idade.

GREG DANIELS: Quando escolhi, falei com pessoas em Scranton, como jornalistas, e tem um cara, Josh McAuliffe, que trabalhou num jornal em Scranton. [McAuliffe é jornalista do *Scranton Times-Tribune* desde 1999.] Ele de fato não acreditava que iríamos ser legais com Scranton. Tive que dizer a ele: "Olha, *O Rei do Pedaço* se passava no Texas e eu não zombava do estado. Eu entendia o povo de lá. Tive o trabalho de descobrir como era a vida das pessoas no Texas". A questão é não fazer piadas baratas, tirando sarro do ambiente. Seja específico, encontre um nicho e você vai ficar bem.

Havia beleza em algo mundano e entediante. Scranton pode não ser reconhecida como um lugar aonde as pessoas vão em busca de seus sonhos, mas Greg encontrou algo para amar nessa antiga cidade de mineração de carvão.

GREG DANIELS: A cidade é muito mais bonita do que a esquina do bairro Van Nuys [em Los Angeles] onde filmávamos, ao lado do cortador de granito, sabe? Sinto que fomos um pouco injustos com a beleza de Scranton.

BRIAN BAUMGARTNER: É bastante arborizada e tem aquele lago maravilhoso.

GREG DANIELS: Tem muita beleza natural, o que é muito difícil de recriar em Van Nuys.

O que era mais fácil de recriar era o próprio escritório de Scranton. Precisávamos apenas dos adereços certos, coisas que a maioria dos espectadores casuais não teria notado. A máquina de venda automática, por exemplo, é abastecida com snacks produzidos localmente, como batatas fritas Herr, o refrigerante Crystal e os chocolates Gertrude Hawk. O adesivo no arquivo de Dwight anuncia Froggy 101, uma estação de rádio local de música country. A geladeira da sala dos funcionários tem ímãs de empresas locais como Sheetz, uma rede de lojas de conveniência de postos de gasolina e do time de hóquei Wilkes-Barre/Scranton Penguins.

ANGELA KINSEY: Todos os menus da geladeira [no set de *The Office*] são de um restaurante de Scranton. Eles procuraram o prefeito de Scranton e disseram: "Envie informações sobre todas as empresas! Envie-nos os mapas e qualquer coisa que esteja acontecendo em Scranton!". E isso estava nas paredes ao nosso redor. Todos aqueles lugares eram reais.

GREG DANIELS: [Nosso diretor de arte] Phil Shea costumava ir para Scranton, ele tinha todas essas negociações com diferentes empresas e estações de rádio, e voltava com adereços para o set. Eram todos superautênticos.

MATT SOHN: Qualquer um que conheça Scranton reconhece algo do nosso set.

GREG DANIELS: Foi algo que tirei de *O Rei do Pedaço*. *Os Simpsons* se passa em um lugar tipo uns Estados Unidos genéricos, e eu realmente não queria imitar isso em *O Rei do Pedaço*. Então fomos bem específicos. Há uma teoria artística, eu esqueço quem disse isso, mas é algo como "Quanto mais específico, mais universal a coisa se torna".

"O que devo fazer agora?"
Por dentro de *The Office*

A busca por autenticidade não acabava ali nos adereços. Estávamos tentando recriar uma realidade mundana, e Greg e o diretor Ken Kwapis queriam que parecêssemos pessoas que realmente viviam naquele mundo.

GREG DANIELS: Ken disse a todos os chefes de departamento: "Não vamos fazer tudo perfeito. Ninguém vai levar uma bronca se um cabelo estiver fora do lugar ou um microfone aparecer na filmagem. Vamos seguir adiante". Ken queria que todos acreditassem que eles trabalhavam em uma empresa de papel ao retirar dali todos os elementos de Hollywood para que fosse realista.

KEN KWAPIS: As escolhas de guarda-roupa, de maquiagem e cabelo, tudo foi planejado para parecer que aquelas pessoas não pertencem à televisão, muito menos a uma comédia do horário nobre com meia hora de duração.

JENNA FISCHER: Ken Kwapis insistiu que todos os integrantes da equipe não ficassem no set. Isso é muito raro. Em geral, tem um monte de gente parada ali, observando em silêncio você atuar, principalmente o pessoal de cabelo e maquiagem. Ken não os deixava entrar e retocar a maquiagem.

KEN KWAPIS: Se bem me lembro, demos a todos uma base compacta.

JENNA FISCHER: Eu passava base sentada na minha mesa [entre os takes].

BRIAN BAUMGARTNER: A propósito, os correios não entregaram a minha base.

JENNA FISCHER: [Ken] pensava que, se o meu cabelo ficasse bagunçado ou se o colarinho da minha camisa estivesse torto, essa era a realidade. Estávamos fazendo um documentário. Nada deveria ser muito certinho.

LAVERNE CARACUZZI-MILAZZO (MAQUIADORA): Eles deveriam ter uma aparência natural.

Laverne Caracuzzi-Milazzo era a chefe do departamento de maquiagem. Ela trabalhou em programas tão diversos quanto *Malcolm*, *Monk: um Detetive Diferente* e *The West Wing: nos Bastidores do Poder*. Mas esta foi a primeira vez que ficou encarregada de fazer os atores parecerem... nada notáveis.

LAVERNE CARACUZZI-MILAZZO: Há um visual muito diferente no dia a dia em Scranton, assim como em Los Angeles, Nova York, Dallas ou qualquer outro lugar. Ken meio que deixou essa tarefa pra gente. Nunca recebemos nenhuma observação dizendo: "Olha, isso é demais".

Outra ideia de Ken foi a de o elenco levar objetos pessoais para personalizar as mesas e torná-las nossas. Phyllis tinha uma foto dela dos dias de artista burlesca nos anos 1970. Brian trouxe uma bola de futebol americano, porque ele é louco por esportes, então por que Kevin não deveria compartilhar essa paixão? Angela escolheu uma foto com a avó...

ANGELA KINSEY: Era minha avó Lena Mae Kinsey e eu. É uma foto em preto e branco e meus olhos estão fechados. Eu achei que seria bem engraçado estar emoldurada.

BRIAN BAUMGARTNER: Então ela tem um lado sentimental?

ANGELA KINSEY: Sim. Eu a via como uma garota reprimida, mas ela não era maliciosa, só levava o trabalho muito a sério. Ela não estava lá para as brincadeiras, sabe. E essa foi minha abordagem da personagem. A única coisa que Greg me disse é que ela provavelmente não tem muitas coisas boas para dizer das pessoas.

BRIAN BAUMGARTNER: Será que a avó era a melhor amiga dela?

ANGELA KINSEY: Não sei. Na minha mesa, eu também tinha um objeto cênico dado por Phil Shea, um suporte de clipes de papel no formato de um gato rechonchudo, deitado de lado, e uma das orelhas estava lascada. Tenho ele até hoje. Foi uma das coisas que levei embora comigo. Então tinha esse gato, que é um suporte de clipes de papel, e uma foto minha e da minha avó, e isso meio que deu pistas sobre a personagem.

OSCAR NUÑEZ: Eles não me pagavam o suficiente para isso. Eu era apenas um figurante quando cheguei. Quer que eu traga algo pessoal? Me coloque no elenco fixo e depois conversamos.

BRIAN BAUMGARTNER: Você deve ter trazido algo.

OSCAR NUÑEZ: Sabe o que eu trouxe? Uma foto minha e da minha cachorrinha, uma schnauzer miniatura chamada Lila.

RAINN WILSON: Eu trouxe um monte de fotos de família dos meus tios dirigindo Trans Ams da Pontiac nos anos 1970. E muito da minha nerdice, de jogar Dungeons & Dragons, de fazer parte da banda marcial e da equipe de xadrez. Eu trouxe retratos de meus parentes e antepassados no Wisconsin e em Minnesota, que são fazendeiros.

BRIAN BAUMGARTNER: Produtores de beterraba?

RAINN WILSON: Não. Mas Greg Daniels sempre disse que o negócio de produtor de beterraba era coisa dos avós dele. Acho que eles eram produtores de beterraba de verdade.

GREG DANIELS: Meu avô veio da Rússia e tinha uma fazenda de cultivo de beterraba. Isso sempre me pareceu muito estranho. Não é muito típico dos Estados Unidos, sabe? Não é como cultivar milho. A beterraba parecia uma coisa muito estranha.

RAINN WILSON: Quando as pessoas me perguntam sobre interpretar o Dwight, sempre digo que acho que meu objetivo foi fazer um Dwight muito específico. Acho que isso funciona como ator; quanto mais específico você torna seu personagem, mais relacionável ele é. A maneira como o Dwight fica em pé, como ele dirige, senta na cadeira, certas atitudes que ele tem quanto a determinadas coisas que são muito específicas, isso o torna mais humano e, portanto, mais relacionável.

Outra maneira pela qual Ken nos fez mergulhar no mundo da venda de papel foi nos obrigar a trabalhar de verdade no escritório muito antes de começarmos a filmar.

JENNA FISCHER: Todos do elenco tinham que estar com cabelo e maquiagem prontos e em suas mesas a partir das 7h30, e aí "trabalhávamos" por trinta minutos. Ken circulava com apenas um operador de câmera e um microfone boom e gravava a gente, apenas imagens secundárias de nós em nossas mesas.

KEN KWAPIS: Todos os dias, basicamente começávamos filmando imagens documentais de todo o elenco, de todo o conjunto, apenas fingindo estar trabalhando.

JENNA FISCHER: Eu me lembro de sentar lá no primeiro dia e pensar: "O que devo fazer agora?".

KEN KWAPIS: O que era ótimo em relação a isso é que não havia nenhuma história acontecendo. Tratava-se simplesmente de ter todos em suas mesas. Você, Angela e Oscar fazendo a contabilidade, ou Phyllis fazendo uma ligação de alguma venda imaginária.

RAINN WILSON: A impressora e os telefones funcionavam. Tínhamos que ligar um para o outro e apenas trabalhar no escritório. E isso era *todos os* *dias*. Filmamos por cinco dias. Por cerca de meia hora todas as manhãs ficávamos apenas improvisando ali no espaço.

BRIAN BAUMGARTNER: Ken e Greg criaram um pequeno esquema. Para muitos pilotos, tudo parece muito novo porque de fato é novo. Você está começando um novo programa e está em um ambiente novo. Greg queria que o escritório parecesse real, habitado.

OSCAR NUÑEZ: Não era um piloto para nós. Éramos funcionários de escritório. É um documentário. Éramos entediantes antes de as câmeras aparecerem. [*Risos*.]

ANGELA KINSEY: Não parecia com qualquer outro set que eu tivesse frequentado. Era quase como se eu estivesse em um reality show, com microfone, e me dissessem para trabalhar em um escritório em algum lugar.

BRIAN BAUMGARTNER: Não tínhamos nenhuma marcação como se tem em um programa de televisão normal, em que mostram exatamente onde você deve ficar para que a câmera possa capturá-lo perfeitamente na cena.

ANGELA KINSEY: Isso mesmo. Onde o foco está quando andamos até certo ponto e dizemos as nossas falas. Não tínhamos isso.

BRIAN BAUMGARTNER: Eles apenas nos deixavam perambular e fazer o que quiséssemos. Você se lembra do que fazia quando deveríamos estar fingindo que estávamos trabalhando?

OSCAR NUÑEZ: Puxa, não sei. Eu fazia rabiscos. Será que eu trouxe um livro?

BRIAN BAUMGARTNER: Os computadores ainda não funcionavam. Acho que só tivemos internet na segunda temporada.

JENNA FISCHER: Na verdade, eu já tinha sido secretária. Era assim que eu ganhava a vida quando não estava atuando. Então comecei a usar marcador de texto e corretivo líquido. Ouvi dizer que Phyllis e Leslie faziam ligações falsas.

RAINN WILSON: Eu fazia ligações de vendas do tipo: "Olá, sr. Schwartz. Eu gostaria de fazer uma oferta de papel hoje". Nem sabia nada sobre a indústria do papel.

JENNA FISCHER: A sala toda começou a parecer um escritório de verdade. Foi ideia do Ken nos colocar no clima de escritório e funcionou.

KEN KWAPIS: Acho que todo mundo meio que tinha acabado de descobrir quais eram seus empregos em uma empresa de papel. Isso começou a criar uma sensação de como era o dia comum deles.

MIKE SCHUR (ROTEIRISTA E MOSE SCHRUTE): Em essência, Ken eliminou a membrana artificial entre "isso é realidade" e "isso é ficção". Mesmo que você esteja lá no fundo, tem que estar na mesa e é chato, certo? Todos poderiam estar nos trailers, jogando videogame, ou ligando para os filhos, ou o que quer que seja. É pedir para uma grande quantidade de atores se sentar na respectiva mesa pelo tempo que eles tivessem que ficar lá. Mas há uma teoria por trás disso. Desde o primeiro frame, parecia que todos estavam de fato trabalhando naquele lugar. Nada parecia falso.

KATE FLANNERY: Acho que todo mundo focou imediatamente em algo. Ninguém estava procurando alguém que passaria a bola. Cada um estava ocupado fazendo seu trabalho. Lembro que Jenna e eu tínhamos uma coreografia toda pronta, assinávamos uns papéis e passávamos uma para a outra. Era tão bizarro, mas era fantástico. Tínhamos toda aquela papelada médica estranha que o departamento de arte havia encontrado. Lembram disso?

BRIAN BAUMGARTNER: Isso mesmo! Nossos documentos no cenário eram essencialmente documentos médicos antigos e vencidos de outras pessoas.

KATE FLANNERY: Um monte deles. Duraram anos.

BRIAN BAUMGARTNER: Tinha número pra tudo quanto é lado, então parecia algo que você encontraria em uma empresa de papel, mas, sei lá, tinha os números da contagem das hemácias de Jason Alexander de 1976. Bom, tinha a ver com reciclagem.

KATE FLANNERY: Isso aí. Estávamos fazendo um trabalho ecológico. Readequando.

MATT SOHN: Vocês não tinham internet, certo?

BRIAN BAUMGARTNER: Sem internet. Naquela época, fazíamos comunicação via notas adesivas.

A internet definitivamente existia em 2004, mas não era o sublime sugador de tempo que é hoje. O Facebook tinha acabado de ser lançado em fevereiro, mas ainda era apenas voltado para alunos de Harvard. O YouTube só surgiu em 2005, e o Twitter, um ano depois. O Google apresentou o Gmail em 1º de abril de 2004, e a maioria das pessoas achou que era uma mentirinha. De acordo com uma matéria do *New York Times* daquele ano, a "maioria dos americanos que navegam on-line ainda usa internet discada". Portanto, os funcionários de escritório que se esquivavam do trabalho tinham que encontrar outras distrações.

OSCAR NUÑEZ: Costumávamos passar bilhetes um para o outro. Angela ainda tem alguns rabiscos

FICHA DE RECURSOS HUMANOS

Kate Flannery

Profissão: atriz

Cidade natal: nasceu na Filadélfia, foi criada em Ardmore, Pensilvânia

Formação: bacharelado em Dramaturgia, University of the Arts, turma de 1987

Empregos anteriores: interpretou Alice na produção itinerante de *The Real Live Brady Bunch*, recriando os episódios da Família Brady em trinta cidades dos EUA; pequenos papéis em *Curb Your Enthusiasm* (2002), *Boomtown* (2005) e *The Bernie Mac Show* (2004)

Trabalhos pós-*The Office*: participações em *Brooklyn Nine-Nine* (2016), *New Girl* (2016), *Jovem Sheldon* (2019) e *Dancing with the Stars* (2019); desde 2013, faz turnês e canta regularmente com Jane Lynch

Habilidade especial: dispensou dublê na maioria de suas cenas, inclusive em uma em que é atingida por um carro (ficou tão machucada que teve que usar maquiagem para a premiação do Emmy na semana seguinte)

Atividade extracurricular: integrante do Mono Puff, um supergrupo de canto formado por John Flansburgh, cofundador da banda They Might Be Giants

Experiência em vendas: fez a voz de Wendy em alguns comerciais do restaurante Wendy's

FICHA DE RECURSOS HUMANOS

Rainn Wilson

Cargos: ator e blogueiro

Cidade natal: Seattle, Washington; viveu brevemente em uma mansão vitoriana "assombrada" na Nicarágua quando criança

Formação: bacharelado em Dramaturgia, Universidade de Washington, turma de 1986; graduação em Dramaturgia, Tisch School of the Arts

Empregos anteriores: membro da trupe de palhaços New Bozena, "vaudevile preguiçoso viciado em ácido" (meados dos anos 1990); Lahnk, o alienígena, no filme *Heróis Fora de Órbita* (1999); Arthur, agente funerário reservado, na série *A Sete Palmos* (2003-2005), da HBO

Trabalhos pós-*The Office*: papéis cinematográficos em Cooties: *A Epidemia* (2014); *The Boy* (2015), pelo qual foi indicado ao Fangoria Chainsaw Award de melhor ator coadjuvante; e *Blackbird* (2019); fez a voz do supervilão Lex Luthor nas animações *A Morte do Superman* (2018), *Reino do Superman* (2019) e *Liga da Justiça Sombria: Guerra de Apokolips* (2020)

Acidente relacionado a *The Office*: no episódio "Beach Games", acidentalmente chutou areia nos olhos de Leslie David Baker (Stanley), arranhando a córnea do colega e forçando-o a ir ao pronto-socorro

Dependente: Derek, seu zebrasno (animal que resulta do cruzamento entre zebra e asno) de estimação

Ambições políticas: em 2008, foi escolhido como candidato a vice-presidente (supostamente como uma brincadeira) pelo senador John McCain, candidato republicano à presidência dos EUA

que eu fazia. Era muito empolgante estar lá.

RAINN WILSON: Estávamos literalmente fazendo relatórios de despesas e ligando para os clientes. Foi como uma performance artística.

JOHN KRASINSKI: Foi um exercício de atuação. Eu me lembro de achar "ah, isso é tão nerd". Mas, no final, estávamos todos interessados. Todos incorporados no personagem.

KEN KWAPIS: Uma das coisas que realmente me impressiona quando olho para o piloto agora é que parece que eles trabalhavam lá havia anos. Não parecia "ah, este é um programa novo". Parecia que estávamos vagando por um lugar entediante, que não mudava havia alguns anos.

OSCAR NUÑEZ: Tinha que ser um local de trabalho chato. A câmera escaneava a sala toda, e algumas pessoas sabiam que estavam sendo filmadas e outras simplesmente a ignoravam, como se nada estivesse acontecendo. As pessoas não tentavam fazer uma ponta. É engraçado ver alguém olhando e revirando os olhos. Como se estivessem pensando: "O que você quer? Estou tentando trabalhar".

KEN KWAPIS: Isso deu voz a muitos atores que não tiveram fala no piloto. Algumas das coisas que filmamos como imagem secundária e que eram tão mundanas entraram na parte dos créditos iniciais, durante a sequência do título. Como quando Rainn enfiou coisas na fragmentadora de papel.

BRIAN BAUMGARTNER: Ou eu com a calculadora.

KEN KWAPIS: A calculadora, certo. Acho que Steve Carell ajustando o troféu Dundie na mesa dele era uma daquelas. Me lembro de receber um comentário de algum executivo que não entendia por que tínhamos esses takes longos do galão de água no bebedouro. "Por que há uma filmagem de dez minutos de Rainn apontando o lápis? Qual é o objetivo disso?"

BRIAN BAUMGARTNER: "Estamos *pagando* vocês pra isso?"

KEN KWAPIS: [*Risos.*] Exato, exato. É possível filmar bastante em meia hora. Uma das coisas que descobri nesse processo é que no elenco todos sabiam que estavam sendo observados, sabiam que eram objeto de um documentário. Então, quando mudávamos para uma cena, uma cena pra valer, os atores mantinham essa mesma atitude. Eles ainda eram os sujeitos de um documentário. Não era como se mudássemos para o "modo de exibição". Ainda estávamos no modo documentário. Isso ajudou a definir o tom entre todos em termos do estilo de interpretação.

Não eram só os atores que passavam um tempo no escritório. Os roteiristas também foram encorajados a explorar a Dunder Mifflin e torná-la a casa deles.

MIKE SCHUR: Quando estávamos escrevendo a primeira temporada, Greg falava para todos passarem meia hora apenas circulando no set. Sentávamos em mesas diferentes e notávamos coisas como: "Ah, da mesa de Pam, ela não consegue ver Angela. Isso é interessante", ou "Creed está de costas para a porta, então ele sempre vai ficar surpreso quando alguém entrar". Essas observações minúsculas não pareciam nada, mas o programa todo era sobre essas pequenas sacadas e momentos. Quando você realmente viveu algo como ator ou roteirista, isso tudo se torna mais significativo, e você entende em um nível mais profundo, sabe?

"Tentamos fazer do escritório uma prisão"

BRIAN BAUMGARTNER: Filmamos o piloto e a primeira temporada nos escritórios de produção acima do estúdio de som em Culver City. Você não fez nenhuma mudança no escritório de produção, certo? As paredes eram fixas.

KEN KWAPIS: Isso mesmo. Quando construímos o set da Dunder Mifflin, uma das coisas que Greg e eu discutimos foi não tornar nenhuma das paredes móveis.

GREG DANIELS: Em um set de Hollywood, as paredes costumam ser "deslocáveis", o que significa que, em qualquer sala onde você estiver, é possível retirar a parede para que a câmera volte e faça um take ótimo.

RANDALL EINHORN: Não fizemos nada disso. Era um escritório real - era o escritório de J. J. Abrams a certa altura, acho -, com portas verdadeiras e tetos muito baixos e tudo real.

GREG DANIELS: Nossa estética em *The Office* era que nada deveria ser deslocado. O obstáculo de uma coluna no caminho é inconscientemente interpretado pelo público como outra evidência de que aquilo está de fato acontecendo. Isso é real, o que torna tudo muito mais intenso, certo?

KEN KWAPIS: Foi escolha de Greg encontrar esse armazém nessa região de pequenos arbustos do Vale, de modo que, mesmo que não ficasse em Scranton, definitivamente não era Hollywood.

GREG DANIELS: Mudamos para um lote diferente entre a primeira e a segunda temporadas. Eu queria ficar em um lote mais perto de onde Steve morava, para facilitar um pouco o deslocamento diário dele. Dirigi por todo o Vale de San Fernando em busca do lugar certo. Eu queria que estivéssemos sozinhos, então procurei por pequenos lotes independentes. Quase todos os que visitei produziam muito material pornô. [*Risos.*] Me lembro de um que era, tipo, "Ah, esse é legal". Parecia ser adequado para crianças, porque tinha uma espécie de árvore de livros de historinha com um balanço. E aí, espera aí, percebi que era um balanço sexual. Eu não queria ir a um lote que tinha referências pornô.

KEN KWAPIS: Dava uma sensação de "Onde estamos?". Por que estamos vindo até aqui para filmar esse programa em um depósito? Greg realmente queria nos dar todas as oportunidades de não nos sentirmos como se estivéssemos em um show.

GREG DANIELS: O local em que acabamos ficando era novo, onde só tinham filmado comerciais. Quando chegamos lá, era bem ermo. Era em Panorama City. Me lembro de pesquisar na internet e ir para as recomendações de restaurantes do Yahoo ou qualquer coisa assim. É só digitar o endereço e depois o tipo de comida que você quer. Aí digitei o endereço do nosso lote e, em seguida, "comida saudável", que é uma das categorias disponíveis. Então apareceu "Não há comida saudável em Panorama City, Califórnia".

KEN KWAPIS: A ideia era que, como se tratava de um "documentário", os diretores tinham que respeitar as limitações físicas do espaço. Se não fosse possível obter o ângulo correto, você simplesmente não ia conseguir. Era uma maneira de sinalizar aos diretores que eles tinham que honrar o espaço.

GREG DANIELS: Porque, de forma subconsciente, você fica "Nossa, eles não conseguem ver o que está acontecendo". Então eles têm que se inclinar para a frente. Você atravessa as cortinas e contorna o lado. Sempre havia um debate sobre o quanto se inclinar no aparelho, e os roteiristas muitas vezes queriam fazer isso mais do que o resto da equipe.

KEN KWAPIS: Uma das coisas que eu amava – não apenas no piloto, mas, sabe, nos episódios da segunda temporada em particular – era criar uma sensação de que estávamos impedidos de ver a ação corretamente. Ou era uma pilastra ou um arquivo, sempre havia algo no nosso caminho e não conseguíamos ter um bom ângulo das coisas.

BRIAN BAUMGARTNER: E isso aumentou o realismo.

KEN KWAPIS: Sim. Muito do que Greg e eu discutimos em termos do estilo da câmera foi como criar uma sensação de que estávamos observando as pessoas, os personagens. Obviamente, não é segredo que os funcionários da Dunder Mifflin sabem que estão sendo observados. Eles sabem que estão sendo filmados. Mas, em sua maioria, os funcionários não querem ser filmados, exceto Michael Scott. Então eu estava tentando ter ideias visuais do tipo: se estou filmando você e estou a essa distância, você sabe que eu estou aqui. Mas se nos escondêssemos atrás de um arbusto ou de um arquivo e espiássemos um pouco a ação, poderíamos observar sem que os personagens soubessem que estávamos lá.

ANGELA KINSEY: Eles tinham que trabalhar, de fato, no espaço onde estavam, porque é um documentário. Eles não podiam contornar a situação movendo uma parede porque isso acabaria estragando a filmagem. Era preciso achar outra solução. A câmera tentava encontrar você e, se não conseguisse, a imagem poderia ficar embaçada. Não queriam que parecesse um programa de televisão refinado.

RANDALL EINHORN: Tudo era difícil. E quanto mais difícil, melhor ficava.

Lá vem o mantra de novo.

RANDALL EINHORN: Porque foi necessário batalhar pra isso. Fez parecer tudo mais real. Então estávamos sempre colocando coisas no meio do caminho, sabe, tornando tudo mais inconveniente. Quanto mais real e apertado parecia, mais um passo à frente a comédia podia dar. Tentamos fazer com que o ambiente cercado do escritório parecesse uma prisão, o que acho que conseguimos. E aí lá fora podia ser a liberdade. Como quando Dwight leva [Ryan] para sua fazenda de beterraba, e B. J. está ajoelhado no campo, plantando as sementes. Recuamos a câmera e apenas deixamos o sol atuar, e foi lindo. Do lado de fora, tentávamos fazer uma pausa da monotonia das luzes fluorescentes.

"Vá em frente"

A genialidade de Ken Kwapis

Ken encontrou outras maneiras sutis de nos manter focados nessa realidade, incluindo uma expressão memorável.

GREG DANIELS: Ele nunca dizia "Ação".

BRIAN BAUMGARTNER: Isso mesmo. Ele sempre dizia: "Vá em frente".

ANGELA KINSEY: "Vá em frente." E aí fazíamos a nossa cena.

JOHN KRASINSKI: É, "vá em frente". Era a minha coisa favorita.

STEVE CARELL: "Vá em frente." Da maneira mais calma e convidativa possível.

KATE FLANNERY: Era um entendimento de que você não tem que se preparar para entrar em cena, você já está lá. Então apenas continue. Vá em frente. É perfeita. É a condução perfeita.

BRIAN BAUMGARTNER: É muito difícil de descrever. Ele agia como se estivesse prestes a te contar algo, e então dizia, quase como uma reconsideração: "Vá em frente". Como se ele tivesse um pensamento que estava prestes a contar pra você, mas depois esquecia o que ia dizer, então ele apenas deixava aquilo de lado e dizia: "Ah, esqueça, vá em frente".

KEN KWAPIS: Não é algo que sempre fiz, mas posso dizer exatamente quando comecei a fazer. Dirigi o episódio piloto do *The Larry Sanders Show*, o programa de Garry Shandling. Quando Garry e eu estávamos preparando o piloto, ele queria muito uma sensação de verossimilhança. Ele veio até mim e perguntou: "Existe alguma maneira de você desenvolver um estilo de filmagem de modo que os atores, na verdade, não saibam quando a câmera está ligada?". E eu não sabia como fazer isso. Era uma ideia brilhante, mas eu não sabia o que fazer com ela. Aí tive a ideia de que começaríamos cada cena sem os avisos habituais, sem o assistente de direção dizer "ação". Não avisávamos ninguém sobre quando ia começar. Eu disse a Garry: "Vou apenas dizer, sei lá, 'vá em frente' ou algo assim". Garry entendia o sinal e conversava com o elenco por um tempo e depois, do nada, ele simplesmente começava a cena. Então havia essa sensação de que a linha entre atuar e não atuar era muito tênue.

BRIAN BAUMGARTNER: Então é como enganar os atores para que não atuem?

KEN KWAPIS: De certa forma. Isso tira um pouco do ônus da coisa. Parece meio pretensioso dizer isto, mas é a vida real e depois a cena. Então, se você puder apagar a linha que separa a vida real da cena, acho que ajuda.

Estávamos nos divertindo muito. Mas, honestamente, nenhum de nós acreditava de fato que esse pequeno mundo que estávamos criando duraria.

JENNA FISCHER: Filmamos o piloto em março de 2004 e meu aniversário de trinta anos foi em 7 de março de 2004, eu não convidei nenhum de vocês para minha festa porque achei que nunca mais veria ninguém. Eu tinha certeza de que fazer o piloto era o fim do nosso programa, que ele nunca seria escolhido. Não porque não era bom, mas porque era tão bom, tão estranho e tão especial que ninguém nos daria uma chance. Havia apenas essa sensação de "Divirta-se fazendo o piloto. É o máximo que teremos".

Até mesmo Greg Daniels, o líder da turma, não tinha certeza se o programa teria futuro.

GREG DANIELS: Lembro que disse a todos depois de finalizar o piloto... Me diverti muito trabalhando com todos eles, era como um sonho. Lembro que disse: "Se isso for o máximo que conseguirmos, estou feliz. Foi muito divertido". No início, não parecia que iríamos continuar por muito tempo. Então tínhamos que aproveitar aquele momento.

Todos se sentiram assim, com exceção aparentemente de uma pessoa, segundo Rainn Wilson.

RAINN WILSON: Depois de filmar o piloto, John, Jenna, Steve e eu saímos para comer um sanduíche, descendo a rua em Culver City, saindo daquele estúdio de merda em que estávamos, para essa lanchonete de merda. Comi um sanduíche de atum. Steve disse: "Acho que essa coisa pode ser muito especial e aposto que esses são os papéis que vão nos definir para o resto da vida. Não importa o que façamos depois, seremos conhecidos por esse trabalho".

STEVE CARELL: Acho que todos nós sentimos isso. Todos sabíamos.

Tudo bem, talvez nem todos soubéssemos. Mas queríamos acreditar nisso. Como aquelas crianças indecisas quanto ao Papai Noel em O *Expresso Polar*, queríamos acreditar. Sabíamos que tínhamos algo especial, mas será que o resto do mundo concordaria?

Ou, o mais importante para que fizéssemos mais um episódio, a emissora concordaria?

O CANTO DOS CONTADORES

BRIAN BAUMGARTNER: *Lembra quando quase fomos demitidos?*

ANGELA KINSEY: *Quando? Quando fizemos Oscar contar uma história bem alto debaixo da janela?*

BRIAN BAUMGARTNER: *Isso mesmo. Foi na primeira temporada. Eles estavam filmando nos escritórios no andar de cima, e você, eu e Oscar estávamos no estacionamento...*

ANGELA KINSEY: *E Oscar ficou bem animado e aumentou o volume. Ele é um contador de histórias muito apaixonado.*

BRIAN BAUMGARTNER: *Do que estávamos falando mesmo?*

ANGELA KINSEY: *Não consigo lembrar.*

BRIAN BAUMGARTNER: *O show era novinho em folha. Nenhum episódio tinha ido ao ar ainda.*

ANGELA KINSEY: *Nós éramos o elenco coadjuvante. Não tínhamos tanta importância no programa. Éramos facilmente substituíveis.*

BRIAN BAUMGARTNER: *Então estávamos no estacionamento matando o tempo, e Oscar começou a contar essa história muito alto.*

ANGELA KINSEY: *Muito alto. E é aí que ele me culpa. Estávamos parados no sol, e eu disse: "Pessoal, vamos ficar na sombra". Me recostei na parede do prédio, aparentemente bem embaixo de uma janela onde* *eles estavam filmando. E então Oscar continuou a história.*

BRIAN BAUMGARTNER: *Ele estava fazendo os sotaques e os gestos, e eu ria muito, e Angela disse: "Pare, pare!". Você estava gritando. E então...*

ANGELA KINSEY: *O próprio Ken Kwapis, nosso diretor, se inclinou para fora da janela e disse: "Ei, pessoal, vocês podem falar baixo? Estamos tentando filmar aqui". Nós ficamos, tipo: "Meu Deus!".*

BRIAN BAUMGARTNER: *Fiquei pálido. Eu estava petrificado.*

ANGELA KINSEY: *Oscar praticamente abraçou a parede. Fiquei tão apequenada que me transformei em uma sombra. Acho que Ken não me viu. Acho que ele só viu Oscar. Você se encolheu e se escondeu perto de uma lixeira, lembra disso?*

BRIAN BAUMGARTNER: *Ele estava muito bravo.*

ANGELA KINSEY: *Oscar ainda disse: "Kinsey quase me fez ser demitido".*

BRIAN BAUMGARTNER: *Parecia que poderíamos ser demitidos. Fomos embora e dissemos: "Estamos demitidos, acabou. Acabou". Tipo, eles não acharam a gente útil. Ainda não acharam um jeito de sermos engraçados. Acabou.*

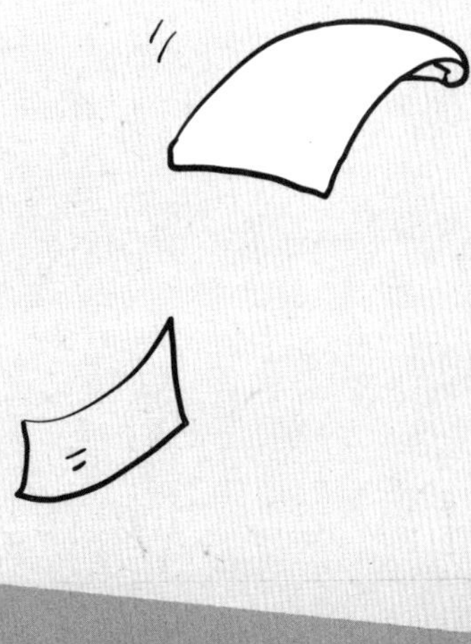

4

“Vou dizer por que isso não vai funcionar”

PRIMEIRA TEMPORADA

Em 24 de março de 2005 – uns dois meses depois de George W. Bush ter tomado posse em seu segundo mandato como presidente dos EUA e apenas alguns dias antes da estreia de *Grey's Anatomy* (um show que, até o momento em que este livro era escrito, estava no ar com novos episódios) –, o piloto de *The Office* foi finalmente lançado. Era uma quinta-feira, e nosso show ficou entre *O Aprendiz* e *ER*.

JENNA FISCHER: Brian, você se lembra de ir à minha casa e assistir ao piloto?

BRIAN BAUMGARTNER: Sim, lembro.

JENNA FISCHER: A maioria de nós estava lá, acho. Greg disse que talvez pudéssemos assistir ao episódio juntos. Eu tenho uma grande sala de estar, então disse: "Por que não vem todo mundo pra minha casa?". Foi o começo da nossa reunião semanal para assistir ao programa.

Espere, tem mais história antes disso.

Antes de pegarmos o DVD do nosso piloto para assistirmos na casa de Jenna Fischer, Greg Daniels e Ken Kwapis tiveram que editar e entregar o episódio para a NBC. Qual seria a dificuldade disso?

Se você achou que a filosofia "quanto mais difícil, melhor fica" terminou quando as câmeras pararam de filmar, está muito enganado.

KEVIN REILLY: Vocês foram lá, fizeram o piloto, e a filmagem bruta estava ótima. Não havia problemas. E então o episódio editado foi entregue.

BRIAN BAUMGARTNER: O que você achou?

KEVIN REILLY: Estava muito... lento. Eu podia ver o programa ali, mas precisava lapidar bastante. Era possível ver a comédia, perceber os personagens. Não era isso o que preocupava. Mas, cara, com certeza estávamos desafiando a paciência das pessoas.

TERI WEINBERG: Os ritmos não eram como de qualquer tipo de comédia na TV na época. Valorizávamos aquelas pausas superlongas, em que ninguém precisava derrubar a quarta parede. Estávamos desafiando os ritmos e tropos convencionais de comédia televisiva por sermos apenas uma mosca na parede em um dos lugares mais chatos do planeta, uma empresa de papel.

GREG DANIELS: Praticamente tudo de que gosto ou com que trabalhei é comédia de personagem. Se você decide trabalhar com comédia de personagem, o público tem que aprender quem são esses personagens, né? E isso leva tempo. Geralmente não começam com tudo. Então eu não estava arrasado ou preocupado quando começamos devagar.

KEVIN REILLY: Foi aqui que Greg e eu estabelecemos a nossa relação, porque poderia ter sido brutal. Pelo menos achei que era uma coisa criativamente divertida. Muitos desses pilotos vão ao ar após dois cortes. Se tivéssemos feito isso, não haveria nada, nada. Mas acho que foram catorze cortes do piloto, certo? Podem ter sido dezesseis. Teria que perguntar ao Greg, mas com certeza foram dois dígitos.

GREG DANIELS: Na sala de edição, etapa que durou uma eternidade, fizemos vinte e três cortes.

KEVIN REILLY: Sério? Uau, bom... Acho que foi aí que vi o verdadeiro dom dele. A cada edição, ficava cada vez mais nítido. Ele estava caçando a essência disso em todas as cenas.

GREG DANIELS: Acabei perdendo um monte de coisas, como a coisa com os testículos de [Michael]...

Em uma cena deletada, Michael diz a Pam que ele pensou ter encontrado um caroço nos testículos naquela manhã, mas acabou não sendo nada, e então ele estranhamente muda de assunto e fala do sanduíche de peru defumado dela.

GREG DANIELS: Mas algumas coisas boas foram acrescentadas, como a caneca de MELHOR CHEFE DO MUNDO de Michael, que ele comprou na Spencer's Gifts.

KEN KWAPIS: Uma das razões pelas quais fiquei feliz com a forma como Greg editou o piloto é que ele não o cortou em busca de ritmo. Ou, em outras palavras, ele não tentou deixá-lo mais acelerado. Ainda tinha umas pausas estranhas. Se fosse qualquer outro programa de televisão, eles adicionariam trilhas de risada ou mais três piadas naquele espaço. Ou música. Não há nada, nenhuma música ou outra coisa. Se alguma vez fosse ao ar, seria o programa mais seco de uma emissora de televisão.

"Se alguma vez fosse ao ar." Isso foi um grande "se". E antes que essa decisão fosse tomada, havia públicos de teste que tinham que assistir ao episódio. Exibições-teste são bastante comuns em Hollywood, tanto para filmes quanto para programas de TV. Alguns espectadores das costas leste e oeste são selecionados para uma exibição antecipada e compartilham suas opiniões em cartões de comentários.

BRIAN BAUMGARTNER: Você lembra como o piloto se saiu?

GREG DANIELS: Hum... Acho que não muito bem.

As exibições-teste no início de maio de 2004 foram tão horríveis que os meios de comunicação noticiaram o fato. "America Remakes *The Office*, but No One's Laughing" (Os Estados Unidos fazem o remake de *The Office* e ninguém acha graça), anunciou uma manchete do *Guardian*.

TERI WEINBERG: Acho que o teste do piloto teve a pior performance em comparação a qualquer outro da NBC, com exceção de *Seinfeld*. Normalmente, se o teste vai muito mal, o programa já chega condenado. E se este for o caso, boa sorte ao tentar convencer a emissora de que é um piloto em que se deve apostar.

GREG DANIELS: O que eles me disseram sobre os testes foi: "Vamos a um shopping pegar um monte de gente. Você pode ter uma pergunta para desclassificar os participantes". Pensei bastante sobre isso, e a pergunta desclassificatória que escolhi foi: "Você é fã de *According to Jim* [a sitcom de Jim Belushi na ABC]?". [*Risos.*]

BRIAN BAUMGARTNER: Ah, isso é muito cruel!

GREG DANIELS: Sei que é cruel. Mas eu não queria que *The Office* fosse uma sitcom convencional, então tive que escolher algo.

"Office Gossip: It's a Downer" (Fofoca de escritório: *The Office* é deprimente), escreveu o *New York Post.*

GREG DANIELS: Eu havia preparado Kevin para isso. Sabia que não iríamos bem no teste. Tudo que eu curtia nunca tinha ido bem. *Seinfeld* não foi bem no teste. *Mary Tyler Moore Show* também não. *Cheers* também não foi bem.

Uma crítica da exibição em *Ain't It Cool News* – que, em 2004, era um site de referência para notícias de entretenimento – foi especialmente dura, observando que "a senhora ao meu lado disse que achava isso 'deprimente' e 'um cara do *The Daily Show* tenta imitar Ricky [Gervais] e não consegue'".

MIKE SCHUR: Na televisão, a mesma história se repete diversas vezes. Um piloto vai ao ar e é o de menor audiência na história da TV, blá-blá-blá. É verdade. Jerry Seinfeld tem uma carta com as classificações da exibição-teste de *Seinfeld* emoldurada e pendurada na parede.

Jerry Seinfeld e o cocriador Larry David tinham a carta da exibição-teste emoldurada e pendurada acima de um vaso sanitário. "Pensamos que, se alguém entrasse para usar aquele banheiro, isso seria algo que eles deveriam ver", disse Jerry à *TV Guide*. "Combinava com o momento."

MIKE SCHUR: *Cheers* foi o piloto de menor audiência que a NBC já havia exibido até então.

Durante a primeira temporada em 1982, *Cheers* estava lá atrás no índice de audiência da Nielsen, apenas um pouco à frente de shows que logo seriam cancelados, como *Zorro and Son* e *Ace Crawford... Private Eye*.

MIKE SCHUR: Greg avisou à NBC que o teste seria terrível. Ele disse: "É um mocumentário. As pessoas não estão acostumadas com isso. As cores são apagadas e a iluminação é fluorescente. O chefe é desagradável. O teste vai ser horrível. Vocês têm que ignorar isso".

GREG DANIELS: Está bem dentro do padrão de *Mary Tyler Moore Show*, *Cheers* e *Seinfeld*. Eu disse a eles: "É uma comédia clássica da NBC e vai funcionar, então não se preocupem com os testes".

MIKE SCHUR: E o teste foi horrível mesmo e, na verdade, eles não ignoraram isso, mas Greg os preparou para observar os resultados de maneira diferente. É muito corajoso dizer a uma rede que a coisa em que gastaram milhões de dólares vai ser bombardeada.

TERI WEINBERG: Acho que parte da razão pela qual o teste foi muito ruim é que era algo que as pessoas nunca tinham visto antes. Elas vão para esse teste, recebem setenta e cinco ou cinquenta dólares, ou o que for, julgam o material com base em vinte minutos e dizem se é bom ou ruim. Nós não nos importávamos tanto com o teste.

BEN SILVERMAN: Recebi uma ligação da NBC dizendo que o resultado do teste havia chegado e era horrível. E fiquei tipo: "Você está testando junto com velhos episódios de *Friends*". Eu disse a Greg: "Eu avisei. Eu sabia que ninguém ia gostar". Estava triste, sabe, mas me senti desafiado.

KEVIN REILLY: Quando as coisas estão indo bem e você tem um sucesso atrás do outro, ou a emissora não concorda, ou você tem a possibilidade de dizer: "Bem, isso é ótimo, Brian. É uma ótima observação", e depois simplesmente ignora, certo? Mas eu ainda não tinha estabelecido credibilidade na NBC. As pessoas me conheciam, gostavam de mim, tinham me recrutado para o trabalho. Mas, naquele momento, eu estava defendendo coisas que não se pareciam com o que deveriam ser. Então, isso deu a outros jogadores mais poder para entrar e dizer: "Vou dizer por que isso não vai funcionar".

O piloto foi exibido para funcionários da NBC, que lhe atribuíram uma nota entre 0 e 10.

KEVIN REILLY: Cada sala estava atribuindo 1 ou 0,5. Ninguém gostou, com exceção de uma sala.

Uma sala de exibição especial foi montada apenas para os assistentes e associados. Em outras palavras, os jovens.

KEVIN REILLY: Era a única sala que me interessava. Havia umas quarenta pessoas lá dentro. Entrei e perguntei: "O que vocês acharam?". E eles me disseram: "Não é apenas a melhor coisa a que assistimos, é a única que está no ar atualmente que veríamos". Era tudo o que eu precisava saber.

TERI WEINBERG: Se não fosse por Kevin Reilly, *The Office* não teria sobrevivido. Eu realmente acredito que ele colocou a carreira dele em risco por nós.

Graças a Kevin Reilly e a uma sala cheia de assistentes da NBC, nosso programa teve um vislumbre de esperança de sobrevida. Mas ainda estávamos longe da certeza. Em 16 de maio, a NBC anunciaria a nova grade de programação.

BRIAN BAUMGARTNER: Quando você descobriu que tínhamos sido escolhidos?

JENNA FISCHER: Era 13 de maio e ninguém havia dito nada. Em Nova York, há uma coisa chamada upfront em meados de maio, em que a emissora divulga para todos os anunciantes qual será a nova temporada. Ninguém nos disse se tínhamos sido escolhidos, e eu tinha que ir ao casamento de um amigo em San Diego naquele fim de semana. Então, no dia 15 de maio, recebi uma ligação de

que tínhamos sido selecionados, mas apenas para mais cinco episódios, e a NBC adoraria que eu estivesse em Nova York para o anúncio no dia seguinte.

BRIAN BAUMGARTNER: No *dia* seguinte?

JENNA FISCHER: Pois é. Eles não iam me dar a passagem de avião ou pagar o quarto de hotel, mas, se eu pudesse comparecer, eles adorariam que eu estivesse lá. Então disse: "Que se dane, vamos para Nova York!". Dirigi até o aeroporto de Long Beach vestindo a roupa com que fui para o casamento e eu mesma reservei o voo, o hotel. O mesmo ocorreu com John, Rainn, Steve e B. J. Estávamos todos lá para o grande anúncio.

Uma temporada típica de um programa de televisão é composta de vinte e dois episódios, embora às vezes um programa novo e ainda não testado tenha treze episódios no início. Conseguimos seis no total (o piloto mais cinco episódios) para toda a nossa temporada.

JENNA FISCHER: A mensagem foi muito clara. "Só vamos escolher para mais cinco porque não acreditamos totalmente neste programa ou em vocês. Então, vamos fazer esses episódios relutantemente. Isso se o show for ao ar, porque nem disso temos certeza." Foi uma decisão tão hesitante. Mas estávamos comemorando como se tivéssemos conseguido cinco temporadas.

BRIAN BAUMGARTNER: Ainda nem tínhamos uma data para a estreia.

JENNA FISCHER: Isso mesmo. Talvez no meio da temporada, talvez nunca. Não temos certeza. Vamos ver como vai ser.

KEVIN REILLY: Greg já tinha ganhado uma grana em *O Rei do Pedaço*, então ele estava disposto a reduzir a margem dele e aceitar uma oferta menor. Ele poderia ter mantido seus princípios e dito: "Não vou fazer isso. Não vou fazer seis", e seria o fim do programa.

BEN SILVERMAN: Senti que a NBC cagou pra gente. Era, tipo, "Ah, a própria série vai se afundar sozinha. Deixe que eles fiquem brincando na caixinha de areia um pouco mais".

RAINN WILSON: Ninguém faz seis episódios para uma primeira temporada, especialmente naquela época. As emissoras só ganham dinheiro quando têm mais de cem episódios e podem distribuí-los. Elas querem filmar o máximo de episódios possível. Então foi muito estranho eles terem arranjado algum dinheiro no orçamento para filmar seis episódios ignorados de *The Office*.

BEN SILVERMAN: E eles nos colocaram depois de *O Aprendiz*, o que era muito estranho na época. Íamos ao ar mais tarde do que o normal porque eles acharam que, como *O Aprendiz* falava de ambiente de trabalho, era a combinação certa para o programa.

Não era a melhor notícia, mas pelo menos a NBC não rejeitou a série. Faríamos mais episódios desse show que amávamos e, como Greg nos lembrou...

GREG DANIELS: Vamos fazer esses cinco valerem a pena. Se isso é tudo o que temos, vamos dar o recado que podemos com esse programa.

Outros estavam ainda mais otimistas.

KEVIN REILLY: Naquele momento, eu estava pensando: "A reconstrução da NBC vai acontecer e esta vai ser uma das peças utilizadas". Olhei para o resto das coisas no cardápio, e era tudo porcaria.

O *New York Times*, por exemplo, concordou. Na avaliação de Alessandra Stanley, crítica de TV, sobre o nosso piloto em março de 2005, ela observou que, embora achasse que era "pálida" em comparação à versão britânica de *The Office*, ainda era "mais engraçada do que qualquer outra nova série de TV".

KEVIN REILLY: Não é como se fosse possível dizer: "Uau, tenho dez outros grandes shows para escolher". Era apenas: "Olha, vai ser árduo, mas vai valer a pena".

PRIMEIRA TEMPORADA

Guia dos episódios

TÍTULO	DIRIGIDO POR	ESCRITO POR	DATA DE EXIBIÇÃO ORIGINAL
Pilot	Ken Kwapis	Ricky Gervais, Stephen Merchant e Greg Daniels	24 de março de 2005
"Diversity Day"	Ken Kwapis	B. J. Novak	29 de março de 2005
"Health Care"	Ken Whittingham	Paul Lieberstein	5 de abril de 2005
"The Alliance"	Bryan Gordon	Michael Schur	12 de abril de 2005
"Basketball"	Greg Daniels	Greg Daniels	19 de abril de 2005
"Hot Girl"	Amy Heckerling	Mindy Kaling	26 de abril de 2005

TERI WEINBERG: Cada um de nós que estava envolvido na primeira temporada vinha trabalhar todos os dias e dizia: "Se vamos fazer apenas seis episódios no total, vamos fazer os melhores episódios que sabemos fazer. Vamos entrar aqui e fazer o trabalho com amor, com tudo o que temos e fazê-lo por nós mesmos". Todos nós aparecemos naquele lote todos os dias – estou ficando emocionada – e fizemos um programa incrivelmente bonito. Foi assim para todos, elenco, equipe, contabilidade, arte, serviços de catering, o que quer que fosse. Todo mundo veio e era como se estivéssemos em nossa própria ilha.

"Roteiro no nível de serial killer"

A reunião dos roteiristas

Greg decidiu que era o momento certo para trazer novos roteiristas – em especial aqueles dispostos a ter dupla função como roteiristas-atores.

GREG DANIELS: Gastei lindamente meu pequeno orçamento destinado ao roteiro. Para a equipe principal, trouxe Paul Lieberstein, que havia escrito alguns dos melhores episódios de *O Rei do Pedaço*; Larry Wilmore, criador do *The Bernie Mac Show*; e Lester Lewis, do *The Larry Sanders Show*, que era brilhante com história e personagem. Consegui contratar Mindy Kaling como assistente. Eu já a tinha visto no palco na peça *Matt and Ben* quando minha esposa e eu estávamos em busca de talentos. E para o restante da equipe, contratei Mike Schur, que estava vindo do *SNL* e se casou com uma colega do programa, assim como eu. O cérebro do Mike parecia uma versão um pouco mais concatenada do que a minha.

BRIAN BAUMGARTNER: Como foi conhecer Greg?

MIKE SCHUR: Tínhamos muita coisa em comum. Nós dois estudamos em Harvard e trabalhamos para a revista *Lampoon*, escrevemos para o *SNL* e conhecemos as namoradas e futuras esposas lá.

A esposa de Greg, Susanne – que também é irmã de Paul Lieberstein e atualmente é a chefe mundial de conteúdo original do YouTube – atendia a telefonemas para Lorne Michaels. Schur conheceu sua esposa, Jennifer, filha de Regis Philbin, em janeiro de 1998, quando ela era assistente de roteiristas no programa.

MIKE SCHUR: Meu filho nasceu com cabelo ruivo e o filho de Greg, Owen, também é ruivo.

BRIAN BAUMGARTNER: Isso é bem assustador.

MIKE SCHUR: Então, instantaneamente, me apaixonei por Greg. Escrevi para o meu agente e disse que ele ia me ensinar a escrever. Eu, de fato, acreditava que aquele seria o caso. Na primeira temporada, os únicos roteiristas fixos na equipe eram eu, Mindy e B. J. E nenhum de nós tinha escrito uma sitcom. Acho que B. J. talvez tenha escrito alguns episódios de uma sitcom de Bob Saget ou algo assim.

Novak escreveu dois episódios da curta série *Raising Dad* (2001-2002) da WB.

MIKE SCHUR: Eu só tinha escrito no *SNL*, e Mindy era dramaturga e fazia esquetes. Então Greg essencialmente comandava uma turma pós-graduada em roteiro de sitcom.

GREG DANIELS: Quanto mais rápido o showrunner puder treinar roteiristas para escrever como ele, mais rápido ele tem alguma ajuda valiosa. Eu mencionava o máximo possível de crenças minhas sobre a escrita e tentava contrariar a estética da maioria das sitcoms com outras ideias artísticas, como aquela em que, no Japão, um pote rachado é mais valorizado do que um perfeito, porque o rachado tem personalidade e uma história. Eu inventava termos para tornar as ideias memoráveis. Provavelmente eram explicações pomposas ruins.

MIKE SCHUR: Eu tinha um caderno e anotava as coisas o tempo todo. Greg diria coisas do tipo: "Bem, o que faz uma história ser boa?". E então ele começava a falar sobre os pilares básicos da narrativa: motivação, apostas, reviravoltas, escalações, coisas assim. Percebi: "Ah, isso é uma aula. Estou tendo uma aula agora". E me lembro de virar a página no meu caderno onde eu estava fazendo desenhos idiotas e começar a anotar como se estivesse na faculdade.

BRIAN BAUMGARTNER: Você fez isso de forma inconsciente?

MIKE SCHUR: Não, não, eu estava anotando como se Greg fosse o professor em uma aula de bioquímica. Não é uma piada. Ainda tenho minhas anotações e até hoje as consulto. Isso foi provavelmente em agosto de 2004, e ainda me pego em momentos tentando escrever algo, em que fico, tipo, "Por que isso não faz sentido?". E aí volto e olho as coisas que Greg disse do nada, de sua memória. Esse é um dos dez mil exemplos do motivo de o show ter funcionado, porque Greg era muito atencioso e meticuloso em relação a tudo.

Schur se lembra de uma sessão de brainstorming na sala dos roteiristas em que ele sugeriu um episódio envolvendo um cão perdido vagando no estacionamento da Dunder Mifflin e sendo adotado como o animal de estimação do escritório.

MIKE SCHUR: Greg ficou muito animado e disse: "Ah, eu tive uma ideia semelhante!". E ele trouxe um caderno em espiral e foi

FICHA DE RECURSOS HUMANOS

Mike Schur

Profissão: roteirista, produtor e ator

Pseudônimo: Ken Tremendous

Cidade natal: Ann Arbor, Michigan

Primeiro roteiro: "The Robbery" (O Roubo), uma coleção de (em suas palavras) "absurdos e *non sequiturs* copiados de Monty Python", escrito quando ele tinha dez anos

Formação: Inglês e presidente do *Harvard Lampoon*, Universidade Harvard, turma de 1997

Emprego anterior: roteirista/ produtor de *Saturday Night Live* (1998-2004)

Trabalhos pós-*The Office*: cocriador de *Parks and Recreation*, *Brooklyn Nine-Nine* e *The Good Place*

Habilidade especial: faz referências obscuras ao romance *Graça Infinita* (1996), de David Foster Wallace (um "intelecto vertiginoso de Connecticut", de acordo com Mindy Kaling, colega de Schur em *The Office*)

Não gosta de: usar barbicha no queixo e vestir jeans pesado em fazendas de beterraba

folheando. Virou uma página, virou outra, todas escritas como se fossem anotações de um serial killer.

BRIAN BAUMGARTNER: Tipo uma caligrafia muito pequena e organizada?

MIKE SCHUR: Isso. A página inteira preenchida, de margem a margem, partes sublinhadas. E aí ele disse: "Aqui está". A ideia dele era sobre um cão abandonado que é adotado pelo escritório, e todos cuidam do animal. Ele disse: "Dwight poderia ter essa relação com o cachorro, e Michael ficaria muito triste porque o bicho parecia não gostar dele. E então Jim e Pam meio que cuidavam do cão, alimentando-o ou o que fosse, e aí à noite haveria a dúvida de quem levaria o animal para casa. E Pam levaria para casa uma noite e Jim levaria em outra, e o cachorro meio que se tornaria quase um animal de estimação para Jim e Pam. E aí Roy chegaria e se daria bem com o cachorro e aí o cachorro iria para casa". Ele expôs uma história inteira do começo ao fim, na qual esse elemento do enredo, o cachorro, se relacionava com cada personagem no escritório. Ele finalizou a apresentação de oito minutos e tinha liga, e me lembro de dizer: "Acho que devemos fazer a sua versão. [*Risos.*] Parece que você pensou em tudo".

Munidos desses pequenos detalhes e com o caderno mágico de Greg, os roteiristas iniciaram a criação do roteiro número dois, nosso primeiro episódio original.

"Dormindo em um mundo acordado"
A filmagem de "Diversity Day"

O segundo episódio da nossa primeira temporada, "Diversity Day", foi escrito por ninguém menos que B. J. Novak.

OSCAR NUÑEZ: Era um roteiro excelente de um jovem de dezessete anos. B. J. Novak costumava vir ao set de skate.

BRIAN BAUMGARTNER: Espera, ele tinha dezessete anos na época? Você tem certeza?

OSCAR NUÑEZ: Não, só estou dizendo isso pra conseguir efeito cômico. Mas ele era jovem.

Ele tinha 25 anos.

OSCAR NUÑEZ: Bem jovem. Como eu o odiava. Eu o odiava tanto e ainda odeio. Estou brincando, é claro. B. J. é tão talentoso, e era um roteiro muito bom.

BRIAN BAUMGARTNER: Me lembro de ler o roteiro de "Diversity Day" e pensar: "Caramba, eu não sei se o público vai dar uma chance para o programa, mas espero que sim, porque estamos fazendo algo muito legal e arriscado".

"Diversity Day" foi o nosso primeiro episódio não baseado em algo escrito por Ricky Gervais e Stephen Merchant. Queríamos que *The Office* fosse exclusivamente nosso e exclusivamente americano.

GREG DANIELS: Na Inglaterra, seja lá por qual motivo, a ambição é malvista. Então, para tornar o personagem Tim agradável...

Na versão britânica, Tim era o equivalente de Jim e era interpretado por Martin Freeman.

GREG DANIELS: ... eles se certificaram de que o personagem não pareceria muito ambicioso. Essa foi uma maneira de sinalizarem para a plateia inglesa que ele era legal. Mas é diferente nos Estados Unidos.

BRIAN BAUMGARTNER: Gostamos de ambição.

GREG DANIELS: Exatamente. Muitas vezes, as pessoas indagavam: "Se ele não gosta tanto do trabalho, por que ele simplesmente não desiste ou pega as coisas e vai embora?". Era algo que tínhamos que ajustar.

O que diferenciou "Diversity Day" do restante, no entanto, foi como o episódio abordou de forma leve e cômica, desprovida de qualquer controvérsia ou de campos minados, um tema polêmico: raça nos Estados Unidos.

No que estávamos pensando?!

RAINN WILSON: Se houvesse um novo programa estreando hoje e tivesse um episódio "Diversity Day", com personagens dizendo coisas como "experimente meu googi, googi" para um indiano e fazendo piadas de motoristas asiáticos e árabes sendo muito "explosivos", haveria muita gente com raiva nas redes sociais dizendo que era inapropriado. Haveria uma enorme reação contra isso.

BEN SILVERMAN: "Diversity Day" ainda é um dos meus episódios favoritos da TV, que dirá em *The Office*. É tão engraçado, perigoso e diferente de uma forma real e não politicamente correta. Eu não sei se hoje seria possível dizer qualquer uma das coisas que dissemos naquele episódio.

Resumindo, o enredo é o seguinte: depois que Michael Scott tenta entreter seus colegas de trabalho recontando uma parte do stand-up de Chris Rock repleta de termos racistas – "N—s vs. Black People", do especial *Bring the Pain*, exibido pela HBO em 1996 –, a matriz da Dunder Mifflin exige que os funcionários participem de um treinamento de sensibilidade. Michael sabota o curso com sua própria dinâmica de grupo, em que toda a equipe usa cartões na testa listando diferentes "raças", como italiana, jamaicana e... Martin Luther King Jr.?

GREG DANIELS: Tom Wong, um dos assistentes dos roteiristas, foi quem sugeriu a coisa com os cartões. Aconteceu exatamente o mesmo com ele em algum treinamento no local de trabalho. E aí acabamos aceitando a sugestão. Pensamos: "É uma ótima ideia".

A coisa vai de mal a pior quando Michael instrui os colegas a tentarem adivinhar as raças listadas no cartão grudado na testa um do outro usando apenas estereótipos.

> **ANGELA KINSEY:** Acho que meu cartão dizia "Jamaica", certo? Quando filmamos aquela cena, me lembro de pensar: "Acho que isso não cabe na TV".
>
> **BRIAN BAUMGARTNER:** Esse episódio tem uma das minhas piadas favoritas em todo o programa. Quando Michael pergunta a Oscar se ele prefere um termo que é menos ofensivo do que "mexicano".
>
> **OSCAR NUÑEZ:** E ele estava tão sério. Todo mundo tinha que morder a língua para não rir, porque Steve estava levando a sério.
>
> **GREG DANIELS:** Sou fascinado pela ideia de uma "história Ur dos Caldeus", como a mais representativa para explicar um personagem. Ur dos Caldeus foi a cidade bíblica onde Abraão nasceu, e uso o termo na escrita para falar de um único episódio que é o mais fundamental e representativo de todos os temas que o programa aborda. Em *O Rei do Pedaço*, era o problema inominável de Hank, em que ele está constipado e tem que fazer uma colonoscopia. O fato de as pessoas estarem falando sobre a constipação dele era a pior coisa que poderia acontecer a Hank. "Diversity Day" foi uma tentativa de encontrar essa história super-representativa de Michael. Como ele vai reagir quando o pior acontecer com ele?

Michael pode ter sido um personagem muito diferente de David Brent, seu *doppelgänger* britânico interpretado por Ricky Gervais. Mas eles tinham em comum um ponto cego cultural semelhante.

> **RICKY GERVAIS:** David Brent era fascinado pela diferença, e ele tinha aquela terrível angústia da classe média branca em relação a alguém pensar que ele era sexista ou racista. Então ele compensava exagerando. Ele era basicamente uma pessoa boa, mas entrava em pânico quando se deparava com questões de diferença, deficiência, cor ou qualquer coisa

FICHA DE RECURSOS HUMANOS

Paul Lieberstein

Profissão: roteirista, produtor-executivo e intérprete de Toby Flenderson

Cidade natal: Westport, Connecticut

Formação: Economia, Hamilton College em Clinton, Nova York, turma de 1989

Primeiro emprego: no escritório de advocacia do pai

Empregos anteriores: roteirista e coprodutor-executivo de *The Bernie Mac Show*, *Greg the Bunny*, *The Drew Carey Show* e *O Rei do Pedaço*

Trabalhos pós-*The Office*: produtor-executivo e roteirista da série *Space Force* (2020-2022) e de *Ghosted* (2017-2018); roteirista, diretor e protagonista de *Song of Back and Neck* (2018)

Acidente relacionado a *The Office*: B. J. Novak "quase o matou" com uma prancha de surfe em 2007, durante as férias na Costa Rica

Habilidades especiais: tocar vibrafone e usar expressões obsoletas

do tipo. Acabávamos rindo daquela angústia branca e das pessoas compreendendo aquilo errado. Ele está tentando fazer a coisa certa, mas não está munido das ferramentas corretas para isso.

Portanto, "Diversity Day" não era necessariamente sobre racismo. Era sobre um homem muito equivocado tentando não ser racista e entendendo tudo muito, muito, muito errado.

STEVE CARELL: Mas ele está tentando.

BRIAN BAUMGARTNER: Ele está se esforçando muito.

STEVE CARELL: É por isso que me altero um pouco quando as pessoas tentam compartimentar Michael e considerá-lo racista. Ele é uma pessoa com um coração muito bom e gentil que não tem muita informação sobre o mundo ao redor dele. Ele estava dormindo em um mundo acordado, como você poderia estar. [*Risos.*]

BRIAN BAUMGARTNER: Mas tentando o melhor.

STEVE CARELL: Tentando o melhor! Há uma diferença entre ser intolerante e ser ignorante. Às vezes, intolerância e ignorância andam de mãos dadas, com certeza. Mas acho que ele era um ser humano muito sério e decente. Ele simplesmente não... *sacava* o certo o tempo todo, sabe?

BRIAN BAUMGARTNER: Você sempre busca o lado bom em qualquer personagem que esteja interpretando?

STEVE CARELL: Acho que é importante fazer isso, porque senão você está apenas o demonizando ou julgando. E se está fazendo isso, vai interpretar de forma diferente. Você não quer expressar uma opinião sobre o personagem.

OSCAR NUÑEZ: Acho que Michael Scott se safou de muitas coisas porque ele estava genuinamente vindo de um lugar da inocência. Ele dizia aquelas coisas ignorantes, e você o odiava. Mas aí algo horrível acontecia com ele, e você acabava sentido pena dele e dizia: "Ele não é um cara tão ruim assim". Então ele faria algo horrível de novo, e de novo, e de novo. Esse era o ciclo do programa. É uma fórmula maravilhosa.

"Diversity Day" não apenas mostrou a personalidade de Michael Scott. Foi quando todo o elenco se tornou mais do que apenas coadjuvante.

BRIAN BAUMGARTNER: Praticamente todo mundo teve seu momento ou uma piada no episódio "Diversity Day". E foi também quando começou a rivalidade entre Michael e Toby Flenderson, do RH da Dunder Mifflin, interpretado pelo mais novo roteirista a se juntar ao show, Paul Lieberstein.

PAUL LIEBERSTEIN (TOBY FLENDERSON, ROTEIRISTA, DIRETOR E PRODUTOR): Precisávamos que alguém entrasse e falasse uma frase, e Greg teve a ideia de que queria quebrar o muro entre os roteiristas e os atores.

BRIAN BAUMGARTNER: Você estava animado?

PAUL LIEBERSTEIN: Na minha cabeça, eu era roteirista e estava totalmente focado no roteiro. Ficamos acordados a noite toda escrevendo, até as quatro da manhã. Cheguei cambaleando ao set no dia seguinte e não sabia muito bem a minha fala.

TOBY: `Vai fazer a gente sentar em círculo?`

PAUL LIEBERSTEIN: Eu não sabia que Steve ia improvisar. Eu não sabia que ele faria de um limão uma limonada. Ele respondeu com...

MICHAEL: `Sai fora!`

PAUL LIEBERSTEIN: Eu estava tão cansado que nem sabia como responder.

TOBY: `Desculpe-me.`

PAUL LIEBERSTEIN: E, você sabe, a partir daí, ele assumiu.

MICHAEL: `Não, isso não é uma piada. Está bem? Isso foi ofensivo e idiota. Então duplamente ofensivo.`

Isso fundamentou a relação dos dois e a rivalidade inexplicável.

PAUL LIEBERSTEIN: Falamos sobre Michael não ser mau de propósito. Acho que temos que excluir Toby disso. Porque ele não tinha essa relação com mais ninguém. É, ele me *odiava*. [*Risos*.]

BRIAN BAUMGARTNER: Sempre que Steve olhava para você, o rosto dele parecia o de uma pessoa diferente.

PAUL LIEBERSTEIN: Era como se eu fosse um nazista, e ele achava que estava fazendo um serviço ao mundo me odiando.

Ao longo do episódio, Jim tenta em vão fechar uma grande venda, que valeria 25% de sua comissão. Ele perde a venda para Dwight e, quando está prestes a se entregar à frustração, algo acontece.

GREG DANIELS: Eu disse a B. J., "Olha, quero *alguma coisa assim*. Algo como se Jim estivesse em um dia péssimo, e eles estão em uma reunião horrível e chata. Pam adormece, e a cabeça dela encosta no ombro dele, e é uma lembrança preciosa para ele. Isso muda totalmente o dia dele. Tente fazer algo assim".

BRIAN BAUMGARTNER: Ele reproduziu ao pé da letra?

GREG DANIELS: Bem, ele voltou e disse, "Tentei. Não consegui encontrar nada melhor do que isso". Tudo parecia estar relacionado. Fizemos 201 episódios, mas o segundo pode ter sido o melhor.

"O pior corte de cabelo para o formato de rosto dele"

Os atores encontram seus personagens

Durante o resto da primeira temporada, apesar de pensarmos que só tínhamos mais quatro episódios, continuamos trabalhando, construindo o nosso mundo e dando vida aos nossos personagens.

JENNA FISCHER: Como uma nerd de teatro, esse era o trabalho dos sonhos para mim. Escrevi um ensaio de três páginas com a história de Pam, algumas coisas peguei do roteiro ou do programa britânico e outras eu mesma inventei. Eu tinha toda uma história escrita, explicando por que Pam está com Roy e como eles se conheceram, tudo o que tinha acabado de inventar.

BRIAN BAUMGARTNER: O que a Pam tinha da Jenna?

JENNA FISCHER: Bem, como a Pam, demorei muito para descobrir como lutar pelo que eu queria. Passei muitos anos sentada em uma mesa de recepção querendo estar fazendo outra coisa, sonhando em ser atriz. Pude de fato me identificar com essa sensação de querer algo mais. Mas, ao contrário da Pam, não demoraria três anos para dizer ao Jim que sentia algo por ele. [*Risos.*] Eu teria largado Roy muito mais rápido.

BRIAN BAUMGARTNER: Por que ela e Jim demoraram tanto tempo para ficar juntos?

JENNA FISCHER: Bem, quando conhecemos Pam e Jim, eles já estavam trabalhando juntos havia alguns anos e ainda levou mais três anos para descobrirem algumas coisas. Mas, na história que criei para a Pam, os pais dela estavam muito entusiasmados com o Roy. Ele estava na família havia muito tempo. Os pais da Pam tinham uma loja de eletrodomésticos na cidade, e o Roy trabalhava lá na época do ensino médio, e foi assim que esse casal estranho e incompatível se conheceu.

No episódio "Sexual Harassment", Roy entra usando um suéter, fazendo uma pequena dança enquanto brinca com a mãe de Pam. É um cara que não aparece com muita frequência, mas a família de Pam gosta dele, e as famílias dos dois são muito unidas. Então não é fácil para ela sair desse relacionamento e correr até o Jim. Tem muito nó pra ser desfeito.

Angela Kinsey criou uma história para sua personagem, a chefe de contabilidade Angela Martin, simplesmente com base no layout de *The Office*.

ANGELA KINSEY: De todas as mesas na parte principal, há apenas uma que tem divisória de vidro. Perceberam isso? É a que separa Kevin e eu, e na história que eu criei, Angela provavelmente pediu isso. [*Risos.*] Tipo: "Kevin, preciso de uma divisória".

BRIAN BAUMGARTNER: Mas você consegue enxergar através da divisória. Por que ela não pediu uma divisória pela qual não pudéssemos nos ver?

ANGELA KINSEY: Eu precisava poder ver você fazendo o trabalho, mas não queria respirar o seu ar. [*Risos.*]

Rainn se inspirou um pouco em Mackenzie Crook, que interpretou Gareth Keenan (o equivalente britânico de Dwight) no programa original da BBC.

RAINN WILSON: Roubei todas as melhores características dele. Como quando o Dwight sempre diz as coisas mais ridículas e absurdas com um rosto totalmente sério e frio. Honestamente, peguei isso de Mackenzie. Outra coisa que peguei foi o corte de cabelo. Li uma entrevista com Mackenzie em que ele dizia que tinha ido a uma barbearia em Slough ou em algum subúrbio de Londres e ficou com o pior corte de cabelo para o formato de rosto dele. Passei muito tempo me olhando no espelho, tentando descobrir o corte de cabelo mais ridículo possível.

BRIAN BAUMGARTNER: Acho que você descobriu.

RAINN WILSON: Tenho uma testa enorme e queria emoldurar minha testa perfeitamente com essas pequenas venezianas, essas cortinas de cabelo, para destacar a enormidade da minha carapaça. Então, combinei o corte de cabelo com aqueles óculos – aliás, eu realmente acho que Dwight influenciou a cultura popular, porque agora todos os hipsters usam óculos estilo Dwight.

BRIAN BAUMGARTNER: Você foi o primeiro hipster.

RAINN WILSON: É, fui mesmo. Eu era um nerd hipster com aqueles óculos, e agora todo mundo que frequenta o Intelligentsia Coffee em Silver Lake usa os mesmos óculos.

“Como um guaxinim flagrado ao lado de uma lata de lixo”

A dança entre as câmeras e os atores

O episódio “Diversity Day” também foi quando começamos a perceber que as limitações do nosso espaço físico podiam ser uma restrição produtiva, do ponto de vista criativo. Ken Kwapis organizou o episódio para que todos ficassem encurralados na sala de conferências, embora isso tenha dificultado muito mais a filmagem.

KEN KWAPIS: Houve muita discussão sobre se deveríamos ou não mudar a sessão de treinamento para o escritório, porque, caso contrário, todo o episódio ficaria restrito à sala de reunião. Estamos tentando provar à rede de televisão que este é um programa viável, e vamos filmar o nosso segundo episódio dentro de uma sala pequena? Mas me lembro de ter um forte pressentimento de que seria mais engraçado se todos estivessem confinados em um pequeno espaço, porque isso tornava a filmagem mais desafiadora. Às vezes as câmeras ficavam muito focadas no rosto das pessoas.

RANDALL EINHORN: Tentamos filmar *The Office* da forma mais verdadeira possível, mas havia regras que alguns diretores achavam inibitórias.

Randall Einhorn, nosso diretor de fotografia, foi quem garantiu que o programa parecesse um documentário de verdade.

RANDALL EINHORN: Uma das regras era que, se estivéssemos filmando uma cena e precisássemos fazer várias tomadas, nunca mostraríamos o lugar onde a câmera deveria estar para cobrir o resto da cena.

BRIAN BAUMGARTNER: Se é um documentário, se Steve estiver em pé na sala dele e alguém estiver filmando Steve e depois cortamos, podemos voltar e aí temos uma câmera que está filmando Steve para as pessoas que estavam no escritório assistirem. Deveríamos ver um câmera em pé atrás deles. Então, quando filmávamos aquela parte, o que você está dizendo é que tínhamos que propositalmente olhar sem mostrar o local onde a câmera deveria estar.

Outra regra era que eles não podiam incluir nenhuma filmagem complicada que apenas um cinegrafista altamente qualificado poderia fazer.

RANDALL EINHORN: Encontre outro jeito. Isso tornou tudo muito mais desafiador, interessante e legal.

BRIAN BAUMGARTNER: Não era um território totalmente novo para você, certo? Naquela época, você estava fazendo principalmente reality shows?

RANDALL EINHORN: Vim de uma aventura ao ar livre e acabei em um escritório com iluminação fluorescente. [*Risos*.] Rainn costumava tirar sarro do meu sotaque australiano, que não percebo. Realmente tenho sotaque?

BRIAN BAUMGARTNER: Você tem. Lamento dizer, mas é verdade.

RANDALL EINHORN: Rainn ficava falando comigo em um sotaque australiano bem carregado.

Deixando de lado o misterioso sotaque australiano, apesar de ter sido criado no meio-oeste dos EUA, Randall tinha algo de que *The Office* precisava desesperadamente, e o produtor-executivo Ben Silverman foi o primeiro a perceber isso.

RANDALL EINHORN: Eu estava filmando alguns esportes radicais com os snowboarders Shaun White e Jeremy Jones em Jackson Hole, em Wyoming. Ben foi até Jackson Hole e decidiu que eu era o cara para *The Office* porque consigo filmar cenas externas, esportes radicais.

FICHA DE RECURSOS HUMANOS

Randall Einhorn

Profissão: diretor de fotografia

Cidade natal: Cincinnati, Ohio

Empregos anteriores: filmagem de vídeos de rafting no rio Tully, em Queensland, Austrália; trabalhou em *Eco-Challenge* (1998-2004), *Survivor* (2000-2002) e *Fear Factor* (2001)

Trabalhos pós-*The Office*: diretor dos programas *The Kids Are Alright* (2018-2019), *The Mick* (2017), *Os Muppets* (2015-2016) e *Fargo* (2014-2015)

Horas extras: direção dos webisódios do spin-off *The Accountants*

Citações especiais: duas indicações ao Emmy (por seu trabalho de cinematografia em *Survivor*)

Habilidades especiais: trabalho com câmera subaquática e não percepção de que tem sotaque australiano

BEN SILVERMAN: Sabia que precisávamos de alguém daquele mundo para filmar dessa maneira estilística, mas também para que não montássemos tudo tão lentamente quanto uma comédia de roteiro convencional.

RANDALL EINHORN: Sempre me parece falso quando vejo uma câmera ao lado de pessoas que estão tendo uma conversa muito íntima. Disse a Greg: "Acho que a câmera deve estar muito, muito longe para que o público tenha que se inclinar e se aproximar para entender o que está acontecendo. Eles se sentem privilegiados com isso. E parece mais verdadeiro".

BRIAN BAUMGARTNER: Lembro de você gravar uma cena e dizer: "A filmagem está bonita demais". E aí você puxava uma planta, e lá estavam folhas no canto da tela. Como se você estivesse tentando bloquear algo.

RANDALL EINHORN: Estávamos tentando ficar escondidos, como se estivéssemos, sabe, registrando algo que tivéssemos o privilégio de ver. Fazíamos isso o tempo todo em *Survivor*. Se as pessoas estivessem conversando, ficaríamos lá na praia. Fica parecendo mais real.

GREG DANIELS: Uma coisa que notei foi que, na metade das vezes em que uma cena não era engraçada, era porque a percepção da câmera estava errada. Seria uma situação em que devíamos espionar os personagens pelas persianas, mas as câmeras estavam na cara de todos.

BRIAN BAUMGARTNER: Então a comédia vinha do fato de os personagens esquecerem que as câmeras estavam lá?

GREG DANIELS: Ou de ficarem envergonhados que as câmeras continuavam pegando-os no flagra.

RANDALL EINHORN: Se Michael quisesse fechar a porta de sua sala, a câmera espiaria pelas persianas. Se ele fechasse as persianas, OK, vamos dar a volta até a outra janela e encontrá-lo. A câmera era intrometida e implacável. Não ia dar espaço a ninguém. Ela podia deixar você pensando que teria um momento de privacidade, mas provavelmente ela pegaria você de outro ângulo.

KEN KWAPIS: No piloto, há uma cena maravilhosa mais para o final. Pam sai da mesa dela na recepção e há um longo momento em que Roy e Jim estão apenas inclinados, sem dizer nada. Então Jim finalmente diz algo inofensivo, e Roy dá o fora. É muito estranho, e é uma cena em que os dois personagens não sabem que estão sendo filmados. É simplesmente maravilhoso, especialmente para um personagem como Jim, que está sempre tão superconsciente da presença da câmera, pegá-lo desprevenido.

A câmera até conseguia capturar os personagens nos momentos mais vulneráveis quando eles estavam bem cientes de que estavam sendo filmados.

KEN KWAPIS: Aquela cena quando Michael Scott está tentando impressionar Ryan e ele faz uma brincadeira com Pam que sai pela culatra. Estamos meio que espionando ali, mas estamos na mesma sala que eles. Essa é uma das cenas mais desconfortáveis para assistir. Eu a assisti não muito tempo atrás com alguns alunos de cinema, e todos estavam maravilhados com o fato de que a cena é tão perturbadora, mas também bastante engraçada.

STEVE CARELL: Lembro quando Amy Adams participou. [Ela apareceu pela primeira vez como Katy, uma vendedora de bolsas, no episódio "Hot Girl", da primeira temporada.] É uma coisa meio complicada descobrir como interpretar para a câmera. Mas ela fez muito bem. Ela estava ciente da câmera, mas agiu de forma muito diferente, porque não estava acostumada. Ela não sabia. "O que você está fazendo aí?" Tipo: "Você estava gravando o que acabei de dizer?".

KEN KWAPIS: Essa foi uma das principais estratégias de como filmávamos. Como o fato de podermos focar em você de repente e aí você perceber a câmera, mas não tem nada a dizer, certo? Há essas pausas estranhas e maravilhosamente longas.

STEVE CARELL: Ou você está sendo pego, ou está interpretando para a câmera. Para Michael, quando a câmera estava documentando coisas que eram mais vulneráveis, que ele não queria que capturasse, era possível mostrar a fragilidade dele. Acho que a câmera acrescentou uma camada de profundidade a todos esses personagens, porque é um reflexo, acredito, dessa percepção pública, do que você quer que o público veja em oposição ao que é a realidade da situação ou a realidade da pessoa, do personagem.

GREG DANIELS: Me lembro de um episódio em que Michael estava se gabando para a câmera, e então ele recebeu essa chamada horrível e teve que realmente se esconder debaixo da mesa. A câmera apareceu e o flagrou lá, como um guaxinim flagrado ao lado de uma lata de lixo.

KEN KWAPIS: Quando Greg e eu realizamos a reunião de produção com a equipe, anunciamos que as coisas que os fariam ser demitidos em qualquer outro programa, como um operador de câmera passando pelo sujeito e depois recuando desleixadamente, não só eram aceitáveis como incentivadas.

GREG DANIELS: Às vezes, eu dizia: "OK, o problema com essa cena é que você sabe o que está procurando". E eu pedia ao operador de câmera que fechasse os olhos. Então eu o giraria e diria: "Tudo bem, encontre a ação". A cena começava, e o cara da câmera abriria os olhos e estaria voltado para o lado errado e teria que encontrar o que era interessante.

O resultado desses giros, quando um cinegrafista tenta descobrir onde deve estar filmando, é chamado de transição chicote. Ou pelo menos era assim que chamávamos. Um típico programa de TV não teria permitido algo tão dissonante em uma versão final. Mas, em *The Office*, isso era comum.

RANDALL EINHORN: A razão pela qual fizemos tantas dessas transições chicote é que estávamos contando uma história de Jim olhando para Pam, mas aí víamos o Dwight olhando para o Jim olhando para a Pam, e aí pegávamos o Kevin olhando para o Jim olhando para a Pam. Toda essa equação vai ficando mais complexa.

BRIAN BAUMGARTNER: Como ator, a falta de marcações era desconcertante. Tradicionalmente, há marcações no chão que indicam aos atores para onde ir. Mas, em *The Office*, não tinha isso.

KEN KWAPIS: Também não avisavam se vocês ficariam de fato de frente para a câmera em determinados momentos. Em uma comédia com multicâmeras, todos aparecem em uma visão bem frontal. Mas, para nós, a ideia era do tipo "não se preocupe em acertar essa marcação, vamos encontrar você. Aonde quer que você vá, vamos descobrir como encontrá-lo ou não".

JOHN KRASINSKI: No segundo episódio, me lembro de dizer ao Matt [Sohn, o cinegrafista]: "Apenas me avise onde você quer que eu esteja". E ele disse: "Não, não, esse é o meu trabalho. Não me diga onde você vai estar. Isso fará com que pareça mais real". Acho que pode ter sido nosso segredo estranho. Tínhamos operadores de câmera treinados na arte de instintivamente mover a câmera até um ponto em que as pessoas não percebessem. Randall e Matt mergulhavam em uma mesa, sabendo muito bem que não apenas uma lesão seria iminente, mas a tomada seria de talvez dois segundos e meio antes de caírem no chão. Eu me recordo de Randall às vezes dizer: "Não vou me reposicionar para ter um ângulo melhor, porque isso vai denunciar que estávamos cientes do que vocês estavam fazendo". E eu disse: "Uau, isso é muito outro nível".

GREG DANIELS: Eu dava comandos para os operadores de câmera muito diferentes do que fazia normalmente na maioria dos programas. Em qualquer outro show, seria: "Quero que você passe por aqui e, em seguida, nesta linha, e que vá para a frente", algo assim. Mas, em *The Office*, eu passava instruções como se eles fossem atores. Eu diria: "Você tem acompanhado essa história e sabe que tal pessoa nunca expressou interesse pela outra antes, mas, de repente, você percebeu que elas estão se olhando de forma diferente. Vá atrás disso".

RANDALL EINHORN: Sim, com certeza acho que a câmera era um personagem no show, e algumas das melhores instruções que já recebi dos diretores foi do tipo que se daria a um ator. "Você sente isso, está preocupado com isso, está curioso em relação a isso, mas você sabe disso." A câmera sempre teve um ponto de vista. Tinha uma pauta. Tinha as próprias histórias que queria contar. A atitude da câmera era, se ela tivesse uma personalidade, tipo: "Você não vai se esconder de mim. Vou seguir você. Vou usar minha lente de zoom ou vou olhar pra você pela janela e simplesmente não vou ceder, porque sou um ser curioso".

KEN KWAPIS: Cada ator desenvolveu sua própria relação com a câmera, e alguns tinham mais vontade de mostrar isso. Há momentos em que parece que Jenna quer rastejar para debaixo da mesa na recepção. E o personagem de John, acho que muito rapidamente fica claro que ele quer fazer amizade com a câmera.

GREG DANIELS: Brian costumava fazer algo que era muito útil. Não sei se já mencionei isso a vocês antes, mas tínhamos essas cenas que seriam engraçadas, mas não havia ponto para editar. Então pensámos: "Como saímos de cena?". Precisávamos de um botão. E então dizíamos: "Kevin! Kevin fez alguma coisa. Sim, lá está ele".

Ele podia lançar um olhar para a câmera ou fazer algo de comédia física, como se deparar com uma parede.

BRIAN BAUMGARTNER: Tenho muito orgulho disso. Eu daria a Matt Sohn um pequeno aceno de cabeça no final, como um recebedor sinalizando para um quarterback no futebol americano, e ele chicotearia a câmera para mim.

JOHN KRASINSKI: Uau. Vamos pensar no que você acabou de dizer. Quando a cena estava indo bem, Matt acenava com a cabeça e você pensava: "Vou fazer melhor". Você também disse "como um recebedor sinalizando para um quarterback".

BRIAN BAUMGARTNER: Sim? E aí?

JOHN KRASINSKI: Muita gente desistiria depois dessa.

Mas Jim Halpert, interpretado pelo também convencido John Krasinski, sempre poderia ser lembrado pela perfeita expressão de surpresa para a câmera, quebrando a quarta parede, para pontuar qualquer cena.

MATT SOHN: Eu tinha essa piada que passaria para o John, e ele mandava o número quatro, que era um olhar específico que ele nos dava.

BRIAN BAUMGARTNER: Vocês chamavam isso de número quatro?

MATT SOHN: Tínhamos tudo numerado. Havia uns dois olhares que eram olhares de John, dependendo da cena. "Estou passando para o John aqui para ter o número quatro." Jim tinha a maior relação com a câmera, porque ele representava o homem comum. Ele era a única pessoa verdadeiramente sensata e relacionável no show. Era sempre possível encontrar Jim para um olhar ou um aceno de cabeça.

JOHN KRASINSKI: Lembro que Greg e eu conversamos sobre isso. Eu era a janela para o público. Eu era o personagem que, bem, quando você estava pensando: "Isso está ficando ridículo", olhava para a câmera e dizia: "Você está certo, isso é ridículo".

Tivemos a sorte de fazer algo que amávamos. Só tinha um problema. Ninguém estava assistindo. E não só porque não era um programa no horário nobre. Não estávamos nem no top 100.

JOHN KRASINSKI: Perguntei ao... hum, qual é o nome dele? O executivo da NBC que vinha todas as sextas-feiras, ele era um cara bonitão. Vou lembrar o nome dele. Ele era tão legal, e bonito também. Jeff?

BRIAN BAUMGARTNER: É Jeff mesmo.

JOHN KRASINSKI: Jeff era um cara muito legal. Ele vinha até a sala dos roteiristas, e era um cara muito bem-vestido e bonito. E eu o cumprimentava: "E aí, Jeff?". E ele respondia algo como: "Adoro este episódio. Será o último". [*Risos.*] E eu ficava, tipo, "Ah". E ele continuava: "Sim, não está atingindo as metas, e a emissora não compreende o programa. Eu adoro, mas este vai ser o último". Ele falou isso todas as semanas da primeira temporada. E na quinta semana, eu disse a ele: "Você pode me fazer um DVD para eu dar pra minha mãe? Só para ela pelo menos saber que o que eu estava fazendo aqui era de verdade e que não estava vivendo debaixo da ponte em algum lugar?".

Como fizemos com o piloto, o elenco ainda se reunia toda semana para assistir aos episódios quando iam ao ar. Acabou virando um ritual reconfortante, uma maneira de celebrarmos juntos o que tínhamos realizado. Pensamos que talvez não fosse muito além daquilo, mas pelo menos teríamos essas lembranças de rirmos juntos na sala de estar de Jenna e lembrar de manter a porta da frente fechada para que o cachorro não fugisse de novo.

Como se vê, o executivo bonitão da NBC, cujo nome talvez fosse Jeff, não estava totalmente correto sobre o futuro de *The Office*. Apenas não sabíamos ainda.

5

“*The Office* precisava de um bilhão de coisas pra dar certo”

A MONTANHA-RUSSA DE EMOÇÕES DA SEGUNDA TEMPORADA

MIKE SCHUR: Consigo passar dez minutos explicando o motivo pelo qual *The Office* vingou. Para que qualquer show funcione, um milhão de coisas têm que dar certo, desde decisões de elenco, passando por quem está no comando, até a contratação dos roteiristas certos. *The Office* precisava de um bilhão de coisas pra dar certo.

Mike Schur sabe do que está falando. Ele não só escreveu para *The Office* desde o início, mas passou a cocriar programas como *Parks and Recreation* e *The Good Place*. Se alguém já decifrou a fórmula para um programa de TV de sucesso, é ele.

Mas precisar que um bilhão de coisas deem certo? Se fosse apostar em abril de 2005, ninguém poderia culpar você por não acreditar que *The Office* daria certo.

JENNA FISCHER: Fomos um desastre de audiência.

Não parecia importar o quanto nosso programa fosse diferente, inteligente ou específico, as pessoas simplesmente não estavam assistindo. Foram 11,2 milhões de espectadores sintonizados para o piloto, mas no fim da nossa primeira temporada de seis episódios, esse número caiu mais da metade, para apenas 4,8 milhões, de acordo com a Nielsen. O consenso era de que não voltaríamos para uma segunda temporada.

BEN SILVERMAN: Parte do que é ótimo na nova onda da televisão é que uma série tem a chance de respirar e ser descoberta. Naquela época [2005], não havia esse luxo. Este foi um dia em que os chefes das emissoras revisaram, às quatro da manhã, os índices de audiência do que tinha ido ao ar na noite anterior.

Entre esses executivos estava o presidente de entretenimento da NBC, Kevin Reilly, uma das únicas pessoas na emissora que acreditava em *The Office*.

KEVIN REILLY: [Os índices de audiência] caíam toda semana. Eu me lembro de ter que ir a essa filial para onde todos os chefes das emissoras vão para a reunião anual. Eu tinha realmente falado sobre *The Office* em nossa reunião anterior. Naquela manhã, me lembro de ter pensado: "Poxa, estabiliza. Quero acordar e ver a mesma audiência de uma semana para a outra". Acordei e, claro, o índice atingiu um novo nível mais baixo. E eu tive que sair e fazer a apresentação. Só falaram de como eles perderam dinheiro e do que estava acontecendo com a emissora. A situação não era boa.

MIKE SCHUR: Para os jovens terem uma ideia, tínhamos que ligar para um número e havia uma mensagem: "Aqui estão os índices nacionais preliminares para quinta-feira, 13 de outubro de 1997". E aí eles liam os dados em voz alta, o que é uma loucura. É como conduzir um cavalo e uma charrete até a taberna.

BRIAN BAUMGARTNER: Eu tinha esse número. Então, toda sexta-feira de manhã, eu ligava do trailer de maquiagem e anunciava ao elenco as nossas avaliações para o restante da semana. "OK, pessoal, temos um 4,7". Sabíamos que, com esses números, era questão de vida ou morte.

BEN SILVERMAN: Exatamente. Esse processo e essas decisões reativas de programação eram de dar medo.

BRIAN BAUMGARTNER: Eu tinha os dados de semana a semana para ver o que estava acontecendo. Eu diria: "Bem, estávamos com os números um pouco baixos ontem à noite, mas está rolando a March Madness (o torneio universitário de basquete). Isso explica por que os índices devem estar um pouco piores".

MIKE SCHUR: [*Risos.*] Um grande AFC Championship Game do futebol americano, ou algo assim.

JOHN KRASINSKI: Esses índices de audiência eram muito estranhos para mim. Eu não conseguia entender. Então, quando eles diziam: "Você conseguiu 1", eu ficava, tipo, "Um milhão de pessoas estão assistindo!". E eles respondiam: "Não, não é assim que funciona". Brian, você foi uma das pessoas que realmente me auxiliaram nisso.

BRIAN BAUMGARTNER: Eu adorava interpretar os números para o resto do elenco.

JOHN KRASINSKI: Eu ficava, tipo, "O que é 1?". E você dizia: "Olha só. O índice mais baixo que *ER* já teve foi 17". E eu pensava: "Humm... Isso não é bom".

E as críticas, bem...

STEVE CARELL: Foi um remake de um programa muito anunciado, e não obteve boas críticas dos jornais.

BRIAN BAUMGARTNER: Minha crítica favorita é de um camarada chamado David Bianculli [um crítico de TV do *Fresh Air*, programa da NPr]. O jeito que ele nos derrubou, foi como uma poesia sombria.

David Bianculli (em resenha de 2005): "Em relação às batalhas para ser independente da Inglaterra, dificilmente se comparam à Revolução Americana... Enquanto Ricky Gervais deixou transparecer as inseguranças do chefe, Steve Carell é só barulho e estupidez. Ele parece um personagem de comédia de esquete, não uma pessoa real. Não faz só idiotice, é um idiota."

STEVE CARELL: No geral, não havia muito amor da crítica pelo programa.

Washington Post: "A qualidade do programa original faz com que o remake pareça fraco, como quando uma copiadora está prestes a pifar."

Slate: "Quanto mais se esforça para nos divertir (e às vezes, até consegue), mais melancólicos nos sentiremos, lembrando como as coisas costumavam ser mágicas."

STEVE CARELL: Acho que todos nós discordamos. Sentimos que estávamos no caminho certo, e não rumo à versão britânica. Era outra coisa. As pessoas têm suas próprias opiniões e têm direito a isso.

New York Daily News: "Tão diluída que não sobrou quase nada, só água lamacenta."

USA Today: "Uma imitação dispensável de um original da BBC muito melhor."

STEVE CARELL: Você não pode levar nada disso muito a sério.

New York Times: "*The Office* tem o potencial de ser um sucesso, embora talvez não da noite para o dia. Resta saber se a NBC vai ter coragem de mantê-lo no ar por tempo suficiente para conquistar o público, assim como aconteceu com *Seinfeld*."

GREG DANIELS: Fiz muitas comparações com *Seinfeld* no início. Eu dizia coisas do tipo: "Olha como a série começou pequena. É algo novo, único, engraçado. Deixe a série crescer". Mas acontece que todo produtor faria comparações com *Seinfeld* se o seu programa estivesse passando por dificuldades. Não importa se o show era muito bom ou parecido com *Seinfeld*, eles já tinham ouvido esse argumento antes. Eles diziam: "Bem, se é de fato como *Seinfeld*, a série só teve quatro episódios ou o que quer que seja na primeira temporada". [*Risos.*]

A temporada de estreia de *Seinfeld*, que foi ao ar em junho de 1990, foi a menor contratação de sitcom na história da televisão.

GREG DANIELS: Então conseguimos esse orçamento bem enxuto, e consegui contratar roteiristas. Nas reuniões [com os roteiristas], eu descrevia o show, e quanto mais você o descreve, mais os pensamentos se unem. Percebi quando estava apresentando o programa várias vezes para diferentes roteiristas que esta era a primeira versão de comédia de um reality show.

Greg não estava procurando orientação dos críticos ou de ninguém que não vinha trabalhar todos os dias em nosso escritório apertado. Em vez disso, ele se voltava para as pessoas que já estavam lá, testemunhando em primeira mão o que estávamos tentando fazer.

GREG DANIELS: Eu pedia a opinião de Phil Shea, o diretor de arte, o tempo todo. E de Dave Rogers, o editor. Eu confiava completamente neles e me importava com a opinião deles tanto quanto com a de qualquer um dos roteiristas.

Enquanto isso, na NBC...

MIKE SCHUR: Kevin Reilly basicamente apostou toda a sua reputação profissional em *The Office*. Ele faz uma coisa que os executivos raramente fazem. Ele disse: "Eu acredito no programa, pode funcionar".

KEVIN REILLY: A escolha do programa no primeiro ano exigiu um pouco de estratégia, mas nada como o desafio de continuar. Acho que todos pensaram: "OK, você teve sua chance com essa coisinha. Agora vamos seguir em frente, tá?".

BRIAN BAUMGARTNER: Como você conseguiu fazer isso?

KEVIN REILLY: Foi bem complicado. Foi uma das coisas mais difíceis da minha carreira. Naquele momento, achei que tinha muita chance de ser demitido. Você chega naquele ponto em que diz: "Acho que vou seguir o meu caminho". Então eu não ia deixar passar. Naquele segundo ano de enfrentar os testes de tela, eles simplesmente não acreditavam. Lembro que, em um momento, entrei nesse debate com Dick Ebersol [executivo da NBC]. Ele conhece comédia [foi o cocriador de *Saturday Night Live* com Lorne Michaels] e é uma lenda no mundo dos esportes. Ele odiava *The Office*, desprezava o programa. E lembro que, a certa altura, ele estava literalmente batendo na mesa. [*Bate na mesa.*] "O público dos EUA... não votou... no show? Do que mais... você precisa... para se convencer... de que o programa... não agradou?" E disse: "Dick, acho que não. Nós estragamos tudo". Eu estava me agarrando ao meu discurso da apresentação para vender a série. A certa altura, quase virou uma discussão barulhenta. Então ele se levantou e riu, eu também, e me deu um grande abraço. Acho que ele teria adorado me apunhalar pelas costas. Era como quando um mafioso dá um abraço. Você de fato não quer o abraço.

Mas algumas pessoas achavam que Reilly não estava pressionando o suficiente.

BEN SILVERMAN: Eu estava muito esperançoso e obviamente apaixonado pelas perspectivas do programa. Senti que, com a exibição da primeira temporada, tínhamos superado o obstáculo inicial das comparações com a versão britânica de *The Office*. Mas ainda não era de forma alguma uma coisa certa. Havia uma sensação de que a alta cúpula da NBC não entendia.

BRIAN BAUMGARTNER: Você quer dizer Jeff Zucker?

BEN SILVERMAN: Foi mais uma rejeição institucional. Havia pessoas no departamento de marketing e no de promoção que não entendiam. "Como comercializamos isso? Como vendemos o programa? É um documentário? É um reality show?" E ninguém era uma estrela! Não havia nenhuma estrela na série naquele momento.

GREG DANIELS: O departamento de marketing só entendia de *Will & Grace*.

BEN SILVERMAN: E alguma coisa de *Friends*.

GREG DANIELS: Então eles tiraram falas simples do contexto, e essa foi a primeira chamada publicitária. Fora do contexto, nenhuma das falas soava como piada. Não tínhamos uma piada pronta. Era tudo relacionado a comportamento, contexto e atuação. Foi pavoroso. Você olhava para essas chamadas e dizia: "Meu Deus, temos o show mais idiota e sem graça do mundo". E eles diziam: "Sim, pelo amor de Deus, vocês vão cair fora". [*Risos.*] Eu tive que dizer: "Olha, a abordagem precisa ser diferente. Vai ter que mostrar uma cena inteira e deixar rolar. Caso contrário, estamos ferrados, porque não é um tipo de programa que funciona com uma chamada com os destaques".

BEN SILVERMAN: Entrei numa briga com Jeff Zucker. Lembro de ir ao escritório de Jeff para falar sobre outro projeto e usei essa reunião para pressionar também em relação a *The Office*. Eu estava, tipo: "Você precisa fazer isso. Isso tem que acontecer. É tão bom... Por favor, selecione o programa para uma segunda temporada". Depois disso, fui expulso da sala dele. [*Risos.*] Mas de brincadeira. Ele disse: "Dá o fora daqui. Sei que você quer que seu programa seja escolhido!".

Finalmente, em maio de 2005, quase um mês após o último episódio da nossa primeira temporada ter ido ao ar, Ben recebeu a notícia que ele aguardava.

BEN SILVERMAN: Recebi um telefonema. "Vamos dizer que estamos encomendando treze episódios, mas só vamos ter seis".

MIKE SCHUR: Greg os convenceu a mentir porque uma contratação de seis episódios daria a impressão de que o programa seria cancelado.

GREG DANIELS: O que realmente aconteceu foi que Kevin Reilly queria anunciar a segunda temporada de forma mais ampla, mas ele só conseguiu alguns episódios, então nos perguntou se podíamos continuar com a mentira. E concordamos. Então, basicamente, partiu de Kevin e eu consenti.

BEN SILVERMAN: Uma escolha normal teria sido de 22 episódios. E então eles dizem: "Vocês têm que fazer isso pela metade do preço".

A NBC estava oferecendo um orçamento para esses seis episódios, que era aproximadamente o mesmo para filmar um único episódio de *Lost* e um terço do preço de qualquer outra sitcom atualmente na TV.

BRIAN BAUMGARTNER: Como faz para isso funcionar?

BEN SILVERMAN: Eu precisava que todos aceitassem menos dinheiro para fazer esses episódios. Foi provavelmente o orçamento mais baixo na história da TV moderna. Minha primeira ligação foi para Ricky e Stephen, porque pensei que eles diriam: "Foda-se". Mas eu lancei: "Sei que vocês trabalharam por dois anos em uma promessa, mas temos essa oportunidade. Se deixarmos o trabalho falar por si só, faremos mais do que vocês já conseguiram no Reino Unido. E teremos a chance de fazer parte de um grande sucesso na TV dos Estados Unidos", o que ainda significava muito naquela época. E todos concordaram.

O dinheiro não foi o único comprometimento que a NBC exigiu.

GREG DANIELS: Kevin Reilly me disse: "OK, Greg, você precisa entrar e me mostrar como você vai mudar isso, porque tem que mudar. Você não pode fazer na segunda temporada a mesma coisa que fez na primeira".

KEVIN REILLY: Se a série fosse se sustentar e fizéssemos mais de seis episódios, Michael Scott não poderia ser um idiota o tempo todo. Ele precisava ter algum apelo. Como esse cara desajeitado, que suga oxigênio e é alheio ao funcionamento das relações interpessoais em um escritório, se tornou o chefe?

GREG DANIELS: Não sei exatamente onde – acho que eu estava de férias –, mas escrevi em um guardanapo, tentando inventar coisas que reabilitariam Michael e mudariam seu caráter.

SEGUNDA TEMPORADA

Guia dos episódios

TÍTULO	DIRIGIDO POR	ESCRITO POR	DATA DE EXIBIÇÃO ORIGINAL
"The Dundies"	Greg Daniels	Mindy Kaling	20 de setembro de 2005
"Sexual Harassment"	Ken Kwapis	B. J. Novak	27 de setembro de 2005
"Office Olympics"	Paul Feig	Michael Schur	4 de outubro de 2005
"The Fire"	Ken Kwapis	B. J. Novak	11 de outubro de 2005
"Halloween"	Paul Feig	Greg Daniels	18 de outubro de 2005
"The Fight"	Ken Kwapis	Gene Stupnitsky e Lee Eisenberg	1º de novembro de 2005
"The Client"	Greg Daniels	Paul Lieberstein	8 de novembro de 2005
"Performance Review"	Paul Feig	Larry Wilmore	15 de novembro de 2005
"E-mail Surveillance"	Paul Feig	Jennifer Celotta	22 de novembro de 2005
"Christmas Party"	Charles McDougall	Michael Schur	6 de dezembro de 2005
"Booze Cruise"	Ken Kwapis	Greg Daniels	5 de janeiro de 2006
"The Injury"	Bryan Gordon	Mindy Kaling	12 de janeiro de 2006
"The Secret"	Dennie Gordon	Lee Eisenberg e Gene Stupnitsky	19 de janeiro de 2006
"The Carpet"	Victor Nelli Jr.	Paul Lieberstein	26 de janeiro de 2006
"Boys and Girls"	Dennie Gordon	B. J. Novak	2 de fevereiro de 2006
"Valentine's Day"	Greg Daniels	Michael Schur	9 de fevereiro de 2006
"Dwight's Speech"	Charles McDougall	Paul Lieberstein	2 de março de 2006

"Take Your Daughter to Work Day"	Victor Nelli Jr.	Mindy Kaling	16 de março de 2006
"Michael's Birthday"	Ken Whittingham	Gene Stupnitsky e Lee Eisenberg	30 de março de 2006
"Drug Testing"	Greg Daniels	Jennifer Celotta	27 de abril de 2006
"Conflict Resolution"	Charles McDougall	Greg Daniels	4 de maio de 2006
"Casino Night"	Ken Kwapis	Steve Carell	11 de maio de 2006

"Ele pode ser um idiota, mas é o *nosso* idiota"

Encontrando o coração de Michael Scott

Enquanto Greg estava ajeitando Michael Scott, um filme chamado O *Virgem de 40 Anos* foi lançado. A comédia, dirigida por Judd Apatow e estrelada por Steve Carell, era sobre um homem tímido e genuinamente doce que de alguma forma tinha chegado virgem aos quarenta anos. Lançado em agosto de 2005, o filme se tornou um sucesso, arrecadando mais de 177 milhões de dólares nas bilheterias em todo o mundo. O novo estrelato de Carell foi a oportunidade fortuita de que nosso show precisava.

JENNA FISCHER: Na minha imaginação, consigo ouvir uma sala de conferências cheia de executivos da NBC, com todos dizendo: "Não seremos os idiotas que deixarão Steve Carell, a estrela da comédia sucesso de bilheteria, fora deste contrato de televisão".

MIKE SCHUR: A NBC tem contrato com uma estrela de cinema. Agora, todas as estrelas de cinema têm um contrato, mas na época era algo grandioso.

JENNA FISCHER: *O Virgem de 40 Anos* foi lançado enquanto filmávamos a segunda temporada. Fomos à estreia durante a filmagem.

KATE FLANNERY: Os outdoors de *O Virgem de 40 Anos* estavam por *toda parte*. Havia tanta publicidade daquele filme que tive um bom pressentimento. Lembro que, quando fomos à estreia, a segunda temporada ainda não tinha ido ao ar. Tínhamos começado a filmar havia umas duas semanas. E senti algo profundo e intenso naquela estreia. Entrei no meu carro e literalmente comecei a chorar. Fiquei tipo: "Sinto que algo grande está acontecendo". E tinha tudo a ver com Steve.

BRIAN BAUMGARTNER: Quase da noite para o dia, parecia que todos queriam um pedaço de Steve. E ele era nosso. Todos nós no elenco começamos a sentir um pequeno fio de esperança. Como se esse filme pudesse nos salvar.

ANGELA KINSEY: De fato senti como se eles estivessem apostando no Steve. E eu pensei: "OK, vou colar no Steve. [*Risos.*] Estou apostando também". Achei que era um sinal muito bom. Mas eu ainda não estava confiante. Quando terminamos aqueles seis primeiros [episódios da primeira temporada], eles imprimiram nossos nomes em pedaços de papel e depois os cortaram e colocaram velcro na parte de trás, e foi isso que ficou preso na porta dos nossos trailers. Fui até o meu, arranquei e disse: "Vou guardar isso". [*Risos.*]

BRIAN BAUMGARTNER: Porque você tinha certeza de que acabaria?

ANGELA KINSEY: Eu não sabia no que ia dar.

Para Greg Daniels, no entanto, *O Virgem de 40 Anos* não era apenas prova de que se podia apostar em Steve Carell. O personagem que Steve criou nas telonas lembrou a Greg o que ele estava tentando fazer, por anos, na comédia de TV.

GREG DANIELS: Percebi que eu estava tratando *The Office* como se tudo o que aprendi sobre *O Rei do Pedaço* não contasse. Quando o programa começou, Hank não era muito agradável. Tive que reescrever esse programa e criar situações em que Hank pudesse ser conservador, mas de uma maneira agradável. Muitos dos outros personagens em *O Rei do Pedaço* estão lá para torná-lo mais acessível e apropriado. Por exemplo, ele tem a sobrinha [Luanne] lá para que ele possa ser bem do estilo escoteiro, sabe? [*Em uma voz de Hank Hill.*] "Não me mostre sua calcinha!" Você diz: "Pobre Hank, ele está fazendo o melhor que consegue".

Ele levou as ideias para os roteiristas, e não correu tudo bem.

MIKE SCHUR: Estávamos nesses trailers ruins num dos cantos do estacionamento da Universal. Era como o local onde eles colocam as pessoas antes de as demitirem! Não tem água corrente, é terrível. Greg fez uma palestra e disse: "A razão pela qual estamos de volta é em grande parte por causa de *O Virgem de 40 Anos*. Precisamos mudar Michael Scott. Precisamos pegar 20% do que é tão cativante e agradável nesse personagem e transformá-lo em Michael Scott. E precisamos pegar 20% do otimismo. Quero que cada episódio termine com um pequeno incremento. Michael ainda pode ser terrível, ofensivo, alheio e tudo mais. Mas, no fim de cada episódio, teremos um pequeno incremento, apenas uma coisinha positiva".

BRIAN BAUMGARTNER: Os roteiristas ficaram chateados? Ficaram, tipo: "Estamos tentando fazer essa coisa de diminuir o tom, e agora você está nos dizendo para torná-lo mais feliz?".

MIKE SCHUR: A maioria das pessoas na equipe disse: "Ele está arruinando o programa. Podemos ser cancelados, mas pelo menos honramos o show britânico em relação ao tom pessimista e triste. E ele está estragando tudo. Ele está de fato estragando tudo". Recordo que demos uma volta pelo estacionamento abandonado onde eles nos colocaram e conversei com Paul [Lieberstein] e Mindy [Kaling], e os dois disseram: "Isso é horrível. Pelo menos poderíamos manter a cabeça erguida criativamente e dizer que fizemos algo muito legal. Vai ser um desastre!".

JEN CELOTTA (ROTEIRISTA DA SEGUNDA TEMPORADA E FUTURA COSHOWRUNNER): Tem essa coisa na TV, especialmente naquela época e até antes dela, em que todo mundo precisa ser muito agradável. E, às vezes, algo agradável e suavizante tira qualquer tipo de vantagem e de comédia também. Você simplesmente suaviza algo transformando-o em uma mistura benigna.

MIKE SCHUR: E, claro, Greg tinha 110% de razão. Assim que entramos na história de fato, nossos medos foram embora.

JEN CELOTTA: Nossa missão na segunda temporada era tentar entender melhor esse personagem, ver os pontos fracos dele. Ele podia fazer loucuras, coisas ridículas, mas você entendia o *porquê*.

JENNA FISCHER: Eles começaram a permitir que Steve exibisse vulnerabilidade, e ele é muito bom nisso. Eles o deixariam partir nosso coração um pouco.

GREG DANIELS: A segunda temporada foi aos poucos dando novas coordenadas para Michael. Parte da outra coisa era descobri-lo e dizer: "Ah, tudo bem, ele é bom no trabalho".

Escrito por Paul Lieberstein, "The Client" (segunda temporada, episódio sete) seguiu Michael e sua chefe Jan Levinson (ambos em um breve caso amoroso) em uma reunião com um cliente (interpretado por Tim Meadows) na tentativa de reaver um negócio.

JENNA FISCHER: Você vê Michael começar como o que parece ser um palhaço total e se transformar em um vendedor magistral.

MICHAEL: [*Fazendo sua venda.*] Conheço este lugar. Sei quantos hospitais temos, sei quantas escolas temos. É o meu lar, sabe? [...] Esses fornecedores baratos, eles não se importam.

BRIAN BAUMGARTNER: É possível ver por que ele tem esse emprego.

Se isso soa familiar, é porque é o ingrediente exato que Kevin Reilly pediu a Greg para acrescentar ao programa.

GREG DANIELS: Tudo o que o torna um gerente ruim - a preocupação com o que as outras pessoas pensam e a necessidade desesperada de que gostem dele - também o torna um bom vendedor. Passou a ser mais como o Princípio de Peter. Ele tinha sido promovido além de seu nível de especialização.

O Princípio de Peter, uma teoria de gestão sugerida pela primeira vez pelo educador canadense Laurence J. Peter, em 1969, propõe que excelentes funcionários continuarão sendo promovidos na hierarquia até que atinjam seu "nível de incompetência".

JENNA FISCHER: Na primeira temporada, realmente entramos no jogo da palhaçada maliciosa de Michael e nas maneiras como ele nos irritava. Mas, na segunda, estávamos trazendo pinceladas dessas qualidades muito redentoras nele.

GREG DANIELS: A equipe se sentia oprimida por ele e estava sempre revirando os olhos, mas, se um estranho o criticasse, todos o apoiariam.

O show explorou essa ideia no primeiro episódio da segunda temporada, "The Dundies", com base em uma ideia que Greg havia originalmente previsto para o piloto, em que Michael realiza um show de premiação para os funcionários do escritório no restaurante Chili's.

MIKE SCHUR: "The Dundies" é uma história em que Michael é um palhaço, ele se acha hilário e se sai muito mal. A única diferença entre o que acabou se tornando o episódio e como teria sido na primeira temporada é que, no final, alguns idiotas no restaurante Chili começaram a tirar sarro dele.

CARA NO BAR: Cante, Elton.

MICHAEL: Ei, obrigado, pessoal. De onde vocês são?

OUTRO CARA NO BAR: Acabamos de vir da casa da sua mãe.

GREG DANIELS: Quando as pessoas que não trabalham [na Dunder Mifflin] começam a importuná-lo e a jogar coisas em Michael, a equipe se reúne em defesa dele.

PAM: Mais Dundies!

PAM E JIM: [*Batendo palmas.*] Dundies! Dundies! Dundies! Dundies!

MICHAEL: [*Recuperando o ânimo.*] Tudo bem, vamos continuar.

MIKE SCHUR: Pam o defende e diz: "Ei, nós podemos tirar sarro dele, mas vocês não podem! Vão se ferrar!". O tom de 92% do episódio combina com o que tinha ido ao ar na primeira temporada. E aí, no final, o espectador se despede com um pouco de felicidade no coração ao ver que as coisas não são tão terríveis assim.

BRIAN BAUMGARTNER: Os Dundies mostraram que Michael pode ser um idiota, mas ele é o *nosso* idiota. E ele é um idiota com boas qualidades. Como a forma com que ele age com crianças.

GREG DANIELS: No final de "Halloween" [episódio cinco da segunda temporada], você vê Michael desesperadamente querendo ter um amigo no trabalho, mas não pode porque é o chefe e tem que demitir alguém; portanto, está muito desapontado. Mas aí ele se anima quando as crianças aparecem e dizem: "Travessuras ou gostosuras?". Depois disso, se tornou outro tipo de programa.

JENNA FISCHER: Isso me faz chorar toda vez que assisto. Toda vez. Ou no fim de "Office Olympics" [episódio três da segunda temporada], em que Michael está chorando porque todos o estão aplaudindo genuinamente por ele ter comprado uma casa em um condomínio.

STEVE CARELL: Ele age inadvertidamente o tempo todo, dizendo coisas inapropriadas, mas acredito que ele nunca tenha achado uma pessoa melhor do que a outra. E nesse sentido acho que ele era um personagem muito puro. Ele é muito burro em termos do politicamente correto e da atitude apropriada em público. Mas, ao mesmo tempo, acho que ele tinha o coração mole com todos.

GREG DANIELS: É sempre uma questão de intenção. Se Michael tem uma pureza de intenção, ele pode fazer as piores coisas do mundo do ponto de vista da comédia. Mas como público, você sente que ele não fez isso para ser cruel ou um idiota. Ele está tentando e só tem poucas habilidades sociais.

MIKE SCHUR: A ideia de sombrear, atenuar e decompor em camadas o chefe maluco foi revolucionária. Quando Ricky e Stephen fizeram isso, foi revolucionária. E eu acho que a versão americana fez ainda melhor. Passamos um bom tempo apenas entrando na psicologia de Michael Scott. Eu me lembro de Greg dizer aos roteiristas naquela palestra: "Podemos fazer o que fizemos da última vez e ser cancelados ou podemos mudá-lo e durar dez anos".

"Você está no meu iPod, cara"
The Office chega a telas muito menores

BRIAN BAUMGARTNER: Rainn, espero que você se lembre desta conversa. Depois que filmamos os primeiros seis episódios da segunda temporada, você, Steve e eu, por algum motivo, estávamos sentados no trailer de Steve, e ele disse algo. Lembra o que era?

RAINN WILSON: [*Pausa.*] "Tire suas calças?"

BRIAN BAUMGARTNER: Ele disse: "Bem, pelo menos pudemos fazer doze [episódios]". E nós meio que concordamos. Pensamos que tínhamos terminado.

RAINN WILSON: E o pedido seguinte não foi para fazermos quatro episódios, e depois um, e depois dois? Apenas migalhas. E isso simplesmente não é feito nesse mundo de emissoras de TV.

MIKE SCHUR: Lembro que a piada era que estávamos sendo escolhidos de ato em ato. A NBC assistia ao primeiro ato [de um episódio] e dizia: "Tudo bem, vá em frente e ponha o segundo ato no ar".

Sem nosso conhecimento, nos bastidores, Kevin Reilly estava trabalhando duro para convencer a NBC de que *The Office* valia cada episódio.

KEVIN REILLY: Continuei pedindo episódios, e eu tinha reuniões loucas em que a chefe de finanças entrava, e eu consultava a lista das coisas que iríamos encomendar. Aqui estão quantas centenas de milhões de dólares isso vai custar para encomendar esses episódios, e eu perguntaria: "Onde está *The Office*?". A chefe era a Diane. Ela dizia: "Ah, você deveria falar com Jeff". Era o Jeff Zucker, que comandava a emissora na época. Então eu ligava para ele e perguntava: "Jeff, onde está *The Office*?". E ele dizia: "Não, não, vamos pedir mais episódios com certeza". "Mas não está na folha de registro, e estamos fechando os números." "Deixa que eu falo com a Diane." Aí eu voltava e tinha quatro. "Diane, por que há quatro episódios de *The Office*?" "Você falou com Jeff?" Passei por isso dezenove vezes. Não sei como, mas acabamos conseguindo.

Foi assim que aconteceu durante toda a temporada de outono de 2005, e depois...

MIKE SCHUR: Cinco milhões de outras coisas aconteceram. Nosso programa foi colocado após *My Name Is Earl*, que se tornou um grande sucesso. Todo mundo estava assistindo a *My Name Is Earl* e, em seguida, ao nosso show. Começamos com uma taxa de retenção de 70%, que foi para 75% e, em seguida, 80% e 85%.

***My Name Is Earl* pode ter nos deixado com um público maior, mas cabia a nós mantê-lo. Um dos episódios que provou que as audiências não eram um acaso foi "Christmas Party", que foi ao ar no início de dezembro de 2005. Mike Schur escreveu e estruturou o episódio em torno de um sorteio de amigo-oculto.**

MIKE SCHUR: Sabíamos de certas coisas. Sabíamos que Jim tinha que tirar Pam e sabíamos que Michael tinha que tirar Ryan. Mas então coloquei o nome de todos os outros e apenas fiz um sorteio aleatório. E Kevin tirou Kevin. Foi daí que surgiu isso.

BRIAN BAUMGARTNER: Sério?

MIKE SCHUR: É. Quando isso aconteceu, eu pensei, tipo, "Ah, isso é perfeito. Ele simplesmente compra um presente para si mesmo. Ele não conta a ninguém e compra uma banheira massageadora para os pés".

A premissa era simples: há um limite de vinte e cinco dólares para presentes de amigo-oculto na festa de Natal do escritório, mas Michael, empolgado depois de receber um aumento substancial, gasta 400 dólares em um iPod com vídeo para Ryan. Os ânimos se exaltam quando as pessoas abrem seus presentes e

percebem que ninguém mais ganhou algo tão legal (ou caro). Depois de Phyllis dar a Michael uma luva de cozinha, ele acaba transformando o amigo-oculto em inimigo-oculto. E, claro, todos começam a brigar por causa do iPod.

MIKE SCHUR: Não havia acordo com a Apple. Eles não patrocinaram o episódio nem nada. Aquele episódio foi ao ar e – pelo que me lembro, se não me engano –, no dia seguinte a Apple anunciou um grande acordo para conteúdo, para ter tipo uma iTunes Store em que era possível comprar programas de TV e filmes.

Quando a Apple lançou a primeira geração do iPod com vídeo em outubro de 2005, a iTunes Store incluiu alguns programas de TV de sucesso da ABC, como *Desperate Housewives* e *Lost*. Mas, em dezembro, a NBC se juntou ao serviço, adicionando onze programas de seu catálogo. Pelo preço de 1,99 dólar por download, os proprietários do iPod podiam assistir a novos episódios de *Law & Order* e *The Tonight Show with Jay Leno* e velhos clássicos como *Dragnet* e *Knight Rider*. *The Office* fazia parte dessa mistura. Apenas uma semana após "Christmas Party" ter ido ao ar, os usuários do iPod poderiam baixá-lo e assistir ao episódio quando quisessem.

"Acreditamos que este seja o início de algo realmente grande", anunciou o CEO da Apple, Steve Jobs, na época. Ele estava falando de todo o pacote de vídeo para iPod, não apenas do nosso humilde show. Mas foi o começo de algo grande para nós.

MIKE SCHUR: Naquele ano [2005], todos compraram um iPod com vídeo para presentear no Natal. E quando pegávamos o iPod com vídeo e configurávamos e íamos para a iTunes Store, a primeira coisa que víamos era *The Office* e o episódio de Natal. Por trinta dias consecutivos, ficou em primeiro lugar no iTunes como o show mais assistido. Então, na hora do intervalo, todos ficavam assistindo àquele episódio e a outros episódios do programa.

KEVIN REILLY: Era um aviso em relação à situação em que estamos hoje. Em termos geracionais, houve uma ruptura na forma como se viam as emissoras de TV, que eram o ponto de partida, a que todos recorriam. Havia agora outras plataformas por meio das quais as pessoas poderiam obter o programa. Sempre houve uma virada de página geracional, em que os jovens querem a novidade.

ANGELA KINSEY: Me lembro de receber um e-mail dizendo que nosso primeiro episódio de Natal tinha sido o mais baixado no iTunes. Minha reação foi: "O quê? Ah, é isso. Mamãe vai se livrar da blazer da Chevrolet!". E aí comprei um Honda. [*Risos.*]

JOHN KRASINSKI: Eu ficava entre Los Angeles e Nova York, um dia eu estava andando por Nova York, e um cara veio e colocou a mão bem rápido na minha cara. Achei que estava sendo agredido, mas ele disse: "Você está no meu iPod, cara!". E eu: "O que é um iPod? O que você está me mostrando? Você está me transportando para o espaço agora?". E lá estava meu rosto idiota no iPod dele, de 2,5 cm por 5 cm ou algo assim. Isso foi esquisito para mim.

BRIAN BAUMGARTNER: Me lembro de entrar nas Apple Stores e ver *The Office* anunciado nos outdoors antes de sermos um grande sucesso e de dizer: "Uau, isso é incrível".

BEN SILVERMAN: A Apple nos tratou melhor do que a nossa emissora.

BRIAN BAUMGARTNER: E talvez melhor do que merecíamos naquele momento. Mas eles viram algo no programa também.

BEN SILVERMAN: Eles apoiaram o programa e o trataram como se fosse deles.

JOHN KRASINSKI: Lembra quando Fred Armisen fez aquela imitação de Steve Jobs no *Saturday Night Live*? Foi no quadro "Weekend Update", ele estava apresentando o iPod e ficava mencionando *The Office*. Ele ficou tipo: "Você pode filmar um filme enquanto assiste a um filme e faz uma ligação, enquanto assiste a seu episódio favorito de... *The Office*". Eu pensei: "Uau, se estamos sendo parodiados no *SNL*, é algo grande".

BRIAN BAUMGARTNER: A Apple não pagou pela menção do produto no episódio de Natal, certo?

BEN SILVERMAN: Nada, pelo menos não inicialmente. A empresa acabou fornecendo todos os computadores para o set e meio que investindo no programa como anunciante e apoiador. Mas já tínhamos uma atração natural pela Apple, porque o programa sempre abordava o que acontecia no mundo real.

BRIAN BAUMGARTNER: É engraçado. É um programa sobre uma indústria em extinção sendo dominada pela tecnologia, mas o programa usa a tecnologia a seu favor a cada passo. Nos tornamos um sucesso por causa do iTunes, e hoje estamos sendo descobertos por uma nova geração graças a serviços de streaming como a Netflix.

JOHN KRASINSKI: Muitas pessoas dizem: "Devemos tudo aos nossos fãs", mas acho que talvez sejamos o único programa que realmente deve tudo aos fãs. Quando as pessoas começaram a pagar por programas a que podiam assistir gratuitamente na TV, a NBC teve que nos escolher para outra temporada. Para mim, isso foi incrível.

RAINN WILSON: Foram os jovens com seus iPods que souberam criar uma conta no iTunes, porque os pais não sabiam. Acho que pegou todos de surpresa, incluindo a NBC, a nossa popularidade entre os jovens. O fato de sermos mais populares com jovens de vinte e poucos anos é surpreendente. Não pensávamos nisso. Pensávamos algo tipo: "Ah, as pessoas que trabalham em escritórios vão gostar do programa. E as pessoas que já tiveram chefes ruins antes e tiveram que lidar com colegas de trabalho irritantes, elas são as únicas que realmente vão se identificar com este programa". Por que a garotada de catorze anos está devorando a série? Ainda não faz muito sentido para mim.

A emissora de TV finalmente começava a prestar atenção no programa. Os downloads não estavam sendo contabilizados nos índices de audiência, mas pela primeira vez as pessoas estavam pagando para assistir ao nosso programa. E como integrantes do elenco, também estávamos fazendo tudo o que podíamos para alcançar os espectadores.

“Quebramos o recorde de maior tempo sem fala”

Do MySpace para o “Booze Cruise”

Alguns dos atores criaram páginas no MySpace para seus personagens e, de suas mesas, interagiam com fãs. O blog de Jenna no MySpace muitas vezes tinha a assinatura “Da mesa de Pam Beesly”, e não era falsa publicidade. Ela costumava escrever o blog no computador da recepção da Dunder Mifflin. Ela compartilhava com os fãs informações divertidas sobre os bastidores, como em uma postagem no verão de 2006, em que revelou que às vezes estava com a roupa do personagem apenas da cintura para cima. Da cintura para baixo, “estou usando calça de moletom e botas da Ugg e é incrível”, escreveu Jenna. “Ah, se eu pudesse ter feito isso quando era de fato recepcionista.”

JENNA FISCHER: Acho que isso conectou profundamente as pessoas com o programa, ter os atores do show de TV que você realmente ama interagindo com você, respondendo às suas perguntas, se importando com você. Faz você se sentir parte disso de uma forma mais real e íntima. Além do mais, era real. Essa conexão era real.

BRIAN BAUMGARTNER: Você respondia aos fãs no MySpace?

JENNA FISCHER: Eu escrevia para as pessoas, tipo uma mensagem instantânea: “Ei, quando assistirem ao episódio tal, nessa cena, vocês saberão que eu estava digitando isso para vocês”. Foi antes do Twitter, antes do Instagram... antes do Facebook. O MySpace foi o lugar onde houve essa interação social e recebemos todo esse feedback dos fãs. Nessa interação, eu ouvia muito sobre Jim e Pam. Várias pessoas vinham para mim e diziam coisas tipo: “Tenho uma queda por alguém no trabalho. Você tem algum conselho?”.

Angela Kinsey também tinha uma conta no MySpace, assim como Brian Baumgartner. B. J. Novak escrevia um blog para a *TV Guide*, onde revelava detalhes dos bastidores que faziam com que os leitores se sentissem parte do nosso círculo interno. Em uma coluna de 20 de setembro de 2005, por exemplo, ele compartilhou que os figurantes que se passavam por garçons no Chili's no episódio "The Dundies" eram, na verdade, "funcionários do Chili de todo o estado. Uma delas, uma loira bonita e simpática, parecia ter uma queda por John [Krasinski]". Ela passou uma carta para John, que continha o seguinte poema: "Junte-se a mim para uma noite de romance. / Um jantar, um filme... talvez uma performance?". Como Novak observou: "A coisa toda rimava... John ficou apavorado".

MATT SOHN: Vocês conseguiram internet nas estações de trabalho na segunda temporada. Me lembro de todo mundo ir ao MySpace e falar sobre o programa e o que eles estavam fazendo e o que estava por vir. Foi esse início de fazer bom uso da internet e propaganda para o programa.

RAINN WILSON: Estávamos tentando salvar o show. [*Risos.*] E nossos empregos.

MATT SOHN: Isso ajudou a conquistar um público.

RAINN WILSON: Há outra coisa que você está deixando de fora... O blog feito pelo Dwight Schrute para a NBC.com.

A partir de setembro de 2005 – bem a tempo da estreia da segunda temporada – até o início de 2009, Dwight tinha o próprio blog postado sem uma frequência exata no site oficial da NBC, chamado *Schrute Space*.

RAINN WILSON: Isso também era muito novo. Ah, uma emissora tem um site e você pode assistir a clipes do programa nesse site e cada show tem uma página da web diferente? Você pode se inscrever e ser um fã e enviar mensagens para essas páginas? Isso era muito novo em 2004, 2005, 2006. Perguntei se podia escrever um blog como Dwight. Não sei onde estão esses blogs. Eu deveria ter imprimido tudo ou algo assim. Acho que não existem mais.

Os pensamentos profundos de Dwight, todos escritos pelo próprio Rainn (muitas vezes enquanto ele estava passando tempo no set, tentando parecer ocupado no computador), abordavam assuntos que variavam de salmão – "É tão rosa. E cheira a peixe. Salmão é horrível! Odeio salmão. Espero que todos eles morram naqueles rios" – à chuva congelante – "Não é neve (fraca) ou chuva (irritante). É peculiar" – até algo como saber se as cafeteiras podem ser consideradas robôs.

RAINN WILSON: Acho que foi a primeira vez que alguém fez um blog como personagem fictício. Era apenas Dwight no controle do que quer que fosse. Isso atraiu muita mídia e atenção, e os fãs realmente adoraram encontrar os blogs de Dwight e conhecer o personagem dessa forma também.

BRIAN BAUMGARTNER: O pensamento era: "O que as pessoas nos Estados Unidos fazem quando estão no escritório? Como fazem hora quando não estão trabalhando? Eles estavam no MySpace, postando fotos e escrevendo blogs. Se Kevin Malone existisse em Scranton, na Pensilvânia, ele teria uma conta no MySpace. Quando comecei a receber solicitações para enviar fotos autografadas, pensei: "Isso parece ser muito trabalhoso", mas criei uma conta só para Kevin Malone. E Kevin era apenas um cara que tinha um emprego chato. Ele não sabia como reagir quando as pessoas escreviam para ele. "Eu não sei por que você quer minha foto, mas se você me enviar uma foto sua assinada por você, então eu lhe envio uma foto autografada." Tenho caixas de fotos no meu armário, de pessoas enviando as fotos assinadas para Kevin Malone.

A internet não era apenas uma maneira de os fãs interagirem com seus personagens (e atores) prediletos. Isso também permitia que tivessem, se não contribuição para o show propriamente dita, pelo menos um pouco de influência.

JEN CELOTTA: Lembro de irmos ao *OfficeTally* [blog de fãs de *The Office*] no final de cada episódio para ver o que os fãs tinham achado. Era como se fossem críticas em tempo real do programa feitas pelas pessoas que assistiam, e era simplesmente fascinante.

LEE EISENBERG (ROTEIRISTA, DIRETOR, COPRODUTOR-EXECUTIVO): Toda a equipe de roteiristas se aglomerava em torno de um computador, atualizando a página como doidos para ver se [os fãs] tinham gostado do subenredo. Era como se tivessem muito poder.

BRIAN BAUMGARTNER: Em que medida isso influenciava o que vocês escreviam nos novos episódios?

JEN CELOTTA: Não me lembro de ter afetado nenhum enredo. Mas era um indicador para certas coisas. Se estivéssemos desacelerando Pam e Jim e todos [no *OfficeTally*] dissessem: "Eu gosto do fato de ser lento", talvez não sentíssemos tanta pressão. Havia poucas coisas assim, mas nunca foi tipo: "Eles querem isso, então temos que lhes oferecer isso". Tínhamos pequenos debates na sala dos roteiristas, e houve uma discussão, não consigo me lembrar do que se tratava, foi pequena, mas acalorada. Lee [Eisenberg] tinha uma opinião e eu, outra. Depois que o episódio foi ao ar, alguém em *OfficeTally* disse algo que estava totalmente de acordo com o que Lee sentia. Eu estava, tipo: "Hum, que irritante". Algumas semanas ou meses depois, descobri que Lee era a pessoa que tinha escrito a mensagem. [*Risos.*] Ele escreveu um comentário no *OfficeTally* com um nome falso.

BRIAN BAUMGARTNER: Então perfis fakes existiam na sala dos roteiristas de *The Office*.

Com isso e o negócio do iTunes, nossa base de fãs estava crescendo. Quando o programa retornou no início de 2006, o primeiro episódio do ano novo foi "Booze Cruise".

MIKE SCHUR: Foi o episódio mais bem avaliado que tínhamos feito. Passamos *My Name Is Earl* nos índices de audiência. Derrotamos a série que era considerada mais popular. E a partir daí, o programa deslanchou.

Isso é loucura. Você só pode esperar e sonhar que as coisas saiam bem. Não é simplesmente as coisas saírem bem, é o universo conspirar para nos ajudar de alguma forma doida. Mesmo que o programa seja uma série, Greg o desenvolveu de forma que você pudesse assistir a qualquer momento e entender a dinâmica e se prender ao show.

"Booze Cruise", o décimo primeiro episódio da segunda temporada, escrito por Greg Daniels e dirigido por Ken Kwapis, foi o primeiro episódio de *The Office* filmado fora do escritório da Dunder Mifflin.

JENNA FISCHER: Passamos dois dias no barco durante a noite e estávamos ficando enjoados. [*Risos.*] Foi muito insano.

BRIAN BAUMGARTNER: B. J. Novak vomitou na lateral do barco.

JOHN KRASINSKI: Tínhamos filmado até a madrugada, e o sol estava despontando, e a água era escura, aterrorizante e infestada de tubarões.

BRIAN BAUMGARTNER: Não era como o lago Wallenpaupack no nordeste da Pensilvânia. Estávamos em Long Beach [Harbor, Califórnia]. Essencialmente, era o oceano.

JOHN KRASINSKI: Tem um monte de tubarão-martelo lá. É verdade! E estávamos exaustos num barco minúsculo.

RANDALL EINHORN: De longe, foi a maior aventura, porque estávamos filmando em um barco à noite, e todo mundo sabe que isso não se faz. É bem difícil. Quero dizer, eles aprenderam isso em *Waterworld: o Segredo das Águas* [filme de Kevin Costner lançado em 1995]. Mas um barco à noite? Era um barco comum e velho e era muito difícil se deslocar nele. Dava margem para um monte de possíveis desastres.

BRIAN BAUMGARTNER: Era um espaço abafado e confinado. Então, de certa forma, era exatamente o equivalente ao ambiente do escritório, mas em um barco.

JENNA FISCHER: Parecíamos um bando de crianças em uma viagem de acampamento. Estávamos muito animados. Ficávamos: "Vamos dormir na casa do colega! Temos quartos de hotel! Isso é tão divertido!". [*Risos.*]

RANDALL EINHORN: Não podíamos mover o barco porque ficaria diferente em cada tomada. Então, em vez de movimentar o barco, movemos as luzes. Havia duas barcaças que tinham iluminação, de modo que as luzes ficassem relativamente no mesmo lugar para cada tomada. Foi uma dor de cabeça.

"Booze Cruise" também foi o episódio com os infames vinte e sete segundos de silêncio entre Jim e Pam. Quando os dois amigos têm um momento a sós no barco, Pam fala de forma espontânea sobre o noivo: "Às vezes eu simplesmente não entendo Roy". Jim não tem certeza de como responder, e os dois ficam ali juntos, em silêncio, por um tempo desconfortavelmente longo.

KEN KWAPIS: A duração do silêncio não era algo que havíamos planejado em detalhes. Mas John e Jenna sabiam que não havia regras sobre ritmo. Eles não estavam encenando, nós estávamos observando os dois. Estávamos observando duas pessoas em um momento específico. Portanto, não era censurável deixar o momento se prolongar. Não me lembro de, quando filmamos, sentir algo como "Ah, meu Deus, é isso. Quebramos o recorde de maior tempo sem fala".

JOHN KRASINSKI: Pareceu algo grande quando alguém me disse o número de segundos. Se alguém estava contando, certamente não era Jenna ou eu.

KEN KWAPIS: Mas lembro principalmente que parecia muito verdadeiro. Poderia ter sido metade dessa duração; de fato, não importava. Pareceu muito verdadeiro. Entreguei minha edição e provavelmente trabalhei com Greg em cima dela, mas foi ele quem acabou brigando para mantê-la longa assim. Mas, pra mim, se você está envolvido, não sente o tempo passar. Aqueles dois atores estavam bastante comprometidos. Não acho que eles tinham noção de que estavam ultrapassando os limites do que é aceitável em uma transmissão de meia hora de televisão.

BRIAN BAUMGARTNER: ["Booze Cruise"] foi o nosso décimo sétimo episódio, mas, até então, eu estava no programa como ator convidado, o que significa que eu nunca tinha 100% de certeza de que seria convidado para a semana seguinte. O mesmo aconteceu com Leslie, Kate, Oscar, Phyllis e Angela.

ANGELA KINSEY: Descobri que seria atriz regular da série às duas da manhã, porque estávamos fazendo filmagens noturnas [para "Booze Cruise"]. Há uma foto que acho que Oscar tirou de mim e Jenna quando descobri, e estamos pulando no ar de mãos dadas.

BRIAN BAUMGARTNER: Antes dessa ligação, você pensava que poderia ser demitida?

ANGELA KINSEY: Me lembro de dizer à minha mãe: "Praticamente qualquer um pode ser demitido". E ela respondia [*fala arrastada de Louisiana*], "Bem, todo escritório precisa de uma escrota". [*Risos.*]

Em 6 de janeiro, um dia depois de "Booze Cruise" ir ao ar, Kevin Reilly acordou às quatro da manhã e foi olhar os índices de audiência.

KEVIN REILLY: E o programa de fato tinha crescido. E ficou estabilizado. Era um índice respeitável. Honestamente, não quero admitir, mas posso ter chorado.

BRIAN BAUMGARTNER: Você lutou por esse momento por tanto tempo.

KEVIN REILLY: De bom, o show passou para ótimo. Todo mundo estava comprometido, entrando no ritmo. O show realmente se tornou a versão norte-americana de *The Office*. De repente, foi como "Ah, meu Deus, agora tem identidade própria. E pode ter uma centena de episódios ou mais".

JOHN KRASINSKI: Eu costumava ir a um mesmo restaurante todas as manhãs com meu amigo Danny. Íamos todas as manhãs, e eu tomava um café gelado e começava o dia. Em uma quarta-feira, porque a série ia ao ar às terças-feiras naquela época, entrei no mesmo restaurante, e as mesmas pessoas agora olhavam e sussurravam: "Esse é o cara daquele programa". Esse foi o momento em que, de fato, soube que algo tinha mudado, as pessoas estavam assistindo. Foi estranho porque eu estava muito feliz com isso, obviamente, mas eu também estava um pouco assustado porque aquele tipo de clube secreto que tínhamos não era mais secreto.

Estávamos quase chegando na segunda metade da segunda temporada e finalmente engrenando. E, em seguida, como um tiro no escuro, Steve foi nomeado para um Globo de Ouro no fim de 2005, na categoria de Melhor Ator em Série de Comédia ou Musical.

"Como primos caipiras em um casamento"
The Office entra de penetra no Globo de Ouro

Estávamos muito animados com o convite para uma cerimônia de premiação de verdade. Com exceção do fato de que, bem, não entramos exatamente no salão de baile do Beverly Hilton Hotel, onde as festividades reais acontecem. Em 16 de janeiro de 2006, na noite da premiação, estávamos lá em cima, no terraço do hotel.

BRIAN BAUMGARTNER: Ou mais especificamente, no terraço do estacionamento do hotel.

JENNA FISCHER: Fomos todos convidados para assistir ao Globo de Ouro em uma festa de exibição, organizada pela NBC Universal, com outros executivos. Acredito que éramos os únicos atores no lugar.

ANGELA KINSEY: Ah, meu Deus, éramos como ratos de fazenda que foram para a cidade. Em primeiro lugar, tivemos que ir direto do trabalho. Tínhamos que nos arrumar no fim do dia, e eu estava com um rabo de cavalo porque tinha interpretado a Angela Martin o dia todo, então adivinha, eu usei rabo de cavalo no Globo de Ouro. Lembro que usei um spray bronzeador porque eu achava que estava muito branca, com um vestido muito branco. Rainn me zoou. [*Imitando Rainn*:] "Então, um dia em *The Office*, Angela Martin está pálida, e no dia seguinte você está com a pele laranja? Angela!"

BRIAN BAUMGARTNER: Eu morava ao lado do Beverly Hilton Hotel, então alguns de nós - David Denman [que interpretou Roy], Oscar Nuñez, Angela Kinsey e eu - nos encontramos na minha casa e fomos até a premiação no Honda Civic de Denman. Tivemos que estacionar na esquina.

ANGELA KINSEY: Não tínhamos permissão para entrar no salão principal. Só Steve foi convidado para o salão principal, onde as pessoas chiques estavam.

JENNA FISCHER: Eles serviram sushi e muita bebida, e todos nós ficamos doidões. Ficamos muito bêbados. Acho que foi porque achamos que aquela poderia ser a única festa de premiação a que qualquer um de nós iria, então nos comportaríamos como um bando de primos caipiras em um casamento.

BRIAN BAUMGARTNER: Estávamos cercados por todos aqueles executivos fechando negócios no canto. E estávamos fazendo bastante barulho na frente das telonas.

JENNA FISCHER: Então chegou a hora do prêmio de Steve, e todos sabiam que Jason Lee ia ganhar pelo papel em *My Name Is Earl*. Ele era o favorito para levar o prêmio. E quando eles anunciaram que Steve havia ganhado por seu desempenho em *The Office*, vocês lembram o que aconteceu?

ANGELA KINSEY: Nós quase caímos da cadeira. Literalmente, caímos do sofá. Foi uma cena e tanto.

JENNA FISCHER: Parecíamos jogadores de beisebol ganhando a World Series. Estávamos saltando um sobre o outro.

BRIAN BAUMGARTNER: *Uhuuuu!*

JENNA FISCHER: Ficamos um em cima do outro. Foi uma grande exibição. Todos no ambiente ficaram confusos conosco.

ANGELA KINSEY: As pessoas chiques disseram: "Quem são esses caras?". Estávamos gritando, muito animados...

RAINN WILSON: Foi quando ele fez aquele discurso muito engraçado sobre Nancy?

O discurso de Steve ao receber o prêmio foi escrito por sua esposa, Nancy; pelo menos, foi o que ele disse. Steve agradeceu a todos os suspeitos habituais, mas continuava voltando para Nancy, "que deixou sua carreira de lado em apoio à minha, e que às vezes deseja que eu a avise quando vou chegar em casa tarde para que ela possa planejar a vida dela, que não é menos importante do que a minha".

BEN SILVERMAN: Só me lembro da alegria absoluta que todos sentimos com o reconhecimento que Steve recebeu e, por tabela, que o programa teve. Eu me lembro de como era divertido ser jovem e fazer parte de algo tão bem-sucedido, e nós nem sequer ficávamos de ressaca naquela época. Sabe o que isso significa? Era como se pudéssemos fazer qualquer coisa e ser qualquer um.

JENNA FISCHER: Quando a premiação terminou, Steve subiu para a festa [no terraço] e nós fomos pra cima dele. Passamos o Globo de Ouro de mão em mão. Todos se espremeram em uma pequena cabine de fotos.

BRIAN BAUMGARTNER: É mesmo! Esse foi um dos meus momentos favoritos. E você ainda pode ver, naquela foto – porque, novamente, éramos os primos caipiras no Globo de Ouro –, eu tinha mergulhado algo no fondue de chocolate, e tudo desceu pela minha camisa branca. Fez o caminho completo, escorreu em linha reta, sujando tudo. Só porque éramos muito elegantes.

JENNA FISCHER: Foi quando eu pensei: "OK, agora não vão cancelar a série. Steve acabou de ganhar um Globo de Ouro. [*Risos.*] Eu tenho um emprego!".

BEN SILVERMAN: Mais tarde, me lembro de ter tido uma conversa com o meu pai em um avião, quando disse a ele: "Acho que é isso. Acho que vamos ficar bem. Este show vai sobreviver. Vamos poder comer, e não precisamos mais nos preocupar com o plano de saúde". Foi transformador a esse ponto.

BRIAN BAUMGARTNER: As pessoas estavam começando a prestar atenção em nós. Nosso programa estava sendo reconhecido.

A vitória de Steve no Globo de Ouro foi uma validação do que estávamos fazendo e também um sinal de que precisávamos continuar fazendo aquilo. Àquela altura, a NBC finalmente apoiou o programa. Todas as pequenas coisas de fato se encaixaram. Passamos de temer que a série fosse cancelada a conseguir dizer: "Acho que podemos ficar aqui por um tempo".

MIKE SCHUR: É doido pensar em quantas coisas se alinharam exatamente no momento certo. Nós ficamos à beira do cancelamento diversas vezes, e se uma dessas coisas não tivesse dado certo, se *O Virgem de 40 Anos* tivesse arrecadado doze milhões de dólares a menos, acho que a série seria cancelada. É uma loucura pensar isso agora, em retrospecto.

Mas mesmo com tudo dando certo, não era hora de parar. Conseguimos enfim captar a atenção que desejávamos, mas tínhamos que continuar conquistando-a, semana após semana. Não vivíamos mais com medo de cancelamentos, mas o público não continuaria sintonizando se não cumpríssemos a promessa da primeira e da segunda temporadas.

Seria agora ou nunca!

6

“John e eu não somos um casal”

AS HISTÓRIAS DE AMOR DE *THE OFFICE*

JENNA FISCHER: Muitas pessoas me dizem coisas do tipo: "Acho que encontrei minha Pam, acho que encontrei meu Jim". Usando-nos como... não sei, como se chama isso? [*Risos.*] Como um substantivo para o amor. Ainda hoje, as pessoas não sabem como John e eu não somos um casal na vida real. Não entendem. E eu não sei como explicar, porque é um pouco como dizer às crianças que Papai Noel não existe. Não quero partir o coração de ninguém.

O público tinha uma conexão tão passional com Jim e Pam – ou, como alguns superfãs os chamavam, P. B. & J. (abreviação de Pam Beesly e Jim) – que isso ainda repercute até hoje.

Muito depois de *The Office* ter saído do ar, eles criaram mash-ups de Jim e Pam no YouTube, usando como trilha sonora baladas românticas do tipo "Crash into Me" (Dave Matthews Band) e "Iris" (Goo Goo Dolls). Dois fãs de *The Office* com uma estranha semelhança com Jim e Pam viralizaram no TikTok em 2020 fazendo recriações palavra por palavra dos momentos mais memoráveis do casal da TV.

A supermodelo Chrissy Teigen é tão fanática pelo casal que fez uma enquete no Twitter em 2019, no aniversário de dez anos de casamento de Jim e Pam, perguntando a outros fãs se os dois ainda estavam juntos. Quando 70% insistiram que estavam, Teigen argumentou que o casal fictício estava divorciado ou infeliz. "Eles nunca foram para Austin", escreveu Teigen, referindo-se ao final de *The Office*, quando Jim e Pam decidiram se mudar para o Texas e recomeçar a vida. "Vocês sabem disso e eu também. Falo sobre me mudar para Austin a cada dois dias e aqui estou. E não é em Austin."

É muito tempo e energia mental dedicados a um casal que só existe nas telas.

Mas as pessoas querem acreditar. Querem pensar que Jim e Pam não eram apenas criações fictícias, mas pessoas de carne e osso cuja história de amor era genuína e verdadeira. Um espectador tuitou para John e Jenna em 2016, escrevendo: "Estou assistindo a *The Office* pela primeira vez e estou muito triste em saber que vocês dois não estão juntos na vida real".

BRIAN BAUMGARTNER: Você devia explicar que John é um pé no saco na vida real. Por que você não diz isso?

JENNA FISCHER: [*Risos.*] Não, é que eu não sou a Pam na vida real e ele não é o Jim na vida real. Na vida real, somos incompatíveis. Ele é perfeitamente compatível com Emily [Blunt, esposa de John desde 2010] e eu combino perfeitamente com Lee [Kirk, marido de Jenna desde 2010]. Precisamos de nossos parceiros descontraídos e calmos.

BRIAN BAUMGARTNER: Também acho que vocês dois estavam interpretando personagens em um programa de TV.

JENNA FISCHER: Mas sinto que tenho que justificar por que John e eu não somos apaixonados um pelo outro na vida real. A grande questão é que estávamos interpretando personagens. Mas quando você diz isso, parte da magia de Jim e Pam é destruída. Essa é a coisa que nunca quero tirar das pessoas.

Não vamos destruir a magia de JAM – nosso outro apelido favorito para Jim e Pam – ou, pelo menos, vamos tentar não fazer isso. Só queremos contar a história de como uma pequena comédia no local de trabalho que não estava tentando reinventar a roda, mas apenas compartilhar algumas histórias sobre as pessoas comuns que pareciam verdadeiras e reais, criou um (ou talvez alguns) dos casais mais icônicos na história da TV.

"Uma história de amor realmente intensa com um quarto do tempo de tela"

Quando Jim conheceu Pam

BRIAN BAUMGARTNER: Se você voltar e olhar para os primeiros episódios de *The Office*, o romance entre Jim e Pam se desenrola silenciosamente e à margem.

MIKE SCHUR: Greg [Daniels] tinha muitas teorias, e todas estavam corretas. Uma das coisas que ele apontou para nós muito cedo: o que torna a versão britânica de *The Office* tão boa? Em parte, é a performance única de Ricky Gervais, mas também tem a ver com atores incríveis e uma premissa maravilhosa do mocumentário. Mas Greg conseguiu esmiuçar ainda mais. Ele disse: "Quase todos os programas da história tiveram uma fórmula, e a fórmula – o cerne do programa – é um romance 'chove e não molha' entre Sam e Diane [de *Cheers*]. E em paralelo há um chefe maluco, e ocasionalmente esse chefe vem e faz algo engraçado, todos riem dele e, em seguida, ele sai. Mas o investimento emocional do público é com o casal 'chove e não molha'. A versão britânica de *The Office* inverteu isso. O chefe maluco é a parte central do programa, e o romance 'chove e não molha' é empurrado pra escanteio".

BRIAN BAUMGARTNER: Isso muda como o público se sente em relação a esses personagens?

MIKE SCHUR: Isso acaba acarretando duas coisas. Uma delas é que transforma o chefe maluco em um personagem viável digno de introspecção, camadas e dimensão de uma forma que tradicionalmente ele não tem. Ninguém costuma se importar com o que está acontecendo na vida emocional do chefe maluco. Isso também significa que, quando você empurra o romance pra escanteio, ele se torna uma delicada teia de olhares e momentos bem curtinhos. Um personagem que pega pra alguém uma barra de chocolate da máquina de venda automática acaba criando um momento emotivo enorme. Muda a forma como o público se relaciona com o romance. "Só vi oito segundos de romance esta semana. Eu quero mais!" Então muitas pessoas investiram de forma diferente daquela que normalmente investem em romances de TV.

O desafio para todos, dos roteiristas aos atores e editores, era como encontrar o equilíbrio perfeito, deixando essa sutil história de amor de Jim e Pam se desdobrar à margem.

JEN CELOTTA: O fato de não estarem na frente e no centro nos fez curtir ainda mais. Eles eram um pouco de beleza em meio ao cinza.

BRIAN BAUMGARTNER: A história deles não era a de Ross e Rachel, de *Friends*. Jim e Pam estavam um pouco aqui, um pouco ali.

JOHN KRASINSKI: As apostas foram estabelecidas de forma brilhante, porque isso é a vida real. Quando você está apaixonado por alguém, em especial alguém do trabalho, você espera ansiosamente por essas interações no escritório. Quando vai para casa e tem uma vida com os amigos ou o que quer que esteja fazendo, não vai ver essa pessoa. Então você está meio que, não sei, tentado pela ideia de que, quando tiver esses momentos com a pessoa, você vai curtir.

GREG DANIELS: É possível ter uma história de amor realmente intensa com um quarto do tempo de tela, e ainda ficar com três quartos para a comédia. Olha o exemplo de *Cheers*. Eles tinham um homem e uma mulher como personagens principais, além de personagens coadjuvantes. O protagonista tinha que conduzir a comédia e o romance. Esse é um dos grandes aspectos de *The Office*; não é necessário concentrar tudo em uma pessoa só. É como Zeppo Marx. [*Risos*.] Com os filmes dos Irmãos Marx, o enredo principal seriam os Irmãos Marx, e eles também tinham um romance, mas o deixaram com Zeppo. Obviamente Krasinski não é Zeppo. Ele é superengraçado. Mas ele não precisava ser tão louco quanto Michael e Dwight. Ele podia ser um homem comum e reagir às coisas e estar envolvido no romance.

BRENT FORRESTER (ROTEIRISTA, PRODUTOR): Greg costumava dizer uma coisa que eu achava muito interessante. "Pensando em tons, separe as cenas que são de tom dramático daquelas que têm tom cômico. Não tente fazer as duas ao mesmo tempo." Essa foi uma grande curva de aprendizado para mim. Ele o chamava de McDelt, que é uma referência a uma coisa que o McDonald's fez por muito pouco tempo. Eles tinham um hambúrguer que era servido quente na metade do recipiente de isopor e a outra metade ficava com a alface e o tomate frescos. O truque era colocar essas partes juntas e o quente permanecer quente e o frio permanecer frio. Isso é o que Greg costumava dizer. "Mantenha quente o lado quente e frio o lado frio, mantenha engraçado o lado engraçado e dramático o lado dramático. Separe essas cenas."

KEN KWAPIS: O programa é uma comédia, mas dentro dele há uma história romântica que não serve para fazer rir. É um programa com palhaços e amantes. Em uma série como *Friends*, as histórias românticas são engraçadas. Mas em *The Office*, não amamos Pam e Jim por causa das risadas. Nós os amamos porque pareciam bem fundamentados e reais.

Outra razão pela qual o relacionamento parece tão fundamentado é o ritmo. Muitos dos maiores momentos de Jim-Pam aconteceram fora do ritmo, quando não esperávamos.

GREG DANIELS: A surpresa é muito boa para a comédia, né? Qualquer coisa que você possa fazer para aumentar a surpresa é bom. Para mim, o problema com multicâmeras mostra que os ritmos são muito arraigados, em geral. Parecia cabúqui ou algo ritualizado.

JOHN KRASINSKI: Na TV, sabemos quando as grandes cenas estão chegando. E Greg não fazia assim. Me lembro de como foi ousado quando pensamos que Jim iria fazer algo, como pedir Pam em casamento, e então isso não acontecia e ficávamos, tipo: "Ai, cara".

BRIAN BAUMGARTNER: Ou a vez que você e Pam se beijaram acidentalmente no Dundies.

JOHN KRASINSKI: Essa é a vida real. Essas são as coisas das quais nos lembramos, enquanto um programa de televisão regular teria uma grande cena de beijo, do tipo: "Finalmente, eles se juntaram!". Eu me lembro de ler o roteiro e dizer: "Cara, isso é tão inteligente". Para que o público ficasse, tipo, "Eles acabaram de se beijar?". E não dar o que eles achavam que queriam. Porque era assim que eu me sentia. Meu sentimento era: "Ah, meu Deus, pensei que íamos fazer uma grande cena de beijo". E, em vez disso, só aconteceu no Dundies. Acho que é nessa parte que sou muito parecido com o Jim, porque eu teria cozinhado isso por meses e pensado: "Foi um beijo de verdade?".

BRIAN BAUMGARTNER: Foi pra valer?

JOHN KRASINSKI: Ou foi só porque ela estava bêbada? É a vida real, em vez de uma grande cena de beijo em que eu a levei para sair e fiz uma enorme encenação antes. Todos ficariam, tipo, "Ah, bom, este momento está entretendo. Mas não sinto nada. Não sinto conexão".

Para alguém assistindo a isso se desenrolar na TV, era óbvio que Jim tinha uma queda por Pam desde o piloto. Mas, na segunda temporada, a tensão nessa relação "chove e não molha" realmente começou a aumentar. Isso foi em parte devido à chegada de uma nova roteirista na segunda temporada, alguém que ama uma história psicológica complexa: Jen Celotta.

JEN CELOTTA: Olá!

BRIAN BAUMGARTNER: Viva!

JEN CELOTTA: Viva, viva! Estou tão animada!

Esta é a Jen em poucas palavras. Mike Schur a resume assim.

MIKE SCHUR: Jen Celotta era o coração pulsante do programa. Seu superpoder era sua incrível conexão com Pam e com a doçura daquela personagem.

Mas Greg discorda.

GREG DANIELS: Quando penso na Jen, penso nas histórias de Michael Scott. Penso no funeral do pássaro e coisas assim. Ela gostava muito da psicologia do Michael. Jen é fascinante. Ela é filha de físico e muito inteligente. Todo o trabalho dela depois de *The Office* é como... ela tem um

FICHA DE RECURSOS HUMANOS

Jen Celotta

Cargos: roteirista e coprodutora--executiva

Cidade natal: Gaithersburg, Maryland

Formação: Comunicação, Boston University, turma de 1993

Empregos anteriores: roteirista de *Home Improvement* (1996-1999); roteirista e produtora de *Andy Richter Controls the Universe* (2002-2003) e *Malcolm* (2004-2005), entre outras séries

Trabalhos pós-*The Office*: produtora consultora em *Space Force* (2020) e *The Newsroom* (2014); diretora da série *Cobra Kai* (2018-2021), comédia dramática de artes marciais

Habilidades especiais: piadas do tipo "Foi o que ela disse", escrever histórias de Jim-Pam, ou talvez de Michael Scott, ou talvez de todos os citados

Aspiração profissional: interpretar uma Schrute, o que acabou acontecendo no episódio final de *The Office*, quando fez o papel de Jen Celotta Schrute, parente de Dwight

roteiro em que cada cena é de um ano diferente da vida de um cara, e ela está fazendo um show animado com árvores como protagonistas.

JEN CELOTTA: Ouvi algumas pessoas falarem sobre como eu particularmente amava escrever para Pam e Jim. De fato adorava encontrar os tons, as cores e a dinâmica entre os dois. Uma de minhas coisas favoritas que fiz com eles foi o episódio de azar em que eles não falaram.

Uma das brincadeiras entre Jim e Pam no escritório é chamada de jinx, algo como "azar". Depois de duas pessoas dizerem involuntariamente e ao mesmo tempo a mesma palavra ou frase, o primeiro a dizer "Jinx, compre uma Coca-Cola pra mim" força o outro a permanecer totalmente em silêncio até comprar o refrigerante. Em "Drug Testing", episódio vinte da segunda temporada, Jim e Pam pronunciam o mesmo Stanleyismo ("I don't think that is funny" [Não acho graça disso]), e Jim acaba ficando com a missão de comprar o refrigerante. Seguindo as regras "inflexivelmente rígidas", Jim vai até a máquina de venda automática, mas descobre que não tem mais Coca-Cola, então ele tem que passar o dia sem dizer uma palavra a ninguém.

JEN CELOTTA: Há um momento da cena com Jim e Pam em que ela diz: "Ah, qual é, você vai me dizer alguma coisa?". E ele queria dizer que gostava dela, mas tinha que ficar em silêncio. E ela diz...

PAM: Parece que você tem algo muito importante a dizer e não pode por algum motivo.

JEN CELOTTA: Ele parece nervoso, fica pálido e olha para baixo, e então você vê que ela sabe o que isso significa e reage. Eles poderiam ser estrelas do cinema mudo.

Embora esses momentos mágicos de Jim e Pam parecessem naturais e espontâneos na tela, trabalhá-los no dia a dia não era fácil. Nada interrompia a produção como uma grande cena de Jim-Pam.

JENNA FISCHER: É verdade.

BRIAN BAUMGARTNER: Eu dizia: "Me tire daqui antes que filmem isso, ou serão sete horas".

MATT SOHN: Havia muita emoção e discussão nas cenas de Jim e Pam.

BRIAN BAUMGARTNER: Eu fazia uma imitação muito específica de Tom Waits, que era algo como [*com um barítono mais grave de Tom Waits*]: "Há uma discussão no monitor", e os roteiristas ficavam muito irritados.

MATT SOHN: Mas era verdade.

BRIAN BAUMGARTNER: Você via isso acontecer. Você via as pessoas começarem a se reunir.

MATT SOHN: Os roteiristas eram chamados, e todos eles se amontoavam. Todos pegavam um café no serviço de catering. O set ficava vazio.

Ficávamos sentados, esperávamos, conversávamos, fofocávamos, dissecávamos a cena e a reconstruíamos.

BRIAN BAUMGARTNER: Por que você acha que aquelas cenas eram tão importantes?

MATT SOHN: Desde o início era uma combustão lenta, e eles não queriam ir longe ou rápido demais. Jenna tinha posicionamentos fortes sobre o que deveria ser, assim como John e Greg.

JENNA FISCHER: Nós nos importávamos muito. Todos se importavam muito, muito. John e eu lutávamos muito pelo que acreditávamos e geralmente concordávamos em relação às coisas. Tínhamos uma mente única quando se tratava de Jim e Pam.

MATT SOHN: Encontrar esse tom exato foi o que manteve todos felizes, que manteve o relacionamento no ponto certo para ter essa evolução lenta. Não era uma dessas coisas ridículas, românticas e bobas que você vê em muitos programas.

GREG DANIELS: Eu não queria fazer um romance como em tantos programas, em que os casais se reúnem e se separam e se reúnem e se separam. Não parecia real. Senti que, quando Jim e Pam finalmente ficassem juntos, eles iam ficar juntos. Não vejo nada separando os dois porque eles têm uma sintonia muito forte um com o outro. Então a questão era: como vamos deixar isso rolar por certo número de anos? Quais são os obstáculos?

JENNA FISCHER: Costumava haver um momento Jim-Pam por episódio. E era quando eles iriam se conectar de alguma forma superespecial ou eles dariam um passo em falso de uma forma que um deles se machucaria. E havia uma linha muito tênue sobre a qual tínhamos que andar o tempo todo. Assim, por exemplo, filmar uma cena repetidas vezes, em que dessa vez eles podem tocar as mãos, mas aí temos que fazer uma em que eles não tocam as mãos. Porque pode ser demais se as mãos deles se tocarem, isso pode significar ir longe demais. Terminamos com um abraço, ou ele deve beijá-la na bochecha antes de ir embora? Quanto era permitido que eles literalmente se tocassem, olhassem nos olhos um do outro, ficassem vidrados um no outro? Quer dizer, passávamos horas debatendo e filmando cenas substitutas para essas de Jim-Pam.

LEE EISENBERG: Quando você olha para trás e assiste, parece que algumas das escolhas foram tão confiantes e tão inevitáveis.

Esse é Lee Eisenberg, que se juntou à equipe de roteiristas no início da segunda temporada.

LEE EISENBERG: Mas essa inevitabilidade faz com que pareça que leva meses e meses e meses para percorrer todas essas avenidas diferentes. Quando enfim se faz uma escolha e ela passa por várias reescritas, há esses atores fazendo isso e tudo se junta, parece que, "ah, essa foi a escolha exata". Mas nós debatemos Jim e Pam em "Casino Night" por semanas e semanas e semanas. O que ele diz e o que não diz, e o que ela diz, sabe? Havia vários rascunhos e versões diferentes.

FICHA DE RECURSOS HUMANOS

Lee Eisenberg

Cargos: roteirista e coprodutor-executivo

Cidade natal: Needham, Massachusetts

Formação: Inglês, Connecticut College, turma de 1999

Emprego anterior: roteirista do curta-metragem *Flush* (2001)

Trabalhos pós-*The Office*: criador, produtor-executivo e roteirista da série *Hello Ladies* (2013-2014), da HBO; produtor-executivo da série *Bad Teacher* (2014), da CBS

Plano B de carreira: escola de culinária

Parceiro de roteiro: Gene Stupnitsky, companheiro escriba de *The Office*, quem ele conheceu em uma copiadora quando era assistente de produção na comédia *Endiabrado* (2000), dirigida por Harold Ramis

Primeira tarefa em *The Office*: "The Fight" (2005), sexto episódio da segunda temporada, coescrito com Stupnitsky

Recomendação: "Eles escrevem personagens idiotas de forma muito inteligente", disse Harold Ramis sobre *The Office*

Promoções: Ramis contratou Eisenberg e Stupnitsky para escrever o roteiro do filme *Ano Um* (2009) e de *Ghostbusters III*, que acabou não sendo usado

Ah, sim, "Casino Night", o episódio final da segunda temporada, que foi ao ar pela primeira vez em 11 de maio de 2006. O episódio nos proporcionou o momento quintessencial de Jim e Pam, aquele que todos estávamos antecipando com cada flerte despercebido e olhar furtivo.

"O que eu estava filmando parecia real"
O beijo em "Casino Night"

GREG DANIELS: "Casino Night" é o episódio em que Jim e Pam estão no estacionamento e ele diz, pela primeira vez, que gosta dela. A equipe de roteiro meio que enlouqueceu. Primeiro que todo mundo queria escrever a cena. Para mim, isso era um dos aspectos mais charmosos e agradáveis em relação à equipe de roteiristas. Eles se importavam muito com o programa. Muitas vezes, é uma situação em que todos estão apenas tentando sair e ir para casa. E esses caras eram jovens. Eram Mike [Schur] e Mindy [Kaling], e Paul [Lieberstein], e B. J. [Novak], e, àquela altura, Jen [Celotta], e Lee [Eisenberg] e Gene [Stupnitsky]. Todo mundo queria escrever a cena.

Mas Greg escolheu alguém que seria o roteirista pela primeira vez no programa, Steve Carell.

GREG DANIELS: E Steve escreveu muito bem.

A cena central acontece perto do fim do episódio, quando Jim e Pam se encontram fora de uma festa da empresa. É um momento simples, apenas duas pessoas em um estacionamento, uma cena que leva não mais do que dois minutos de tempo de tela. Mas, nos bastidores, tornou-se um cabo de guerra entre o diretor Ken Kwapis e os roteiristas.

GREG DANIELS: Ken queria filmar de uma forma muito direta. E o raciocínio, eu acho, era bastante lógico: todo mundo adora a presunção e a parte do mocumentário. Mas agora tem a ver com os personagens, e a coisa mais divertida e interessante é ver o rosto deles. Mas a equipe de roteiristas queria muito se inclinar para o conceito de mocumentário. Eles achavam que era a nossa arma secreta.

JEN CELOTTA: Eu gosto quando você tem que preencher os espaços em branco. Na cena do estacionamento com Jim e Pam em "Casino Night", eu não queria perder *tudo*, só queria estar atrasada para a festa ou encontrar a sombra deles e ouvi-los conversando.

GREG DANIELS: As contribuições de quem você quer realmente escolher neste momento? O conceito e a escrita? Ou talvez o elenco? Você deveria confiar nesses dois grandes atores e deixá-los fazer o trabalho deles?

DAVID ROGERS (EDITOR): Originalmente, o conceito era que veríamos apenas as consequências da conversa. Houve uma grande discussão com Greg, Ken e os atores, e foi, tipo, sim, é legal fazer algo como um documentário e apenas capturar o momento seguinte. Mas há uma coisa insatisfatória no fato de alguém na plateia não ver um pedaço disso. Acho que fizemos a escolha certa ao deixar Jim e Pam terem uma conversa.

JIM: Eu estava apenas... Eu estou apaixonado por você.

PAM: O quê?

JIM: Sinto muito se isso é estranho pra você, mas eu queria que você soubesse.

GREG DANIELS: Existem muitas versões diferentes. Mas uma versão que filmamos foi que as câmeras estão cobrindo a noite no cassino e, como em um reality show, alguém está monitorando o som porque todos têm microfone. Eles percebem que Jim está prestes a confessar algo a Pam e dizem a um dos cinegrafistas: "Vai filmar, vai filmar, não sabemos onde está!". E o cara da câmera corre para fora do armazém e desce o beco e dá a volta na esquina do prédio bem a tempo de ver Jim escutar um não e ir embora. Filmamos isso e foi interessante. Mas, no final, escolhemos mostrar o rosto deles.

JOHN KRASINSKI: Lembro de não saber onde Matt [Sohn] estava, e Ken não me disse nada. Ele falou: "Não se preocupe com isso. Só faça a cena".

PAM: O que você tá fazendo? O que espera que eu diga?

JIM: Eu só queria que você soubesse. Pelo menos uma vez.

PAM: Bem, eu, eh... Eu... Não posso.

DAVID ROGERS: Você acha que acabou aí.

BRIAN BAUMGARTNER: Terminou.

DAVID ROGERS: Terminou. Mas, no fim, bem, tem que falar sobre o final.

MATT SOHN: O beijo? Meu Deus!

A próxima cena que vemos na tela é de Pam, já no escritório, conversando discretamente com a mãe ao telefone. E então Jim entra e a beija.

JOHN KRASINSKI: Ninguém estava no set, ninguém estava ao redor da mesa de serviço de catering. Eu não sabia o que estava acontecendo. Então andei, sabe, pronto para brincar com as pessoas, e ninguém queria fazer contato visual comigo. Pensei: "O que aconteceu?". Eu estava muito apreensivo.

KEN KWAPIS: Houve muita conversa sobre o beijo. Acho que John e Jenna estavam muito... qual é a palavra mesmo? Estavam ansiosos com a cena.

JOHN KRASINSKI: Pensei: "O que está acontecendo? Ninguém vai falar 'ação'?". Randall [Einhorn] e Matt [Sohn] eram duas das minhas pessoas favoritas na face da Terra, e eu não os via. Eu disse: "O que estamos fazendo?". Foi muito estranho. Fiquei assustado. Fiquei no set por um tempo antes de Jenna aparecer, porque ela estava se concentrando. Eu não sabia que eu poderia ter ficado trinta minutos no meu trailer para me preparar mentalmente. E aí fiquei muito mais assustado. Você começa a pensar coisas do tipo: "Ah, Deus, eu não fiz o dever de casa".

Quando eles estavam prontos para filmar, todos desapareceram. Eram só John e Jenna na sala. Randall Einhorn, o diretor de fotografia, estava escondido, apenas espiando pelas persianas.

RANDALL EINHORN: Fiquei bem longe deles. E as câmeras são muito pesadas, pesavam cerca de dezessete quilos. Ken Kwapis estava dirigindo, e eu estava na cozinha, e todas as luzes estavam apagadas. Foi uma filmagem com lente muito longa. Deve ter sido uma lente de 300 mm.

KEN KWAPIS: Quando filmamos um beijo, qualquer tipo de beijo, tradicionalmente queremos ser capazes de ver os dois rostos. Mas decidimos, e não me lembro se foi sugestão do Greg ou se os atores inventaram, que não iríamos ver a reação da Jenna ao beijo. Estávamos atrás dela. Vimos o John, certo? Eles se beijam e depois se separam. Acho que olham um para o outro por um tempo. E esse é o fim da cena. Uma das coisas que sempre pensei com relação a essa filmagem é, como um

FICHA DE RECURSOS HUMANOS

David Rogers

Profissão: roteirista, diretor e produtor

Formação: bacharel em Cinema e Fotografia, Ithaca College, turma de 1992

Emprego anterior: editor de *Seinfeld* (1998), *NewsRadio* (1999) e *Andy Richter Controls the Universe* (2002)

Trabalhos pós-*The Office*: diretor, editor e coprodutor-executivo da série *The Mindy Project* (Projeto Mindy) (2014-2017); editor e produtor consultor de *Upload* (2020) e *Space Force* (2020-2022)

Filme que o inspirou a se tornar diretor: *Superman: O Filme* (1978), que ele viu quando tinha oito anos

Possível ação disciplinar: pegou o modelo de *Battlestar Galactica* que Dwight "construiu", o qual David havia selecionado pessoalmente, e exibiu em seu escritório depois de ser promovido a gerente. Rainn Wilson escreveu uma dedicatória para ele: "David, Galactica ama você. Rainn Wilson, Dwight"

espectador, você tem o prazer de ser Pam. Você está sendo visto por Jim. Você não vê as reações dela. Então você, como público, começa a meio que escrevê-la também.

RANDALL EINHORN: Eu estava realmente ficando emocionado. Eu sabia muito bem que eram John Krasinski e Jenna Fischer e que havia um serviço de catering logo ali na porta. E eu veria John e Jenna lá em um minuto. Mas ainda assim me envolvi emocionalmente. Mexeu comigo porque, pra mim, o que eu estava filmando parecia real. Eu estava com aqueles personagens, e tudo parecia real.

DAVID ROGERS: É aquele momento em que eles olham um para o outro depois e é, tipo, "E agora?".

Foi um momento para os fãs pensarem sobre o que poderia estar reservado para Jim, para Pam, para o futuro deles.

JEN CELOTTA: A gente fica torcendo tanto por eles. Dá pra sentir que eles estão meio presos em uma situação na qual os dois poderiam – assim como todo mundo – estar fazendo mais.

“Eles repeliam um monte de pessoas, mas não um ao outro”

Segredos de amor de Dwangela e Phyllis e Bob

Jim e Pam estavam longe de ser a única relação promissora (ou potencialmente catastrófica) que floresceu na Dunder Mifflin. Na maioria dos programas de TV, os personagens secundários geralmente existem para apoiar a história dos personagens principais ou colorir um pouco o mundo fictício. Mas, em *The Office*, todos os personagens tinham dimensões complexas à espera de serem descobertas e desejos quase certos de complicarem suas vidas.

BRIAN BAUMGARTNER: Quando começou o relacionamento de Dwight e Angela?

RAINN WILSON: Rapaz, Angela saberia responder isso muito melhor do que eu.

BRIAN BAUMGARTNER: Quando você ficou ciente de que esse relacionamento seria algo que duraria?

RAINN WILSON: Acho que foi no episódio em que houve uma festa na casa do Jim.

“E-mail Surveillance”, o nono episódio da segunda temporada, foi ao ar pela primeira vez em 22 de novembro de 2005.

RAIN WILSON: Dwight encontra a pedra esconde-chaves de Jim, a pedra falsa onde se esconde uma chave. Eu a trouxe e fiquei, tipo...

DWIGHT: Jim! Você realmente acha que isso é uma boa ideia? Uma pedra esconde-chaves?

MARK: Ei, você deve ser o Dwight!

DWIGHT: Você não trabalha com a gente.

JIM: É porque Mark é meu colega de quarto.

RAINN WILSON: É quando Pam olha pela janela e vê meus pés e os da Angela pra fora da casa da árvore ou o que quer que estivesse no quintal.

JEN CELOTTA: Era uma casinha de cachorro ou um forte na árvore. Eu queria me lembrar de quem foi a ideia. Tinha sido algo que os roteiristas vinham falando por um tempo.

RAINN WILSON: Um episódio antes, eles me contaram que iriam juntar Dwight e Angela. Eu fiquei, tipo, "Nossa, isso vai ser engraçado". Mas achei que seria algo pontual, um temperinho a mais. Eu não tinha ideia de que Dwangela se tornaria um fenômeno que duraria mais sete ou oito temporadas.

LEE EISENBERG: Cada programa e cada filme têm "ah, este é o cara estranho", certo? E o cara estranho só faz coisas estranhas. E o cara estranho não pegaria garotas porque ele não gosta de garotas. E o cara estranho não ia gostar de música porque música não combina com ele.

BRIAN BAUMGARTNER: Mas Dwight ama as mulheres.

LEE EISENBERG: E algumas mulheres realmente gostavam de Dwight. Ele é superconfiante. Dwight tem uma insolência peculiar que é estranha e legal.

ANGELA KINSEY: Nossos personagens procuram a câmera. Há momentos em que vemos que fomos pegos e depois reagimos ao sermos pegos. Isso sempre foi uma coisa muito divertida com a qual brincar. Era sempre algo que tínhamos que considerar quando Dwight e eu gravávamos alguma cena juntos. Estamos cientes da câmera? Sabemos que a câmera está flagrando isso? E às vezes nunca víamos a câmera. Eles realmente estavam escondidos e filmando como se estivessem espiando. E então havia momentos em que um de nós encontraria a câmera, geralmente eu, e eu iria embora voando.

BRIAN BAUMGARTNER: Como essa relação mudou a Angela?

ANGELA KINSEY: Acho que isso acabou revelando como ela é. No começo, você podia apenas fazer uma consideração. Tipo, "Ah, ela é apenas a escrota do escritório". Tem um fundo de verdade, mas a escrota do escritório pode ser uma escrota apaixonada. Aí está a escrota sorrateira, supersticiosa, a escrota loucamente apaixonada. Há camadas no mau humor dela. Ela é uma pessoa que tem medo, e acho que se apaixonar pelo Dwight e ter que sair da zona de conforto dela e confiar em alguém e deixar alguém entrar, tornou-a mais tridimensional.

JEN CELOTTA: Eu não conseguia ver o Dwight com ninguém e não conseguia ver a Angela com ninguém. Talvez fosse uma das coisas que eles tinham em comum. Eles repeliam um monte de pessoas, mas não um ao outro. Havia algum fascínio em termos do quão opostos de Jim e Pam eles eram e como isso poderia ser jogado mais para o lado da comédia.

ANGELA KINSEY: Mas, à maneira deles, a história não é muito diferente da de Jim e Pam. São duas pessoas que se amam e estão um pouco assustadas demais para deixar a outra pessoa saber o quanto se amam, então encontram maneiras de impor todos esses obstáculos, até que finalmente entram naquele momento assustador e dizem: "Tudo bem, você me pegou". Tenho um cartão que perfurávamos sempre que fazíamos sexo. Como se chamava? Um cartão da relação sexual.

> **ANGELA:** Dwight e eu tínhamos um acordo contratual para procriar cinco vezes, simples assim. E se ele se apaixonasse por mim, bem, isso seria permitido no item 7C, cláusula 2, então eu não me oporia.

ANGELA KINSEY: Tínhamos nossas próprias maneiras estranhas de protelar o que, no fim das contas, era o que os dois queriam.

Relacionamentos saudáveis não eram fáceis de encontrar na filial da Dunder Mifflin em Scranton, desde o noivado interminável de Pam e Roy até o relacionamento de idas e vindas de Ryan e Kelly, a relação "complicada" de Kevin com Stacy (que o deixa depois de ele afirmar que o Eagles poderia vencer a NFC East). O único casal que estava livre de complicações emocionais desde o início foi Phyllis Lapin e Bob Vance, da Refrigeração Vance.

PHYLLIS SMITH: Quando eles escreveram sobre a chegada de Bob na minha vida, me lembro das audições que tivemos para o personagem Bob Vance. Como eu tinha uma aparência de matrona, eles queriam alguém que fosse atraente aos olhos deles, para ficar no time dos bonitos. Funcionou muito bem, porque de repente você tinha esse cara rico que foi atrás da pessoa despretensiosa do grupo.

Desde a sua primeira aparição no episódio "Christmas Party", da segunda temporada – em que ele repetidamente se apresentou como "Bob Vance, Refrigeração Vance" –, o relacionamento de Bob e Phyllis foi mutuamente respeitoso e, bem, normal.

PHYLLIS SMITH: Sim, éramos meio normais. Apenas nos demos bem. Eu sempre dizia: "Eu o ajudei a trocar um pneu no estacionamento". Aqui está um cara grande e bonito que não conseguiu trocar o pneu, e eu estava passando por ali, porque dividimos o mesmo lote na Dunder Mifflin, e eu o ajudei a trocar o pneu. E esse foi o começo do nosso romance. [*Risos.*] Na minha mente, se a história continuasse, Phyllis e Bob Vance, da Refrigeração Vance, ainda estariam juntos.

"Você é tão idiota, mas eu gosto disso"

A busca de Michael Scott por amor e família

O amor estava correndo solto na Dunder Mifflin, mas havia uma pessoa que simplesmente não conseguia encontrar sua alma gêmea: Michael Scott.

> **GREG DANIELS:** No começo, estávamos mostrando a vida amorosa dele de forma cômica. Era como uma comédia de erros, e ele sempre ia longe demais e assustava as pessoas.

E então surgiu Jan Levinson-Gould, vice-diretora de vendas da Dunder Mifflin. Desde sua primeira aparição no piloto, Greg e os outros notaram uma química sexual entre Michael e Jan, interpretada por Melora Hardin, veterana da TV.

> **MELORA HARDIN (JAN LEVINSON):** Eu me lembro, depois que o piloto foi ao ar, de estar almoçando com Steve e Greg, e conversamos sobre a química interessante entre Michael e Jan. Estávamos todos, tipo, "Sim, se tivermos uma oportunidade, se formos escolhidos, deveríamos fazê-los saírem em algum momento, em uma convenção ou algo assim". Estávamos rindo dessa ideia.

Mas a atração permaneceu platônica até o episódio "The Client", da segunda temporada, escrito por Paul Lieberstein. Começou, como todas as grandes histórias de amor, com um amasso dos dois, bêbados, no Chili's.

> **PAUL LIEBERSTEIN:** Jan e Michael tinham uma grande história de amor, uma que devia terminar em desastre. Era sobre Jan ter que baixar seus padrões porque a vida não estava dando certo, mas era contada pelo ponto de vista de Michael.

MIKE SCHUR: A graça disso não é: "Talvez Michael tenha encontrado sua parceira de vida". A graça é: "Ah, não, isso vai ser terrível". [*Risos.*]

MELORA HARDIN: Lembro que foi uma luta para Greg. Ele falou sobre isso comigo e com a figurinista e o pessoal de maquiagem e cabelo. Ele costumava falar muito assim: "Prestem atenção para ela não ficar muito bonita. Diminuam um pouco a maquiagem". Ele ficava brigando com isso. Greg sempre quis saber o que eu pensava. "Por que Jan se sentiria atraída por alguém assim?"

BRIAN BAUMGARTNER: Você tinha alguma teoria?

MELORA HARDIN: Eu sinto que Jan foi, bem, ela foi criada em um mundo de homens. O comportamento dela era mais masculino do que ela, na verdade, era por dentro. Alguma parte dela estava de fato triste com a perda de sua feminilidade. A adoração de Michael por ela, como se ela fosse um filhote de cachorro, a fazia se sentir mais feminina e mais mulher, como se ela pudesse ser mais suave com ele. Ela poderia deixar aquele jeito masculino de lado, que era um comportamento adquirido.

BRIAN BAUMGARTNER: Havia amor verdadeiro entre Michael e Jan?

MELORA HARDIN: Era completamente disfuncional, mas havia, sim, havia. Ela nem sabia que estava apaixonada por ele, mas acho que estava. Ela estava realmente focada em escalar os degraus corporativos e esqueceu sua necessidade de ter uma companhia. Michael era todo errado para ela em todos os sentidos, e nisso havia algo inegavelmente atraente para ela. Ela precisava daquela adoração. Ele estava tão orgulhoso de fazer sexo com ela e de ter um relacionamento com ela, e ela dizia: "Você é tão idiota, mas eu gosto disso". Ela meio que gostava de ser a esposa-troféu dele, mesmo achando-o ridículo.

JAN: Estou correndo um risco calculado. Qual é o lado bom? Vou vencer a minha náusea, vou me apaixonar profundamente, vou ter bebês, buscar normalidade, sem mais autoaversão. Lado ruim? Eu namoro Michael Scott publicamente e me sinto derrotada como uma estrela moribunda.

JEN CELOTTA: Tivemos tantas brigas na sala dos roteiristas [sobre Michael e Jan], e as brigas pareciam ser sobre realidade *versus* comédia. Pareceu que, se estávamos fazendo um documentário, se estávamos inclinados a isso, gostaríamos que Michael continuasse crescendo. Jim e Pam evoluíram até chegarem aonde estão, certo? Então queríamos que Michael Scott continuasse evoluindo. Mas se estávamos apenas pensando com a nossa lente de comédia,

FICHA DE RECURSOS HUMANOS

Melora Hardin

Profissão: atriz

Cidade natal: nascida no Texas, criada em Los Angeles

Formação: Sarah Lawrence College, turma de 1989

Empregos anteriores: aparições em shows que vão desde *O Barco do Amor* (1978) e *Little House on the Prairie* (1981) a *Matlock* (1994) e *Judging Amy* (2002); interpretou Baby na adaptação de *Dirty Dancing* (1988-1989) para a TV

Trabalhos pós-*The Office*: papéis em *Transparent* (2014-2019), *The Blacklist* (2017) e *A Million Little Things* (2019)

Dispensa: selecionada para ser o par romântico de Marty McFly em *De Volta para o Futuro* (1985), mas demitida posteriormente por ser mais alta do que Michael J. Fox

Habilidade especial: cantar, como visto em Rocketeer (1991), filme da Disney, e nos musicais *Chicago* e *Les Misérables*, da Broadway

Jan e Michael eram hilários. Então, havia essa tensão de: devemos mantê-lo preso nessa relação porque podemos miná-la com humor ridículo ou devemos deixá-lo evoluir? Como espectadora, começo a me desconectar um pouco se sinto que alguém está preso em algo que não estaria na vida real.

A relação Michael-Jan claramente não duraria. Mas não só porque eram um par imperfeito. Michael ansiava por algo além do que apenas uma alma gêmea. Ele queria uma família grande e incondicionalmente amorosa, uma busca que sempre o levava de volta ao escritório.

MIKE SCHUR: Era importante que ele fosse solteiro, nunca tivesse sido casado e não tivesse filhos. Toda a autoestima emocional dele estava ligada ao escritório, ao trabalho e àquelas pessoas. Embora houvesse muito pouca evidência de que eles pensavam nele como um membro da família, Michael os considerava seus melhores amigos e parte da família. Essa é a essência do programa e da versão britânica também, de certa forma.

GREG DANIELS: Mostrei algo para os roteiristas e foi basicamente um abismo horrível. A minha representação era Michael sempre no limite, tentando sair fora, mas acabando caindo na rede. Pra mim, isso é o que estava acontecendo no cérebro dele. Ele estava tentando evitar desesperadamente pensar no fato de que estava sozinho, na casa dos quarenta e, sabe, a vida que ele queria não estava acontecendo. Por que ele se intromete tanto na vida de todas as outras pessoas no escritório? Por que ele não pode deixá-los em paz e ser profissional? Bem, uma coisa positiva é que ele é solitário e essas pessoas são a família dele, mas todos têm sua vida fora do escritório.

STEVE CARELL: Acho que Michael é um cara decente com um coração enorme, mas com base em sua infância e nas coisas que lhe faltaram conforme foi se tornando adulto, coisas das quais ele foi privado, ele estava desesperado para ser aceito.

Tivemos uma noção de sua infância no episódio "Take Your Daughter to Work Day", da segunda temporada, quando Michael mostra ao escritório um vídeo de si mesmo, quando criança, sendo entrevistado no programa de TV *Fundle Bundle*.

EDWARD R. MEOW (UM GATO-FANTOCHE): Então, me diga, o que você quer ser quando crescer?

JOVEM MICHAEL: Quero me casar e ter cem filhos, para que eu possa ter cem amigos e ninguém possa dizer que não quer ser meu amigo.

EDWARD R. MEOW: [*Queixo cai, pausa constrangedora.*] Hum... eh... ah, OK! Bem, eh, foi bom falar com você, Michael.

STEVE CARELL: Não acho que ele tinha os melhores modelos do mundo, mas acho que ele também aprendeu, evoluiu e se tornou uma pessoa melhor ao longo do caminho.

GREG DANIELS: Eu me identificava muito com o Michael. Como, por exemplo, no episódio "Halloween", essa noção de que você teria que demitir alguém, mas você gostaria de permanecer amigo dessa pessoa. Eu era o chefe dos roteiristas, então era engraçado porque havia momentos em que eles estavam revirando os olhos pra mim, zombando de mim, e eu dizia: "Sim, você pode usar isso no programa". Steve costumava dizer: "Se você está em uma situação em que não conhece um Michael Scott, *você* é o Michael Scott".

Michael era definitivamente uma obra em construção, e logo no início ele estaria alheio à sua profunda necessidade de ser amado. Em nenhum lugar ficou tão claro quanto em "Grief Counseling", o quarto episódio da terceira temporada, que foi ao ar pela primeira vez em outubro de 2006. Michael descobre que seu antecessor da Dunder Mifflin, Ed Truck, foi decapitado em um acidente de carro. Mas ninguém mais no escritório está tão horrorizado, e eles continuam trabalhando como de costume, o que põe Michael em uma espiral de emoções.

GREG DANIELS: Esse episódio foi muito ardiloso, porque Michael não sabia qual era a história. Ele estava em completa negação de que ele estava de fato chateado com o fato de que seu antecessor tinha morrido e ninguém no escritório se importava. Ele ficou fixado no pássaro.

Quando Toby tenta explicar a Michael que a morte faz parte da vida, usando como exemplo o pássaro que voou e entrou na janela do primeiro andar do prédio naquela manhã, Michael insiste em dar ao animal morto um funeral adequado.

MIKE SCHUR: Foi ideia da Jen [Celotta, roteirista] do começo ao fim. A gente ficava reformulando e tentando e tentando. E aí ela acabou dizendo: "Acho que entendi e quero escrever". Nós ficamos, tipo: "Ótimo".

GREG DANIELS: Eu me lembro da Jen no quadro de anotações. Havia um trailer no estacionamento onde fazíamos as leituras e às vezes servia como sala onde os roteiristas iam trabalhar em algo. Jen entrou naquele trailer [para escrever "Grief Counseling"], e chegamos, parecia que ela estava rastreando um serial killer. Ela tinha várias linhas e diagramas no quadro, com cada momento: "O que Michael acha que está acontecendo no subconsciente? O que realmente está acontecendo?". Foi uma história muito complexa.

JEN CELOTTA: A história conduzia Michael pelos estágios de luto. O que eu sempre pensei em relação a esse episódio em particular foi: esta é uma história em um programa de televisão que é uma história interna que acontece a um personagem que nem sequer está ciente disso. Meu cérebro estava explodindo.

MIKE SCHUR: A parte em que ela realmente atingiu a essência foi quando Pam entendeu o que Michael estava passando e fez um discurso tentando fazer o chefe se sentir melhor ao falar daquele pássaro morto.

> **PAM:** Por fim, não podemos deixar de mencionar que ele estava sozinho quando morreu, mas, é claro, todos sabemos que isso não significa que ele estava sozinho. Porque tenho certeza de que havia muitos outros pássaros por aí que se importavam com ele de verdade. Ele não será esquecido.

MIKE SCHUR: É um momento emocional realmente complicado, mas Jen entendeu aquilo em um nível bem elementar.

JEN CELOTTA: Eu amo a conexão de Pam e Michael. Amo o relacionamento deles. O que me atrai é a psicologia e o interior de cada um. Minha parte favorita é como o interior de uma pessoa se relaciona com o de outra.

GREG DANIELS: O que eu amava era quando Pam era gentil com outros personagens além de Jim. Sabe o que isso significa? Eu amei que ela se importou com o Dwight quando ele teve uma concussão, ou na ocasião em que Dwight estava tentando confortá-la quando ela estava chorando naquele banco. Ou em "Business School", que talvez tenha sido um dos nossos melhores episódios, em que Michael compra o quadro pintado por Pam.

"Business School", episódio dezessete da terceira temporada (que foi ao ar em 15 de fevereiro de 2007), segue Michael, enquanto ele fala com a turma da faculdade de administração de Ryan (não percebendo que Ryan previu que a Dunder Mifflin se tornaria "obsoleta em cinco a dez anos"), e Pam, enquanto ela tenta (e não consegue) fazer com que seus colegas de trabalho compareçam à sua primeira exposição de arte.

JEN CELOTTA: Aquele momento na exposição de arte é provavelmente um dos meus favoritos. É genial.

MIKE SCHUR: No final desse episódio, Michael foi absolutamente esculachado [na aula da faculdade de administração de Ryan] e ninguém foi à exposição de arte de Pam. Mas Michael apareceu, viu o desenho dela do escritório e ficou impressionado com aquilo. É tão significativo porque ninguém mais apareceu. Jim não apareceu, ninguém apareceu. E Pam o abraçou. E depois há aquela grande piada que eu acho que eles acrescentaram no set, em que ela diz algo como "O que tem no seu bolso?". E ele diz: "Chunky", e ele puxa uma barra de chocolate Chunky de verdade.
O momento em que Michael aparece na exposição de arte de Pam, acho que talvez seja o melhor que já fizemos. Estávamos sempre procurando a rampa de saída para Michael. Como ele sai de qualquer circunstância triste em que se coloca? E foi, tipo, ah, ele vai para a exposição de arte de Pam. E então a ideia de que ela desenhou o escritório e ele pegou o quadro e o pendurou foi a solução emotiva.

MICHAEL [*ENQUANTO PENDURA O QUADRO DE PAM NO ESCRITÓRIO*]**:** É... uma mensagem. É uma inspiração, é... uma fonte de beleza. E, sem papel, não seria possível. A menos que você tivesse uma câmera.

MIKE SCHUR: Deveria ser a coisa que ele via todos os dias antes de ir trabalhar.

BRIAN BAUMGARTNER: Greg, Jen e Mike Schur, todos me disseram que o episódio favorito ou o melhor de *The Office* foi "Business School".

BRENT FORRESTER: Nossa. Fico lisonjeado.

Brent Forrester, que já era um veterano da TV quando se juntou a nós na terceira temporada, escreveu esse episódio.

BRENT FORRESTER: Assistindo à cena agora, de fato sinto que é a relação entre uma jovem aspirante a artista e um pai. Isso é realmente o que você vê em Pam e Michael. Ela celebra algo nele que foi ridicularizado, e isso o redime, e ele está comprando uma peça de arte fracassada, o que a redime até certo ponto. Ela sente que fracassou e que sua arte foi chamada de "arte de motel" por alguém cujos gostos ela talvez respeite. E aqui está um cara que ela não respeita e diz: "Querida, você é ótima". Isso é tão lindo e trágico.

FICHA DE RECURSOS HUMANOS

Brent Forrester

Profissão: roteirista e coprodutor-executivo

Cidade natal: Malibu, Califórnia

Formação: Columbia University, turma de 1989

Emprego anterior: roteirista de *The Ben Stiller Show* (1992-1995), *Os Simpsons* (1995-1996), *Mr. Show with Bob and David* (1997), *Undeclared* (*Curso: Incerto*) (2002)

Trabalhos pós-*The Office*: produtor-executivo e roteirista de *Space Force* (2020-2022) e da série *Love* (2016-2018), de Judd Apatow, exibida pela Netflix

Pesquisa extracurricular: foi ao Lollapalooza como laboratório para escrever o episódio "Homerpalooza" (1996), de *Os Simpsons*, e foi considerado pelos jovens que estavam no concerto um policial disfarçado em busca de traficantes e usuários de drogas

Realização notável: dirigiu o episódio "Casual Friday", de *The Office*, produzindo a famosa sequência "Kevin's Chili" em uma só tomada (Brian é eternamente grato)

“Lindo” e “trágico”. Duas palavras que resumiam perfeitamente os relacionamentos – tanto românticos quanto não românticos – em *The Office*. E estávamos só no aquecimento.

Ainda estávamos a algumas temporadas de distância de Holly, a mulher que se tornaria o amor da vida de Michael, e dos casamentos de P. B. & J. e Dwangela, os dois relacionamentos mais improváveis na Dunder Mifflin.

O melhor ainda estava por vir. Mas, como tudo em *The Office*, isso aconteceria lentamente, seguindo as próprias regras.

7

"Herdeiros da história da comédia"

OS TROPOS DE COMÉDIA QUE INSPIRARAM E MOLDARAM *THE OFFICE*: TERCEIRA TEMPORADA

BRIAN BAUMGARTNER: Angela e eu fomos ao Emmy juntos no primeiro ano em que a série foi indicada, e nos deram uma limusine que não tinha ar-condicionado.

ANGELA KINSEY: Você estava suando pra caramba.

BRIAN BAUMGARTNER: Por que estávamos indo juntos? Para economizar dinheiro?

ANGELA KINSEY: Éramos muito idiotas para economizar dinheiro. Desculpa. Você pode editar isso.

BRIAN BAUMGARTNER: Não, acho que não.

Era agosto de 2006, apenas algumas semanas antes da estreia da terceira temporada, e a série *The Office* tinha sido indicada para três Emmys: Steve Carell, para Melhor Ator em Série de Comédia; Michael Schur, para Melhor Roteiro em Série de Comédia – pelo episódio "Christmas Party" –, e todos nós, para a Melhor Série de Comédia. Desde que começáramos essa jornada maluca, era a maior validação como elenco que tínhamos conquistado até então. E, ao contrário do Globo de Ouro, até conseguimos nos sentar no auditório dessa vez. Mas, no verdadeiro estilo *The Office*, não conseguíamos fazer as coisas da maneira mais fácil.

BRIAN BAUMGARTNER: A limusine ficava dando defeito. Havia todos aqueles problemas e ainda estava uns 38 graus lá fora.

ANGELA KINSEY: Chegamos na sua casa e aí a limusine não pegava. Então acabamos chegando atrasados no Emmy.

BRIAN BAUMGARTNER: Era o nosso primeiro Emmy e...

AMBOS: Perdemos a parte do tapete vermelho.

BRIAN BAUMGARTNER: A cerimônia tinha acabado de começar, éramos uma série de televisão indicada para o Emmy e estávamos trancados fora do prédio.

ANGELA KINSEY: E dissemos algo como "Estamos na série do escritório". E o cara perguntou: "Em qual escritório vocês trabalham?". E eu respondi: "Não, *The Office*".

Os integrantes do elenco que entraram no Shrine Auditorium em Los Angeles estavam tendo uma experiência igualmente surreal.

JENNA FISCHER: Éramos os novatos do pedaço. Os críticos nos adoravam, mas não éramos os favoritos para vencer. Então foi uma surpresa quando ganhamos. Muitas pessoas lá não tinham ideia de quem éramos. Eu me lembro de encontrar o elenco de *Scrubs*, e eles eram, tipo, a série que conseguia grandes negócios, e nós éramos os novatos. Eles foram superlegais com a gente. Corta para oito anos depois. Me lembro de estar em uma premiação e me encontrar com a aposta seguinte, a nova leva de queridinhos da TV. E me recordo de pensar: "Ah, eu sou *Scrubs* agora".

Enquanto isso, do lado de fora do auditório.

BRIAN BAUMGARTNER: Não fomos autorizados a entrar. Então, estávamos lá fora, suando.

ANGELA KINSEY: Estávamos nos desintegrando.

BRIAN BAUMGARTNER: Conan O'Brien era o apresentador e perdemos o monólogo de abertura.

ANGELA KINSEY: E *estávamos* no monólogo de abertura! Conan veio ao nosso set e filmou tudo.

Na parte pré-gravada, Conan, vestido com um smoking, emerge dos dutos de ar do teto no escritório de Scranton e cai na mesa de Dwight. Ele flerta brevemente com Pam, confessando durante uma conversa com a câmera que "se eu não tivesse uma premiação para apresentar, eu poderia facilmente ver

duas ou três temporadas da tensão sexual 'chove não molha' que, em última análise, não leva a lugar nenhum".

BRIAN BAUMGARTNER: E nós perdemos isso. Não estávamos lá. Começou desastroso, mas acabamos ganhando.

The Office derrotou *Arrested Development, Curb Your Enthusiasm, Scrubs* e *Two and a Half Men* e venceu na categoria Melhor Série de Comédia.

BRIAN BAUMGARTNER: Todos nós invadimos o palco, o que demorou um pouco, porque nos colocaram na parte de trás do auditório. Greg Daniels recebeu o prêmio, e nós saímos do palco sem acreditar.

BEN SILVERMAN: Foi demais, foi mesmo. Estávamos tão alegres. Éramos tão jovens. Estávamos muito felizes. Eu me lembro de segurar aquele troféu naquele palco. E acho que não o larguei durante a noite toda. Foi, tipo: "Mãe, conseguimos".

JENNA FISCHER: Me lembro de todos levantando Kevin Reilly nos bastidores e segurando-o, como acontece em um evento esportivo. Porque Kevin era a pessoa que nos mantinha no ar quando não tínhamos boas audiências. Foi ele quem lutou por nós.

ANGELA KINSEY: Todos vocês o levantaram no ar e essa é a foto que apareceu no *L.A. Times*.

KEVIN REILLY: É mesmo, tenho essa foto no meu escritório.

BRIAN BAUMGARTNER: Seu olhar naquela foto simplesmente não tem preço.

KEVIN REILLY: Acabei sendo demitido. Então [o fato de *The Office* ter ganhado um Emmy] não garantiu o meu emprego. Mas esses momentos são raros, em que se está fazendo um bom trabalho com pessoas boas e todos estão fazendo isso pelos motivos certos.

BRIAN BAUMGARTNER: E ainda assim você foi demitido.

Apesar de um histórico de 235 indicações ao Emmy e cinquenta prêmios para a emissora, Reilly teve seu contrato rompido com a NBC em maio de 2007.

KEVIN REILLY: A vida é cheia de ironias.

Parecia que finalmente tínhamos alcançado o sucesso. Mas será mesmo? Apesar dos elogios, podíamos de fato relaxar e surfar naquela onda?

MELORA HARDIN: Eu nem acreditava que éramos um sucesso depois de ganharmos o Emmy. Não acreditei até que ganhamos o SAG Awards [em janeiro de 2007], e eu tive que andar por aí com aquela estátua de mais de vinte quilos a noite toda. Na manhã seguinte, acordei com o bíceps tão dolorido que não conseguia levantar meu braço. Era como se eu precisasse de uma prova física de que aquilo era real. Eu tinha feito tantas coisas na minha carreira que pareceram ter só batido na trave. Eu simplesmente não queria acreditar.

TERCEIRA TEMPORADA
Guia dos episódios

TÍTULO	DIRIGIDO POR	ESCRITO POR	DATA DE EXIBIÇÃO ORIGINAL
"Gay Witch Hunt"	Ken Kwapis	Greg Daniels	21 de setembro de 2006
"The Convention"	Ken Whittingham	Lee Eisenberg e Gene Stupnitsky	28 de setembro de 2006
"The Coup"	Greg Daniels	Paul Lieberstein	5 de outubro de 2006
"Grief Counseling"	Roger Nygard	Jennifer Celotta	12 de outubro de 2006

"Initiation"	Randall Einhorn	B. J. Novak	19 de outubro de 2006
"Diwali"	Miguel Arteta	Mindy Kaling	2 de novembro de 2006
"Branch Closing"	Tucker Gates	Michael Schur	9 de novembro de 2006
"The Merger"	Ken Whittingham	Brent Forrester	16 de novembro de 2006
"The Convict"	Jeffrey Blitz	Ricky Gervais e Stephen Merchant	30 de novembro de 2006
"A Benihana Christmas"	Harold Ramis	Jennifer Celotta	14 de dezembro de 2006
"Back from Vacation"	Julian Farino	Justin Spitzer	4 de janeiro de 2007
"Traveling Salesmen"	Greg Daniels	Michael Schur, Lee Eisenberg e Gene Stupnitsky	11 de janeiro de 2007
"The Return"	Greg Daniels	Lee Eisenberg, Gene Stupnitsky e Michael Schur	18 de janeiro de 2007
"Ben Franklin"	Randall Einhorn	Mindy Kaling	1º de fevereiro de 2007
"Phyllis' Wedding"	Ken Whittingham	Caroline Williams	8 de fevereiro de 2007
"Business School"	Joss Whedon	Brent Forrester	15 de fevereiro de 2007
"Cocktails"	J. J. Abrams	Paul Lieberstein	22 de fevereiro de 2007
"The Negotiation"	Jeffrey Blitz	Michael Schur	5 de abril de 2007
"Safety Training"	Harold Ramis	B. J. Novak	12 de abril de 2007
"Product Recall"	Randall Einhorn	Brent Forrester e Justin Spitzer	26 de abril de 2007

"Women's Appreciation"	Tucker Gates	Gene Stupnitsky e Lee Eisenberg	3 de maio de 2007
"Beach Games"	Harold Ramis	Jennifer Celotta e Greg Daniels	10 de maio de 2007
"The Job"	Ken Kwapis	Paul Lieberstein e Michael Schur	17 de maio de 2007

BEN SILVERMAN: *The Office* se tornou uma série queridinha da emissora, mas ainda não estava no nível de outros sucessos da história da comédia na TV. Os índices de audiência eram bons, mas não era o programa número um da TV. Mas nunca ficamos fora de controle em termos de custos. Era fácil de produzir e com um preço bom. Nunca iríamos explodir um prédio.

BRIAN BAUMGARTNER: Não sei se você lembra, mas em 2007 todo o elenco e a equipe participaram de um painel no PaleyFest [um festival anual de televisão organizado pelo Paley Center em Los Angeles], e estávamos todos sentados no semicírculo e agindo como bobões, apenas contando piadas e fazendo o público rir. E, em seguida, o moderador dirigiu uma pergunta ao Ben, e ele começou esse discurso de cinco a sete minutos e sem esforço algum sobre a história da comédia e traçando as raízes de *The Office* em *All in the Family* e fazendo todos esses comentários incrivelmente artísticos e perspicazes, como se fosse uma dissertação sobre comédia. Então ele parou de falar e ficou quieto, e Greg se virou para o moderador e disse: "É por isso que ele é meu chefe". Esse momento me marcou para sempre.

BEN SILVERMAN: A conexão que Greg e eu tínhamos era em relação à arquitetura da televisão e ao nosso amor compartilhado pela TV.

GREG DANIELS: Como fui criado em Nova York, eu assistia a *Monty Python* e *Fawlty Towers* na PBS e dizia: "Ai, meu Deus, a TV britânica é tão boa. É tão inteligente". E eles só ficavam com as nossas melhores coisas. O Reino Unido só conseguia ter acesso a *Friends* e *Seinfeld*. Eles cresceram com exatamente o mesmo sentimento de "Ai, meu Deus, nós nunca podemos competir com eles. A TV norte-americana é apenas a melhor, a melhor das melhores". Em algum momento, quando eu estava expressando para Ricky e Stephen o quanto eu era fã da TV britânica, eles disseram: "A maior parte é horrível". Eles tinham visto todos os fracassos.

Greg e Ben, assim como Ricky e Stephen, estudavam a comédia televisiva: o que era bom, ruim, feio. Tanto a versão britânica quanto a norte-americana de *The Office* podem ter parecido verdadeiros originais, mas estavam cheias de arquétipos de comédia e convenções que existiam havia décadas e, em alguns casos, séculos.

"O contrato social é rompido de pequenas maneiras"

A comédia cringe e a tragédia hilária dos pupilos de Scott em "Scott's Tots"

JENNA FISCHER: De certa forma, *The Office* estava à frente de seu tempo, mas não poderíamos ter existido sem programas como o *Larry Sanders Show*, *Freaks and Geeks* e *Arrested Development*. Estes foram todos os shows que ajudaram a estabelecer uma confiança na comédia de câmera única. E todos os mocumentários de Christopher Guest. Havia coisas conspirando a nosso favor antes de surgirmos.

BRIAN BAUMGARTNER: Sempre achei que nossas raízes mais profundas estavam em *Cheers*. A única diferença era que nosso programa era sobre pessoas que tinham que aparecer todos os dias, enquanto em *Cheers*, era uma escolha frequentar aquele lugar em específico. Mas os dois programas tinham a familiaridade e a interação constante.

GREG DANIELS: Concordo com você. Eu também costumava nos comparar com *Hogan's Heroes* no início. Porque os funcionários eram como prisioneiros, todos tentando enganar o chefe. Não acho que essa seja a principal influência, mas é divertido pensar nisso.

Todos esses programas e filmes tinham uma coisa em comum, que também era um elemento crítico de *The Office*: a comédia cringe. Um cara que entende muito disso é Ed Helms.

ED HELMS (ANDY BERNARD): Testando, testando, testando. É por isso que gosto de fones de ouvido. Porque eu posso ficar muito íntimo.

Ed se juntou ao programa na terceira temporada como Andy Bernard, o Cachorrão Nard, formado em Cornell (já ouviu falar, né?) e conhecido por começar a cantar *a cappella* sem ser convidado.

ED HELMS: Por alguma razão, a nossa geração abraçou a comédia do fracasso, do constrangimento e da má comunicação. Meus pais nunca entenderam *The Office*. Eles ficavam muito envergonhados com todo o constrangimento e a tensão que achamos tão engraçados. Para nossos pais, especialmente os pais do sul dos Estados Unidos – a repressão é uma força muito poderosa nas famílias –, o constrangimento é tão intolerável que eles não conseguiam ver o humor da série.

No *Daily Show*, em especial no quadro do correspondente na rua, o objetivo era encontrar momentos extremamente tensos. Gostávamos de nos divertir com o constrangimento porque essa tensão é engraçada.

FICHA DE RECURSOS HUMANOS

Ed Helms

Profissão: ator e diretor

Cidade natal: Atlanta, Geórgia

Formação: bacharelado em Teoria de Cinema e Tecnologia, Oberlin College, turma de 1996; estudou improvisação no grupo Upright Citizens Brigade

Empregos anteriores: 207 episódios como correspondente do *Daily Show* (2002-2009); pequenos papéis em *A Volta do Todo Poderoso* (2007) e *Uma Noite no Museu 2* (2009)

Trabalhos pós-*The Office*: protagonista dos filmes *Juntos Mas Separados* (2021), *Fútil e Inútil* (2018), *Férias Frustradas* (2015) e o herói titular *As Aventuras do Capitão Cueca: o Filme* (2017)

Projetos paralelos: integra o grupo de bluegrass The Lonesome Trio, com os amigos Jacob Tilove e Ian Riggs

Registro médico: submeteu-se a cirurgia cardíaca aos catorze anos para corrigir um sopro no coração

Distinção acadêmica: em 2014, proferiu o discurso de convocação na Universidade Cornell, a *alma mater* de Andy Bernard

Habilidades especiais: toca harmônica e banjo, fez curso de preparação para desastres

Em uma das participações mais famosas de Ed no *Daily Show*, em 2004, ele fica bêbado em um campo de tiro e discute com o proprietário de um bar de motoqueiros no Arizona a respeito de os clientes serem autorizados a beber enquanto estão armados. "A lógica diz que álcool e armas de fogo não se misturam", diz o dono do bar, cheio de tatuagens. "Sim", responde Ed, "se você é um covarde."

ED HELMS: Tentávamos deixar o vilão da história constrangido, não importa quem fosse. Não sei por que isso é engraçado.

PAUL FEIG (DIRETOR): Para mim, os momentos mais terríveis e embaraçosos da vida são muito infernais quando se está passando por eles, mas ver alguém passar pela mesma coisa é muito libertador.

Paul Feig dirigiu alguns dos maiores episódios de *The Office* ("Office Olympics", "Halloween", "Dinner Party") e depois se tornou produtor-executivo do programa. Ele é um dos produtores e diretores de comédia mais influentes hoje. Mas antes de tudo isso acontecer, ele esteve envolvido em trazer uma nova onda de cringe norte-americano para a TV com *Freaks and Geeks*.

> **PAUL FEIG:** Em *Freaks and Geeks*, recriei o acidente de carro em que me envolvi quando tinha dezesseis anos. Lindsay [interpretada por Linda Cardellini] está dirigindo, se distrai, e um carro bate nela. Lembro quando estávamos filmando a cena, e eu não conseguia parar de rir. Era apenas a liberação de toda a angústia que eu vinha mantendo desde adolescente, fazendo com que outra pessoa tivesse a mesma experiência terrível. Talvez haja uma crueldade nisso tudo, mas, pra mim, pelo menos, acho isso muito catártico.
>
> Pensei: "Quem não adoraria assistir à recriação dos momentos mais embaraçosos e cringe da adolescência?". E a resposta era que ninguém queria isso, pelo menos naquela época.

Freaks and Geeks, que teve uma média de menos de sete milhões de espectadores (em comparação com os dezoito milhões de *Who Wants to Be a Millionaire*, o concorrente no mesmo

FICHA DE RECURSOS HUMANOS

Paul Feig

Profissão: roteirista, diretor e produtor

Cidade natal: Mount Clemens, Michigan

Formação: Escola de Cinema da USC – Televisão, turma de 1984

Empregos anteriores: guia turístico do Universal Studios Hollywood; interpretou o sr. Pool, o professor de ciências, em 29 episódios de *Sabrina, a Aprendiz de Feiticeira* (1996-1997); produtor, criador e diretor de *Freaks and Geeks* (1999-2000)

Trabalhos pós-*The Office*: produto-executivo de *Zoey's Extraordinary Playlist* (2020-presente), *Love Life* (2020-presente) e *Other Space* (2015); diretor de *Operação Madrinha de Casamento* (2011), *Um Pequeno Favor* (2018) e *Caça-Fantasmas* (2016)

Histórico financeiro: usou seus ganhos de uma aparição no game show *The $ 10,000 Pyramid*, em 1985, para financiar seu show de stand-up por um ano

Projetos fracassados: sugeriu para a Universal, sem sucesso, a produção de uma comédia de ação sobre a Mulher-Maravilha, que "continua batendo no teto de vidro" do mundo dos super-heróis

Contato de emergência: Melissa McCarthy, colaboradora de longa data em filmes como *Operação Madrinha de Casamento* (2011), *As Bem-Armadas* (2013), *A Espiã que Sabia de Menos* (2015) e *Caça-Fantasmas* (2016)

horário), foi cancelado em 2000, depois de apenas doze dos dezoito episódios da primeira temporada terem ido ao ar. Garth Ancier, o executivo da NBC que cancelou o show, classificou o ato como "uma decisão terrível que me assombrou para sempre".

PAUL FEIG: Toda vez que estou passando por algo horrível fico, tipo: "Você vai ter a melhor história para contar mais tarde". Todas essas coisas terríveis aconteceram comigo no ensino médio, sofrendo bullying e passando por momentos embaraçosos. Mas com vinte e poucos anos, quando eu saía com os amigos, sempre botava a casa abaixo com as minhas histórias, porque eram muito piores do que as de todos os outros. E esse era um dos momentos em que você dizia: "Tem algo aí".

EMILY VANDERWERFF (CRÍTICA DE TV PARA O SITE VOX): Essa tradição, na verdade, vem dos britânicos. *Fawlty Towers* é um programa que tem um pouco dessa pegada. E as pessoas não queriam muito ver isso na televisão americana nos anos 1980.

A TV norte-americana na época era mais esperançosa. Mesmo *M*A*S*H*, um programa sobre cirurgiões militares durante a Guerra da Coreia, estava cheio de otimismo sem ironias.

Começamos a ter pistas de cringe nos EUA durante os anos 1990, com programas como *Seinfeld*.

ELAINE [PARA A GARÇONETE NEGRA]: Dia longo, não?

GARÇONETE: Sim, acabei de triplicar o turno.

ELAINE: Eu te entendo, irmã.

GARÇONETE: Irmã?

ELAINE: Sim. Está tudo certo. Meu namorado é negro.

("The Wizard", episódio de *Seinfeld* exibido em 1998)

EMILY VANDERWERFF: *Seinfeld* é um grande avanço para um programa que tinha elementos do tipo, e você deveria fundamentalmente achar essas quatro pessoas... eu não diria simpáticas, mas relacionáveis. E então na versão britânica de *The Office* há um grande avanço para o que consideramos comédia cringe moderna.

STEPHEN MERCHANT: Não era a nossa intenção fazer as pessoas se esquivarem. Era só que, para nós, era muito mais engraçado quando alguém que estava tentando ser engraçado, por exemplo, dizia uma piada e aí a outra pessoa ficava apenas em silêncio. Não sei por quê, Ricky e eu achávamos isso muito engraçado. Foi só quando começamos a ouvir das pessoas, "Ah, isso me deixou muito desconfortável", ou "Eu tive que cobrir os olhos com as mãos e assistir pelo vão entre os dedos", só então nos ocorreu que talvez isso nem sempre seja tão agradável para as outras pessoas quanto é para nós.

Eles nem estavam cientes de como todos esses momentos do tipo eram realistas.

STEPHEN MERCHANT: Acho que talvez fosse como, se você trabalhar em um filme de terror e o sangue for falso e a faca não for real, você pode continuar acrescentando mais violência e mais derramamento de sangue. E você diz: "Ah, isso é ótimo". E então, quando assiste com uma plateia, ela acha: "Ai, isso é horrível". Talvez o nosso caso tenha sido um pouco assim. Era tão engraçado para a gente continuar apertando ainda mais o parafuso e deixando tudo mais desconfortável. Acho que só nos ocorreu que as pessoas achavam cringe quando começaram a nos dizer. E aí, é claro que apenas dobramos isso e dissemos: "Ah, bom, agora vamos de fato fazer isso".

O cerne cringe na versão britânica de *The Office* era o chefe, David Brent. Ricky Gervais diz que os aspectos cringe de Brent vinham da grande lacuna entre quem ele queria ser e quem de fato ele era.

RICKY GERVAIS: David Brent queria ser filósofo e professor, ele queria ser legal. Ele queria ser sexy. Ele queria ser engraçado. Ele queria ser todas aquelas coisas que ele não era, e isso é comédia no seu elemento mais fundamental, particularmente em uma série. Uma sitcom em geral é sobre um cara ou uma garota comum tentando fazer algo para o que não têm capacidade. É disso que rimos, do ponto cego. Então só explorei o ponto cego de David Brent.

Isso nos leva ao descendente de David Brent, Michael Scott, que precisava ter algumas diferenças importantes em relação a Brent. Michael não conseguia se alienar completamente de seus funcionários, por exemplo. Isso acabaria com o programa.

PAUL LIEBERSTEIN: Acho que uma das maiores mudanças foi a atuação de Steve. Enquanto o personagem de Ricky poderia simplesmente insultar alguém e não se importar, isso nunca aconteceria com Michael. Ele insultava alguém pensando que estava elogiando. Ele podia até não saber, mas nunca seria mau.

EMILY VANDERWERFF: Porque nos identificamos simultaneamente com ele e com todas as pessoas que trabalham para ele. Estamos entendendo os dois lados dessa relação, que é onde fica a comédia cringe. Michael costuma ser terrível. Os funcionários têm que trabalhar sob o comando dele, e observamos como esse relacionamento muda e de que forma eles negociam os espaços entre eles e o modo como o contrato social é rompido de pequenas maneiras.

Como quando Michael substitui o ex-marido da namorada por ele mesmo em uma foto de família.

MICHAEL: Este é o meu cartão de Natal. A foto tem você, seus filhos e eu em uma viagem em que fomos esquiar e nos divertimos muito. Saudações da temporada do esqui.

CAROL: Não, veja, nós nunca fomos esquiar juntos.

MICHAEL: Eu sei, eu sei.

CAROL: Eu fiz uma viagem dessas há dois anos com meus filhos e meu ex-marido.

Ou quando Michael insiste em içar um novo funcionário de grande porte em uma mesa de conferência como parte de uma cerimônia de boas-vindas.

MICHAEL: Dobre os joelhos. Certo. Lá vamos nós! Lá vamos nós! Estou embaixo disso. Estou debaixo deste pernil. Eu não sei o que estou segurando aqui!

Ou quando Michael, sob juramento, durante um depoimento como testemunha de Jan em um processo contra a empresa, descreve... os atributos da namorada.

ADVOGADO DE JAN: A sra. Levinson disse por que achava que estava sendo demitida?

MICHAEL: Ela pensou que tinha a ver com os gêmeos. É assim que eu os chamo.

ADVOGADO DE JAN: Pode ser mais específico? Quem são os gêmeos?

MICHAEL: Hum, para ser delicado, eles pulam do tórax da moça. Eles produzem leite.

Às vezes, o fator cringe não era algo de que pudéssemos nos afastar tão facilmente como espectadores. Não bastava para Greg apenas expor Michael ao ridículo, mas encontrar as maneiras como todos nós, de forma embaraçosa, nos comportamos como Michael.

MELORA HARDIN: Eles pegavam coisas que dizíamos e as transformavam em piadas. Toda a cena da amamentação no escritório aconteceu porque eu estava amamentando minha filha em um brunch na casa de Greg, em que estavam ele, a esposa e Steve. Acho que isso deixou Steve desconfortável e eu fiquei, tipo: "Cara, meu bebê precisa mamar". Me senti muito feminista em relação a isso. Podemos carregar armas neste país, mas você não pode amamentar um bebê? É para isso que servem nossos peitos, sabe? Acho que eu até disse isso no brunch. E Greg: "Ai, meu Deus, isso é incrível. Vamos fazer essa cena".

Uma cena de amamentação foi filmada para o episódio "Baby Shower", da quinta temporada, em que Jan amamenta a filha no escritório, enquanto Kevin (e eventualmente Creed) assiste àquilo de forma um pouco assustadora, mas a cena acabou sendo cortada.

E depois há o clássico da sexta temporada, um episódio que se tornou emblemático por ser difícil de assistir, mesmo entre fãs mais ferrenhos: "Scott's Tots". O episódio levou o cringe ao extremo, com Michael sendo incapaz de cumprir uma promessa que fez anos antes a alguns alunos do terceiro ano.

> **MICHAEL:** Eu não queria vê-los sendo vítimas do sistema. Então fiz uma promessa a eles. Eu disse que, se eles se formassem no ensino médio, eu pagaria a universidade pra eles. Eu fiz algumas promessas vazias na minha vida, mas, de longe, esta foi a mais generosa.

Há até mesmo uma comunidade no Reddit chamada "CannotWatchScottsTots", com quase dezessete mil inscritos (na época em que este livro foi escrito), em que os fãs de *The Office* se unem para falar sobre sua incapacidade de assistir ao episódio mais constrangedor de todos. "Estou no nono minuto do episódio e posso dizer que é uma tortura assistir a isso", escreveu uma pessoa. Outra observou que, apesar de ter estômago para muita coisa e adorar filmes de terror, não conseguiu sentar e ver o episódio todo.

BRIAN BAUMGARTNER: Há tantas pessoas que vêm até mim e dizem: "Eu sou o maior fã de *The Office*, mas não consigo assistir a 'Scott's Tots'". "Dinner Party" está no limite, mas "Scott's Tots" é aquela situação em que as pessoas dizem: "Não".

GREG DANIELS: Acho que Ricky e Stephen colocaram isso na estrutura do programa, certo? Michael faz a coisa errada. O programa sabe o que é o certo, mas Michael não sabe e está sempre fazendo a coisa errada. Michael pretendia ter sucesso, ser um herói e um filantropo e causar um grande impacto positivo na vida dessas crianças. Essa era a verdadeira intenção dele. Era uma intenção boa. Se você entende isso, pode juntar todas as piadas e ainda proteger o personagem. Michael ficava muito sentido com o fato de não ser capaz de ser o cara que pensou que seria quando fez aquelas promessas. Então tinha todas as piadas de "Ah, ele é um idiota", mas também estávamos, tipo: "Poxa, coitado".

"Scott's Tots" foi escrito por Lee Eisenberg e Gene Stupnitsky, que também fizeram o roteiro de "Dinner Party", o outro episódio de *The Office* considerado entre os mais constrangedores de toda a série. Não é mera coincidência.

LEE EISENBERG: Gene e eu gostamos muito da comédia cringe da versão britânica de *The Office*. É um motor de comédia que realmente buscamos, tentando torná-lo o mais arraigado possível, mas também se sustentando por um longo período, muito tempo depois que um personagem diz a coisa errada. E aí não dá pra sair disso. Os dois episódios são muito claustrofóbicos, porque um se passa em um condomínio ["Dinner Party"] e o outro na sala de aula ["Scott's Tots"].

BRIAN BAUMGARTNER: "Scott's Tots" é considerado por muitos fãs como o mais difícil de assistir. Você sente orgulho disso?

LEE EISENBERG: Por incrível que pareça, sim. Nada me deixa mais contente! Quer dizer, outras coisas me deixam mais contente, mas fico bastante satisfeito com isso.

BRIAN BAUMGARTNER: Ninguém quer assistir, e você está *satisfeito* com isso?

LEE EISENBERG: Bem, acho que a premissa cômica é tão forte e é como se fosse algo do tipo "O que é possível fazer para continuar apertando mais o parafuso e fazer com que a sensação seja cada vez pior?". Como quando começam a dançar. Michael estava lá sentado e ele adora uma performance, ama dança, mas ele também sabe que não pode sair dessa. Foi incrível.

Incrível é uma maneira de dizer; a outra, é superconstrangedora. Cringe era uma parte essencial do personagem de Michael Scott. E como ocorre com muitos atores principais ao longo da história da comédia, também era essencial seu tato ou falta de tato em relação a questões sociais sensíveis.

"Isso nos faz pensar na televisão de forma diferente"

Michael Scott como o próximo Archie Bunker

Outro arquétipo de comédia que influenciou *The Office* é o ator principal adorável, mas não politicamente correto. Houve muitos ao longo da história da comédia televisiva: Homer Simpson, Fred Sanford, Al Bundy. E tem o avô de todos eles, o personagem que redefiniu quão desagradável um ator principal de TV poderia ser e ainda fazer com que o público o amasse: Archie Bunker, o patriarca de *All in the Family* (1971-1979) e de seu spin-off, *Archie Bunker's Place* (1979-1983), e talvez protagonista menos consciente a dar as caras no horário nobre da TV.

PAUL FEIG: Pra mim, é páreo duro a disputa entre Carroll O'Connor e Steve Carell. Há outras pessoas que foram ótimas, como Danny DeVito em *Taxi*. Mas era um personagem coadjuvante. Personagens como Archie Bunker estão sempre convencidos de que estão certos. E quando eles dizem algo terrível, é tipo: "O que foi? O que eu disse de tão terrível assim?". É aquela estranha inocência de pensar que é possível se safar.

GREG DANIELS: Archie é um homem bom com algumas boas qualidades humanas, mas algumas opiniões ruins e cheias de intolerância. Mas

Michael Scott não era intolerante, ele parecia um menino de nove anos que repetia piadas que ouvia sem parar pra pensar antes.

EMILY VANDERWERFF: A questão em relação a Michael Scott é que ele tem momentos do não politicamente correto, em que é racista e sexista e o que quer que seja, mas faz tudo ficar parecendo patético. Como se ele estivesse se esforçando muito pra ser engraçado e não entendesse o limite entre uma boa piada e a ofensividade escancarada.

> **JAN:** Ganhamos esse dinheiro por contratar um ex-presidiário.
>
> **MICHAEL:** Eu não contratei um ex-presidiário. A menos que se refiram ao Toby. Estuprador condenado. [*Jan suspira.*] Estou brincando!

EMILY VANDERWERFF: Michael Scott vem de uma cultura em que muitas piadas eram desse tipo. Ainda tínhamos muitos comediantes que estavam deliberadamente se intrometendo em convenções sociais, que diziam: "Isso é ruim, e devemos dizer isso". Michael Scott tenta ser esse tipo de comediante e fracassa por completo. E essa é a piada em relação a ele. Às vezes, as pessoas falam sobre piadas homofóbicas em *Friends*. Não se fala muito nisso em *The Office*. Quando Michael Scott diz algo homofóbico, ele acaba sendo o alvo da piada de uma forma que permitiu que o programa se sustentasse nessa época em que as pessoas têm mais consciência do dano que esse tipo de humor pode causar.

RICKY GERVAIS: É importante que as pessoas saibam a diferença entre ser o assunto de uma piada e o alvo dela de fato. O alvo era, na verdade, pessoas que fingiam ser todas essas coisas boas, mas não estavam entendendo direito. Estávamos testando essa falsa noção de fingir que as coisas têm a ver com igualdade e justiça, mas entendendo tudo errado.

STEPHEN MERCHANT: O grande problema de Michael Scott e do personagem David Brent em algum grau é que eles simplesmente não sabiam quando parar. Eles não sabiam o que dizer, mas estavam sempre falando. Às vezes, o silêncio vale ouro, mas não para os dois. Eles simplesmente têm que falar. E ainda acham que são grandes contadores de piadas. Acreditam que têm grandes personalidades, querem se exibir para as câmeras que os estão filmando. E por isso nunca se calam. Eles não percebem como se mostram para o mundo.

BRIAN BAUMGARTNER: Michael Scott nos fez olhar para trás e ver todos aqueles heróis de comédia anteriores sob uma luz diferente, que era uma tendência mais ampla no início dos anos 2000.

EMILY VANDERWERFF: *The Office* surgiu na era da televisão anti-herói. A televisão anti-herói muitas vezes exigia que considerássemos sob uma nova óptica algumas ações que antes tínhamos como heroicas em certos personagens. Já vimos um milhão de heróis de ação matando pessoas e apenas reagimos com indiferença. Mas se Tony Soprano mata alguém, temos que pensar sobre a moralidade disso. Isso aprofunda a nossa compreensão dos tipos de personagens, não apenas em *Família Soprano*, mas em outros programas também. Isso nos faz pensar na televisão de forma diferente. Há uma qualidade similar em Michael Scott. Ele obviamente não mata pessoas, mas com certeza nos faz pensar sobre as maneiras pelas quais, na vida real, o comportamento emocional e psicológico de outros heróis da comédia televisiva seria meio patético e triste.

É uma corda bamba na qual é difícil se equilibrar. Como fazer um personagem representar tudo o que é feio e não politicamente correto em nossa cultura, mas ao mesmo tempo torná-lo simpático, alguém por quem queremos torcer, de quem nos envergonhamos, que nos faz contorcer quando ele diz a coisa

errada mais uma vez? Bem, ajuda quando ele é interpretado por alguém com o brilho cômico de Steve Carell.

ED HELMS: O personagem de Steve no *The Daily Show* estava em seu melhor momento quando ele era uma versão de Michael Scott. Sem autoconsciência e geralmente menos informado do que todos ao seu redor. No *The Daily Show*, ele realmente foi pioneiro nos segmentos em que o correspondente é o alvo das piadas, em vez de zombar de outra pessoa, o que é fácil e mesquinho. Em geral, isso equivale a atirar em peixes em um balde e não é interessante.

STEVE CARELL: Senador, como o senhor explica o fato de ter sido um dos críticos mais vocais da política de redutos eleitorais e, no entanto, enquanto você era presidente da Comissão de Comércio, essa comissão estabeleceu um recorde de verba orçamentária não autorizada?

JOHN MCCAIN: [*Não diz nada, parece confuso.*]

STEVE CARELL [*COMEÇA A GARGALHAR*]: Estou só brincando! Nem sei o que isso significa.

(De *The Daily Show*, entrevista com John McCain, candidato à presidência dos EUA, dezembro de 1999)

ED HELMS: Steve mudou isso e encontrou uma maneira de ser um repórter de notícias idiota e ainda obter uma grande sátira em seus quadros. Isso me ensinou muito.

JEN CELOTTA: A gente podia usar mais coisa porque Steve era muito talentoso. A gente podia empurrar as coisas porque ele conseguia ter essa "camada" oculta de humanidade. Quero dizer, certamente havia as falas, mas podíamos forçar bastante e ainda ter a sensação de que soava verdadeiro.

Sabíamos que estávamos trabalhando com um dos grandes nomes de todos os tempos, mas a Academia das Artes e Ciências Televisivas, aparentemente, não.

PAUL FEIG: Steve Carell nunca ganhou um Emmy. Isso me deixa louco. Alec Baldwin [que ganhou o Emmy de ator principal em uma série de comédia em 2008 e 2009, por *30 Rock*], eu o adoro, ele é o cara mais engraçado do mundo. Mas esse foi um papel espalhafatoso. As pessoas me diziam: "Steve simplesmente se sobressai e é louco". Você só pode estar de sacanagem com a minha cara. Primeiro que ele não é louco. Ele é um dos caras mais calmos que já conheci na vida. Mas para a comédia ser boa, tem que parecer fácil. Se parece algo árduo, como se as pessoas estivessem se esforçando demais, fica horrível. Mas quando é tão boa que parece real, as pessoas dizem: "Bem, você não está fazendo nada".

BEN SILVERMAN: É uma desgraça. O cara era e é um comediante de grande proeza, mas também um empático movido pelo *páthos*, que acabou de mostrar emoção, tristeza e sentimentos reais em uma atuação brilhante e nunca antes vista na TV, e a televisão não viu dessa forma.

BRIAN BAUMGARTNER: Ricky, o que você acha do fato de Steve nunca ter ganhado um Emmy?

RICKY GERVAIS: Ele não ganhou?

BRIAN BAUMGARTNER: Nunca.

RICKY GERVAIS: Para quantos prêmios ele foi indicado? Ele deve ter sido indicado todos os anos.

"Vou decepcionar você"

QUANDO ELENCO E EQUIPE NÃO CONSEGUIAM PARAR DE RIR

JOHN KRASINSKI: *As pessoas sempre me perguntavam: "Qual foi a coisa mais engraçada que fez você rir no set?". Sem dúvida, foi quando Kevin se sentou no colo de Michael.*

Em "Secret Santa", o décimo terceiro episódio da sexta temporada, Michael se veste de Papai Noel para a festa de Natal do escritório. Ele convida Kevin para se sentar no colo dele, mas rapidamente se arrepende.

BRIAN BAUMGARTNER: *Tinha esse barulho que Steve fazia toda vez que filmávamos aquela cena. Quando eu me sentava, ele fazia "Gwarwaw", e isso me pegava toda vez.*

JOHN KRASINSKI: *Eu ria tanto que tive que sair do set.*

BRIAN BAUMGARTNER: *Mergulhando na entrada do escritório.*

JOHN KRASINSKI: *Mergulhando! E eu costumo chorar de rir. Eu tenho aquela risada aguda feminina.*

BRIAN BAUMGARTNER: *[Risos.] Isso mesmo, isso mesmo!*

JOHN KRASINSKI: *Eu era o mais antiprofissional. Steve disse algo sobre pendurar balões em você ou algo assim. Eles voltaram [a câmera] pra mim, pra ter uma reação, e eu disse: "Cara, não faça isso. Vou decepcionar você". Essa foi uma das únicas vezes que eu literalmente desisti de fazer meu trabalho.*

KEVIN: Eu nem cheguei a dizer o que eu queria.

MICHAEL: OK, sabe o que você vai ganhar? Você vai ganhar mil balões de hélio presos ao seu corpo, assim o Papai Noel não terá que passar por isso de novo.

BRIAN BAUMGARTNER: Ele provavelmente tem seis ou sete indicações, mas nunca levou o prêmio.

Steve foi indicado para Melhor Ator Principal em uma Série de Comédia por *The Office* seis vezes, entre 2006 e 2011.

RICKY GERVAIS: Nossa. Que feio, Steve Carell. [*Risos.*] Eu não tinha percebido que ele nunca tinha vencido um Emmy. Isso é chocante. Mas e daí? Isso não quer dizer nada. É uma interpretação incrível. Ele não precisa de um Emmy para validar isso.

Os poderes cômicos de Carell não estavam apenas fazendo o público rir. Ele tinha a mesma capacidade de fazer um integrante do elenco sair do personagem e cair na risada durante as filmagens.

MATT SOHN: A coisa boa de uma cena de conversa com a câmera é que a câmera ficava em um tripé, não no meu ombro. O maior desafio era não rir quando a câmera estava no meu ombro e havia alguns tremores e risadas extras.

VEDA SEMARNE (SUPERVISORA DE ROTEIRO): Todos nós ríamos tanto que às vezes era difícil terminar uma cena. E eu tinha que colocar isso nas

FICHA DE RECURSOS HUMANOS

Matt Sohn

Profissão: operador de câmera, diretor de fotografia e diretor

Formação: Psicologia, Washington & Jefferson College em Washington, Pensilvânia, turma de 1990

Emprego anterior: cinematógrafo e/ou operador de câmera em *Cops* (1989-2009), *The Amazing Race* (2001), *The Bachelor* (2002), *Survivor* (2001-2002) e *O Aprendiz* (2004)

Trabalhos pós-*The Office*: diretor das séries *Black-ish* (2014-2016), *The Mick* (2017-2018), *The Kids Are Alright* (2018-2019) e *At Home with Amy Sedaris* (2020)

Habilidade especial: viveu por duas semanas e meia em um submarino nuclear

Registro médico: contraiu dengue na Tailândia

Experiência internacional: trabalhou em todos os continentes, exceto na Antártida

minhas anotações. Eu diria que esta cena foi ótima até que todos eles começaram a rir. Isso era algo que os editores mencionavam para mim às vezes: "Eu não posso cortar isso. Tem alguém rindo em todas as tomadas".

RANDALL EINHORN: Quando uma pessoa começa, então tem outra que acompanha.

BRIAN BAUMGARTNER: Tínhamos que fazer pausas nas filmagens por causa da risada.

RANDALL EINHORN: Tinha muita risadinha.

JEN CELOTTA: Às vezes eu mordia a bochecha. Eu ia para casa com manchas e feridas na boca.

BRIAN BAUMGARTNER: Eu tinha um truque.

JEN CELOTTA: Qual era o seu truque? Por que você não me contou na época?

BRIAN BAUMGARTNER: Eu enterrava a unha do dedo indicador na lateral do meu polegar.

JEN CELOTTA: Ai, meu Deus! Funcionava?

BRIAN BAUMGARTNER: Era apenas para tentar pensar naquele pouquinho de dor ali e não no Steve sendo o ex-presidiário "Prison Mike" ou o que quer que fosse.

RANDALL EINHORN: Steve geralmente era o último que mantinha um pouco de sanidade e não deixava tudo a perder caindo na risada. Mas quando ele ria, aí já era.

STEVE CARELL: Eu consigo rir tanto quanto qualquer um, mas tento me conter, porque sempre sinto que, se eu rir, vai arruinar o que quer que os outros estejam fazendo. E se eu rachar de rir fica imprestável. Mas às vezes tenho certeza de que você pode ver lágrimas brotando nos meus olhos. Essa era uma das coisas mais difíceis: não perder a compostura.

Além de Steve, o integrante do elenco com maior probabilidade de deixar todos à beira de um ataque de risos era Rainn.

> **JOHN KRASINSKI:** Rainn tinha esse olhar que me fazia cair na risada todas as vezes. O rosto nem sequer se mexia, mas era como se alguma energia emanasse, e eu simplesmente não conseguia me segurar.
>
> **JEN CELOTTA:** Houve uma cena de Rainn conversando com a câmera. Não me lembro do assunto, mas Greg teve que sair. Ele não conseguiu ficar na sala. Ele saiu do set. Ele ficou do lado de fora do prédio.

Nem sempre ríamos porque algo era especialmente engraçado. Às vezes era difícil decifrar o que era real e o que era atuação.

> **JEN CELOTTA:** Houve um momento, não me lembro do episódio, mas acho que o escrevi. Eu estava no set, e Steve estava fazendo uma cena com Holly [interpretada por Amy Ryan]. Eles estavam tendo esse tipo de cena íntima e aí começaram a rir. E comecei a rir porque era tão real que achei que tinham caído na risada. Steve se virou pra mim, e eu disse: "Meu Deus, desculpem". E ele ficou, tipo: "Estamos atuando aqui!".

"Traga a panela grande"
Quando a comédia se tornou física em *The Office*

A comédia física pode não ser a primeira coisa em que você pensa quando se trata de *The Office* – não estávamos exatamente fazendo a comédia pastelão ao estilo de Buster Keaton –, mas havia uma fisicalidade em muitas das atuações que podia facilmente passar despercebida.

BRIAN BAUMGARTNER: Rainn Wilson e eu éramos de fato os únicos que tinham vindo do teatro, como Shakespeare e Tchekhov.

JOHN KRASINSKI: Não jogue isso na minha cara.

BRIAN BAUMGARTNER: Não, o que estou dizendo é que pra ele e pra mim, em termos de construção de personagem, a fisicalidade foi uma decisão consciente.

JOHN KRASINSKI: Acabei de desligar o seu microfone. É só bobagem intelectual de teatro. Você também aprendeu esgrima na escola? Dá um tempo!

BRIAN BAUMGARTNER: Sim.

JOHN KRASINSKI: Eu não tive formação nenhuma.

RAINN WILSON: Eu estava no programa de graduação da NYU e fiz muita cena de palhaçada e teatro físico. Não estou tentando parecer pretensioso – como "Ó sr. Teatro" –, mas quando você recebe esse tipo de treinamento, muito disso tem a ver com encontrar um personagem no seu corpo. Havia certos elementos do Dwight que, se eu precisasse entrar no personagem, colocaria meu foco em certas partes do meu corpo e seria imediatamente o Dwight. Como o pescoço ereto e quadris para a frente. Eu não sei se você percebe que Dwight sempre fica muito perto das pessoas. Se alguém está sentado e ele está de pé ao lado, os quadris parecem realmente grandes. Ele tinha um pouco de arrogância e os ombros jogados para trás. E você, Brian? Você tinha alguma coisa para o Kevin?

BRIAN BAUMGARTNER: Pra mim, era a mandíbula. Eu sabia que havia uma posição específica da minha mandíbula que era ele.

RAINN WILSON: Você tinha uma boca estranha. Os lábios ficavam um pouco franzidos.

BRIAN BAUMGARTNER: Sim, exatamente. Também tive a ideia de que Kevin não estava ciente da dimensão do próprio corpo e por isso ele não pensava que poderia potencialmente ferir uma pessoa menor, o que pra mim era sempre hilário quando eu me deparava com Angela. Eu não a via e acabava esbarrando nela com força. Havia algo com o meu tronco que não se movia agilmente de um lado para o outro.

CREED BRATTON: Pensei no meu personagem como um diapasão rachado. Está fibrilando e pronto para quebrar. A referência da comédia física é de Jacques Tati [o mímico, ator e cineasta francês], a maneira como ele anda, e a das expressões faciais vem de Jack Benny, George Gobel e Bob Newhart. É uma justaposição de todos aqueles personagens que eu amava.

BRIAN BAUMGARTNER: Havia algo na fisicalidade que o ajudou a entrar nesse personagem?

CREED BRATTON: Era como ter soluço. Era quase um tique nervoso ser ele. Sou muito mais sério e atento do que o personagem. Mas quando estava sentado naquela mesa, tinha tramoia envolvida ali. Tinha o fato de escapar da lei. Ficava sempre pensando: "Será que eles vão me achar?" Essa sempre foi a minha história de fundo. "Será que eles vão me achar?" Então, toda vez que eu olhava para alguém, no fundo da minha mente eu ficava: "Eles vão perceber que estou apenas fingindo aqui, que estou enganando e roubando todos?". Depois de um tempo, isso fica enraizado no comportamento.

RAINN WILSON: Então, é aqui que poderíamos conversar um pouco sobre a nossa profissão, porque adoro a história dos palhaços e da palhaçada. Começou com as comédias da Grécia Antiga. Sabe, como *Os Sapos* de Aristófanes e algumas dessas peças. Qual é aquela em que todos têm ereções? Hum... as mulheres não fazem sexo com os homens até pararem a guerra. Alguém lembra?

Nós fomos pesquisar. É *Lisístrata* (também conhecida como *Aquela em que Todos Têm Ereções*).

RAINN WILSON: Enfim, então tudo começa naquela época e rapidamente se move em direção à *commedia dell'arte*, que surgiu do teatro romano e tinha esses tropos cômicos que viajavam por toda a Europa. Eles sempre tiveram o palhaço tonto como o Kevin. Tinham um palhaço estranho e intenso como o Dwight. Basicamente, toda a comédia no mundo ocidental é baseada naqueles tropos da *commedia dell'arte*. Eles influenciaram Molière, obviamente, mas também Shakespeare e vaudeville.

Aqueles tropos acabaram aparecendo em *The Office*. O diálogo pode ter chamado mais atenção, mas as palhaçadas físicas que aconteciam no fundo eram igualmente importantes.

KATE FLANNERY: É divertido fazer comédia física. E eu estava pensando no primeiro episódio do Dia dos Namorados, na segunda temporada, quando Phyllis está recebendo todos aqueles presentes e flores de Bob Vance, e Pam está realmente chateada e você só vê Meredith com o copo de refrigerante. No final, descobrimos que era bebida alcoólica, porque ela está desmaiada na mesa com um limão no cabelo. Trata-se de uma pequena história C perfeita, com duração certa. Dá pra entender. Havia tanto poder em ser alguém que tem que fazer as coisas físicas. Todo mundo quer ser a estrela, mas é importante valorizar a manutenção desse espaço no fundo sem destruí-lo.

BRENT FORRESTER: Eu dirigi a cena em que Kevin derrama o chili.

No teaser do episódio "Casual Friday", da quinta temporada, Kevin traz uma panela de seu "famoso chili" para o escritório. Na narração, ele explica que "provavelmente é a coisa que eu faço melhor". É uma frase que se torna trágica quando ele acidentalmente derrama o chili no tapete do escritório.

BRENT FORRESTER: Íamos fazer uma terrina de chili com um fundo falso, então ia parecer estar cheia e Brian não teria que carregar uns 33 quilos de chili. Mas, Brian, você olhou para o objeto cênico caro e que tinha um fundo inclinado para que parecesse estar cheio, mas não estava, e disse: "Vou usar o verdadeiro. Traga a panela grande". Você carregou aquele recipiente de chili incrivelmente pesado. Só fizemos duas tomadas.

BRIAN BAUMGARTNER: Uma.

BRENT FORRESTER: Uma tomada?

BRIAN BAUMGARTNER: Eu fiz aquilo uma vez só. Por uma razão qualquer, tornou-se a coisa pela qual sou conhecido agora.

BRENT FORRESTER: Eu tenho uma camiseta com você carregando o chili.

BRIAN BAUMGARTNER: Eles colocaram um pedaço de carpete que ia do corredor ao redor da recepção até a área de Jim e Dwight.

BRENT FORRESTER: Porque o chili estragaria o tapete para sempre. O momento em que você pega papel de impressora e tenta limpar o chili é tão brilhante. Todo mundo sabe que o papel de impressora não absorve nada. É só um trabalho desgraçado de Sísifo para limpar tudo.

RAINN WILSON: Uma das coisas que eu disse a Greg [Daniels] no início é que eu realmente amo comédia física e acho que Dwight decola quando está fazendo comédia física. Eu disse a ele: "Considere escrever o máximo de comédia física possível para mim". Acho que é viável fazer um episódio de compilação dos melhores trechos de comédia física de *The Office*. Como o episódio de simulação de incêndio.

> **DWIGHT:** As pessoas aprendem de muitas maneiras diferentes, mas a experiência é o melhor professor. [*Acende um cigarro.*] Hoje, fumar vai salvar vidas. [*Joga cigarro na lata de lixo cheia de papel e fluido de isqueiro.*]

RAINN WILSON: Ou o episódio "Baby Shower".

DWIGHT: Você está com a caneta?

MICHAEL: Sim.

DWIGHT: OK, quando o bebê nascer, faça sem ninguém ver uma marca que só você seja capaz de reconhecer e nenhum ladrão de bebê possa copiar.

BRIAN BAUMGARTNER: Até você fazendo uma massagem no Kevin. Você se lembra? Você escalando a parede?

RAINN WILSON: Eu estava de pé no arquivo atrás de você enquanto fazia isso. Em cada episódio, eu diria que tivemos pelo menos uma ou duas grandes cenas de comédia física. Não acho que isso recebe bastante apoio ou atenção das pessoas.

"O esquisitão que toca fagote no canto"
As duplas de comédia da Dunder Mifflin

EMILY VANDERWERFF: Os grupos de comédia são tão antigos quanto a comédia. Na TV, acho que temos que olhar para Lucy e Desi. Ali tem o nascimento de tanta coisa na comédia televisiva, *I Love Lucy*, em que há vários relacionamentos divertidos para acompanhar: Lucy e Desi, Lucy e Ethel. Fred e Desi, Fred e Ethel. Todos esses quatro personagens têm relações interessantes entre eles.

RAINN WILSON: Pense em *The Honeymooners*, Ralph Kramden e Ed Norton. E os ritmos dos palhaços nos desenhos animados da Warner Bros., e as primeiras sitcoms de Dick Van Dyke e Mary Tyler Moore, e essas formas arquetípicas em constante evolução. Eu de fato considero duplas de comédia como Michael e Dwight e Dwight e Jim como herdeiras da história da comédia.

EMILY VANDERWERFF: Isso se tornou uma espécie de padrão para a sitcom norte-americana. Uma sitcom britânica pode girar em torno de um único personagem, já a americana, não. Imagine a série *Fleabag*. Estamos presos no ponto de vista da personagem, a Fleabag, e vemos o mundo através da perspectiva dela. A comédia de TV americana é baseada em relacionamentos. E quanto mais relacionamentos interessantes houver em um programa, melhor ele tende a ser.

Não faltavam relacionamentos interessantes em *The Office*, graças, em grande parte, a Greg Daniels. Foi assim que ele explicou para Rainn Wilson.

RAINN WILSON: A gente nunca falava de cenas. Nunca. Uma das coisas que Greg disse no início foi: "Nunca é algo que gira em torno do personagem, mas sim da dupla. Como esse personagem se relaciona com outros personagens?". Dwight e Jim têm que ser engraçados. Dwight e Pam têm que ser engraçados. Dwight e Michael têm que ser engraçados. Dwight e Kevin têm que ser engraçados. Muitos erros cometidos na comédia televisiva ocorrem porque há personagens engraçados que não são necessariamente engraçados quando estão juntos.

Dwight e Jim podiam ser engraçados separadamente, mas a verdadeira magia da comédia acontecia quando esses dois extremos opostos se juntavam.

PAUL FEIG: É a configuração clássica de uma pessoa que só quer enlouquecer a outra. Mas funcionava porque mesmo que Dwight sempre estivesse chateado com a situação, ele nunca chegou a odiar Jim.

"Um triângulo de comédia perfeito"

BRIAN BAUMGARTNER: *O que você acha que tornou tão especial o nosso pequeno grupo de contadores no canto?*

ANGELA KINSEY: *Acho que a dinâmica. Sempre imaginei que Oscar e eu éramos seus pais e você era o filho idiota que ainda vivia em casa. Nós três estávamos em sincronia desde o início.*

BRIAN BAUMGARTNER: *Vejo nós três como um triângulo de comédia perfeito. Tem a austera que precisa estar no controle. Tem o mais lento que gosta de ficar sob o controle do dominador. E então tem o que é maltratado, Oscar, que também gosta de bajular a austera e quer estar no controle.*

ANGELA KINSEY: *Mas ele também tem que ser o árbitro.*

BRIAN BAUMGARTNER: *Totalmente. Ele é o árbitro entre mim e você. Mas as alianças continuam mudando. Tem Kevin e Oscar contra Angela, e tem Angela e Oscar contra Kevin.*

ANGELA KINSEY: *É o Kevin e o Oscar contra a Angela sempre que querem brincar, é a Angela e o Oscar contra o Kevin sempre que eles realmente têm que fazer o trabalho.*

BRIAN BAUMGARTNER: *Alguma vez é Angela e Kevin?*

ANGELA KINSEY: *Não, acho que não.*

BRIAN BAUMGARTNER: *Bem, na verdade, uma das minhas fotos favoritas é uma selfie que tiramos em um carro quando*

estávamos filmando o episódio na sua casa, com o quadro assustador de Angela.

Foi o episódio "Vandalism", da nona temporada, em que Angela e seu marido, o senador do estado da Pensilvânia Robert Lipton, convidam alguns amigos para comemorar o aniversário do filho.

ANGELA KINSEY: *Ah, isso mesmo. Você me defende.*

KEVIN: Obrigado pela comida. Ah, e também, você é uma droga.

SENADOR: Como é que é?

KEVIN: Você é uma pessoa terrível. Estas pessoas se preocupam com você e você só as usa. De novo, a comida estava ótima.

ANGELA KINSEY: *Aaah, sim, isso foi muito fofo. Quer saber? É Kevin e Angela contra Oscar quando Angela descobre que Oscar está dormindo com o marido dela.*

BRIAN BAUMGARTNER: *Sim, mas Kevin sabia e estava feliz por ser capaz de manter o segredo.*

ANGELA KINSEY: *É mesmo. Ele estava orgulhoso de si mesmo. Uma das pequenas cenas favoritas que fizemos. Sempre que tínhamos uma cena, você achava que iríamos ganhar um Oscar ou algo assim, esse é o nível de seriedade com que encarávamos aquilo. Houve momentos em que eu me voltava para vocês e dizia: "Pessoal, não é nosso show. O foco não somos nós!". E uma das minhas coisas favoritas que Oscar dizia era: "Bem, talvez nós tenhamos um spin-off na Telemundo e vai ser Oscar, Anjela y Kebin".* [Risos.]

GREG DANIELS: Eles eram igualmente compatíveis e podiam se enfrentar. Era como "ah, OK, vejo que isso vai se desenrolar infinitamente". É como *Spy vs. Spy*.

Spy vs. Spy, uma história em quadrinhos da revista *Mad* desde o início dos anos 1960, mostra dois agentes de espionagem semelhantes a pássaros – Black Spy e White Spy – que tentam sabotar um ao outro, muitas vezes com dinamite e outras armas.

JOHN KRASINSKI: O que os roteiristas sacaram tão bem foi fazer com que essas brincadeiras fossem amorosas e fraternas. Não era agir mal. Acho que Dwight representava tudo o que eu não queria ser, ou era assim que eu pensava.

PAUL FEIG: Não havia malícia naquilo. Era só todo mundo tentando sobreviver ao dia e não enlouquecer, sabe?

JOHN KRASINSKI: A beleza do nosso programa é que eles permitiram que o personagem de Rainn tivesse coração. Às vezes sentíamos pena dele, e aí ele acabava fazendo algo louco e nós não nos sentíamos mais assim.

Como o cantor e compositor britânico Tom Rosenthal cantou em "Jim and Dwight", sua balada de amor de 2020, *You took pleasure in each other's misery / but those pranks were a cover for a synergy* (Vocês tinham prazer na miséria um do outro / mas essas brincadeiras eram um disfarce para uma sinergia).

RAINN WILSON: Um dos meus momentos favoritos foi dirigido por Paul Lieberstein. Acho que foi no episódio "Money" [da quarta temporada], e tem Dwight e Jim na escada. Dwight está de coração partido por causa da Angela, e Jim lhe dá alguns conselhos de fato sinceros, relacionando tudo com o que aconteceu com Pam e ele.

JIM: Eu perdi a cabeça, Dwight. Não conseguia dormir, não conseguia me concentrar em nada. Até coisas estranhas, tipo, a comida não tinha sabor. Então minha solução foi me afastar. Foi terrível. É algo que eu não desejaria ao meu pior inimigo, e isso inclui você.

RAINN WILSON: Dwight está com o rosto virado para a parede com as mãos apoiadas nas pernas, e Jim se afasta, e então Dwight estende a mão como se colocasse o braço em volta de Jim e o tentasse abraçar. Teria sido o primeiro abraço deles. É esse tipo de momento estranho. Sempre pensei que, se Jim não tivesse ido embora e Dwight o tivesse abraçado, eles poderiam ter se unido de uma forma que não teria permitido que o programa continuasse. Porque eles não teriam sido mais nêmesis um do outro. Eles teriam tido uma ligação muito profunda. E não podia haver isso no programa. O objetivo era que eles não se conectassem repetidamente ao longo dos episódios. Pra mim, aquele pequeno momento definiu o que era *The Office*. Tinha absurdo e realidade ao mesmo tempo. O assunto era o coração partido, mas foi transformado em algo estranho e embaraçoso.

BRIAN BAUMGARTNER: Provavelmente a nossa dupla mais icônica foi Dwight e Michael. Vocês dois juntos eram muito idiotas.

STEVE CARELL: Muito.

BRIAN BAUMGARTNER: Muito idiotas, mas também muito engraçados. Michael e Dwight são palhaços. Não há uma figura sensata, o que é bem original, mas é uma relação complicada. Dwight ama Michael e está desesperado pelo amor do chefe em troca. Michael está desesperado pelo amor de qualquer um, menos de Dwight.

GREG DANIELS: Sempre vi Michael como uma criança de nove anos e Dwight como um adolescente, em termos de energia cômica.

PAUL FEIG: Quer dizer, não há realmente como fazer um paralelo com eles, porque os dois não são Laurel e Hardy nem Abbott e Costello. É uma relação estranha, em que precisavam um do outro, mas Michael não queria a aceitação de Dwight.

BRIAN BAUMGARTNER: Parte do que fez funcionar foi que cada um deles contribuiu com seu próprio tipo de estranheza, particularmente Dwight.

PAUL FEIG: É um personagem que poderia facilmente ter sido muito exagerado, mas há humanidade nele. Ele é o cara que todos conhecemos, que está se esforçando e quer tanto alguma coisa que tenta tirar todo mundo do caminho. Mas, mesmo assim, ele é sensível.

RAINN WILSON: O que mais odeio na comédia é quando alguém sabe que está sendo engraçado. Acho que a chave para a comédia em *The Office* é que nenhum dos personagens se achava engraçado. Acredito que o elemento de documentário tenha ajudado nisso. Eu tentava interpretar Dwight ao mesmo tempo como o mais chocante e o mais fundamentado e realista possível. Então ele podia fazer apenas coisas absurdas, mas eu sempre tentava motivar essas coisas internamente.

BRENT FORRESTER: Rainn não tirava sarro desse cara. Ele o celebrava. E parecia tão óbvio para ele que esse era o caminho a seguir. Era visível o quanto ele amava Dwight. Ele trouxe essa adoração enérgica para o cara marginal.

RAINN WILSON: Veja qualquer cena com Dwight, não importa quão ridícula seja, é sempre possível dizer o que Dwight está sentindo e o que se passa dentro dele e o que ele acha que está escondendo. E acredito que isso tenha permitido às pessoas se identificarem com ele. Então, naqueles momentos que Dwight estava triste, magoado ou desapontado, as pessoas de fato ficavam com pena dele. Mesmo que ele estivesse sendo esnobe ou arrogante, ele era uma criança grande.

JEN CELOTTA: Em termos de duplas de comédia, acho que Dwight e Michael estão entre os melhores. Os dois personagens são tão específicos, no desejo de Dwight de ser mais do que ele é aos olhos de Michael. Quer dizer, estou pensando em "Drug Testing" [episódio vinte da segunda temporada], quando Michael pediu a urina de Dwight.

> **MICHAEL:** Eu fui a um show da Alicia Keys no fim de semana e acho que posso ter ficado chapado por acaso com uma garota de piercing no lábio.
>
> **DWIGHT:** Está falando sério?
>
> **MICHAEL:** Preciso de urina limpa pro teste.
>
> **DWIGHT:** Mas isso é ilegal.

JEN CELOTTA: É a última cartada, vai contra a ética e as responsabilidades de Dwight como xerife. Mas é *Michael* quem está pedindo a ele...

RAINN WILSON: Steve é como um violinista virtuoso com um Stradivarius. Ele pode ser engraçado, patético, triste e comovente ao mesmo tempo. Ao interpretar Dwight, eu me sentia mais como o fagotista; ou o violoncelo, e ele, o violino, algo assim. Parte do trabalho do Dwight, e parte do meu trabalho como ator, é apenas desestabilizar um pouco. Eu não precisava fazer o que Steve faz. Eu improviso muito bem, mas não era um virtuoso. Eu fazia o meu trabalho. O negócio era ser o esquisitão que toca fagote no canto.

O verdadeiro truque para essas relações parecerem reais, ligadas ao passado da comédia, mas também exclusivamente originais e frescas, não era apenas o que estava escrito no roteiro.

JENNA FISCHER: É tão difícil pensar na relação de Pam com Dwight sem pensar na minha relação com Rainn, que é muito especial pra mim. Rainn é uma pessoa profundamente emotiva. Eu me sinto muito amada pelo Rainn e acho que a Pam também se sentia muito amada pelo Dwight. Eles tinham um vínculo verdadeiro. Eles de fato se importavam um com o outro.

E assim como seus personagens, eles poderiam se irritar um com o outro.

JENNA FISCHER: Rainn também pode ser um velho rabugento. Ele às vezes fica mal-humorado. Me lembro de uma vez que estávamos nos preparando para filmar, e ele disse: "Espere, espere, espere, pessoal. Eu tenho um anúncio a fazer. Às segundas-feiras, ninguém precisa mais me perguntar como foi meu fim de semana. Certo? Todos, sem exceção, me perguntaram como tinha sido o meu fim de semana. Apenas presumam que foi tudo bem".

Aprendemos com o que tivemos que enfrentar. E pretendíamos contribuir com algo novo, fosse experimentando com duplas de comédia, criando um novo tipo de protagonista ou adicionando outra página ao livro da comédia cringe.

Fomos para a quarta temporada em alta. Éramos um sucesso com o público e os críticos. Tínhamos um Emmy em nossa prateleira, além de prêmios de Screen Actors Guild, Peabody, Writers Guild of America, Producers Guild of America, Television Critics Association, NAACP e Teen Choice Awards. A NBC nos contratou para mais trinta episódios, então esperávamos um 2007 movimentado e produtivo.

E aí, como o resto da indústria da TV, fomos pegos de surpresa.

8

“Eu não me importo, pode me demitir!”

POR DENTRO DA SALA DOS ROTEIRISTAS DE *THE OFFICE* E A GREVE DOS ROTEIRISTAS QUE QUASE ACABOU COM O PROGRAMA: A QUARTA TEMPORADA

MIKE SCHUR: A teoria de Greg era que a equipe de roteiristas deveria ser como os X-Men. Se você tem pessoas com os mesmos poderes cômicos, vai ter um ótimo resultado no programa. Mas se todo mundo tem o próprio poder cômico, aí se tem tudo.

A metáfora de super-herói para a equipe de roteiristas de *The Office* não é apenas uma maneira fácil de descrever como todos eles fizeram contribuições únicas para o programa. Os roteiristas têm diversos pensamentos sobre seus respectivos superpoderes cômicos.

MIKE SCHUR: O superpoder de Mindy [Kaling] sempre foi algo absurdo, como quando Michael queima o pé na grelha George Foreman.

JEN CELOTTA: Não sei se é um superpoder, mas o que me empolga é a psicologia entre duas pessoas, como Pam e Jim. Adoro encontrar os tons, as cores e a dinâmica entre os dois.

BRENT FORRESTER: Mike Schur tem o dom para noventa mil direções diferentes, mas seu superpoder é o amor por palavras engraçadas. Ele é como um Eric Idle nesse sentido. Ele não conseguia acreditar como as palavras eram engraçadas. Uma vez mostrei pra ele que tínhamos um personagem chamado Jim e outro chamado Jan, e tínhamos Stamford e Scranton. E eu disse: "Inventei um novo personagem chamado Jam Strandforb". Mike quase teve que sair do programa porque ele passou o dia inteiro inventando outros nomes falsos apenas usando aquelas letras.

MIKE SCHUR: Lee [Eisenberg] e Gene [Stupnitsky] gostavam mesmo do supercringe. "Scott's Tots" foi um episódio que os dois apresentaram bem no início, e Greg disse: "Nunca faremos isso". Paul Lieberstein gostava dos piores instintos de Michael.

Houve muitas salas lendárias de roteiristas de TV ao longo dos anos – de *Your Show of Shows* no início dos anos 1950, cuja equipe de roteiristas incluía futuros comediantes como Mel Brooks, Carl Reiner e Neil Simon, até *Late*

Night with David Letterman no início dos anos 1980, que lançou a carreira de roteiristas que criariam Os *Simpsons*, *Seinfeld* e *Newhart* – e a sala de roteiristas de *The Office* não foi menos extraordinária.

Como eles conseguiam se juntar e fazer um programa igualmente engraçado, comovente e inteligente, tudo ao mesmo tempo? Era algum tipo de acordo de Robert Johnson com o diabo na encruzilhada? Ou era só trabalhar duro e não ter uma vida fora do escritório?

"Roteiros não são poemas, são documentos vivos"

Enchendo linguiça, formando pares estranhos e outros truques da sala de roteiristas de *The Office*

O showrunner de *The Office*, Greg Daniels, era o cara que liderava nossa sala de roteiristas. Era cheio de métodos, jogos e teorias que ele ensinava para toda a equipe.

GREG DANIELS: Eu dava um monte de conselhos para quem queria ser roteirista de comédia. Como... que buscassem um programa que adoravam e assistissem por completo e pausassem pra anotar tudo, como se fosse uma transcrição de uma audiência no tribunal.

MIKE SCHUR: Quando ele era jovem, gravava episódios de sitcoms de que realmente gostava em uma fita de videocassete e os reproduzia, linha por linha, e então escrevia o roteiro à mão, apenas para ter uma ideia de quanto tempo as cenas deveriam ter e de como deveriam ser os ritmos, e o tempo de cada fala individual de um diálogo e coisas assim. Mais uma vez, ele é apenas o ser humano mais meticuloso que existe.

GREG DANIELS: Desenvolvi essas diferentes teorias. Uma delas chamei de "Enchendo linguiça". Um grande programa como *Seinfeld* é um desperdício de ideias maravilhosas. Entende o que quero dizer? Eles tinham uma grande ideia que acabaria se transformando em umas duas linhas. Eles não espremem ou fazem um episódio inteiro a partir daquilo. Então tentamos fazer isso em *The Office* também.

MIKE SCHUR: Antes de um dos primeiros dias de trabalho, ele nos enviou um e-mail e disse: "Apareçam todos amanhã com dez ideias". E essas ideias podiam ser apenas observações. Lembro que ele disse uma vez que notou que, quando os funcionários de um escritório estão almoçando, eles jogam as gravatas por cima do ombro, para que não caia na sopa ou no prato de comida. Ele disse: "É isso que quero. Essas pequenas coisas observacionais".

BRENT FORRESTER: A profundidade com que ele pensa sobre as coisas é impressionante. E ele tem uma inteligência que meros mortais não têm. Sua capacidade de lembrar o que estava no segundo rascunho de um episódio que fizemos seis episódios antes era simplesmente surpreendente. E às vezes ele tinha esses momentos maravilhosos de *Rain Man*, em que ele costumava pegar o roteiro no processo de reescrita e colocar as páginas no chão em um círculo gigante em volta da mesa dos roteiristas, para que ele pudesse andar por ali observando o roteiro em três dimensões. Um belo dia, ele decidiu que os cartões no quadro de cortiça da parede não eram suficientes para esboçar as temporadas. Então ele os tirou da parede e colocou em copos de papel para que ele pudesse movê-los em três dimensões na mesa. Como o tabuleiro de xadrez tridimensional do Spock em *Star Trek*. Era surpreendente assistir àquilo.

LEE EISENBERG: A outra coisa que Greg fez conosco era chamada "Formando pares estranhos", que eu sempre achei algo bem divertido.

MIKE SCHUR: Greg escrevia o nome de todos nos cartões e então pegava dois aleatoriamente e nos mandava escrever algumas histórias de Stanley--Creed ou algo assim.

LEE EISENBERG: Teríamos todos os personagens em um quadro, e ele diria: "Qual é a história para Kevin-Creed? E para Oscar-Michael?". É assim que se conseguem coisas estranhas como Dwight espionando Oscar.

No episódio "The Secret", da segunda temporada, Dwight suspeita que Oscar está fingindo uma doença, então vigia a casa dele e acaba o flagrando voltando de um encontro de patinação no gelo com o namorado.

LEE EISENBERG: Se todas as histórias são apenas sobre os contadores juntos, acaba ficando "Ah, eu sei em que direção *The Office* está indo". Mas se Kevin e Dwight formarem uma banda juntos – algo que discutimos a certa altura – então é como, OK, Kevin é músico e Dwight também é, e agora você tem uma coisa diferente acontecendo.

MIKE SCHUR: Ele fazia isso uma vez por semana. Especialmente quando nós o irritávamos. Mas também não parecia trabalho inútil. O que acontece se Creed e Stanley estiverem em uma história? O que acontece se Meredith e Angela estiverem em uma história?

BRENT FORRESTER: De volta a *Nurses* [uma comédia da NBC que foi ao ar de 1991 a 1994], perguntei a um dos roteiristas mais antigos o que dava uma história, e o cara me chamou no escritório dele. O nome dele era Bruce Ferber. Ele abaixou a cortina, trancou a porta e disse: "Uma história geralmente envolve duas pessoas". E então ele destrancou a porta e disse para eu sair. Parece algo tão trivial, mas é a chave, certo? No meu primeiro episódio de *Os Simpsons*, peguei o Homer e formei par com Patty e Selma. Isso nunca tinha sido feito antes, e aí eu ia escrever um episódio. Em qualquer programa, quais dois personagens nunca estiveram em uma história juntos? Faça isso.

MIKE SCHUR: Víamos os episódios como um quebra-cabeça. Tem vinte pessoas no elenco e três histórias por episódio, e eu tenho vinte e um minutos e trinta segundos. Como posso juntar tudo isso? Escrever para *Saturday Night Live* foi ótimo por vários motivos, mas a maioria das coisas não podia ser transformada em escrita para um formato longo. Mas o *SNL* ensina você a não ter preciosismo com a própria escrita. Você aprende que essas coisas são descartáveis. Greg costumava dizer que os roteiros não são poemas. Não são plantas arquitetônicas. São documentos vivos e mudam, e não tem problema nenhum mudarem.

GREG DANIELS: Você não vive na planta, é apenas um meio de chegar à casa. Mas um poema é algo valioso por si só.

ANGELA KINSEY: Haveria pepitas que apareceriam e nunca mais seriam revisitadas. Do nada, descobrimos que Creed fez filmes de ação em Hong Kong. Começamos no meio; não explicamos tudo. Eu estava revendo o episódio "Halloween" e, quando Michael sai, ele passa direto por Hank [o segurança]. Ninguém nunca apresentou Hank. É apenas o lugar onde ele se senta, é quem ele é. Ele é o cara da segurança lá embaixo. Mas não havia esses grandes momentos de "agora devemos apresentar essa pessoa". Era como a vida real.

STEVE CARELL: Não sei o quanto de filmagem ficou na sala de edição, mas provavelmente seria possível editar uma temporada inteira de cenas que foram hilárias e cortadas por causa do tempo. Nossos roteiros eram longos, os primeiros cortes tinham que ser com o quê, quarenta minutos? Às vezes, apenas dividiam ao meio, e teríamos dois episódios.

MIKE SCHUR: Greg nos apresentou a esse conceito chamado "tarefa dupla". Comédias ruins dividem as falas – algumas são piadas e outras são responsáveis por avançar a história. A melhor escrita desempenha a tarefa dupla, em que se avança a história e conta uma piada. Nossas edições costumavam ter 41, 42 minutos de duração. E tinham que contar a história. Se você não conta a história, o público diz: "A que estou assistindo?". Então o que acaba acontecendo é que, se separamos a história e as piadas, é necessário cortar todas as piadas para conseguir a história e aí não fica nada além de histórias. Então ele foi muito duro com a gente. "Vocês têm que fazer a história engraçada. Tem que ser do tipo tarefa dupla. E se não for, então não será boa o suficiente."

Acontece que era mais fácil concordar com a regra do que segui-la. Muitos dos roteiristas se apaixonaram por piadas que nunca serviram para a história.

MIKE SCHUR: Escrevemos uma cena de conversa com a câmera para Dwight que tinha, eu acho, uma página inteira. Era uma loucura. Era sobre como um dos primos dele tinha uma perna mais curta do que a outra, e quando ele corria para pegar o ônibus, tinha que se curvar como um arco longo porque a marcha estranha natural de uma perna sendo mais curta do que a outra faria com que ele corresse em uma curva longa. Era totalmente sem sentido. E continuava por um tempão. Paul [Lieberstein] e eu estávamos tendo um ataque de riso quando escrevemos, e Rainn adorou, memorizou tudo e arrasou. Eu queria que tivesse ido ao ar, mas não havia justificativas. Não tinha nada a ver com a história.

BRIAN BAUMGARTNER: O que mais me irritou foi que, pra mim, era uma das maiores piadas. É um episódio chamado "Baby Shower", em que Jan leva o bebê para o escritório. Kevin pergunta a Jan onde ela conseguiu a doação de esperma, e ela responde: "Ah, é um lugar muito exclusivo". E Kevin diz: "O lugar atrás do restaurante IHoP?". A ideia era que poderia ser o filho do Kevin. Eu adorei isso. Fui para a ilha de edição, e eles disseram: "Já era, cara. Não dá". E reclamei: "Não, não, vocês não podem fazer isso!". É engraçado, mas não tem a ver com a história.

STEVE CARELL: Isso é uma coisa tão boa, mesmo que não tenha se tornado uma parte da história, apenas deixá-la ali de fora como uma possibilidade é muito engraçado.

Outra estratégia dos roteiristas era pegar momentos que aconteciam na sala deles e inseri-los no programa.

LEE EISENBERG: De certa forma, era um clima mais solto [do que as salas de outros roteiristas]. A gente levava um tempo para se concentrar. Mas é como se estivéssemos escrevendo um programa sobre um escritório e estivéssemos trabalhando nele. Estávamos escrevendo um programa sobre o que estávamos fazendo. Jogamos muito *Call of Duty* [o videogame de tiro em primeira pessoa] e depois fizemos um episódio sobre *Call of Duty* ["The Coup", episódio três da terceira temporada].

> **JIM:** Na filial de Stamford, todos jogam esse videogame da Segunda Guerra Mundial chamado *Call of Duty* e todos gostam muito. Me disseram que começou como um exercício de dinâmica de grupo. Infelizmente, sou péssimo nisso.

LEE EISENBERG: Tudo serve de inspiração. Eu entrava e falava sobre meu encontro da noite anterior e de repente isso poderia virar algo.

BRIAN BAUMGARTNER: Me lembro de ter entrado na ilha de edição uma vez, e eu estava tendo uma conversa com David Rogers [editor], e alguém meio que zuniu pela porta. E perguntaram algo como "Está pronto, Dave?". E eu: "O que está acontecendo?". E ele disse: "É hora de *Call of Duty*".

LEE EISENBERG: Era apenas procrastinação. Mas tudo se transforma em algo, entende o que quero dizer? Quando se está fazendo um programa que é sobre pessoas tentando fazer com que o dia passe logo, tudo está disponível para ser usado. Acho que essa é uma das razões pelas quais as pessoas curtem. É tipo, "Ah, isso parece o meu trabalho".

JEN CELOTTA: Greg e eu estávamos tentando escrever um roteiro juntos. Será que eu deveria falar isto? Costumávamos escrever sozinhos e depois tentamos escrever um episódio juntos. Meu processo no início da escrita é procrastinar bastante, depois entrar em pânico e, em seguida, escrever. Nos sentamos para escrever, e foi uma daquelas coisas de roteirista em que você apenas se certifica de que a temperatura do ambiente está boa, se todos os lápis estão apontados. E aí dissemos algo como: "Devemos pedir o almoço". Apenas evitando chegar ao roteiro de fato, porque é difícil. É maravilhoso, mas é difícil. Ele estava com algum tipo de... Não me lembro se era uma coisa nas costas ou no ombro, e eu estava com um problema de ouvido. Então fomos consultar o portal do WebMd. Ele me fez colocar um pouco de azeite no meu ouvido porque eu estava, tipo, "Acho que isso vai ajudar". E nós ficamos sentados lá, consultando o WebMd e simplesmente não começamos a escrever. Estávamos apenas fazendo o diagnóstico do que havia de errado com o meu ouvido e com as costas dele, perdemos muito tempo e não escrevemos nada. Mas acabamos transformando isso em Michael e Dwight no WebMd.

DWIGHT: Certo, onde dói?

MICHAEL: Apenas... dói tudo. Eu não quero fazer nada... Estou morrendo...

DWIGHT: Não, não é assim que funciona. Você tem que apontar para uma parte específica do corpo.

JEN CELOTTA: Isso era o que estava acontecendo em nossa vidas

Todos esses métodos, jogos e teorias ajudaram a construir a dinâmica na sala dos roteiristas. Mas como nossos roteiristas tinham superpoderes diferentes, eles estavam fadados a entrar em conflito.

BRENT FORRESTER: As salas dos roteiristas são um ambiente muito competitivo. Um tenta impressionar o outro mostrando que é inteligente e talentoso. Eu me lembro perfeitamente do primeiro dia em que entrei na sala dos roteiristas de *The Office*. Eu sabia que ia ser incrível. Então levei um objeto cênico. Levei um manual de sobrevivência do exército. Há um acrônimo em inglês, do exército: S.U.R.V.I.V.A.L. (sobrevivência). E cada uma dessas letras tem algo que você deveria fazer. S é para situar algo, entender os riscos. Um dos Vs se refere a vencer o medo e o pânico. Era a minha maneira de sobreviver. Imaginei que, se me desentendesse ali dentro, eu poderia fazer um monte de coisas. Nunca falei a respeito, mas me lembro do primeiro dia, em que Mike Schur e eu discutimos sobre algum ponto do enredo. A história deve ir por aqui ou por ali? Apenas usei um sotaque inglês. Essa foi a minha jogada.

BRIAN BAUMGARTNER: Ajudou?

BRENT FORRESTER: Com certeza ajudou. Quer dizer, acalmou tudo. E então, em algum nível, meio que diz: "Estamos jogando um jogo de inteligência performativa e esta é apenas uma jogada nessa dimensão".

MIKE SCHUR: Tem apenas algumas poucas situações na minha vida em que algo realmente não funcionou bem e eu ainda lutei por isso. Em uma delas, escrevi uma entrevista de Dwight com a câmera no episódio "Dunder Mifflin Infinity" [da quarta temporada], em que ele fala sobre a história de seus ancestrais maternos e de como eles possivelmente eram nazistas.

DWIGHT: Vou viver por muito tempo. Minha avó Schrute viveu até os 101 anos. Meu avô Manheim tem 103 anos. Ele ainda está dando umas voltas na Argentina. Tentei visitá-lo uma vez, mas meu visto foi negado pela Fundação Shoah.

MIKE SCHUR: O resultado foi um riso moderado porque muitas pessoas provavelmente não sabiam o que era a Fundação Shoah.

A Fundação Shoah – Shoah é uma palavra hebraica para o Holocausto – é uma organização sem fins lucrativos dedicada a preservar o testemunho de sobreviventes do Holocausto e outros genocídios modernos.

MIKE SCHUR: A ideia de que a Fundação Shoah se envolveria em um visto para um cara aleatório mostra como o avô materno de Dwight era mau. Eu me lembro de brigar bastante por isso na edição. Greg queria cortar a cena, e eu implorei: "Por favor, por favor, por favor, por favor, por favor!".

BRIAN BAUMGARTNER: A Fundação Shoah ficou?

MIKE SCHUR: Sim, isso foi ao ar. Eu basicamente disse: "Não vou pedir mais nada pro resto da vida se você deixar isso".

JEN CELOTTA: Não ouvi isso de [Greg], mas alguém disse que ele queria contratar pessoas que pudessem substituí-lo. Ele não tinha medo de alguém que o desafiasse constantemente. Tipo, ele queria ter pessoas que brigassem com ele por coisas na sala de roteiro. Ele queria ter pessoas que fossem apaixonadas. Todos se importavam e todos brigavam.

PAUL FEIG: Eu me recordo de apenas ficar de pé e observar [os roteiristas] do outro lado da sala. E tudo o que eles inventavam era brilhante. Às vezes, eu tentava fazer uma piada e eles olhavam para mim com cara de "OK". De repente, pareço o pai na sala, soltando uma velha piada de merda.

QUARTA TEMPORADA
Guia dos episódios

TÍTULO	DIRIGIDO POR	ESCRITO POR	DATA DE EXIBIÇÃO ORIGINAL
"Fun Run"	Greg Daniels	Greg Daniels	27 de setembro de 2007
"Dunder Mifflin Infinity"	Craig Zisk	Michael Schur	4 de outubro de 2007
"Launch Party"	Ken Whittingham	Jennifer Celotta	11 de outubro de 2007
"Money"	Paul Lieberstein	Paul Lieberstein	18 de outubro de 2007
"Local Ad"	Jason Reitman	B. J. Novak	25 de outubro de 2007
"Branch Wars"	Joss Whedon	Mindy Kaling	1º de novembro de 2007
"Survivor Man"	Paul Feig	Steve Carell	8 de novembro de 2007
"The Deposition"	Julian Farino	Lester Lewis	15 de novembro de 2007
"Dinner Party"	Paul Feig	Gene Stupnitsky e Lee Eisenberg	10 de abril de 2008
"Chair Model"	Jeffrey Blitz	B. J. Novak	17 de abril de 2008
"Night Out"	Ken Whittingham	Mindy Kaling	24 de abril de 2008
"Did I Stutter?"	Randall Einhorn	Brent Forrester e Justin Spitzer	1º de maio de 2008
"Job Fair"	Tucker Gates	Lee Eisenberg e Gene Stupnitsky	8 de maio de 2008
"Goodbye, Toby"	Paul Feig	Jennifer Celotta e Paul Lieberstein	15 de maio de 2008

"Eu tive um chefe uma vez..."
A colaboração entre atores e roteiristas

Quando se tratava de roteiro, uma grande parte da filosofia de Greg era embolar a linha entre atores e roteiristas.

> **GREG DANIELS:** [Em outros programas de TV], os atores e os roteiristas realmente não se davam bem. E eles sempre se ressentiam. Os roteiristas tentavam escrever piadas à prova de atores porque não confiavam que os atores pudessem fazer rir. Era tudo muito disfuncional. A primeira coisa que eu realmente queria fazer era criar televisão de comédia em um padrão diferente para que pudéssemos ter mais risadas das performances e não das piadas.
>
> **JOHN KRASINSKI:** Lembro quando os roteiristas vinham e eu sempre ficava impressionado com o fato de falarem tão pouco. Sabe o que quero dizer? Sempre fiquei meio surpreso que eles não estivessem dizendo coisas como: "Não, temos que fazer essa fala de novo". Eles ficavam simplesmente sorrindo e quase pareciam fãs do programa. E agora isso faz sentido, eles provavelmente estavam pensando: "Vamos ver o que acontece com a coisa que escrevemos com base no que essas pessoas estão fazendo".
>
> **GREG DANIELS:** A maior risada de todos os tempos foi com Jack Benny, na cena em que ele está sendo assaltado.

ASSALTANTE: Não se mexa, isso é um assalto. Anda, vamos — ou me dá o dinheiro, ou perde a vida.

BENNY: [*Silêncio.*]

ASSALTANTE: Olha, amigo! Eu disse: ou me dá o dinheiro, ou perde a vida!

BENNY: Eu estou pensando nisso!

[A PLATEIA RACHA DE TANTO RIR.]

(De *The Jack Benny Program*, 28 de março de 1948)

GREG DANIELS: Para mim isso é ótimo. Porque não é uma piada, certo? Você está trazendo à tona tudo o que sabe sobre o personagem. Eu achava essas coisas mais legais do que as piadas.

ED HELMS: A criação do perfil de Andy foi um dos empreendimentos criativos mais emocionantes da minha vida, porque os roteiristas davam a Andy alguma característica estranhas, e eu aceitava e ia correndo com aquilo para o set, improvisava e fazia alguma coisa louca. Se fosse uma apresentação *a cappella*, eu começava a cantar no set nas horas erradas. E então os roteiristas viam isso e diziam: "Ah, isso é divertido". E aí eles escreviam mais cantoria. Esse é apenas um exemplo. Havia tantos pequenos detalhes que começaram a se encaixar, como se fosse um jogo *Tetris* sobre quem Andy era. E era um ciclo de feedback, e Mike Schur, em particular, tinha um talento real para Andy, então nos divertíamos muito. Eu passava pela sala dos roteiristas e apenas brincava com Mike sobre quem Andy era e o que nos fazia rir em relação a ele. A colaboração entre os roteiristas e o elenco era de outro nível.

ANGELA KINSEY: Um dia no set, Jenna e eu apresentamos uma ideia para Greg sobre essas oficinas ridículas de "mulheres no local de trabalho" que tivemos que fazer quando trabalhávamos no mundo corporativo. Ele disse: "Espere, espere. B. J., venha aqui e escreva isto". B. J. aceitou o desafio e escreveu o que acabou virando o episódio "Boys and Girls", da segunda temporada.

> **PAM:** Hoje tem uma coisa de "mulheres no local de trabalho". Jan está vindo da matriz para falar com todas as mulheres sobre... humm... Não sei bem o quê. Mas Michael não pode entrar. Ela disse isso umas cinco vezes.

JENNA FISCHER: Me lembro da primeira vez que Greg me ligou. Foi no início da primeira temporada, e pensei: "Meu Deus, vou ser demitida". A única razão para um showrunner ligar para a sua casa é pra demitir você. Eles não ligam por qualquer outro motivo. Greg ligou e disse: "Jenna, eu estava pensando... por que você acha que Pam ainda está com Roy?". E eu fiquei, tipo: "Ah, Greg, eu tenho um documento. Tenho um livro...".

BRIAN BAUMGARTNER: "Você gostaria de ler o livro que escrevi?"

JENNA FISCHER: Eu disse a ele: "Greg, na minha cabeça, a razão pela qual eles nunca se casaram foi porque eles haviam economizado algum dinheiro para o casamento e, em seguida, Roy comprou algumas motos aquáticas com o irmão dele. Ele gastou o dinheiro do casamento em duas motos aquáticas." E Greg: "Meu Deus, nossa, isso é incrível". E então ele inseriu isso no programa. Greg realmente acreditava que ninguém conhecia nossos personagens tão bem quanto nós mesmos. Ele nos fazia perguntas o tempo todo. Greg também sabia que eu tinha trabalhado em escritório como recepcionista e ele costumava me fazer perguntas. "Qual é a coisa mais louca que um de seus chefes já obrigou você a fazer?" Há um episódio em que Michael se recusa a assinar todos os documentos até o fim do dia [no episódio "The Fight" da segunda temporada]. Ele fica protelando, protelando e protelando. E eu disse a Greg: "Tive um chefe uma vez, e todo fim de mês ele tinha que entregar um relatório-padrão e ele protelava e protelava. E uma vez ele adiou por tanto tempo, que eu tive que dirigir até o Aeroporto Internacional de Los Angeles, porque era o último ponto de coleta da Fedex, e eu estava muito irritada".

PAM: Michael tende a procrastinar um pouco sempre que tem que trabalhar. Cartões de ponto, ele tem que assinar toda sexta--feira. As ordens de compra devem ser aprovadas no final de cada mês. E os relatórios de despesas, tudo o que ele tem que fazer é rubricar no fim de cada trimestre. Mas uma vez ao ano tudo isso acontece em uma mesma sexta-feira. E é hoje. Eu chamo isso de tempestade perfeita.

JENNA FISCHER: Greg adorava essas histórias. Ele sempre foi muito curioso.

STEVE CARELL: Ser capaz de traçar a evolução de um personagem, ter algo em mente e conseguir falar com os roteiristas e Greg Daniels e dizer: "E se na próxima temporada, meu personagem fosse nessa direção?". E então acontecia. Ser capaz de traçar o próprio curso do personagem, em vez de apenas tê-lo estabelecido para você, isso era realmente especial. Acho que todos confiavam um no outro a tal ponto que estavam dispostos a não ter muito preciosismo em relação a nada.

Não foi a única vez que um roteiro foi alterado enquanto estava sendo filmado. Assim como Greg havia dito aos roteiristas, os roteiros eram documentos vivos

que poderiam mudar e evoluir a qualquer momento. Isso aconteceu em uma cena crucial de "Gay Witch Hunt", o primeiro episódio da terceira temporada, em que Michael inadvertidamente deixa escapar no escritório que Oscar é gay e, em seguida, tenta se reconciliar abraçando-o e depois...

BRIAN BAUMGARTNER: Ele beijou você. E isso não estava no roteiro, certo?

OSCAR NUÑEZ: Isso não tinha sido roteirizado. Não, Steve simplesmente fez isso. Simplesmente fez.

BRIAN BAUMGARTNER: Por quê? Por que ele fez isso?

OSCAR NUÑEZ: Porque a cena era desinteressante. Não tinha nada acontecendo.

BRIAN BAUMGARTNER: O que você quer dizer?

OSCAR NUÑEZ: Bem, eu pensei na época que era apenas uma brincadeira. Ele ficava me abraçando. E isso não é nada, nada para uma cena de *The Office*. Algo tem que acontecer.

MICHAEL: [*Abraçando Oscar.*] Quer saber, vou aumentar as apostas.

OSCAR: Você não...

MICHAEL: Quero que você assista a isto. E quero que você grave isto na sua mente.

OSCAR: Eu não acho que precisamos fazer isto...

MICHAEL: Porque esta é uma imagem que eu quero que vocês se lembrem por muito tempo.

OSCAR NUÑEZ: Michael sempre tem boas intenções, mas ele é um idiota com um complexo de Deus. Ele é o único que pode resolver problemas. Ele sabe melhor do que ninguém, então vai consertar. Aquela bela cena de beijo foi como a aceitação final. Era, tipo, "Vejam o que estou fazendo, pessoal".

JEN CELOTTA: Michael beijando Oscar foi um dos melhores momentos de todo o programa. Foi mais engraçado do que o que estava no roteiro. Steve tinha grande respeito pelo texto, mas também tinha essa capacidade ridícula de entender tudo de forma tão profunda que, se fosse mudar as coisas, sempre honraria a intenção.

STEVE CARELL: Pra mim, a parte mais difícil era me ater ao roteiro. Eu tinha diálogo todos os dias e pensava: "Não posso estragar nada". Acho que todos nós sentimos a responsabilidade de acertar. Todos tínhamos um senso do que soava verdadeiro e do que não funcionava. E eu acho que as coisas que soam verdadeiras são aquelas que se refletem na sociedade, mas era necessário fazê-las de uma forma que não ficassem muito pesadas e parecessem orgânicas para o que estávamos fazendo como personagens.

Nesse mesmo episódio, Angela Kinsey tinha uma fala que não parecia certa para ela.

ANGELA KINSEY: Acho que pegaram pesado com a Angela às custas da orientação sexual de Oscar. Fui até Greg e falei: "Angela é um monte de coisas, mas ela se importa com Oscar. Ele é o único aliado dela naquele canto dos contadores, e ela sabe disso. Ela não diria isso. Ela pode não concordar com a escolha de estilo de vida dele. Ela pode não entender. Porque ela tem medo, ela pode se afastar um pouco por causa disso, mas ela se importa com ele. Tudo isso pode existir ao mesmo tempo em alguém". Ele me ouviu e mudamos a fala. Em vez disso, ela disse:

ANGELA: Claro, às vezes eu assisto a *Will & Grace*... e dá vontade de vomitar. É muito barulhenta.

O tópico de "Gay Witch Hunt" era obviamente arriscado: 2006 era um momento de "Don't Ask, Don't Tell" (Não pergunte, não conte), e a liberação do casamento entre pessoas do mesmo sexo nos Estados Unidos estava a quase uma década de distância. Mas o episódio acabou sendo muito engraçado e uma crítica social afiada sobre homofobia no local de trabalho.

EMILY VANDERWERFF: A razão pela qual esse episódio funciona é porque reforça a crença de que é totalmente normal ter amigos gays na vida. O cara gay no seu escritório é como você, porque ele também é maltratado por Michael Scott. É muito progressista em termos de valores e muito progressista na forma como aborda o que é ser um homem gay nos Estados Unidos.

BRIAN BAUMGARTNER: Na época, Oscar era a única pessoa LGBT não branca a aparecer regularmente em qualquer sitcom. Você sabia disso?

OSCAR NUÑEZ: Não! E isso é muito importante! É fantástico. Sou como Jackie Robinson.

BRIAN BAUMGARTNER: Você ganhou prêmios por isso, certo?

OSCAR NUÑEZ: Fui indicado ao GLAAD Award. Levei meus dois amigos gays comigo, Michael e Joel. Eles reviraram os olhos. Eles disseram: "Seu idiota, você nem é gay". [*Risos.*] Joel fazia parte da organização internacional ACT UP [Aids Coalition to Unleash Power], na batalha de verdade. Ele ficou, tipo, "Meu Deus, o que está acontecendo?". E eu retruquei: "Não fique com inveja, sou apenas melhor do que vocês". [*Risos.*]

BRIAN BAUMGARTNER: Você encontra fãs que ficam surpresos com o fato de você não ser gay?

OSCAR NUÑEZ: O tempo todo. Muitas pessoas me dizem: "Eu me assumi por sua causa". É muito surreal. Anos atrás, por volta da terceira temporada, Ursula [minha futura esposa] e eu estávamos andando por Nova York, e dois adoráveis caras porto-riquenhos disseram: "Ah, meu Deus, você é Oscar de *The Office*!". E eles olharam para Ursula e perguntaram: "Quem é essa?". Respondi: "É a minha namorada", e eles ficaram tão desapontados. E eu fiquei, tipo, "Qual é? Nunca ouviram falar de atuação?". [*Risos.*]

"Gay Witch Hunt" foi apenas um exemplo. Os roteiristas adoravam mexer em questões sociais que a maioria das comédias de TV evitava, como cuidados de saúde no local de trabalho e assédio sexual. Esse tipo de escrita nos rendeu grandes prêmios. Quando ganhamos um Peabody, foi assim que o comitê descreveu o show: "*The Office* explora a monotonia e a insanidade da rotina diária, destacando os prazeres simples que tornam o mundo do trabalho suportável. O tempo todo, observações afiadas sobre a sociedade norte-americana aparecem sob o disfarce de comédia".

GREG DANIELS: O Peabody é legítimo.

BRIAN BAUMGARTNER: É importante.

GREG DANIELS: Lembro que fomos à premiação e não sabíamos muito sobre como funcionava. Entramos na sala, e os outros indicados eram tipo órgãos de notícias que estavam mergulhados em histórias de fato importantes e lugares devastados pela guerra.

Os outros ganhadores do Peabody em 2006 incluíram programas e filmes sobre as Ilhas Galápagos, a imigração pan-asiática para os Estados Unidos, escolas urbanas, hospitais militares da Guerra do Iraque e a aids entre os afrodescendentes nos EUA.

GREG DANIELS: Só de olhar ao redor naquela sala, você ficava: "Ai, meu Deus".

Foi uma honra, com certeza, mas também foi um reforço de que a escrita realmente era tão boa quanto esperávamos que fosse. Como Greg costumava dizer, ele queria que *The Office* fosse verdadeiro, de modo a refletir o que estava acontecendo no mundo real. É um instinto que ele tinha desde seus dias como roteirista em *Os Simpsons*.

> **GREG DANIELS:** A forma como um roteirista de *Os Simpsons* ganhava respeito de outro roteirista do mesmo programa era quando ele fazia algo super-real e que de alguma forma contrastava com a parte caricatural. Quando cheguei a *O Rei do Pedaço*, costumávamos fazer muita pesquisa. Eu levava os roteiristas para o Texas em todas as temporadas e nos espalhávamos com os nossos bloquinhos de repórteres e tentávamos desenterrar histórias únicas. Porque sempre percebi que, nos programas de que eu realmente gostava, as histórias pareciam algo que tinha acontecido com um dos roteiristas. Não era simplesmente "o que *Cheers* conseguiu fazer?". Era necessário sair e fazer o próprio trabalho e desenterrar as próprias histórias.

É por isso que nossos roteiristas e atores eram tão bons. Abordamos tópicos reais, relacionáveis, e os tornamos engraçados. Éramos uma equipe. Então, quando tínhamos que defender o programa, estávamos juntos.

"Ele pagou pra ver"

A greve dos roteiristas em 2007

> **BRIAN BAUMGARTNER:** Você talvez não se lembre, mas você e eu dividimos um Emmy.
>
> **MIKE SCHUR:** É mesmo?

BRIAN BAUMGARTNER: Sim, é verdade.

MIKE SCHUR: Pelos webisódios?

BRIAN BAUMGARTNER: Exatamente.

No verão de 2006, desenvolvemos uma série na web chamada *The Office: The Accountants* – escrita por Schur e Paul Lieberstein e dirigida por Randall Einhorn – que segue Angela, Oscar e Kevin enquanto eles tentam resolver o mistério de três mil dólares que desapareceram do livro de contabilidade da empresa. Em 2007, a série ganhou um Emmy de Melhor Programa de Banda Larga – Comédia.

BRIAN BAUMGARTNER: Você já recebeu o seu?

MIKE SCHUR: Acho que não tenho um troféu de verdade para esse prêmio.

BRIAN BAUMGARTNER: Eu tenho, porque fomos convidados para a cerimônia, recebemos o prêmio e a estatueta voltou pra casa comigo.

MIKE SCHUR: E como ela está?

BRIAN BAUMGARTNER: Na verdade, ótima. É muito especial.

MIKE SCHUR: Aqueles webisódios foram muito divertidos. Fizemos dez episódios ao longo de três dias.

BEN SILVERMAN: Os webisódios foram lançados porque não tivemos uma tonelada de episódios para aquele verão, tendo produzido apenas uma temporada e meia ou um pouco mais. E decidimos fazer esses episódios para a web, que seriam originais e aprofundariam o relacionamento do público com outros integrantes do elenco e abririam a porta para mais conectividade. E foi incrível. Foi o primeiro desse tipo e começamos algo que ninguém tinha feito antes.

BRIAN BAUMGARTNER: Estávamos mostrando à emissora que podíamos ser valiosos em várias plataformas. Lembro que a NBC.com cresceu exponencialmente naquele verão.

BEN SILVERMAN: As pessoas sintonizaram em nossos webisódios na plataforma on-line da [NBC] e [a NBC estava] obtendo receita da plataforma do iTunes, de onde não faturaram durante os ciclos iniciais do programa. O público estava crescendo, e os anunciantes estavam adorando.

MIKE SCHUR: Filmamos esses webisódios com o trabalho sindical e ninguém foi pago.

Nem os atores, nem os roteiristas, nem o pessoal das câmeras. A NBC considerou "material promocional", embora os vídeos tenham sido monetizados com anúncios do YouTube e incluídos no lançamento do DVD da segunda temporada.

MIKE SCHUR: Não foi por causa desses webisódios que os roteiristas entraram em greve. Esses webisódios eram um exemplo de como as coisas estavam indo. Tínhamos que fazer algo a respeito. Na época, as emissoras diziam: "Não temos informações suficientes. Vamos esperar apenas mais três anos". E nós dissemos: "Não, vocês estão basicamente tentando incluir a internet como algo pelo qual vocês não pagam".

Em 5 de novembro de 2007, o Writers Guild of America entrou em greve. A associação estava lutando contra as emissoras e os estúdios em relação à remuneração pelas novas mídias, como originais da web e streaming.

MIKE SCHUR: Foi algo grande e bastante assustador. Aconteceu muito rápido.

BRENT FORRESTER: Eu tive um confronto memorável com Jim Brooks [cocriador de *Mary Tyler Moore Show*, *Taxi* e *Os Simpsons*], em que ele disse: "Ei, cara, ouvi dizer que você está em greve". Ele ficou furioso, a barba começou a tremer e disse: "Não vá por esse caminho! Não flutue nesse balão!". Nunca tinha ouvido essa frase na minha vida.

BRIAN BAUMGARTNER: "Não flutue nesse balão"?

BRENT FORRESTER: "Não flutue nesse balão." Talvez seja uma referência da Segunda Guerra Mundial. Se alguma vez você se encontrar com ele, diga-lhe que peço desculpas e pergunte o que isso significa.

Greg Daniels, no entanto, estava mais do que disposto a flutuar naquele balão.

MIKE SCHUR: Greg disse: "Vamos fazer um piquete em nosso próprio programa".

BRENT FORRESTER: Nós saíamos no frio e fazíamos piquete juntos. E havia esse sentimento de solidariedade e propósito compartilhado. E sentimos que o que estávamos fazendo era o certo. Louvarei eternamente o nosso pessoal de catering, que preparou para os roteiristas um monte de burritos no café da manhã no primeiro dia da greve. Isso uniu muita gente.

No entanto, uma grande preocupação em relação à greve era que as equipes iam acabar sofrendo. Se a produção fosse encerrada, as outras equipes – de cabelo e maquiagem, catering, figurino e cenário – não iam conseguir se manter.

LEE EISENBERG: Somos amigos das outras equipes, e as equipes estavam passando por nós em direção ao estúdio, e alguns deles ficavam olhando para nós com cara de "foda-se". Os roteiristas estão entre os profissionais mais bem pagos, e de repente alguém não ia trabalhar por três meses porque estávamos reclamando do nosso percentual sobre a venda do DVD ou dos nossos planos de saúde, e isso não lhes dizia respeito. Eles só queriam trabalhar, e nós interrompemos a produção.

JEN CELOTTA: Foi um pouco assustador. Confuso. Me lembro nitidamente de dirigir até o estúdio às quatro e meia da manhã, e "Night Moves" [a música de Bob Seger] estava tocando no rádio. Foi bem estranho. Estou na 134 [Ventura Freeway], não tem nada a meu redor. Eu me recordo de chegar lá e ver Paul Lieberstein todo agasalhado, com cachecol e luvas. Estava tão frio que eu conseguia ver o ar saindo da boca dele. E eu fiquei, tipo, "Ai, que merda, este é o nosso novo futuro".

DEBBIE PIERCE: Ninguém tinha certeza de que teríamos empregos ou não.

Debbie Pierce era uma das nossas principais cabeleireiras, junto com Kim Ferry, que se tornou a chefe do departamento de cabelo e maquiagem.

KIM FERRY: Lembro do primeiro dia, não queríamos atravessar porque todos os roteiristas estavam lá. Literalmente, todo o elenco estava lá. Eu estava, tipo: "Não quero atravessar. Eu sou do sindicato. Somos *todos* do sindicato". B. J. estava lá e ele disse: "Está tudo bem". E retruquei : "Não está tudo bem". Lembro de me sentir engasgada, tipo: "Não quero fazer isso com vocês. Vocês são minha família. Não quero passar". E ele disse: "Não, olha, [a emissora] está dizendo para você atravessar. Não queremos que você se meta em problemas". Então nos sentamos no cenário e simplesmente esperamos.

DEBBIE PIERCE: Porque não havia mais nada que pudéssemos fazer.

KIM FERRY: Acho que cerca de seis, sete horas depois, eles avisaram: "Vocês podem ir para casa". Como mãe de duas crianças e a responsável por sustentar a família, foi aterrorizante. Jamais vou esquecer.

Do outro lado da greve estavam as emissoras e os estúdios. O problema era que o chefe da nossa emissora era Ben Silverman, produtor-executivo de *The Office*, o cara que começou todo o nosso programa.

BEN SILVERMAN: Eu tinha trinta e seis anos quando me pediram para ser o codiretor da NBC [em 2007]. Pensei que seria o meu trabalho dos sonhos e realmente vi a direção que o negócio estava tomando. O futuro estava vindo com força e rapidez, e a tecnologia permitiria uma transformação absoluta de como as pessoas consomem conteúdo. E eu estava ansioso para liderar essa transformação. Percebi de uma maneira rude a realidade de que ninguém queria mudar o *status quo* porque estava funcionando muito bem para várias pessoas que faziam parte dele, e havia medo real das decisões que eu estava tomando.

BRIAN BAUMGARTNER: Se você sabia o que estava acontecendo em termos de tecnologia, então tinha consciência de que a luta dos roteiristas era inevitável, certo?

BEN SILVERMAN: O problema era o fato de as emissoras de TV acharem que cairiam de um penhasco. Ainda não haviam decidido ser Disney+ ou Peacock ou HBO Max ou o que quer que fosse. O pessoal pensou: "Ai, meu Deus, nossos índices de audiência estão caindo rapidamente e vamos perder nossa força". O que estava claro pra mim era que era ruim para ambos os lados encerrar naquele momento. Acabou machucando os dois lados, mas machucou mais os roteiristas. Acho que ainda não estava claro pelo que eles teriam que lutar.

BRIAN BAUMGARTNER: Também foi muito confuso para os atores, porque tínhamos nosso sindicato, mas não estávamos protegidos pela greve. Ainda deveríamos aparecer pra trabalhar.

MIKE SCHUR: E nós [os roteiristas] sabíamos disso. Lembro que o Ed [Helms] saiu e ficou com a gente. E então ele disse: "Sinto muito, mas preciso voltar para dentro", e nós dissemos: "Não, não, não, nós entendemos isso. Não é o seu sindicato que está em greve aqui. Ninguém está bravo com você". Ninguém tinha qualquer animosidade em relação aos atores. Vocês estariam violando o contrato se não aparecessem.

ED HELMS: Lembro que fui naquele primeiro dia de greve e disse: "Uau, isso é real". Ali estão Lee, Gene, Mike e Greg, todos estão na calçada com placas de piquete. Acho que todos se sentiram tensos, que é um ingrediente de qualquer conflito sindical, do tipo: "Faço parte desta luta?". Obviamente, apoio os roteiristas, mas também é um pouco assustador. Parecia tão certo e natural sair do carro e se aproximar de todos e dizer: "Vamos fazer isso!". Vendo hoje, realmente aprecio a coragem de todas aquelas pessoas.

JEN CELOTTA: Aconteceu algo na greve que até hoje me incomoda. [Em uma linha de piquete diferente,] lembro que havia pessoas com bateria e instrumentos musicais altos para interromper uma produção que estava acontecendo lá dentro. Não achei uma atitude legal. Fiquei muito chateada. Eu entendia o motivo da nossa luta, mas outras pessoas estavam ganhando dinheiro pra filmar coisas que já haviam sido escritas. Essa parte foi muito complicada pra mim, porque eu queria que todos pudessem continuar a fazer seu trabalho.

Em nosso estúdio, podíamos ter filmado outro episódio enquanto a greve acontecia.

MIKE SCHUR: Tínhamos um roteiro finalizado. O roteiro estava pronto e poderia ter sido filmado. Os atores e os diretores não estavam em greve nem a equipe.

Lee Eisenberg e Gene Stupnitsky escreveram um episódio que logo se tornaria um clássico da quarta temporada, chamado "Dinner Party". Michael e Jan convidam vários casais, incluindo Pam e Jim, para jantar em sua casa em um condomínio, e a noite se transforma em um caso muito desconfortável e hilário, no estilo *Quem Tem Medo de Virginia Wolf?*, de Edward Albee, mas com mais risadas. A noite termina com a minúscula TV de plasma de Michael sendo destruída com um Dundie e a polícia aparecendo.

LEE EISENBERG: É provavelmente até hoje a coisa de que mais nos orgulhamos de ter escrito. Fizemos a leitura do episódio, e no início é bom, não é grande coisa. Aí chega a parte do condomínio e começamos a sentir alguma coisa. Ficou eletrizante de certa forma. Estou pensando nisso agora e fico emocionado.

MIKE SCHUR: Acho que foi a melhor leitura que já fizemos. Foi como um show de rock.

LEE EISENBERG: Gene chegou a ficar suado. Foi o melhor momento da nossa carreira. Greg nos chamou para o escritório dele porque estávamos recebendo recados da emissora e falamos com alguns executivos. Eles disseram: "Ei, então, lemos o roteiro, muito engraçado". E Greg disse: "Obrigado". Então eles disseram: "Está muito sombrio". E Greg disse: "Sim". E eles disseram: "A questão é que está muito sombrio". E Greg disse: "Sim". Então ele perguntou: "Tem mais alguma coisa?". E eles disseram: "Não". Ele então devolveu: "OK, ótimo. Muito obrigado, pessoal. Tchau". E desligou. Eu pensei: "Uau, isso foi muito legal".

JOHN KRASINSKI: Incrível. Isso é como um truque mental de Jedi.

O episódio estava pronto para ser filmado. E então veio a greve dos roteiristas. A produção com certeza poderia ter continuado durante a greve, e possivelmente teria, se não fosse por um homem.

MIKE SCHUR: Steve Carell disse não. A forma como fazemos o programa é colaborativa. Há roteiristas e produtores no set, e nós mudamos as coisas e trabalhamos em novos pequenos momentos e apresentamos novas piadas. Ele não queria fazer o programa sem os roteiristas. E ele não apareceu.

Steve se recusou a furar a greve.

MIKE SCHUR: Eles filmaram algumas cenas do episódio em que Michael Scott não estava. E então não havia mais nada pra fazer, e as filmagens foram encerradas. Isso foi uma coisa tão heroica. Ele simplesmente ficou em casa e recebeu ligações de muitos advogados e executivos dos estúdios, até do alto escalão. Ele recebeu ligações do chefe da emissora, de pessoas da GE Corporate, de gente muito, muito poderosa, dizendo: "Você tem que fazer isso". E ele retrucou: "Não, eu não... me escute".

Não foi a primeira vez que Steve enfrentou a emissora.

STEVE CARELL: Lembro quando um executivo entrou e disse: "Ei, por razões orçamentárias, gostaríamos de fazer algumas inserções pagas de produtos". Levantei a mão e disse: "Sou totalmente contra isso, porque muda o programa". Se estamos servindo a um capricho corporativo, não há como o show ser o mesmo. Isso vai alterar a forma como escrevemos e produzimos o programa. Eu era completamente contra. Eles foram em frente e, de qualquer maneira, fizeram algumas coisas. E em todas as vezes foi desastroso. Foi terrível.

Bem, nem todas foram desastrosas. Quando Dwight deixou o emprego na Staples para regressar à Dunder Mifflin no episódio "The Return", da terceira temporada, a Staples, que tinha um acordo de anúncio de produtos com a NBC, publicou uma declaração cheia de humor: "Apesar de seu início promissor no ramo de máquinas (vendendo duas impressoras em uma manhã), logo ficou claro que ele não se encaixava bem no perfil da Staples".

STEVE CARELL: Acho que todos nós fomos muito protetores do programa. Na maioria das vezes, eu ficava em uma posição de ser a voz do show. Por exemplo, dizer algo e não deixar as coisas acontecerem sem qualquer tipo de representação.

MIKE SCHUR: Greg ligou para ele e disse: "Eu sei que você sofreu muita pressão. Você está bem?". E ele respondeu: "Sim, estou em casa. Estou brincando com meus filhos". Ele estava totalmente indiferente a tudo aquilo. Ele teve a atitude de dizer: "É um esforço colaborativo. Isso é uma coisa que fazemos juntos. Sem roteiristas no set, não fazemos o mesmo programa e não vou fazer esse show". "Pode me demitir" era basicamente o que ele estava dizendo. "Ele pagou pra ver."

Sem Steve Carell, a produção de *The Office* foi encerrada, o que deixou os atores solidários com os roteiristas.

MIKE SCHUR: A história da atitude dele se espalhou como fogo. Ele não precisava fazer isso. Muito poucas pessoas na posição dele — a estrela de um show de sucesso muito popular, gigantesco e monolítico — fariam isso. Ele não precisava fazer aquilo. Ninguém ficaria bravo com ele. Os atores não estavam em greve.

JEN CELOTTA: Que cara fantástico. Além de ser extremamente talentoso, ele tem muita classe. Éramos de fato uma família, e ele iria apoiar a galera dele. Greg e Steve eram como os pais.

Cem dias depois, em 12 de fevereiro de 2008, a Writers Guild e os estúdios chegaram a um acordo. Os roteiristas ficariam com uma parte das receitas digitais, e poderíamos enfim voltar ao trabalho. Nem todos saíram ilesos. Alguns estúdios e emissoras encerraram contratos de roteiristas e muitos programas em desenvolvimento nunca chegaram a sair do papel. Valeu a pena?

MIKE SCHUR: Ainda há pessoas na Writers Guild que acham que a greve levou a nada. Mas, literalmente, um terço de tudo o que é produzido na TV agora é para streaming. E pensar que nada disso seria coberto por nossos contratos é loucura. Foi uma ação crucial e vital que salvou o sindicato e todo o entretenimento.

Mas a impressão duradoura, pelo menos entre o elenco e a equipe de *The Office*, não é em relação ao que se ganhou ou perdeu na mesa de negociações. Tem a ver com o que aprendemos sobre a força da nossa relação e sobre como poderíamos contar com nossos destemidos líderes, mesmo quando o futuro parecia incerto e assustador.

LAVERNE CARACUZZI-MILAZZO (MAQUIADORA): Era, tipo, "Nós precisamos fazer isso porque temos algo a defender, mas também queremos que vocês saibam que admiramos vocês". Como quando todos da equipe receberam um cheque pessoal de Greg Daniels.

BRIAN BAUMGARTNER: Espere aí, o que foi isso?

LAVERNE CARACUZZI-MILAZZO: Posso falar sobre isso?

BRIAN BAUMGARTNER: Claro.

LAVERNE CARACUZZI-MILAZZO: Com o dinheiro de sua própria conta, Greg Daniels assinou um cheque individual [*começa a chorar*] para cada um da equipe, porque ficaríamos sem trabalho.

KIM FERRY: Mil dólares para cada família. Eu fiquei emocionada, porque fez uma grande diferença na minha casa.

DEBBIE PIERCE: Eu chequei minhas correspondências naquele dia, as pessoas estavam enviando cartões de Natal e outras coisas. Olhei para os cartões que havia recebido e vi um de Greg Daniels. E aí pensei: "Ah, não é legal?! Ele pensou em nós". Eu abri, vi o cheque e não olhei com muita atenção no começo. Pensei que fosse de cem dólares. E então comecei a contar os zeros e não pude acreditar.

LAVERNE CARACUZZI-MILAZZO: Dava pra saber que era da conta pessoal dele porque, ao receber o cheque, tinha o endereço de Greg no canto. Por que alguém não iria querer continuar trabalhando para essas pessoas, independentemente de quanto tempo a greve durasse? Vocês estavam cuidando de nós. Minhas lágrimas são de alegria, porque me senti tão valorizada naquele momento.

DEBBIE PIERCE: Contei essa história para alguns amigos que trabalharam em outros programas e eles disseram: "Você só pode estar brincando". Isso foi inédito.

KIM FERRY: Sabe por quê? Porque éramos uma família.

DEBBIE PIERCE: Isso é a mais pura verdade.

Falando em família, nem todo mundo em *The Office* passou esses cem dias na linha de piquete ou de bobeira em casa. Angela Kinsey ficou grávida durante a greve. Ela daria à luz sua filha, Isabel Ruby Lieberstein, em maio de 2008.

Notícias surpreendentes para nossa querida amiga, mas para um programa em que ela interpretava uma personagem que absolutamente não estava grávida, bem...

ANGELA KINSEY: Dava pra perceber nitidamente. Eu me lembro de pensar: "OK, como vamos esconder isso?". Porque não faria sentido para o meu personagem de repente estar grávida. Eu tive uma das conversas mais hilárias com Paul Feig, que estava dirigindo um episódio em que Phyllis vê Dwight e Angela se beijando no escritório, e eles são pegos no flagra.

No episódio final da quarta temporada, "Goodbye, Toby", Phyllis pega Angela e Dwight fazendo sexo em uma das mesas do escritório após a festa de despedida de Toby.

ANGELA KINSEY: Eu estava grávida de sete meses e meio, e eles estavam tentando esconder a minha barriga com o corpo dele enquanto estávamos no amasso. Era pra estarmos semivestidos. No início, os roteiristas disseram: "Bem, e se Angela ficasse de quatro" ou "E se a colocássemos aqui?". Era, tipo, "Onde você coloca a barriga gigante de grávida? O que fazemos para que não pareça realmente inapropriado em vez de apenas levemente inapropriado?".

Outro dia, outro desafio de roteiro em *The Office*.

Bem, a greve tinha ficado para trás, mas estávamos longe de acabar com as surpresas e reviravoltas emocionais. O que nos esperava faria com que as primeiras quatro temporadas parecessem um passeio no parque.

9

“O momento em que minha vida mudou”

UM CASAMENTO, NOVAS CONTRATAÇÕES (E PERDAS) E OUTRAS MUDANÇAS: QUINTA E SEXTA TEMPORADAS

No fim dos anos 2000, *The Office* estava começando a decolar. A quinta e a sexta temporadas em geral são consideradas pelos críticos e fãs as melhores. Enfrentamos tempestades inesperadas, testemunhamos momentos cruciais para nossos personagens, fizemos novas contratações na Dunder Mifflin e enfrentamos grandes mudanças nos bastidores.

Como enfrentamos esses ventos soprando em outra direção? Nas palavras de Michael Scott, quando solicitado pelo diretor financeiro da Dunder Mifflin, David Wallace, a explicar o seu segredo para o sucesso (no episódio "The Duel", da quinta temporada): "Às vezes, começo uma frase e não sei que rumo vai tomar. Apenas espero encontrá-lo ao longo do caminho".

Este poderia muito bem ter sido o nosso lema antes de cada temporada: Não sabemos o rumo que vai tomar, apenas esperamos encontrá-lo ao longo do caminho.

Isso não quer dizer que enfrentamos os desafios cheios de confiança e dando de ombros. Quanto mais atenção atraíamos, maiores eram as apostas. E agora, mais do que nunca, sabíamos o quanto havia a perder. Ou, como disse quem estava prestes a assumir como showrunner de *The Office*...

JEN CELOTTA: A gente não queria estragar nada.

"Parece que Mozart quer projetar um piano comigo"

Spin-offs de *The Office* e novas contratações

Quando há um programa de TV tão popular quanto *The Office* – o elemento principal da nova programação da NBC para as noites de quinta-feira (a partir de 2006), intitulada "Comedy Night Done Right" –, é natural que a rede peça um spin-off. Ben Silverman, que substituiu Kevin Reilly como copresidente da NBC Entertainment no verão de 2007, estava ávido para redobrar os esforços no programa que alavancou sua reputação na NBC. Assim como *Cheers* tinha *Frasier*, *All in the Family* tinha *Jeffersons*, e *The Daily Show* tinha *Colbert Report*, *The Office* teria seu... bem, Greg ainda não sabia ao certo. Mas ele sabia quem iria ajudá-lo na criação.

MIKE SCHUR: [Greg me perguntou] durante a greve dos roteiristas. Estávamos fazendo piquetes na Paramount, e Greg disse: "Ei, quero falar com você". E ele basicamente falou: "A emissora quer que eu faça um novo programa e quero que seja com você". Pensei: "Qual é a sensação disso? Ah, parece que Mozart quer projetar um piano comigo". É a analogia mais próxima que consegui fazer. Foi o momento em que minha vida mudou.

GREG DANIELS: Mike podia produzir, escrever, e ele não era um dos personagens principais [em *The Office*]. Eu sentia que tinha um compromisso com o elenco e Steve [Carell]. Se Steve estava comprometido e não ia sair e fazer filmes, eu não queria ser o cara que estava fazendo algo em detrimento do show.

MIKE SCHUR: Eu estava muito nervoso, porque, disparado, *The Office* foi o melhor emprego que já tive na vida. Há uma coisa neste negócio que é, tipo, se você tem um pássaro na mão, apenas deixe-o na sua mão. O que você está fazendo? Mas, novamente, você não recusa a chance de desenvolver um programa com Greg Daniels. Então foi muito assustador, mas também foi a tacada certa. E se desse errado, aposto que ele iria me contratar de volta [para *The Office*].

GREG DANIELS: Havia muita pressão para fazer um spin-off de *The Office*. E eu estava preocupado, porque parecia que spin-offs nunca são tão bons. Por que você faz isso? Porque você está tentando tirar proveito da popularidade [do programa original].

MIKE SCHUR: É típico de Greg. Se a melhor ideia é fazer um spin-off de *The Office*, ótimo. Mas se a melhor ideia é outra coisa, então devemos fazer outra coisa. Greg é um homem de enorme integridade criativa e pessoal. Ele poderia ter faturado alto com muita facilidade. Ele poderia ter pegado os contadores [da filial de Scranton] e dado a eles um programa próprio. Ele poderia ter selecionado Kelly [Kapoor, interpretada por Mindy Kaling] e dar a ela um show. Ele poderia ter escolhido Jan [Levinson] para fazer um programa só dela. Ele poderia ter sido o Dick Wolf da comédia.

Dick Wolf é o criador e produtor-executivo da franquia lucrativa (e aparentemente interminável) de *Law & Order.*

MIKE SCHUR: Mas ele disse: "Não quero prejudicar a integridade do território de *The Office*".

Os passos seguintes e vitais do processo criativo ocorreram em um restaurante.

GREG DANIELS: Eu ia com frequência ao NORMS em Van Nuys. Há um ótimo NORMS em Sherman Way, que seria o meu ponto de encontro.

NORMS é uma cadeia de vinte restaurantes na área do sul da Califórnia, inaugurada nos anos 1950 pelo vendedor de carros usados Norm Roybark. É o lugar onde Tom Waits afirma que gostou da "carne de hambúrguer de aparência estranha que derrete" na canção "Eggs and Sausage", do álbum *The Nighthawks at Diner.*

GREG DANIELS: Comecei a ir ao NORMS tentando pensar em um show diferente.

MIKE SCHUR: Nós nos encontrávamos para tomar o café da manhã juntos umas três vezes por semana. Apresentei, sei lá, umas 275 ideias para programas de TV. E ele me apresentava ideias também, não era uma via de mão única. Nós só ficamos lançando e lançando ideias. Algumas delas eram, tipo, "Talvez pudéssemos fazer algo com o depósito", ou "Talvez uma filial diferente". A razão pela qual o programa foi [originalmente] chamado de *The Office: An American Workplace* é porque Greg estava pensando em mil jogadas de xadrez lá na frente. Se funcionasse, poderia ter *The School: An American Workplace* e fazer um programa sobre professores. Ou *The Team: An American Workplace*, sobre um time da liga menor de beisebol, coisas assim. Ele estava pensando globalmente naquela época, mesmo antes de fazer o piloto.

GREG DANIELS: Tive uma ideia que achei boa. O local de trabalho é um bom gênero de comédia televisiva, mas um gênero ainda maior é o programa de família. Que tal um mocumentário sobre uma família? Tem aquele *American Family* dos anos 1970, exibido na PBS.

***An American Family*, um documentário de televisão que foi ao ar em 1973 na PBS, muitas vezes considerado o primeiro reality show americano, acompanhou Bill e Pat Loud e seus cinco filhos de Santa Barbara, na Califórnia. O público assistiu ao casal se divorciar e ao filho Lance se assumir gay para os pais.**

GREG DANIELS: Tínhamos achado a solução. Ed Helms talvez fosse escalado como o protagonista, com Catherine Tate [atriz britânica] fazendo sua esposa. Seria um mocumentário sobre algum *cul-de-sac* do subúrbio.

BEN SILVERMAN: Estávamos falando sobre ter Amy Poehler e o marido dela na época, Will Arnett, fazendo um spin-off familiar. Tínhamos debatido e discutido sobre de que forma a nave mãe [ou seja, *The Office*] poderia servir de apoio e como definir algo que não seria competitivo com o programa, mas consistente com ele.

MIKE SCHUR: Sendo Greg, ele não se comprometeu com nada. Ele ficava, "OK, bom, temos isso, vamos continuar tendo ideias e tentar chegar a outra coisa". Isso era todos os dias...

Mike estava começando a ficar ansioso. Pelo menos até falar com alguém que conhece as peculiaridades de Greg melhor do que ninguém: a esposa, Susanne.

MIKE SCHUR: Ela me contou sobre uma época no início do casamento, quando eles estavam viajando de carro de Chicago para Nova York. Eram dez horas da noite e eles estavam dirigindo pelo condado de Schuylkill, na Pensilvânia. Eles saíram da rodovia e encontram um restaurante. A garçonete chegou e Greg perguntou: "O que vocês servem aqui? Qual é o prato favorito de todo mundo?". E ela respondeu: "Ah, as pessoas gostam muito do bolo de carne". E ele indagou: "Como o prato é preparado?". Ela terminou de explicar o processo de preparação do bolo de carne, e ele continuou: "Do que mais as pessoas gostam?". E Susanne interveio: "Podemos apenas comer?". E ele devolveu: "Eu quero saber que tipo de comida eles têm". Então ele faz mais cem perguntas e ela disse: "Querido, estou morrendo de fome". E ele continuou: "Susanne, esta pode ser a única vez que viremos aqui. Precisamos ter a melhor experiência gastronômica em Schuylkill, Pensilvânia". E eles não ficaram ali. Eles dirigiram para outro restaurante, e Greg fez mais perguntas. "O que vocês servem aqui? Do que as pessoas gostam?" Ela me contou essa história e fiquei de queixo caído. Ela concluiu: "Esse é o homem com quem escolhi me casar. E esse é o homem com quem você escolheu desenvolver um programa de TV".

Estava começando a parecer que eles nunca chegariam a uma premissa para o spin-off.

BEN SILVERMAN: E então Mike Schur surgiu com uma ideia ambientada no mundo da política de cidade pequena.

Essa ideia, em parte inspirada em Barack Obama e na eleição presidencial de 2008, acabaria virando *Parks and Recreation*. "Documentando" a vida, os amores e as aventuras do departamento de parques e recreação na cidade

fictícia de Pawnee, Indiana. A série, estrelada por Amy Poehler, durou de 2009 a 2015.

MIKE SCHUR: O programa não é apenas sobre o governo local, é sobre uma cidade inteira. Tipo, como inventar a Dunder Mifflin, mas agora uma cidade inteira, um ecossistema completo com meios de comunicação, restaurantes, prefeitura, celebridades locais e uma história. Colocou a nossa cabeça para funcionar. Queimou os nossos neurônios. É como uma *The West Wing* da comédia. Se os problemas em *The West Wing* são a Rússia e a China indo para a guerra no Cazaquistão, os desse programa são os times de futebol masculino e feminino tentando usar o mesmo campo.

Tecnicamente, não era um spin-off de *The Office*, já que as duas séries não compartilhavam personagens semelhantes.

BEN SILVERMAN: Fiz um acordo com Amy Poehler, quem eu queria que fizesse parte do elenco de *The Office* originalmente.

Amy chegou a ser considerada para o papel de Jan Levinson. Greg não se preocupava com o fato de que Amy e Steve Carell, ambos ex-alunos do teatro de comédia Second City em Chicago, pudessem ser muito convincentes (e simpáticos) ao interpretarem idiotas bem-intencionados. O personagem de Amy em *Parks and Recreation* não seria apenas a versão feminina de Michael Scott.

GREG DANIELS: Não acho que Amy possa esconder sua inteligência. Um dos verdadeiros dons de Steve é que é possível olhar pra cara dele, e ele está fazendo algo muito idiota, e você não consegue decifrar se ele está ciente de que aquilo é bobeira. Ele esconde completamente a própria inteligência. Amy provavelmente poderia fazer isso se quisesse, mas escolheu não seguir esse caminho. Ela não esconde. Talvez também seja por ser mulher. Há uma conotação diferente a mulher esconder a inteligência.

Parks and Recreation estava tomando forma. Mas Greg sabia que não podia fazer dois programas sozinho. Felizmente, ele planejava esse momento havia anos e estava de olho em dois roteiristas em particular.

JEN CELOTTA: Éramos... Sou péssima em termos militares... tenentes? É a patente abaixo do capitão? Greg era o capitão e estávamos abaixo dele e assumimos algumas responsabilidades.

QUINTA TEMPORADA
Guia dos episódios

TÍTULO	DIRIGIDO POR	ESCRITO POR	DATA DE EXIBIÇÃO ORIGINAL
"Weight Loss"	Paul Feig	Lee Eisenberg e Gene Stupnitsky	25 de setembro de 2008
"Business Ethics"	Jeffrey Blitz	Ryan Koh	9 de outubro de 2008
"Baby Shower"	Greg Daniels	Aaron Shure	16 outubro de 2008
"Crime Aid"	Jennifer Celotta	Charlie Grandy	23 de outubro de 2008
"Employee Transfer"	David Rogers	Anthony Q. Farrell	30 de outubro de 2008
"Customer Survey"	Stephen Merchant	Lester Lewis	6 de novembro de 2008
"Business Trip"	Randall Einhorn	Brent Forrester	13 de novembro de 2008
"Frame Toby"	Jason Reitman	Mindy Kaling	20 de novembro de 2008
"The Surplus"	Paul Feig	Gene Stupnitsky e Lee Eisenberg	4 de dezembro de 2008
"Moroccan Christmas"	Paul Feig	Justin Spitzer	11 de dezembro de 2008
"The Duel"	Dean Holland	Jennifer Celotta	15 de janeiro de 2009
"Prince Family Paper"	Asaad Kelada	B. J. Novak	22 de janeiro de 2009

“Stress Relief”	Jeffrey Blitz	Paul Lieberstein	1º de fevereiro de 2009
“Lecture Circuit: Part 1”	Ken Kwapis	Mindy Kaling	5 de fevereiro de 2009
“Lecture Circuit: Part 2”	Ken Kwapis	Mindy Kaling	12 de fevereiro de 2009
“Blood Drive”	Randall Einhorn	Brent Forrester	5 de março de 2009
“Golden Ticket”	Randall Einhorn	Mindy Kaling	12 de março de 2009
“New Boss”	Paul Feig	Lee Eisenberg e Gene Stupnitsky	19 de março de 2009
“Two Weeks”	Paul Lieberstein	Aaron Shure	26 de março de 2009
“Dream Team”	Paul Feig	B. J. Novak	9 de abril de 2009
“Michael Scott Paper Company”	Gene Stupnitsky	Justin Spitzer	9 de abril de 2009
“Heavy Competition”	Ken Whittingham	Ryan Koh	16 de abril de 2009
“Broke”	Steve Carell	Charlie Grandy	23 de abril de 2009
“Casual Friday”	Brent Forrester	Anthony Q. Farrell	30 de abril de 2009
“Cafe Disco”	Randall Einhorn	Warren Lieberstein e Halsted Sullivan	7 de maio de 2009
“Company Picnic”	Ken Kwapis	Jennifer Celotta e Paul Lieberstein	14 de maio de 2009

Jen Celotta e Paul Lieberstein eram perfeitos para o trabalho de coshowrunners, ou cocapitães.

PAUL LIEBERSTEIN: Greg e eu fomos fazer uma caminhada na Saticoy [rua em Van Nuys], e ele perguntou se eu queria assumir essa função com a Jen.

BRIAN BAUMGARTNER: Você foi *caminhar* com ele?

PAUL LIEBERSTEIN: Isso não era incomum. Você não fazia isso? Tivemos um clube de corrida de verdade [para o elenco e a equipe de *The Office*] durante um mês.

BRIAN BAUMGARTNER: Quando Greg pediu pra você assumir, isso assustou você?

PAUL LIEBERSTEIN: Com certeza.

JEN CELOTTA: Sentimos uma enorme responsabilidade. Mas não era como se Greg estivesse entrando em um barco e depois saindo fora. Ele nos ajudaria a navegar e poderíamos fazer perguntas. As principais responsabilidades caberiam a mim e a Paul, então certamente sentimos um grande peso em nossos ombros. Mas Greg ainda estaria envolvido na série.

Esse envolvimento começou cedo, com reuniões semanais entre Greg, Mike e os dois recém-nomeados showrunners de *The Office*.

JEN CELOTTA: Greg distribuiu um memorando com orientações sobre as reuniões, como: "Diga as coisas no menor tempo possível", algo assim. Era muito educado e basicamente indicava: "Tente permanecer no trilho". Fiquei pensando nisso – Mike gosta de falar, mas ele é muito sucinto em tudo o que diz, e Paul não fala muito. E logo pensei que aquilo era pra mim". Greg escreveu o memorando pra mim. Dizia: "Jen, pare de falar o tempo todo".

PAUL LIEBERSTEIN: Jen e eu escrevemos "Goodbye, Toby" juntos [o último episódio da quarta temporada], e eu me lembro de Greg dizer algo que me impressionou porque eu não tinha pensado sobre isso dessa maneira. Era mais ou menos assim: "Arrase com este. Porque muitas pessoas vão assistir. Isso definirá o tom para o próximo ano". Eu fiquei, tipo, "Caramba. Bem, *isso* dificulta as coisas".

LEE EISENBERG: Paul e Jen eram nossos colegas de trabalho havia três anos e adorávamos os dois e achávamos que eles eram incríveis. Então, parecia uma progressão natural, em vez de um programa diferente.

Paul e Jen não tinham intenção de reformular *The Office* ou mudá-lo radicalmente em relação à visão de Greg.

> **PAUL LIEBERSTEIN:** Não era algo como: "Finalmente, podemos fazer do nosso jeito". Adorávamos a escrita de Greg. Mesmo que ele me desse autoridade, eu queria que ele gostasse do programa, sabe? Se ele viesse a uma leitura de mesa e não gostasse de algo, eu mudaria. Acho que nunca disse: "Bem, mas eu gosto, então vamos fazer desse jeito". Nós sempre chegávamos a um consenso.

Que bom que chegavam, porque a quinta temporada nos trouxe alguns acontecimentos inesperados. Lembra da nossa primeira temporada, quando a NBC pediu apenas seis episódios? Bem, agora a emissora queria vinte e oito.

> **JEN CELOTTA:** A gente acabou fazendo dezenove seguidos. Era, tipo, "Ai, merda. Ai, merda. Ai, merda". Greg é muito bom em assumir compromisso e depois dar um jeito. Já eu entro em pânico e me preocupo, e quando as coisas ficam difíceis, fico bem. Quando nos pediram para fazer dezenove episódios seguidos, me lembro de entrar em pânico um pouco, e eles [Greg e Paul] disseram: "Vai ficar tudo bem, são apenas mais episódios. É mais emocionante. É mais trabalho pra todos. É mais dinheiro, é mais tudo". E eu disse a Paul e Greg: "Sinto que estou em um filme de terror com vocês, mas sou a única que vê o monstro". E então lembro que houve um período particularmente difícil, e Paul disse: "Eu estou vendo o monstro, estou vendo o monstro!".

Felizmente, eles tinham ajuda. Paul Feig assumiu como coprodutor-executivo. E como o editor Dean Holland se juntou a *Parks and Recreation* e Dave Rogers passou a dirigir também, trouxemos uma nova editora, Claire Scanlon. Hoje, Claire é uma grande diretora de TV – *Unbreakable Kimmy Schmidt, The Good Place, Brooklyn Nine-Nine*, e a comédia romântica *O Plano Imperfeito*, da Netflix –, mas no início de 2009, quando se juntou à nossa equipe, ela

FICHA DE RECURSOS HUMANOS

Claire Scanlon

Profissão: editora e diretora

Cidade natal: Chicago, Illinois

Formação: Inglês, Universidade de Chicago, turma de 1992; Cinema, Universidade do Sul da Califórnia

Emprego anterior: edição de documentários para a PBS e o Discovery Channel, como *Lenny Bruce: Swear to Tell the Truth* (1998), *Bodybuilders* (2000) e *Las Vegas Weddings* (2001)

Trabalhos pós-*The Office*: diretora de séries como *Unbreakable Kimmy Schmidt* (2016-2018), *Fresh Off the Boat* (2015-2018), *Black-ish* (2014-2019), *Brooklyn Nine-Nine* (2015-2020) e *GLOW* (2017-2019); dirigiu vários filmes de destaque da Netflix, incluindo *O Plano Imperfeito* (2018) e *Unbreakable Kimmy Schmidt: Kimmy vs Reverendo* (2020)

Habilidades especiais: dirigir e editar durante a gravidez – terminou de filmar *O Plano Imperfeito* um mês antes de dar à luz e completou a edição de um dos episódios de *Last Man on Earth* no hospital, enquanto o parto era induzido

Experiência em vendas e marketing: dirigiu o comercial da Jack Daniel's fazendo lobby para que Lynchburg, Tennessee, tivesse o próprio time de basquete na NBA

havia feito apenas reality shows e documentários.

> **CLAIRE SCANLON (EDITORA E DIRETORA):** Este foi o primeiro programa de televisão roteirizado que editei, ponto-final. Literalmente fui do não roteirizado para a empresa número um.

Ela conseguiu o trabalho depois de indicar um amigo editor para Paul Lieberstein, que ela conhecia dos círculos sociais desde os vinte e poucos anos de idade. O amigo de Claire queria se juntar ao spin-off de *The Office*.

> **CLAIRE SCANLON:** Eu disse a Paul: "Ei, meu amigo quer participar da seleção para o novo show". E ele perguntou: "Ué, mas e você? Você também é editora". Nem passou pela minha cabeça que eu teria alguma chance. Conheci Greg e Susanne na festa de aniversário de Paul uma vez. Pra mim, eles eram muito adultos. Eles já tinham um filho, e eu tinha vinte e poucos anos, e eles eram muito maduros. Quando fui à minha entrevista com Greg, me lembro de pensar: "Ele já é pai".

A diferença de idade entre Claire e Greg é de sete anos.

CLAIRE SCANLON: Eu disse a ele: "Não tenho nenhuma experiência em edição de narrativa. Este não é meu forte. Venho da área de documentários. Na verdade, trabalhei com muitos dos seus operadores de câmera em O *Aprendiz*". Greg falou: "Isso é uma vantagem". Hoje consigo ver por que foi uma qualidade atraente. Ele queria pessoas dispostas a frustrar a estrutura do roteiro, que não achassem que o roteiro é a Bíblia.

DAVID ROGERS: Ela foi superbem logo de cara. Simplesmente pescou tudo direitinho.

CLAIRE SCANLON: Foi uma prova de fogo. Dave Rogers era incrível, e ele sempre assistia às minhas edições e dava ótimos conselhos, como: "Não corte isso fora. Continue com a piada até o fim". Coisas que precisariam de um editor mais experiente para saber. Mas por causa da minha experiência prévia em documentários, eu estava muito confortável com o estilo de filmagem, enquanto outros editores pensariam, "Nossa, que diabos é isso?".

Claire entrou, Paul e Jen subiram de posto, e Greg e Mike recuaram um pouco. Nosso programa estava mudando, mas sempre conseguíamos nos equilibrar, o que era bom, porque, como logo descobriríamos, havia correnteza à frente.

Como isso faz você se sentir?

The Office e a Grande Recessão

GREG DANIELS: Quero ser realista. Quero ser relacionável. Quero ser observacional. Quero pesquisar e olhar para o mundo real. O que está

> acontecendo no mundo real? Como você relaciona isso de modo que pareça relevante para as pessoas? Se vai seguir esses princípios, você vai acabar comentando sobre o que está acontecendo ao seu redor.

O que estava acontecendo ao nosso redor no verão de 2008, enquanto nos preparávamos para nossa quinta temporada, era uma mistura de esperança e ansiedade. A Nasa tinha pousado uma nave espacial em Marte. Pessoas de todo o mundo se reuniram para os Jogos Olímpicos de Beijing. Barack Obama concorria à presidência dos EUA. Foi uma época otimista. Mas também estávamos no meio de uma terrível recessão.

The Office refletia essa ansiedade econômica havia algum tempo, como no clássico "Business School", da terceira temporada, em que Michael precisa defender a Dunder Mifflin diante de alunos de uma faculdade de administração.

MICHAEL: Davi sempre vai vencer Golias.

ALUNO DE NEGÓCIOS: Mas há cinco Golias. Tem a Staples, a OfficeMax...

MICHAEL: Sabe o que mais está enfrentando cinco Golias? Os EUA. Al-Qaeda, aquecimento global, predadores sexuais... envenenamento por mercúrio. Então simplesmente desistimos?

Também teve o episódio "Money", da quarta temporada, em que Michael arranja um segundo emprego como operador de telemarketing para conseguir pagar as contas...

MICHAEL: É, tenho ficado apertado de dinheiro ultimamente. Mas, no fim da minha vida, quando estiver sentado no meu iate, vou pensar em quanto dinheiro eu tenho?

... e "Customer Survey", sexto episódio da quinta temporada, em que Jim compra a casa de seus pais no meio da crise imobiliária.

JIM: Se a história nos ensina algo, é que você não pode errar ao comprar uma casa que não pode pagar.

BRENT FORRESTER: Acho que estava no DNA do programa antes mesmo da recessão. Scranton foi deliberadamente escolhida como esta cidade da classe trabalhadora em apuros, e a indústria do papel era obsoleta. Com certeza estávamos cientes da recessão, mas Scranton já era um lugar economicamente precário. Não me lembro de aumentarmos isso durante a recessão, mas me recordo das pessoas falando sobre o assunto.

BRIAN BAUMGARTNER: A história da Sabre veio em um momento em que a Comcast estava entrando e assumindo o controle do mercado.

A Sabre, empresa fictícia de vendas de impressoras sediada na Flórida, comprou a filial de Scranton na sexta temporada, assim como a Comcast estava comprando ações da MGM e da Disney e se tornando a maior provedora de serviços de internet dos EUA.

SEXTA TEMPORADA
Guia dos episódios

TÍTULO	DIRIGIDO POR	ESCRITO POR	DATA DE EXIBIÇÃO ORIGINAL
"Gossip"	Paul Lieberstein	Paul Lieberstein	17 de setembro de 2009
"The Meeting"	Randall Einhorn	Aaron Shure	24 de setembro de 2009
"The Promotion"	Jennifer Celotta	Jennifer Celotta	1º de outubro de 2009
"Niagara"	Paul Feig	Greg Daniels e Mindy Kaling	8 de outubro de 2009
"Mafia"	David Rogers	Brent Forrester	15 de outubro de 2009
"The Lover"	Lee Eisenberg	Lee Eisenberg e Gene Stupnitsky	22 de outubro de 2009
"Koi Pond"	Reggie Hudlin	Warren Lieberstein e Halsted Sullivan	29 de outubro de 2009
"Double Date"	Seth Gordon	Charlie Grandy	5 de novembro de 2009
"Murder"	Greg Daniels	Daniel Chun	12 de novembro de 2009
"Shareholder Meeting"	Charles McDougall	Justin Spitzer	19 de novembro de 2009
"Scott's Tots"	B. J. Novak	Gene Stupnitsky e Lee Eisenberg	3 de dezembro de 2009
"Secret Santa"	Randall Einhorn	Mindy Kaling	10 de dezembro de 2009
"The Banker"	Jeffrey Blitz	Jason Kessler	21 de janeiro de 2010
"Sabre"	John Krasinski	Jennifer Celotta	4 de fevereiro de 2010
"The Manager and the Salesman"	Marc Webb	Mindy Kaling	11 de fevereiro de 2010

"The Delivery"	Seth Gordon	Daniel Chun	4 de março de 2010
	Harold Ramis	Charlie Grandy	
"St. Patrick's Day"	Randall Einhorn	Jonathan Hughes	11 de março de 2010
"New Leads"	Brent Forrester	Brent Forrester	18 de março de 2010
"Happy Hour"	Matt Sohn	B. J. Novak	25 de março de 2010
"Secretary's Day"	Steve Carell	Mindy Kaling	22 de abril de 2010
"Body Language"	Mindy Kaling	Justin Spitzer	29 de abril de 2010
"The Cover-up"	Rainn Wilson	Gene Stupnitsky e Lee Eisenberg	6 de maio de 2010
"The Chump"	Randall Einhorn	Aaron Shure	13 de maio de 2010
"Whistleblower"	Paul Lieberstein	Warren Lieberstein e Halsted Sullivan	20 de maio de 2010

BRIAN BAUMGARTNER: Foi intencional ou uma feliz coincidência?

BRENT FORRESTER: B. J. Novak estava muito ciente dessas tendências em tecnologia. WUPHF [o site fictício de Ryan Howard, introduzido na sexta temporada] é uma sátira perfeita da startup de internet. E Greg está sempre muito à frente das tendências. Não sei onde ele encontra tempo para ler *The Economist* ou o que quer que seja. Fizemos um episódio, acho que se chamava "China" [da sétima temporada]. Greg percebeu: "Ah, merda, a China vai comandar a economia mundial. E se Michael ler um artigo sobre isso no consultório do dentista?".

MICHAEL: Em toda a minha vida acreditei que os Estados Unidos eram número um. Esse era o ditado. E não "Os EUA são número dois". A Inglaterra é número dois. A China deve ser número oito.

BRENT FORRESTER: Vou te contar uma piada da sala dos roteiristas. Há coisas que se tornam uma referência que nunca sai da sala. Quando os webisódios foram ao ar e as pessoas estavam falando deles, a piada da sala dos roteiristas era que deveria haver uma forma de entretenimento chamada "silosódios", em que os episódios de *The Office* seriam projetados na frente de um silo de grãos. [*Risos.*] Então estávamos sempre falando sobre o dinheiro dos silosódios.

Houve até momentos em que a linha que separa o universo de *The Office* e o mundo real ficou um pouco embolada. Olhe Andy Buckley, por exemplo. Ele interpretou David Wallace, o diretor financeiro da Dunder Mifflin. E ele não só parecia ser um cara das finanças, como também, na verdade, era consultor financeiro na Merrill Lynch.

ANDY BUCKLEY (DAVID WALLACE): Michael Schur amava o fato de eu estar na área financeira. E eu trabalhei na Merrill Lynch o tempo todo que estive no programa. Filmamos o último episódio em março de 2013, e eu oficialmente deixei a Merrill Lynch em dezembro de 2012. Trabalhei na Merrill Lynch o tempo todo.

Uma vez estávamos em casa, e eu estava todo desarrumado, brincando com meu filho Xander, que na época tinha dois anos. A campainha tocou, eu atendi, e era a Courtney Love. Ela ia ter uma reunião com um grande diretor sobre um papel em algum filme e queria estar preparada. Eu disse a ela: "Nancy está descendo. Pode esperar na cozinha". E voltei a brincar com meu filho. Nancy desceu e elas foram andando até o estúdio, e a primeira coisa que Courtney disse pra minha esposa foi: “Por que o cara de *The Office* está na sua casa?”.

Andy não era apenas “o cara de *The Office*”. Ele estava trabalhando na Merrill Lynch quando tudo deu errado no outono de 2008.

ANDY BUCKLEY: O fim de semana em que a Lehman Brothers saiu do negócio [em 15 de setembro de 2008] foi uma loucura, porque isso aconteceu quando eu estava em *The Office* o tempo todo. Foi o meu ano mais movimentado no programa. Felizmente, eu tinha sócios. Houve um dia em que o mercado de ações caiu mais de setecentos pontos em apenas três horas.

Foi em 29 de setembro de 2008, poucos dias depois da estreia de nossa quinta temporada. A Dow Jones Industrial Average sofreu a maior queda em seus 112 anos de história.

ANDY BUCKLEY: Esse foi o dia em que eu estava sentado lá e foi... Acho

FICHA DE RECURSOS HUMANOS

Andy Buckley

Profissão: ator e consultor financeiro

Cidade natal: nascido em Salem e criado em Marblehead, Massachusetts

Formação: Bacharelado em Ciência Política, Universidade Stanford, turma de 1987

Empregos anteriores: pequenos papéis em *Silk Stalkings* (1993), *Melrose* (1997) e *The West Wing* (2000); participações em vários vídeos musicais de *Reba McEntire* (1997); consultor de gestão de riqueza na *Merrill Lynch* (2001-2012)

Trabalhos pós-*The Office*: papéis nos filmes *O Escândalo* (2019), *Lady Bird: a Hora de Voar* (2017) e *Jurassic World: o Mundo dos Dinossauros* (2015)

Habilidades especiais: jogou golfe em Stanford; fez comédia de improviso com Melissa McCarthy e Dax Shepard no Groundlings Theatre, em Los Angeles

Estado civil: sua esposa, Nancy Banks, é uma coach de teatro que trabalhou com celebridades como Channing Tatum, Jennifer Aniston, Jared Leto e Margot Robbie, entre muitas outras

que foi a negociação de Michael Scott, quando compramos a Michael Scott Paper Company.

Foi "Broke", um episódio da quinta temporada – o primeiro, coincidentemente, dirigido por Steve Carell – em que a empresa de papel de Michael, à beira da falência, recebe uma oferta de compra de seu antigo chefe.

ANDY BUCKLEY: Toda vez que eles diziam: "OK, vamos fazer uma pausa de cinco minutos", eu saía para fazer uma ligação de trabalho. "Dr. Wilson, é Andy Buckley. Vamos ficar bem, é algo temporário." E enquanto isso, tinha uma cena enorme para fazer. Eu queria dizer a eles: "Vocês não vão acreditar no que farei hoje!". Mas é claro que eu não podia falar isso.

Foi uma época estressante, mas as pessoas podiam recorrer a *The Office* em busca de conforto. A CNN, no fim de 2009, afirmou que os temas da era da recessão em *The Office* ofereciam "um senso de solidariedade para o público e um novo tipo de mecanismo de enfrentamento para lidar com o estresse relacionado à recessão". E em 1º de fevereiro de 2009, nos apresentamos no maior palco da TV, o horário seguinte ao Super Bowl.

Era o horário mais cobiçado na televisão. *Lassie* foi a primeira dona desse espaço no fim dos anos 1960, conquistando o "filé-mignon" da TV em três anos diferentes, e a partir daí a programação do pós-jogo se tornou tão popular (um recorde de 52,9 milhões de espectadores sintonizaram na exibição de *Friends* depois do Super Bowl em 1996) e mais comentado [Jennifer Garner de lingerie impressionou o público que ficou para assistir a *Alias* em 2003] do que o jogo em si.

O Super Bowl XLIII incluiu uma entrevista pré-jogo com o presidente Obama e um show com Bruce Springsteen no intervalo. Depois do jogo, a NBC exibiu um episódio de *The Office* em duas partes, chamado "Stress Relief". É aquele em que Dwight surpreende os colegas com uma simulação de incêndio tão assustadoramente real que Stanley acaba tendo um infarto.

EMILY VANDERWERFF: O episódio tem uma das grandes piadas que agora é uma cápsula do tempo, mas na época foi muito oportuno, que é Michael gritando com Stanley: "Stanley, Obama é o presidente!". Acho que foi a primeira piada de Obama na televisão.

PAUL LIEBERSTEIN: "Stress Relief" é o episódio que a maioria das pessoas me diz que é o predileto delas.

BRIAN BAUMGARTNER: Bem, foi especial, indo ao ar logo depois do Super Bowl.

PAUL LIEBERSTEIN: Sim, mas acho que isso é irrelevante agora. Foi um grande acontecimento na época. Estávamos muito focados nessa oportunidade de atrair mais olhos para o programa.

TERI WEINBERG (ATUAL VICE-PRESIDENTE EXECUTIVA DA NBC ENTERTAINMENT): Precisávamos fazer algo completamente ultrajante para garantir que as pessoas que assistiam ao Super Bowl e que nunca tinham visto *The Office* dissessem: "Ai, meu Deus, adorei isso! Vou continuar assistindo!". Eu estava sendo um pouco pressionada por Jeff [Zucker, presidente da NBC] para garantirmos a presença de algumas celebridades no episódio. Mas nunca tivemos celebridades em nosso programa. O objetivo era sempre garantir a impressão de que estávamos em um mundo de pessoas comuns.

Nossa diretora de elenco, Allison Jones, não gostou da ideia de incluir celebridades. Na verdade, ela era resistente a figurões desde o primeiro dia.

ALLISON JONES: Sempre defendi a ideia de que era um documentário, e de repente Matt Damon ia aparecer em Scranton? Isso me deixava louca. Quando a emissora começou a se envolver mais com o acompanhamento do índice de audiência semanal e outras coisas, eles passaram a dizer:

"Vocês têm que usar Ben Affleck, blá-blá-blá". Nunca concordei com nada disso. Pra mim, estragaria o DNA do programa. Então não fizemos isso com frequência.

BRIAN BAUMGARTNER: Até o episódio do Super Bowl.

ALLISON JONES: Isso me irritou muito. Eu normalmente nunca falava com algum executivo da emissora, mas acho que fiz isso em uma teleconferência. Eu fiquei, tipo, "Você está brincando comigo?". Eu vociferava sobre não querer essa situação.

TERI WEINBERG: Mas, à maneira brilhante de Greg, ele encontrou um jeito de trazer celebridades sem dar a impressão de que elas faziam parte de *The Office*.

Jim, Pam e Andy assistem a um filme pirata chamado *Mrs. Albert Hannaday*, em que o personagem de Jack Black tem um caso tórrido com a avó (Cloris Leachman) de sua noiva (Jessica Alba).

TERI WEINBERG: Eu não me importava se houvesse estrelas no episódio. Era um chefe [Jeff Zucker] tentando mandar. E entendi isso como uma coisa de programação. Mas encontramos uma maneira de fazer a alegria do chefe sem prejudicar a integridade do show. Eu tinha que aprender a equilibrar as duas coisas: dar aos meus chefes o que eles sentiam que precisavam e, o mais importante, proteger o programa.

O show foi entregue como prometido. De acordo com a Nielsen, 22,9 milhões de espectadores sintonizaram para assistir ao programa – a nossa maior audiência de todos os tempos. As críticas foram apaixonadas – o A.V. Club resumiu o episódio em três palavras: "Programa do caralho" – e Jeffrey Blitz ganhou um Emmy pela direção do episódio. Mas Teri sente mais orgulho do fato de terem feito isso sem abandonar os princípios criativos que Greg incutiu neles desde o início.

TERI WEINBERG: Ele costumava me dizer: "O que é mais importante pra mim é que você me diga como se sente. Como o episódio faz você se sentir? Como os personagens desse episódio fizeram você se sentir?". Então eu olhava para o roteiro e pensava em como ele me fazia sentir. Eu não olhava e dizia: "Bem, a estrutura não é muito blá-blá-blá". Tudo tinha a ver com: "Estamos conseguindo ter esse momento realmente tranquilo entre Jim e Pam? Há algo acontecendo no canto dos contadores para espiarmos?". Tinha de fato a ver com a forma como eu me sentia.

"Uma pessoa com dedos de pombo dançando com outra de pernas arqueadas"

Os muitos amores de Erin Hannon

A quinta temporada de *The Office* viu muitas mudanças de funcionários na Dunder Mifflin. Ryan Howard e Toby Flenderson voltaram para a filial de Scranton e Michael pediu demissão para abrir o próprio negócio, a Michael Scott Paper Company, de alguma forma convencendo Pam e Ryan a segui-lo. Também vimos novos rostos se juntarem à equipe, como Charles Miner, o novo vice-presidente da região nordeste (interpretado por Idris Elba), e o substituto de Toby no RH (e alma gêmea de Michael) Holly Flax (interpretada por Amy Ryan).

Também conhecemos nossa nova recepcionista, que ficaria conosco pelo resto da série. Erin Hannon, interpretada por Ellie Kemper, não poderia ter sido mais diferente de seus colegas de trabalho da Dunder Mifflin, a maioria dos quais apenas contava os minutos para sair.

ELLIE KEMPER: Erin adorava estar lá. Você pode imaginá-la se preparando para o trabalho pela manhã, apenas querendo se destacar na sua função. Stanley talvez estivesse um pouco de saco cheio, assim como Oscar. Mas Erin *vivia* para aquilo. Trinta segundos após a conhecermos [Erin se juntou à filial de Scranton no episódio "Michael Scott Paper Company", da quinta temporada], ela concordou em mudar de nome. O nome completo dela é Kelly Erin Hannon, mas já tinha uma Kelly no escritório. Então ela disse: "Podem me chamar de Erin". Ela só queria estar lá.

BRIAN BAUMGARTNER: Ela apenas queria impressionar Michael. Como se ela nunca tivesse sido constrangida por ele ou revirado os olhos para ele.

ELLIE KEMPER: Ai, não. Pelo contrário. Ela o adorava. Michael era uma inspiração para ela. Lembra quando Erin conhece Holly [no episódio "The Search", da sétima temporada] e é quase como se ela estivesse marcando o território? Tipo, aquela moça é quem está roubando o coração de Michael.

> **ERIN:** Holly está arruinando a vida de Michael. Ele acha que ela é tão especial, mas não é. Dou nota três para a personalidade dela. O senso de humor leva nota dois. As orelhas levam um sete e um quatro. Somando tudo, dá quanto? Dezesseis.

ELLIE KEMPER: Ela é bem cética em relação a essa mulher porque sente que ninguém é bom o suficiente para Michael.

BRENT FORRESTER: Ellie era uma daquelas personagens convidadas para quem todo roteirista queria escrever instantaneamente. Todo mundo começou a apresentar histórias pra ela. Foi como uma injeção de adrenalina pra nós. Alguns artistas são tão talentosos e especiais que criam sua própria longevidade.

PAUL FEIG: Ela tem uma energia bem diferente de todos no programa. Então foi, tipo, "Será que isso vai funcionar?". Mas esse foi de fato o brilhantismo de Greg e Paul [Lieberstein], vendo isso e dizendo: "Sim, vamos brincar com essa situação". [Dirigindo] a primeira conversa dela com a câmera, nunca tinha visto alguém de *The Office* com aquele tipo de atitude. Foi revigorante, mas também desnorteou um pouco.

BRIAN BAUMGARTNER: O personagem dela é alguém de fato otimista e entusiasmado.

PAUL FEIG: É por isso que a colocamos contra a janela. Demos a ela a janela de Jim porque ela estava muito feliz. A janela de Jim foi algo que Randall inventou, eu acho, que foi colocar as conversas de Jim com a câmera tendo uma janela ao fundo, porque ele tem um futuro e não está preso, e os outros estão principalmente contra uma parede sem janela para o exterior.

FICHA DE RECURSOS HUMANOS

Ellie Kemper

Profissão: atriz e roteirista

Cidade natal: nascida em Kansas City, Missouri, criada em St. Louis

Formação: atuou com Jon Hamm em uma produção do ensino médio de *Stage Door*; bacharelado em Inglês, Universidade de Princeton, turma de 2002

Empregos anteriores: atuou em esquetes no *Late Night with Conan O'Brien* (2007) e *Important Things with Demetri Martin* (2009-2010); contribuiu para *The Onion* (com manchetes como "Dog in Purse Stares Longingly at dog in Yard" [cachorro em bolsa encara longamente cachorro em quintal]); teve um show de sucesso, *Feeling Sad/Mad with Ellie Kemper* (2008), no UCB Theater

Trabalhos pós-*The Office*: protagonista da série *Unbreakable Kimmy Schmidt* (2015-2020), da Netflix; autora do livro de humor autobiográfico *My Squirrel Days* (2018)

Citações especiais: em 2009, foi considerada uma das dez comediantes mais promissoras pela revista *Variety*

Experiência de vendas: apareceu em comerciais da Dunkin' Donuts e do Kmart

CLAIRE SCANLON: Quando Ellie entrou, éramos tipo as novas garotas no pedaço. Eu não sabia como vocês introduziam novos personagens, se era por bem ou por mal. Eles esperavam que os atores lhes mostrassem quem eles eram e isso funcionava ou não. Lembro que editei "Secretary's Day" [o vigésimo segundo episódio da sexta temporada], e Erin tinha uma cena em que Michael a levou para almoçar e disse a ela que Andy [seu namorado] tinha sido noivo de Angela, e então Erin ficou arrasada.

[*ERIN COBRE O ROSTO COM O CABELO.*]

MICHAEL: O que você está fazendo?

ERIN: Na casa dos meus pais adotivos, meu cabelo era meu quarto. [*Começa a gritar sob o cabelo.*]

CLAIRE SCANLON: Eu me lembro de pensar: "Ela vai conseguir". Eu não conhecia muito o trabalho dela antes, mas editando aquela cena, eu disse: "Ela tem o que é necessário, pode brincar com Steve, ela vai conseguir". Era uma grande cena e, com certeza, ela a estava conduzindo, e ele reagia a tudo o que Ellie fazia.

ELLIE KEMPER: Ah, você vai me fazer chorar. É o elogio mais doce. "Secretary's Day" é o meu episódio favorito.

BRIAN BAUMGARTNER: Você estava páreo a páreo com Steve, talvez um dos melhores improvisadores do planeta.

MICHAEL: Andy, você sabe, vamos lá. Andy, a bunda dele parece grande naquelas calças cáqui.

ERIN: Ah, eu gosto da bunda dele.

MICHAEL: Você disse bunda.

ERIN: Você me enganou!

AMBOS: Ahh!

ELLIE KEMPER: Foi um dos melhores dias da minha vida. O tempo todo me senti um pouco eufórica.

Os roteiristas gostaram de Erin, e novas possibilidades da história começaram a surgir, incluindo um complicado romance com Andy Bernard, interpretado por Ed Helms. Ele começou a correr atrás de Erin na quinta temporada e até fez um dueto com Dwight cantando "Take Me Home, Country Roads" para chamar a atenção dela. Foi só a partir da sexta temporada que Andy finalmente tomou coragem para convidá-la para sair.

ED HELMS: Eu não acho que tinha algo definido no início, mas a energia de Erin era tão engraçada e parecia casar com a de Andy de certa forma, com os dois sendo meio desajeitados socialmente. Isso tornou os dois perfeitos um para o outro. É como uma pessoa com dedos de pombo dançando com outra de pernas arqueadas.

BRIAN BAUMGARTNER: Ellie, você acha que Erin e Andy eram um bom casal?

ELLIE KEMPER: Nunca achei isso. É terrível dizer isso?

BRIAN BAUMGARTNER: Não.

ELLIE KEMPER: Eu senti que Andy era um pouco infantil demais. Acho que ele não estava pronto para cuidar de Erin do jeito que ela precisava. E Erin estava pronta para cuidar dele, então parecia uma relação desigual nesse aspecto. Adoro que tenhamos feito tantas cenas juntos, mas essa relação nunca me pareceu justa.

Ela logo foi para os braços de Gabe Lewis, diretor de coordenação de regiões emergentes da Sabre (interpretado por Zach Woods), mas ele não era um par muito melhor.

ELLIE KEMPER: Não sei com quem Erin deveria ficar. Alguém que é estranho, mas que também é capaz de cuidar dela. Não achei que Erin tivesse encontrado o par certo para ela naquele programa. É por isso que precisamos de um especial de Natal para ver quem ela escolheu. Eu quero que isso aconteça. Não sei se mais alguém quer, mas eu quero. Só um episódio.

BRIAN BAUMGARTNER: Você sabe que sugeri Kevin e Erin juntos?

ELLIE KEMPER: Acho que seria uma relação bastante razoável.

BRIAN BAUMGARTNER: Fui até a sala dos roteiristas e disse: "Se Kevin pudesse amadurecer um pouco...". Tinha algo na energia dos dois que eu achava que combinava. É quase como o ser estático e o beija-flor, mas de alguma forma a energia dos dois combinava de uma maneira estranha.

ELLIE KEMPER: Brian, isso realmente faz todo o sentido pra mim. Eu adorei essa sugestão.

Kevin e Erin chegaram perto de se tornar o próximo grande romance de *The Office*. No episódio "The Delivery", da sexta temporada, Michael tenta dar uma de casamenteiro, formando novos casais no escritório. Ele forma o par Kevin e Erin, e não se percebe exatamente um clima ardente no primeiro "encontro".

ERIN: Você passou a infância e a adolescência por aqui?

KEVIN: Não.

ERIN: `Então você deve ter crescido em algum outro lugar?`

KEVIN: `Sim.`

Um minuto de silêncio para "Krevin".

"Basicamente estouramos todo o orçamento com uma filmagem"

O pedido de casamento

Nas temporadas seguintes, veríamos algumas das maiores mudanças do nosso outro casal favorito: Jim e Pam.

> **PAUL FEIG:** Não era como Sam e Diane. Não era como Ross e Rachel, que eram a peça central do show. Era uma coisa legal que estava acontecendo como uma história à margem. Então ninguém se cansava daquela história. Simplesmente, a vontade era investir naquilo, querendo que acontecessem mais coisas.

O momento que todos esperávamos finalmente chegou na estreia da quinta temporada, no episódio "Weight Loss".

> **PAUL FEIG:** Uma das maiores honras para mim também foi poder dirigir o episódio do pedido de casamento.

Aconteceu, como você provavelmente se lembra, em uma parada de descanso de uma estrada interestadual, no meio da chuva, em algum lugar entre Scranton e Nova York.

PAUL FEIG: Foi a cena mais cara que já fizemos na história do programa. Era o primeiro episódio daquela temporada, e basicamente estouramos todo o orçamento com uma filmagem, que custou meio milhão de dólares.

Por que tanto para uma cena com duração de cinquenta e dois segundos? O plano original era levar o elenco e a equipe para o leste e filmar em uma parada de descanso real na Merritt Parkway, mas não seria possível criar chuva falsa para a cena. Então nossa equipe de produção construiu uma parada de descanso inteira em um estacionamento atrás de uma Best Buy em Los Angeles. Greg estima o custo em cerca de 250 mil dólares.

DAVID ROGERS: Construímos a estrutura em um estacionamento enorme e contratamos dezoito caminhoneiros, que ficaram circulando por ali, simulando a passagem dos caminhões pelo local.

Mas quando conseguimos realizar a filmagem, as coisas ficaram complicadas *de verdade*.

DAVID ROGERS: Fizemos uma versão em que não é possível ouvi-los, só vê-los. E também tivemos uma versão em que é possível ouvi-los.

GREG DANIELS: Eu não conseguia decidir se deveríamos ouvi-los ou apenas vê-los. Dava para saber do que se tratava só de ver. Nós gravamos o áudio e, em seguida, ficamos, tipo, "Bem, talvez devêssemos deixar apenas o barulho da chuva. O que é o mais eficaz?".

BRENT FORRESTER: Um dos grandes debates da história norte-americana.

JEN CELOTTA: Foi a discussão mais louca, e havia defensores de ambos os lados. Metade queria que houvesse som quando víssemos Jim pedir Pam em casamento e metade queria apenas vê-lo ajoelhado na chuva.

BRENT FORRESTER: Eles iam e voltavam na decisão, e testavam, filmaram as duas versões e concluíram com segurança que deveria ser de uma maneira e depois repensaram. Em um processo como este, acho que é possível que a objetividade acabe se perdendo. É difícil permanecer objetivo em relação a qualquer coisa, mas em um meio subjetivo como as artes e a comédia é mais complicado. Só se toma uma decisão no final.

GREG DANIELS: Voltou para aquela coisa de "Casino Night". Quanto você se inclina para o lado do recurso de documentário? Vai ficar mais ou menos legal?

JEN CELOTTA: O lado que queria ouvir as palavras de Jim ficava, tipo, "Estamos esperando há séculos para ouvi-lo pedir Pam em casamento. Por que tirar esse momento das pessoas e não ouvir as palavras de fato?". O objetivo é dar ao público o que ele estava esperando, o que pode ser uma cena um pouco mais no estilo de um programa de comédia. Já no estilo mocumentário, seria algo como: "Nossa, é tão bonito e sutil estar do outro lado da rua e tentar ouvi-los nesse momento". Porque Jim desligaria o microfone nessa hora. É um *grande* momento. Ou [os caras da câmera] perderam a saída e eles estão tentando chegar a tempo e eles não conseguem. Mas você via e sabia o que estava acontecendo. E quando Jim se ajoelha, o que ele vai dizer além daquilo que *todo mundo* diz [durante um pedido de casamento]? Sabemos o que ele estava dizendo. Na verdade, preencher as lacunas é mais bonito.

PAUL FEIG: Eu estava a favor da versão sonora. Foi tão emocionante para mim, e o desempenho deles foi muito bom, e já estávamos lidando com tanta coisa com a rodovia e todos esses carros passando e fazendo barulho. Eu me recordo de lutar muito, com muita veemência, para ter o som. Acho que Greg esteve sempre em cima do muro em relação a termos ou não feito [com som].

JEN CELOTTA: Teve um momento em que Greg estava entrando no carro, e a discussão já durava um mês e tínhamos que resolver isso. Eu estava vindo de um trailer e ele estava entrando no carro, e eu o chamei: "Greg". Ele se virou e ficou preso entre a porta do carro e o veículo. Perguntei: "Você decidiu se vai ter som ou não?". E ele respondeu: "Não, ainda não". Parecia literalmente um filme de terror. Eu ficava atrás dele para descobrir se a decisão tinha sido tomada.

GREG DANIELS: Eu ia e voltava na decisão. Eu tinha tantas versões. Testei com pessoas diferentes, trouxe todo mundo para analisar a questão.

JEN CELOTTA: Lembro que estava no escritório e vi uma lista de pessoas que queriam som e uma lista das que não queriam. A esposa dele e dois filhos estavam de um lado da lista, e outros dois filhos estavam do outro. A família dele ficou dividida. Então ele estava entrevistando todo mundo e perguntando: "O que devemos fazer?".

PAUL FEIG: Nós estávamos literalmente perguntando pra todo mundo: "Ei, cara que conserta os carros para o programa, venha aqui. O que você acha?".

DAVID ROGERS: Greg acabou se decidindo pela versão em que não é possível ouvi-los. E então ele mudou de ideia na manhã em que iríamos ao ar. Ele disse: "Não, fiquei pensando nisso a noite toda e quero colocar no ar a versão em que eles podem ser ouvidos".

BRIAN BAUMGARTNER: Na *manhã* em que fomos ao ar?

DAVID ROGERS: Isso. Acho que as duas versões eram ótimas, mas é melhor ouvir. Quer dizer, esperamos tanto tempo por aquele momento, provavelmente era melhor ouvir e não apenas ver, porque o objetivo era não ter nenhum tipo de confusão em relação ao que aconteceu.

GREG DANIELS: E acho que no final ficou um meio-termo. Isso. É possível ouvi-los. Mas o áudio tem muito barulho de chuva.

[*JIM FICA DE JOELHOS.*]

PAM: O que você tá fazendo?

JIM: Eu só... não consigo mais esperar.

PAM: Meu Deus.

BRIAN BAUMGARTNER: Você acha que eles tomaram a decisão certa?

BRENT FORRESTER: Acho que teria funcionado dos dois jeitos. É por isso que dirigir não é uma forma de arte fraudulenta. Todas essas questões, se você vê o ator ou não o vê, é possível fazer isso tudo de várias maneiras. E então ter a convicção no final pra dizer: "Sim, há maneiras inteligentes de fazer isso, mas o que mais importa é esse desempenho".

DAVID ROGERS: Acho que fizemos a escolha certa. Mas vou dizer uma coisa: eles não destruíram a cena sem som. E quando chegou a hora de fazer os DVDs, quase estragaram tudo. Quase foi parar nos DVDs. Estavam fazendo CQ [controle de qualidade], e algumas cabeças rolaram porque, você sabe, essa [tomada alternativa] precisa ser rotulada para que não se misture em cortes de distribuição ou na Netflix ou qualquer outra coisa.

"Um cavalo não pode morrer no ápice do romance"
O casamento de Jim e Pam

BRIAN BAUMGARTNER: Você estava preocupada de estragar tudo quando Pam e Jim finalmente se casassem?

JENNA FISCHER: Não estava porque formávamos um casal havia algumas temporadas. Então acho que a pergunta era: eles podem se juntar e ser um casal estável, e ainda assim vamos nos importar com eles? Lembro que tive uma conversa com Greg e ele disse: "O que vai fazer as pessoas se desinteressarem é se continuarmos inventando essas maneiras estranhas de manter os dois separados. Isso é cansativo e não é realista. E então o que precisamos fazer é uni-los e, em seguida, dar a eles obstáculos para que os superem como um casal". Assim, em vez de obstáculos que os impedem de ser um casal, dar a eles obstáculos para conseguirem se manter como um casal. Como Pam querendo ir para a escola de arte ou Jim querendo começar o próprio negócio, ou ter o primeiro filho ou o que quer que fosse. Situações em que eles teriam que enfrentar a tempestade juntos, o que é mais interessante e realista. O que não vai ser satisfatório é se eles ficarem juntos no final da nona temporada, depois de terem tido vários casos. Todos vão ficar, tipo, "Ei... Acho que... Parabéns? Espero que você aproveite seu casamento com toda a sua bagagem terrível". Não é um final feliz.

Na sexta temporada, era hora de Jim e Pam finalmente juntarem as escovas de dentes, e todo o escritório foi até as Cataratas do Niágara para o casamento. Assim como o relacionamento de Jim e Pam, a filmagem desse episódio teve muitos obstáculos. Era uma situação real de "tudo o que dificulta torna algo melhor".

PAUL FEIG: Íamos filmar no barco, *Lady of the Mist*, alguma coisa assim.

BRIAN BAUMGARTNER: *Maid of the Mist.*

O *Maid of the Mist* leva turistas em um passeio de barco pelas Cataratas do Niágara (bem, pelo rio abaixo das cataratas) desde 1846, e transportou passageiros como Marilyn Monroe, Stephen Hawking, princesa Diana e Mick Jagger.

Jim e Pam planejaram um casamento na igreja, mas, quando perceberam que tudo girava mais em torno dos convidados do que dos dois, eles fugiram para se casar em segredo no *Maid of the Mist*. E o primeiro obstáculo? Filmar em um barco real no rio abaixo das Cataratas do Niágara.

PAUL FEIG: Envolvia tanta logística que foi difícil investir na emoção no início. Eu estava tão preocupado, tipo, nós vamos ficar encharcados? A câmera vai estragar?

A câmera não estragou. Mas eles ficaram encharcados, o que não era ideal para Kim Ferry, a chefe do departamento de cabelos.

KIM FERRY: Os dois [Jenna e John] ficaram encharcados na primeira tomada, foi horrível. Não havia eletricidade no barco, e era para a cena do casamento. Os produtores disseram: "Olha, fizemos três viagens [no barco] para testar tudo, e vai ficar tudo bem porque nunca subiu água no barco". E então chegamos lá e estamos perto das cataratas, e de repente veio, *splaaaash*. Simplesmente encharcou os dois.

DEBBIE PIERCE: O que você fez?

KIM FERRY: Comecei a rir. E então nós apenas continuamos. É por isso que o cabelo da [Jenna] mudou, porque estava tão encharcado no barco que não podíamos voltar para como estava antes. Tínhamos que continuar filmando. Eles perguntavam "Você pode consertar isso?". Eu retrucava: "Vocês estão brincando, né? Com o *quê*?".

E como se não bastasse a complicação toda, John Krasinski estava gripado.

JOHN KRASINSKI: Me lembro de aparecer e não conseguir andar. Eu estava me sentindo muito mal. Um dos momentos mais românticos do programa, e não beijei Jenna de fato. Beijei a bochecha dela porque não queria deixá-la doente. Eu estava muito mal.

BRIAN BAUMGARTNER: Acho que, para aquele grande momento, você poderia tê-la deixado doente.

JOHN KRASINSKI: Isso é uma coisa horrível. Mas foi por isso que dei um grande beijo ao estilo Humphrey Bogart, meio escondido das câmeras.

BRIAN BAUMGARTNER: Quando você entrou no barco, as duas pessoas atrás de você eram meus pais na vida real. Você se lembra disso?

JOHN KRASINSKI: Ah, minha nossa, agora eu lembro, sim. Paul [Feig] estava de terno sob a lona azul e, com sua gentileza habitual, disse: "Estes são os pais de Brian".

Jim e Pam voltaram para a igreja para ter uma segunda cerimônia na frente de todos os amigos e familiares. O que os telespectadores não sabem é que outra cena deveria acontecer naquele momento.

JOHN KRASINSKI: O cavalo ia cair do penhasco.

Isso mesmo. A ideia de Greg era que Roy interrompesse a cerimônia com um grande gesto, montado em um cavalo. De alguma forma, Dwight pega o cavalo e o afasta da igreja.

PAUL FEIG: Originalmente, Greg tinha essa ideia insana de que Dwight montaria um cavalo nas Cataratas do Niágara.

GREG DANIELS: Dwight está no hotel e olhando para todas essas fotos de animais sendo lançados nas cataratas, e Roy aparece em um cavalo para tentar reconquistar Pam. Ele abandona o cavalo, e Dwight se aproxima, sobe no cavalo e começa a cavalgar para as Cataratas, montado no animal, e então percebe que é uma péssima ideia. Ele pula no último minuto. E enquanto Pam e Jim estão se casando, um cavalo despenca lá no fundo. Todo mundo gritou comigo, falaram coisas do tipo: "Um cavalo não pode morrer no ápice do romance!".

PAUL FEIG: Dissemos algo como "Não sei se queremos matar um cavalo no casamento de Jim e Pam". Ele discutiu e lutou por isso.

GREG DANIELS: Eu estava realmente comprometido com essa história de Dwight montando um cavalo sobre as Cataratas, a ponto de eu procurar uma piscina onde pudéssemos filmar a cena do cavalo caindo.

JOHN KRASINSKI: Até a filmagem, essa história estava lá. Acho que foi Rainn quem disse: "Até eu acho que isso é loucura".

BRIAN BAUMGARTNER: O momento em que vocês estão no barco é tão bonito. É necessário um cavalo caindo de um penhasco? E parecia que sim. Greg *queria* um cavalo caindo de um penhasco.

GREG DANIELS: Fizemos várias mudanças dessa magnitude após uma leitura de mesa, mas não com apostas tão grandes. Basicamente, o roteiro que Mindy e eu escrevemos, e lemos na mesa, tinha um cavalo despencando das cataratas depois de todas as coisas românticas com Pam e Jim, tendo a própria cerimônia privada no *Maid of the Mist* após o casamento. Mas havia muitos problemas. Era parte de uma história de Dwight, e eu queria que equilibrasse o romance descarado da história principal, mas depois da leitura de mesa, o elenco me disse que eu estava errado, e acabei acatando. Foi como uma intervenção de pessoas normais na vida de um viciado em comédia.

Greg mudou de ideia, o que significava que Paul Lieberstein e os roteiristas teriam que criar um conceito totalmente novo para a cerimônia de casamento.

PAUL FEIG: Foi uma coisa de última hora. Tivemos um dia ou dois. E aquele vídeo do casamento já estava por toda parte na internet.

"Aquele vídeo de casamento" mostrava as núpcias de Jill Peterson e Kevin Heinz, que escolheram "Forever", de Chris Brown, para tocar no caminho até o altar – um percurso coreografado. Os padrinhos e as madrinhas dançaram e desfilaram, e o noivo até deu cambalhotas. O vídeo foi postado no YouTube em julho de 2009 e, até o momento em que este livro foi escrito, já tinha sido visto mais de cem milhões de vezes.

PAUL FEIG: Foi meio que a configuração perfeita. E então, quando estávamos filmando naquela igreja o dia todo... era tanta coisa para filmar que estávamos correndo contra o tempo. Literalmente, restava meia hora. Eu fiquei tipo: "Eu nem tenho tempo para conseguir filmar essa dança!". Então nós teríamos talvez duas tomadas para essa parte. E na primeira tomada ficou ótimo. Foi tipo: "É isso, acabou". Hora de largar o microfone.

Agora havia imagens de nós dançando a caminho do altar no casamento "oficial" e imagens separadas do casamento secreto de Jim e Pam no *Maid of the Mist*. O próximo desafio foi na sala de edição, onde Paul e Claire tiveram que descobrir como encaixar as duas cerimônias.

PAUL FEIG: Decidimos misturar o número da dança com o casamento e começamos a chorar. Quer dizer, eu ainda fico muito emocionado assistindo ao episódio, porque ficou lindo. A maneira como ele vai e volta entre os dois momentos.

CLAIRE SCANLON: Tem a última cena nas Cataratas do Niágara, em que Jim e Pam estão na proa do barco, e ele coloca o braço em volta dela e olha direto para a câmera. Não é nem arrogante, é apenas um sorriso doce, tipo: "Ela é minha". John e Jenna foram à ilha de edição para ver. Eles disseram: "Precisamos ver esse episódio. Precisamos aprovar isso". E depois que eles assistiram, me virei e os dois estavam se debulhando em lágrimas. Para os momentos comoventes, tudo o que você quer é fazer as pessoas chorarem. Foi de fato um momento doce, em que pudemos participar da jornada dos dois e ser testemunha disso.

Uma das coisas satisfatórias em fazer um programa de TV por tantas temporadas é que há espaço para mostrar mudanças reais. No fim da sexta temporada, o casamento de Jim e Pam e a descoberta de que teriam um bebê não pareciam mais uma etapa realizada. Pareciam reais. Centenas de pessoas visitaram o site de casamento de Pam e Jim (halpertbeesly.com) para escrever mensagens, parabenizando o feliz casal fictício. Mas se apaixonar por esses personagens só dificultou as coisas quando um deles decidiu ir embora, como estávamos prestes a descobrir.

Greg Daniels (*à esquerda*) e equipe assistem à última tomada do episódio final da série.

BEM-VINDO À DUNDER MIFFLIN: A FAMOSA PLACA DE *THE OFFICE* NA PORTA DO "PARQUE EMPRESARIAL DE SCRANTON".

© cortesia de Teri Weinberg

Stephen Merchant, cocriador de *The Office* (Reino Unido) e Ben Silverman.

© cortesia da BBC

Ricky Gervais no set de *The Office* (Reino Unido).

© cortesia de Teri Weinberg

Ben Silverman e Howard Klein, produtores-executivos de *The Office*.

UM ELENCO OTIMISTA NA PRIMEIRA TEMPORADA.

Dwight Schrute (Rainn Wilson), o assistente do gerente regional.

Angela Kinsey e Jenna Fischer: duas atrizes desconhecidas em um escritório desconhecido.

Um trio moldado no céu: Jenna, John e Rainn.

"Stanley, o cara", interpretado por Leslie David Baker.

Todos os olhos (e câmeras) em Oscar Nuñez.

Creed Bratton, o evasivo.

© cortesia de Brian Baumgartner

Phyllis Smith e Allison Jones: a dupla que fez de Phyllis uma estrela.

STEVE CARELL E GREG DANIELS DISCUTEM QUEM É DE FATO O MELHOR CHEFE DO MUNDO.

O líder destemido do programa: Greg Daniels.

Peças decorativas do escritório de Scranton.

Construção dos personagens por meio do design do cenário. Phyllis Smith, Angela Kinsey e Leslie David Baker (*página ao lado*) exibem sua decoração personalizada.

A câmera capta um momento entre John Krasinski (Jim Halpert) e Jenna Fischer (Pam Beesly) no set do episódio "The Fire".

APENAS UM GRUPO DE PERDEDORES COMUNS:
O ELENCO DE *THE OFFICE* NA PRIMEIRA TEMPORADA.

Os rivais de *The Office*: Michael e Toby.

Brian Baumgartner no papel de Kevin Malone... o homem mais inteligente e bonito em *The Office*.

Rainn Wilson no papel de Dwight Schrute.

Randall Einhron (*à esquerda*) e o diretor Charles McDougall (*à direita*) fazendo a marcação de cena.

Jim Halpert revelando seus verdadeiros sentimentos para a câmera.

O ELENCO DE *THE OFFICE*, 2005.

Os Dundies.

Dwight Schrute nos teclados.

Festa de Natal: quinze garrafas de vodca são suficientes para vinte pessoas?

Uma captura de tela do Schrute Space.

© cortesia de Brian Baumgartner

Juntos nos bastidores de "Booze Cruise".

O NÃO CASAL JENNA FISCHER E JOHN KRASINSKI.

O amor no gelo: O casal ioiô Kelly e Ryan (Mindy Kaling e B. J. Novak) tentam se equilibrar, 2006.

Um pouco de Jim e Pam.

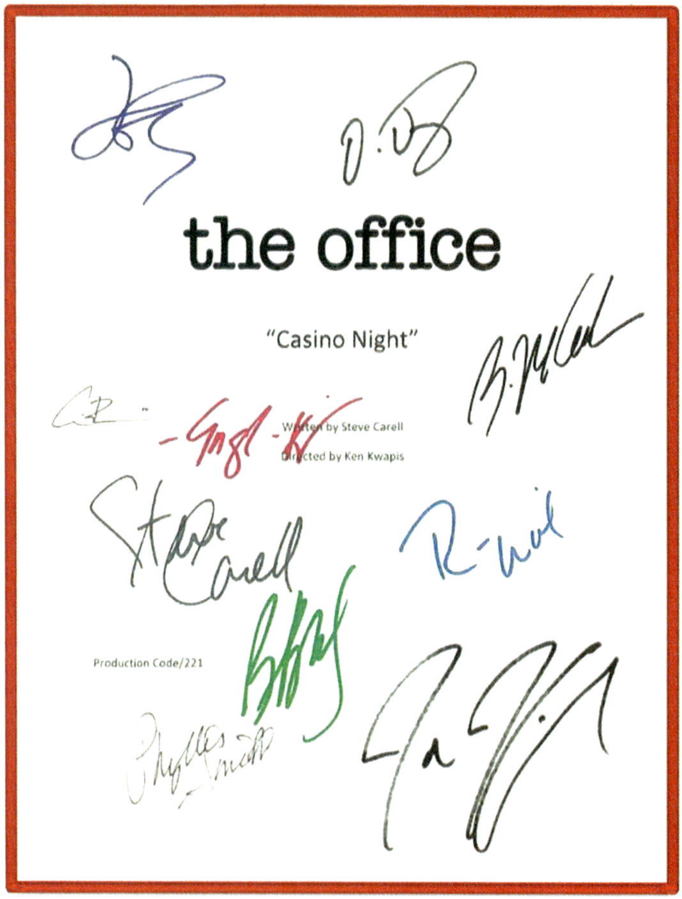
the office

"Casino Night"

Written by Steve Carell

Directed by Ken Kwapis

Production Code/221

Uma cópia do roteiro de "Casino Night".

Dwight e Angela: um caso de amor secreto.

Michael e Jan: um caso de amor nem tão secreto.

EM MOMENTOS DE TRAGÉDIA, A FAMÍLIA ESTÁ PRESENTE: UMA IMAGEM DE "GRIEF COUNSELING".

Conan O'Brien (*à esquerda*) no set de *The Office*.

Paul Feig e Ken Kwapis no set de *The Office*.

Michael Scott dançando na festa de Kelly Diwali.

Michael Scott com seu cartão de Natal montado no Photoshop.

UM ELENCO CHEIO DE TALENTOS DE PESO: O SONHO DE QUALQUER ROTEIRISTA.

© cortesia de Greg Daniels

Andy Bernard, também chamado Cachorrão Nard, o personagem de Ed Helms como uma sensação na música.

© cortesia de Greg Daniels

O elenco de *The Office* participando de piquetes em solidariedade aos roteiristas.

Michael Scott como anfitrião de seu infame jantar em “Dinner Party”.

CELEBRANDO O CENTÉSIMO EPISÓDIO DA SÉRIE.

Mike Schur (*à direita*) como Mose Schrute.

Andy Buckley como David Wallace, o diretor financeiro da Dunder Mifflin.

A mais nova integrante de *The Office*: Ellie Kemper como Erin Hannon.

Jim e Pam com sua bebê recém-nascida: uma vida começa quando uma história chega ao fim.

O ELENCO DE *THE OFFICE* NA ÚLTIMA PREMIAÇÃO DE OS DUNDIES.

Michael e Holly: enfim, o amor.

Steve Carell e Will Ferrell na última premiação Os Dundies de Michael.

O adeus do Michael a Oscar.

SÓ MAIS UMA VEZ: A EXTENSA FAMÍLIA DE *THE OFFICE*, NONA TEMPORADA

A enterrada fatídica de Will Ferrell.

Craig Robinson como Darryl Philbin.

A tensão sexual entre Robert California (James Spader) e Meredith.

Andy assume o posto de gerente.

Jim e Dwight no topo do ônibus em “Work Bus”.

A ÚLTIMA LEITURA DE MESA.

The Office encontra *Matrix*: agora disponível em streaming.

Os funcionários da Dunder Mifflin juntos na reunião final.

Greg Daniels e "Jen Celotta Schrute".

Adeus à Dunder Mifflin: a filmagem das últimas conversas com a câmera.

© cortesia de Brian Baumgartner

Um casamento bem à moda Schrute.

Pam retira seu quadro da parede. Encontrando beleza nas coisas ordinárias.

Estes estavam desde o início: Howard Klein, Jenna Fischer, Ken Kwapis, Greg Daniels e Teri Weinberg.

John e Oscar no bar de Kevin.

Fotos desta página e da seguinte: © cortesia de Brian Baumgartne

Scranton, PA, maio de 2013.

the office
9

THAT'S
A
WRAP

O ELENCO DE *THE OFFICE* RECORDA MOMENTOS EM UMA TARDE DE DOMINGO EM SCRANTON.

Steve Carell observa com orgulho a família de *The Office*.

Amor e tragédia: o casal feliz (e Michael Scott).

O "miniarco" de Jim na filial de Stamford.

Uma festa à fantasia agressivamente mundana na Dunder Mifflin em "Costume Party".

Protetor solar é como uma piada: um pouco ajuda muito.

Realizando o sonho americano.

Uma corrida divertida da família de *The Office* em “Fun Run”.

Agradecemos a visita à Dunder Mifflin.

10

“A perda do capitão do nosso navio”

O LONGO ADEUS A MICHAEL SCOTT (E A STEVE CARELL): SÉTIMA TEMPORADA

STEVE CARELL: Me lembro da última tomada. Estávamos filmando no escritório, o set principal, e era basicamente eu dizendo adeus a todos. Comecei a ter essa sensação de: "Ih, algo está acontecendo". Depois da última tomada, a sala se encheu de gente. Foram todos os roteiristas, a equipe e o elenco. Foi muita emoção.

Era impossível imaginarmos *The Office* sem Steve Carell. Seria como o *The Bob Newhart Show* sem Bob Newhart. Ou *Os Simpsons*, mas com o Homer de fora. Sempre fomos um programa do conjunto, mas nosso grupo tinha seu líder destemido, e ele era o número um na ficha de filmagem. (Uma ficha de filmagem, para quem não é da área de produção de TV, é um documento enviado para o elenco e a equipe de um programa, detalhando onde e quando eles precisam estar para a filmagem do dia seguinte.)

Steve – ou melhor, Michael Scott – não era apenas o primeiro rosto que se via nos créditos de abertura de *The Office*. Ele não era apenas o chefe e protagonista. Segundo alguns, ele era o coração do programa.

MATT SOHN: De longe, era Michael. Havia momentos em que o coração estava partido, mas ele era o cara que amávamos odiar. E havia outros momentos em que ele era tão frágil que era impossível deixar de gostar do cara.

Dizer adeus a Michael, e a Steve, não foi fácil. Havia emoção nos bastidores, emoção na frente das câmeras e pontas soltas que precisavam ser amarradas, tanto para Steve, o ator, quanto para Michael, o personagem fictício.

A partida dele jogou nosso show em uma roda-viva, transformou nossa história, mas também acabou reforçando nossos laços como personagens, como colegas de equipe e como amigos.

“Estragaram algo que poderiam ter salvado”

A decisão de Steve Carell de sair

RAINN WILSON: Estávamos começando a patinar nos índices de audiência antes mesmo de Steve partir. Não é como se tivéssemos uma audiência fantástica durante todo o tempo de Steve no programa, e aí ele resolvesse sair e entrássemos em declínio. Estávamos em declínio já havia um ou dois anos, mesmo com Steve lá.

Não era só *The Office* que estava perdendo audiência. Todas as grandes emissoras viram seus índices caírem 13% durante a temporada 2008-2009, e o futuro não parecia promissor. Mas isso não significava que o público estivesse se afastando inteiramente dos programas de TV. Só não os assistia nas mídias tradicionais.

RAINN WILSON: O que não sabíamos na época é que [as audiências] de todos os programas estavam diminuindo porque as pessoas estavam usando streaming e assistindo a coisas on-line.

Em agosto de 2009, quando estávamos entrando em nossa sexta temporada, o streaming on-line subiu 41% em relação ao ano anterior, de acordo com a Nielsen. O público também estava assistindo a programas que gravavam no TiVo e em outros gravadores digitais.

BRIAN BAUMGARTNER: O público ainda estava assistindo a *The Office*, mas não da mesma maneira que costumava fazer. No entanto, a emissora só enxergou que a audiência estava baixa.

BEN SILVERMAN: A imprensa naquele momento de fato não entendia para onde a televisão estava indo. Eles ainda estavam enraizados em um universo de três, quatro canais com alguns originais de TV a cabo. Não tinham uma referência para entender o que ia acontecer, o que o Hulu ia ser, o que a Netflix ia ser.

Em dezembro de 2009, a Comcast anunciou que estava adquirindo uma participação majoritária na NBC Universal. Nosso único salvador na NBC, Kevin Reilly, havia deixado a emissora fazia muito tempo, tendo sido demitido pela rede em maio de 2007.

KEVIN REILLY: A NBC me convidou para não fazer mais esse trabalho.

BRIAN BAUMGARTNER: Apesar do seu sucesso em *The Office*?

KEVIN REILLY: A situação de *The Office*, o programa que seria um problema real [para a NBC], foi uma das únicas coisas que durou e à qual valeu a pena se agarrar durante aquele período realmente brutal para a organização. Todo mundo meio que sentia algo como "Grande comando, grande show, vamos seguir em frente".

Ben Silverman, que o sucedera, também estava de saída. Ele se desligou do cargo de copresidente da NBC Entertainment no verão de 2009 sob "circunstâncias incertas", de acordo com alguns veículos de notícias.

BEN SILVERMAN: Quando eu era jovem, achei que seria uma fantasia comandar uma rede. Sempre quis dirigir a NBC.

BRIAN BAUMGARTNER: A NBC especificamente.

BEN SILVERMAN: Era a rede a que eu cresci assistindo. Eu amava *Cheers*, *Hill Street Blues*. Não percebi que basicamente teria apenas de servir à parte corporativa, porque essa era a única maneira de manter as coisas funcionando sem sofrer pressão real. E isso me afastou da parte que eu amo, que é a criativa. Eu ainda consegui dar o aval para *Parks and Recreation* e *Community* e todos aqueles shows maravilhosos.

BRIAN BAUMGARTNER: Foi assustador desistir?

BEN SILVERMAN: Eu me lembro de estar bastante animado para sair e dizer a Jeff Zucker: "Me sinto mal quando estou aqui. Sei que não quero estar aqui. Vou te ajudar a gerenciar isso, mas não posso mais ficar aqui". Eu estava naquele mundo corporativo e percebi: "Não faça isso de novo. Não fique tão longe do conteúdo. Retorne ao que você ama".

Jeff Zucker, que foi amplamente responsabilizado pela queda de audiência da NBC e por sua má gestão da situação de Conan O'Brien e Jay Leno no *Tonight Show*, revelou publicamente ter sido demitido em 23 de setembro de 2010, que por acaso foi o mesmo dia da estreia de nossa sétima temporada, a última com Steve Carell.

Espera aí, como é que é?

A notícia foi surpreendente para muitos de nós. Mas a decisão de Steve de sair não foi totalmente inesperada.

RAINN WILSON: Eu sabia que Steve ia sair do programa o mais rápido possível, porque ele tinha todos aqueles filmes que queriam pagar dez, quinze milhões a ele.

BEN SILVERMAN: Fiquei chocado com o fato de que eles não conseguissem resolver isso. Fiquei muito chateado porque estragaram algo que poderiam ter salvado.

GREG DANIELS: Todos os outros [no elenco] renegociaram e renovaram por mais dois anos. Esqueci quando isso aconteceu, mas foi bem no início. E Steve não fez isso. Então, àquela altura, ficou bem claro.

ANGELA KINSEY: Não me lembro do momento exato. Talvez tenham anunciado em uma leitura de mesa. Acho que Steve falou conosco no set um dia e nos avisou antes do anúncio, porque ele é esse tipo de pessoa. Eu me recordo de uma das coisas que ele me disse: "Eu realmente sinto que fiz tudo o que pude com Michael e a história dele".

SÉTIMA TEMPORADA
Guia dos episódios

TÍTULO	DIRIGIDO POR	ESCRITO POR	DATA DE EXIBIÇÃO ORIGINAL
"Nepotism"	Jeffrey Blitz	Daniel Chun	23 de setembro de 2010
"Counseling"	Jeffrey Blitz	B. J. Novak	30 de setembro de 2010
"Andy's Play"	John Stuart Scott	Charlie Grandy	7 de outubro de 2010
"Sex Ed"	Paul Lieberstein	Paul Lieberstein	14 de outubro de 2010
"The Sting"	Randall Einhorn	Mindy Kaling	21 de outubro de 2010
"Costume Contest"	Dean Holland	Justin Spitzer	28 de outubro de 2010
"Christening"	Alex Hardcastle	Peter Ocko	4 de novembro de 2010
"Viewing Party"	Ken Whittingham	Jon Vitti	11 de novembro de 2010
"WUPHF.com"	Danny Leiner	Aaron Shure	18 de novembro de 2010
"China"	Charles McDougall	Halsted Sullivan e Warren Lieberstein	2 de dezembro de 2010
"Classy Christmas"	Rainn Wilson	Mindy Kaling	9 de dezembro de 2010
"Ultimatum"	David Rogers	Carrie Kemper	20 de janeiro de 2011
"The Seminar"	B. J. Novak	Steve Hely	27 de janeiro de 2011
"The Search"	Michael Spiller	Brent Forrester	3 de fevereiro de 2011
"PDA"	Greg Daniels	Robert Padnick	10 de fevereiro de 2011
"Threat Level Midnight"	Tucker Gates	B. J. Novak	17 de fevereiro de 2011
"Todd Packer"	Randall Einhorn	Amelie Gillette	24 de fevereiro de 2011
"Garage Sale"	Steve Carell	Jon Vitti	24 de março de 2011

"Training Day"	Paul Lieberstein	Daniel Chun	14 de abril de 2011
"Michael's Last Dundies"	Mindy Kaling	Mindy Kaling	21 de abril de 2011
"Goodbye, Michael"	Paul Feig	Greg Daniels	28 de abril de 2011
"The Inner Circle"	Matt Sohn	Charlie Grandy	5 de maio de 2011
"Dwight K. Schrute, (Acting) Manager"	Troy Miller	Justin Spitzer	12 de maio de 2011
"Search Committee"	Jeffrey Blitz	Paul Lieberstein	19 de maio de 2011

PAUL LIEBERSTEIN: Steve teria ganhado muito dinheiro [com um novo contrato]. Só há uma razão para não optar por isso. Você só não quer ficar. Então não foi uma grande surpresa.

BRIAN BAUMGARTNER: Você se lembra de como descobriu que ele ia sair?

PAUL LIEBERSTEIN: Lembro que estava filmando um episódio em um hangar do aeroporto. Tínhamos alugado um avião particular. Acho que foi com Kathy Bates e Steve.

Era "Whistleblower", o último episódio da sexta temporada, dirigido por Paul e escrito pelo irmão dele, Warren, e por Halsted Sullivan. Nesse episódio, Michael se reúne com a CEO da Sabre, Jo Bennett (Kathy Bates), no hangar de seu jatinho particular.

PAUL LIEBERSTEIN: Steve e Greg entraram no avião e ficaram lá por muito tempo, e estávamos todos no aguardo, esperando para filmar. Fiquei sabendo logo depois disso. Acho que foi quando Steve disse a Greg que não voltaria.

GREG DANIELS: De fato não tenho uma lembrança disso. Parece uma história engraçada. Eu cheguei a quebrar algo? [*Risos.*] Mas da vibe eu me lembro. Eu não podia ficar bravo com ele. Steve era muito gracioso e íntegro. Então ele pode ter reservado aquele momento para me desapontar e me preparar. Ele também não queria que o programa acabasse, porque todos se amavam naquele show de uma maneira muito única. E ele não queria ser o cara que saiu mais cedo e acabou com a festa. Nós também tivemos algum tempo para pensar como Michael ia sair. Qual é o arco mais satisfatório para a psicologia dele?

"Ele encontrou sua verdadeira família"
Quando Michael conhece Holly

Desde o início do nosso programa, Michael Scott era o criançäo do escritório. Ele era o que mais precisava de cuidados, era incapaz de cuidar de si mesmo financeiramente...

> **MICHAEL:** Eu... declaro... falência!

... ou profissionalmente...

> **MICHAEL:** Não, eu não vou contar a eles [sobre o enxugamento da equipe]. Eu não vejo o porquê disso. Um médico não diria a um paciente se ele tivesse câncer.

... e com certeza não emocionalmente.

> **MICHAEL:** Há duas semanas, eu estava no pior relacionamento da minha vida. Ela me tratou mal, não tivemos uma conexão, eu estava infeliz. Agora estou no melhor relacionamento da minha vida, com a mesma mulher. O amor é um mistério.

Embora Michael possa ter dado a impressão de estar estagnado, ele estava mudando, ainda que em passos de tartaruga.

STEVE CARELL: Eu queria que Michael tivesse um arco durante toda a série. E eu acho que todos os personagens conseguiram, todos evoluíram e cresceram. No final, não era o mesmo grupo de pessoas que começou. E é assim que a vida é, né?

STEPHEN MERCHANT: O que Michael Scott e David Brent têm em comum é que, por trás de todas as coisas que os tornam desagradáveis, eles não são pessoas más, detestáveis. Eles são apenas carentes, e essa é a grande fraqueza deles. Eles querem ser seu amigo, mas também querem ser seu chefe. O que Steve Carell e os roteiristas [da versão americana de *The Office*] conseguiram fazer é trazer mais isso à tona, mostrar que ele é um garotinho em um mundo de adultos. Uma vez que você mergulha nisso e vê que há uma espécie de doçura solitária por trás de tudo isso, então acho que dá pra começar a torcer pelo personagem.

STEVE CARELL: Michael Scott, em sua essência, quer ser amado.

Na maior parte da série, ele não teve muita sorte nesse quesito. Mas, aí, no fim da quarta temporada, um novo personagem foi introduzido e desempenhou

um grande papel na evolução de Michael: Holly Flax, substituta de Toby como representante do RH na filial de Scranton.

PAUL LIEBERSTEIN: Foi só uma ideia colocar alguém que gostasse de Michael ao lado dele e ver como ia ser.

BRIAN BAUMGARTNER: Você teve ideia de eles terminarem juntos?

PAUL LIEBERSTEIN: Não, não.

BRIAN BAUMGARTNER: Isso nasceu depois?

PAUL LIEBERSTEIN: Sim. E se tornou um dos relacionamentos mais fortes do programa.

Encontrar uma atriz para interpretar Holly, por apenas seis episódios, mas com potencial para durar muito mais, foi um desafio para a diretora de elenco Allison Jones.

ALLISON JONES: Quem seria uma versão feminina crível de Michael Scott, talvez não tão desagradável, e entenderia suas piadas e seria atraente ao mesmo tempo?

E então eles conheceram Amy Ryan.

ALLISON JONES: Amy foi difícil de conseguir. Ela era uma atriz cara na época. Foi uma negociação difícil de sair.

AMY RYAN: Foi no ano em que fui indicada para o Oscar por *Medo da Verdade* [2008]. Eu me lembro de dizer ao meu agente, meio que na brincadeira, mas com um fundo de verdade: "Se tivermos alguma influência agora, quero lucrar com *The Office*". E ele disse: "OK". Aparentemente, de forma simultânea, Paul Lieberstein, que eu conhecia de uma série de muitos anos antes chamada *The Naked Truth*...

A série da ABC, que foi ao ar durante três temporadas entre 1995 e 1998, estrelando Téa Leoni como fotógrafa indicada ao Pulitzer e forçada a trabalhar para um tabloide desprezível. Amy interpretou a enteada de Téa, e Paul escreveu alguns episódios.

AMY RYAN: Eu não tenho certeza de quem ligou para quem primeiro, mas houve uma coincidência de timing. Me senti muito, muito confiante na minha decisão de que era ali que eu queria estar. Porque não há muita imaginação depois que você é notado por causa de determinado papel, sabe? As pessoas dizem: "Temos esse novo papel para você. Ela é uma mãe viciada em drogas". Quer dizer, como aquele que acabei de fazer [em *Medo da Verdade*]? Bom, não parece muito divertido. Fazer aquelas curvas à direita e fazer a cabeça das pessoas chicotear era o que eu queria.

MIKE SCHUR: Era o início da quinta temporada, e parecia que estávamos mudando de marcha com Michael. Tipo, quem sabe quanto tempo o show vai durar?

FICHA DE RECURSOS HUMANOS

Amy Ryan

Profissão: atriz

Cidade natal: Flushing, Queens

Formação: graduada na New York City High School of Performing Arts (também conhecida como a escola Fama); contratada para a turnê nacional de *Biloxi Blues*, de Neil Simon, logo após o ensino médio (1986)

Empregos anteriores: trabalhou por uma década na Broadway (1994-2005), estrelando peças de Neil LaBute, Arthur Miller e Tennessee Williams; papel em *The Wire* (2003-2008)

Trabalhos pós-*The Office*: papéis em filmes, incluindo *Lost Girls - Os Crimes de Long Island* (2020), *Estranho Mas Verdade* (2019), *Abundant Acreage Available* (2017) e *Birdman ou A Inesperada Virtude da Ignorância* (2014); recebeu críticas positivas e o Obie Award por protagonizar *Love, Love, Love* (2016), uma produção off-Broadway

Indicações ao Oscar: uma

Indicações ao Tony: duas

Indicações aos Dundies: nenhuma

Mas já tínhamos feito quase cem episódios e foi, tipo, OK, é hora de criar um personagem que seja um interesse amoroso viável para Michael Scott. E Jen [Celotta] foi umas das grandes responsáveis por isso. Ela disse: "Ela deve ser tão idiota quanto Michael. Essa é a melhor maneira de fazer isso". Não seria alguém inatingível no sentido de que precisaria ser muito sofisticada a ponto de Michael ter que mudar. A coisa que conecta os dois é que ela é uma idiota também e faz vozes idiotas e vídeos idiotas. Ela é uma versão feminina de Michael Scott, o que é perfeito.

AMY RYAN: Como fazer isso da mesma forma, mas diferente? Adoro a ideia de que há uma tampa para cada panela, sabe?

PAUL FEIG: Amy entrou no caminho que Holly, a personagem, entraria. Ela estava um pouco nervosa, porque os outros atores são comediantes profissionais, e ela não é conhecida por fazer comédia. Então entrou meio que desconfiada, e eu fiquei tipo: "Brinque com isso. É exatamente assim que Holly é".

AMY RYAN: Há uma coisa estranha em ser fã de um programa e depois trabalhar nele. Eu me lembro de ter feito um episódio de *ER* no passado e ter ficado chocada ao perceber que o corredor era muito estreito. Eles faziam toda aquela coreografia de correr com macas por um corredor minúsculo. Com *The Wire* foi a mesma coisa. Eu era uma grande fã do show e, em seguida, me juntei ao elenco na segunda temporada. Leva um tempo para se acalmar. É como se fosse um aluno vindo de outra escola. É tipo "quem vai lanchar comigo?".

Qual era a semelhança entre Amy Ryan e Holly? Vamos deixá-la responder.

AMY RYAN: Não sei se de fato quero admitir isso, mas depois de muitos anos interpretando diferentes papéis em filmes, peças e outros programas de TV, recebi uma ligação de um namorado meu da escola [*risos*], que disse: "Estou tão feliz que você finalmente está interpretando a si mesma".

E não posso negar isso. Meu lado nerd, geek, estava em ascensão lá. Esse é o outro lado da minha personalidade. Gosto de manter um equilíbrio.

JEN CELOTTA: Ela era tão fantástica, e então conseguimos mantê-la por perto e continuar contando com a participação dela. Lembro quando escrevemos o primeiro episódio em que ela aparecia ["Goodbye, Toby", da quarta temporada]. Paul ficou com a primeira metade e eu fiquei com a segunda. Tenho quase certeza de que dividimos o roteiro assim. Toda aquela coisa do Yoda era do Paul. Eu li e pensei: "Puta merda, isso é fantástico". Ela é o Michael, mas é diferente o suficiente.

MICHAEL: [*Imitando Yoda.*] Sentar no chão e montar a cadeira nós vamos.

[*MICHAEL RI DESCONFORTAVELMENTE.*]

MICHAEL: Yo-da.

HOLLY: [*Também imitando Yoda, para a surpresa de Michael.*] A peça de metal curvada me passe, por favor.

AMY RYAN: E agora eu vou confessar, tive que pesquisar Yoda no Google. Quer dizer, eu sabia quem ele era, mas, meu Deus, como ele *falava*?

JEN CELOTTA: Eu sempre defendi que "deveríamos fazer Michael superar Jan", mesmo que Jan seja ridiculamente engraçada. E se ele superá-la e oferecermos alguém por quem ele vai se apaixonar? Mas e se for chato e não for engraçado e não funcionar? Isso é sempre um desafio. Como se faz Pam e Jim serem interessantes e engraçados quando estão juntos? Como fazer Michael engraçado depois que ele evoluiu? Graças a Deus,

Paul escreveu aquelas cenas do Yoda, porque sinto que foi um "Sim, isso vai funcionar" instantâneo.

Apesar de todas as minúsculas evoluções de Michael que presenciamos, Holly permitiu que seu personagem crescesse em uma direção diferente, amadurecesse sem perder nada da essência de Michael Scott.

STEVE CARELL: Acho que Michael era apenas um pouco míope e ficou mais consciente quando ele conseguiu se afastar de si mesmo e de suas próprias excentricidades. Ele conseguiu enxergar um pouco mais o mundo a seu redor.

AMY RYAN: Michael só se tornou uma pessoa mais feliz, mas ele ainda era doido. Era disso que eu gostava. Ele ainda estava fazendo escolhas péssimas ao longo do percurso e tendo atitudes que envergonhavam e intimidavam as pessoas. Não é como se de repente Holly chegasse, espalhasse um pó mágico e o transformasse em uma pessoa normal. Pela primeira vez desde que o conhecemos, Holly é alguém com quem ele não precisa se esforçar tanto. A mensagem é de fato: "Vai ficar tudo bem. Há alguém certo para você".

PAUL FEIG: Ele finalmente encontrou alguém que o achava encantador. Quando você está tentando encontrar o seu par, acha que sabe o que quer e elenca todas essas coisas superficiais que deseja. Mas aí, quando você conhece a pessoa que te entende e te olha com amor nos olhos e gosta de quem você realmente é, todo o resto vai por água abaixo. É como se os seus pais encontrassem o amor e você dissesse: "O quê, *eles*? Por que eles possivelmente teriam algo legal?".

O relacionamento de Michael e Holly foi conturbado. Depois que ela é transferida para outra filial na quinta temporada e os dois decidem terminar, Holly retorna a Scranton na sétima temporada e o casal lentamente começa a reexplorar seu romance, culminando no episódio "Garage Sale", em que Michael pede Holly em casamento com a ajuda dos colegas do escritório.

AMY RYAN: Naquele pedido de casamento, quando eu tive que andar no meio da fila com todo mundo segurando velas, eu não conseguia parar de chorar. Tive que dizer a mim mesma: "Isso não é real. Eles são atores. Você não vai se casar".

Holly ficou surpresa ao entrar em uma sala com todos os funcionários da filial de Scranton segurando uma vela. Michael cobriu a mesa dela com velas, que logo acionaram os sprinklers de incêndio.

BRIAN BAUMGARTNER: Tinha algo naquela cena, com a água caindo; até que foi bonito.

AMY RYAN: Steve dirigiu aquele episódio, e eu me lembro da primeira tomada, que é o que está no show porque era chocante, frio, bobo e nada cinematográfico.

MICHAEL: [*Imitando Yoda.*] Holly Flax, casar comigo quer você?

HOLLY: [*Imitando Yoda.*] Esposa sua serei eu.

AMY RYAN: Não sei quem, mas alguém do outro lado do monitor disse que teríamos que fazer de novo, e Steve se levantou e brigou por aquilo. Ele disse: "Não, assim é melhor. Não está maravilhoso. Não está legal. Eles estão horríveis, mas é engraçado". Fiquei muito feliz por duas razões: porque concordei com ele e realmente não queria me molhar de novo. [*Risos.*] Aquela água estava muito gelada.

BRIAN BAUMGARTNER: É assim que é a vida, né? Não é o momento perfeito que você acha que vai ser. E mesmo que haja um belo momento com as velas, tem algo que vai estragar tudo.

AMY RYAN: Mas essa é a vida que eu prefiro viver. Estranho é bom pra mim. Estranho é realmente bom pra mim. Isso é o que me faz rir na vida, quando as coisas estão um pouco fora de controle.

BRIAN BAUMGARTNER: O momento que sempre guardo é quando ele diz...

MICHAEL: Vamos nos mudar para o Colorado.

KEVIN: Todos nós?

MICHAEL: Sim.

JIM: Espera, o quê?

BRIAN BAUMGARTNER: Porque, pelo Michael, todos nós deveríamos ir. O escritório sempre foi a família dele. Mas, por sua causa, há essa transição.

AMY RYAN: Acho que quando você encontra o amor verdadeiro, nada mais importa. Os velhos costumes dele não eram necessários, porque ele encontrou sua verdadeira família.

BRIAN BAUMGARTNER: Que era você.

AMY RYAN: Sim. Eu mesma.

"Eu não queria deixá-lo ir embora"
Os últimos dias de Michael Scott

KEN KWAPIS: Uma coisa sobre [Michael ir embora] é que acaba imitando o que acontece em nossa vida. Trabalhamos com as pessoas e elas vão embora. Elas saem, arranjam outro emprego, se casam. Foi mais um exemplo de que o programa não se comportava como um programa.

Steve sabia exatamente como queríamos que a história dele acabasse. E para seu último episódio – "Goodbye, Michael", que foi ao ar em 28 de abril de 2011 – ele tinha um plano.

STEVE CARELL: Seis meses antes, falei com Greg sobre como eu queria que Michael saísse, como eu pensei que seria um arco final. A ideia que propus foi, obviamente, que ele seguiria em frente, e ele e Holly estariam juntos. Já tínhamos conversado sobre isso antes. Mas, no último dia, pensei que deveria haver o planejamento de uma festa, mas Michael deveria basicamente enganar as pessoas para que pensassem que ele estava indo embora no dia seguinte. Eu pensei que seria a representação mais elegante do crescimento dele como ser humano. Michael vive para ser celebrado durante toda a série. É só isso o que ele quer. Ele quer ser o centro das atenções e quer tapinhas nas costas. Ele quer que as pessoas pensem que ele é engraçado, charmoso e todas essas coisas. Mas o fato de que ele iria dispensar seu grande tributo, sua grande despedida, e ser capaz de dizer adeus a cada personagem, de uma forma muito pessoal, pra mim, parecia que ficaria marcado.

Alguns desses momentos foram doces e sentimentais, como quando ele dá uma dentadura falante de presente para Phyllis.

PHYLLIS SMITH: Para me dar voz. [*Começa a chorar.*] Foi um episódio muito difícil de fazer. É estranho. Ainda pensamos nisso todos esses anos depois.

Ou a carta de recomendação para Dwight, na qual Michael descreve o ex--assistente do gerente regional como um líder e um amigo.

STEVE CARELL: Depois de todas as coisas que Michael fez Dwight passar, em seu âmago, ele o amava e o apreciava e entendia o quanto ele tinha sido leal esse tempo todo. Durante a maior parte da série, Dwight foi de fato seu único defensor.

GREG DANIELS: Lembro de sentar em um café e escrever a carta de Dwight e literalmente começar a chorar. É óbvio que a partida de Steve envolveu muita emoção, e isso me pegou na escrita, três semanas antes de todos caírem no choro no set.

Ele não conseguiu dizer nada a Pam, que decidiu fugir naquela tarde e assistir a uma exibição do filme O *Discurso do Rei*.

PAUL FEIG: *Missão Madrinha de Casamento* [que Paul dirigiu] sairia em poucos meses, e quase colocamos esse filme. Mas todos nós decidimos: "Bem, e se for um fracasso?". Então não colocamos. Mas Pam quase se esgueirou para assistir a *Missão Madrinha de Casamento*.

Michael esperou o máximo que pôde Pam voltar, mas ele acabou indo para o aeroporto. Depois de sete anos, ele tirou o microfone e se despediu do cara da câmera.

GREG DANIELS: Foi uma espécie de teste. Passou a fase de ele precisar dos colegas de escritório para serem a família dele? Então o preço para isso seria não conseguir dizer adeus a Pam.

Mas aí, no último minuto, Pam corre até Michael no aeroporto e sussurra algo para ele.

JENNA FISCHER: Paul Feig dirigiu esse episódio. Estávamos no aeroporto e Paul disse: "Jenna, quero que você corra e apenas diga adeus a Steve, seu amigo. Esta é sua última cena com ele. Então diga adeus. Não vamos usar o som. Vamos apenas fazer uma tomada de longe com você". Então corri até Steve e eu apenas disse a ele como eu ia sentir falta dele, como era grata pela sua amizade e pelo privilégio de trabalhar com ele. Eu estava soluçando, ele estava soluçando, e nós nos abraçamos. Eu não queria deixá-lo ir embora e não queria que a cena acabasse. E então Paul Feig disse: "Corta".

PAUL FEIG: Na verdade, fico engasgado quando falo sobre isso. Apenas vê-los, e você não sabe o que eles estão dizendo e é apenas ela o abraçando. Realmente me fez perceber o que o programa era.

JENNA FISCHER: E Paul disse: "Jenna, isso foi brilhante, mas você pode fazer de novo, um pouco mais rápido?". Nossa primeira filmagem da cena final foi de uns cinco minutos. [*Risos.*] Ele disse: "Só precisamos encurtar mais".

A despedida entre Michael e Pam é a última que se vê no episódio, mas foi filmada três dias antes de terminarmos as cenas com Steve. A última despedida foi entre Michael e Jim Halpert.

JOHN KRASINSKI: Chorei muito quando fizemos aquela cena. Na verdade, me lembro do número – fizemos dezessete tomadas sem falar nada. Eu só chorava. Eu também me lembro de Steve chorando e eu não esperava por isso. Não era do feitio dele. Não que ele não expressasse emoção, mas não era do feitio dele deixar a vida real transparecer no momento. E, claro, era um pouco da vida real. Isto é o que Greg era tão bom em fazer: capturar esses momentos nas relações.

STEVE CARELL: Foi uma tortura emocional. Imagine dizer adeus por uma semana. Não era "Até mais tarde", e você acena e vai embora. Tinha muita emoção, alegria, tristeza e nostalgia envolvidas. Mas também foi muito bonito, porque me permitiu ter uma espécie de fim com todos.

Dizer adeus a Michael Scott era uma coisa, mas também tínhamos que dizer adeus a Steve Carell.

BRIAN BAUMGARTNER: Qual você acha que foi a maior perda, Michael ou Steve?

GREG DANIELS: Hum... Nossa...

MATT SOHN: Cara, isso é muito duro.

BRIAN BAUMGARTNER: Foi o que ela disse. [*Risos.*] Desculpa.

JOHN KRASINSKI: Tenho que ser honesto e dizer que foi perder Steve, porque por mais que ele fosse ótimo no programa, a presença dele no set era fantástica. Ele era o mais profissional possível. Ele era o quarto rebatedor; apenas rebatia tudo o que era passado para ele.

JENNA FISCHER: Não era apenas o personagem de Michael que estávamos perdendo. Estávamos perdendo o capitão do nosso navio, Steve Carell. E acho que não consigo expressar em palavras o quanto ele foi importante como nosso líder. A ética de trabalho, a bondade, a generosidade. Não tinha ego. E ele era a pessoa mais importante no set. Ele tinha mais falas, mais trabalho do que todo mundo. Ele tinha que conduzir o programa, e isso não o fez deixar de ser generoso.

KATE FLANNERY: Ele se certificou de que o programa fosse a estrela, embora claramente ele fosse a estrela.

DAVID ROGERS: Perder Steve e não o ter lá todos os dias foi definitivamente a coisa mais difícil. Perder Michael Scott foi difícil, mas o show ainda podia continuar. Ainda havia comédia. Tínhamos essa possibilidade de grandes personagens.

ANGELA KINSEY: Na verdade, procurei e encontrei um e-mail que escrevi para Steve durante nossa primeira semana de filmagens sem ele. Eu escrevi algo como: "Querido Steve, foi muito estranho andar no set hoje e não ver você. Sinto falta de nossas conversas sobre o fim de semana". [*Risos.*] Steve costumava nos falar sobre o fim de semana, o que ele tinha comprado no Target. E eu fiquei, tipo, "Eu sinto muito a sua falta".

JOHN KRASINSKI: Parecia o fim de uma era. Mais do que perder Steve ou Michael, parecia o fim da evolução do nosso programa. É como quando a gente se forma na faculdade. A vida não acaba, mas essa versão da vida nunca vai voltar. Você nunca terá seus anos de faculdade novamente ou seus anos de ensino médio de volta.

PAUL FEIG: Eu adorava todo mundo, mas me lembro de dizer: "Não vou mais dirigir episódios". Eu amo todos os episódios depois de Steve ter saído, mas senti que eu tinha que sair com Michael Scott. Não era uma razão do tipo: "Como você se atreve?". Era um sentimento muito estranho, natural, do tipo "Ah, acabou". Parecia que havia encerrado pra mim quando isso aconteceu.

BRIAN BAUMGARTNER: Nas semanas que antecederam o último dia de Steve, foi muito difícil pensar nisso.

PHYLLIS SMITH: Foi como se alguém tivesse lhe dado um soco no estômago, sabe? Lembro que, no trailer, se começássemos a falar sobre isso, caíamos no choro. E o pessoal da maquiagem falava: "Parem com isso! Não falem sobre isso!".

PAUL FEIG: Toda vez que entrávamos em uma cena, especialmente na segunda metade da semana, era aquela sensação de: "Esta é nossa última cena com Steve". Fazíamos as primeiras tomadas e havia uma verdadeira tristeza. Eu tinha que dizer constantemente: "Lembrem-se, nós amamos Steve, mas não necessariamente gostamos de Michael". Entendi completamente, porque eu também estava emotivo. Mas eu tinha que falar: "Não pode ficar todo mundo chorando porque não vai combinar com o resto do programa!".

No fim da última tomada, depois que todos os nossos personagens se despediram de Michael, era hora de nos despedirmos de Steve. Produtores, Allison Jones, pessoas que estavam lá desde o início, quem já não estava lá havia anos – todos eles chegaram em massa no set do depósito para a grande festa de despedida. Aposentamos o número do Steve, número um na ficha de

filmagem. Para o restante do programa, nenhum outro ator jamais receberia o número um. E demos uma camisa de hóquei com o número um nas costas. Isso deixou até Oscar Nuñez emocionado.

OSCAR NUÑEZ: Eu não queria chorar. Sou cubano e não fazemos isso. Então todo mundo estava chorando muito abertamente e, quando estávamos no depósito e demos a camisa de hóquei para Steve, tive que pedir licença, fui para trás das caixas e chorei. Mas não foi um choro bom. Foi como uma crise de choro, incontrolável como vômito, porque estava preso havia muito tempo. Eu deveria soltar mais, é o que você está dizendo. Eu entendo.

BRIAN BAUMGARTNER: Isso é verdade? Você foi para trás das caixas?

OSCAR NUÑEZ: Eu tive que chorar porque o Paul Lieberstein começou a chorar e então eu disse: "Ai, cara, isso é uma loucura".

MIKE SCHUR: Eu já não estava mais na equipe, porque estava em *Parks and Recreation*, mas voltei para a festa de despedida dele. Quando Steve filmou sua última cena, Greg fez essa coisa em que ele deu a volta no set e disse: "Todo mundo, conte sua melhor história de Steve". E tinha histórias que levavam as pessoas às lágrimas e que ninguém nunca tinha ouvido.

GREG DANIELS: Lembro quando *O Virgem de 40 Anos* ainda estava nos cinemas e ele era a maior estrela de cinema do país e estávamos filmando, eu acho, "The Dundies". Estávamos no estacionamento do extinto Black Angus [Steakhouse], e Michael oferecia uma carona para Pam. Eram duas ou três da manhã, e tudo o que Steve tinha que fazer era dirigir o carro para longe de Jenna depois de dizer a fala, e estávamos fazendo um take atrás do outro. Muitas pessoas teriam dito: "Ah, coloque o dublê no carro e tchau". Mas ele ficou.

MATT SOHN: Quando filmamos as cenas, há pessoas no fundo, e em muitos programas, eles encontram uma maneira de filmar de modo que os outros atores não precisem estar lá, fazendo figuração. Mas nosso set era muito pequeno, então não tínhamos esse luxo. Mas nunca houve uma época em que Steve reclamasse de se sentar em sua mesa, fazendo um trabalho monótono lá no fundo. Steve manteve todos sob controle, porque o fato de ele nunca ter reclamado significava que ninguém mais o fez.

DEBBIE PIERCE: Eu estava passando por um problema com meu quadril e naquela época ninguém de fato sabia. Eu sentia muita dor, e subir e descer da van [que levava o elenco e a equipe para vários locais de filmagem] era muito difícil. Então, um dia, estávamos todos nos reunindo perto da van, Steve e alguns dos atores, e fui para a parte de trás, e ele olhou pra mim e disse: "Debbie, aonde você está indo? Vai para o banco da frente". Eu podia alcançar a barra e me puxar para dentro, então era mais fácil para mim. Foi tão gentil da parte dele. Steve era a estrela do show, e ele sempre segurava a porta e nos ajudava na van. Eu pensava: "Vejo que uma mãe educou bem um filho".

MIKE SCHUR: A equipe tem que carregar grandes caixas de plástico cheias de maquiagem e coisas de cabelo, e sem Debbie pedir, Steve apenas pegou a caixa de maquiagem, caminhou com ela até o local da filmagem e a colocou no chão. E ele fazia isso toda vez que eles iam às locações, por sete anos. Ele fez isso de forma tão silenciosa e sutil que ninguém sabia disso. Ninguém. Que eu me lembre, todos ouviram essa história pela primeira vez [na festa de despedida de Steve]. Por sete anos, a estrela da maior sitcom da NBC, sem dúvida o ator de televisão mais famoso de sua época, não só cedeu o banco da frente da van para a maquiadora, como também carregou o equipamento para ela toda vez que eles iam para uma locação.

Schur tem uma teoria de que a bondade de Steve não era apenas o resultado de uma boa educação. Era também fruto de ter sido treinado no Second City, o venerável teatro de comédia de improviso e esquetes em Chicago que é responsável por lendas da comédia como John Belushi, Dan Aykroyd, Amy Poehler, Gilda Radner, Stephen Colbert, Amy Sedaris, Chris Farley, Julia Louis-Dreyfus, Eugene Levy, Mike Myers, Tina Fey, Jason Sudeikis e centenas de outros.

Entre 1990 e 1994, Steve atuou em seis espetáculos do Second City, incluindo *Truth, Justice, or the American Way* e *Are You Now, or Have You Ever Been Mellow?* Fato engraçado: Stephen Colbert era originalmente o substituto de Steve.

MIKE SCHUR: As pessoas que vêm desse mundo do Second City são as melhores para se ter em programas de TV, porque o *ethos* é que todo mundo tem um organizador. Não se trata de glória pessoal. Não tem a ver com enterrar da maneira mais legal possível. Tem a ver com preparar outras pessoas para serem engraçadas. Os esquetes só funcionam quando você está constantemente passando a bola. Como trabalhei com Amy Poehler por muitos anos, sei que ela é exatamente da mesma maneira. Ela era a estrela de um programa de TV que nunca foi mais feliz do que quando outras pessoas estavam sendo engraçadas ao redor dela. O objetivo é permitir que outras pessoas brilhem.

Não só brilhem, mas, em alguns casos, sejam pagas.

MIKE SCHUR: As emissoras estão sempre tentando cortar orçamentos, certo? Quando algo está dando dinheiro, a questão não é "Graças a Deus estamos ganhando dinheiro", mas sim "Como ganhamos mais dinheiro?". Após a terceira ou quarta temporada, houve uma reunião de orçamento com a NBC [sobre *The Office*], e Greg me pediu para participar. Ele disse: "Você vai ter que lidar com esse tipo de merda [em *Parks and Recreation*] pra ver como é". Eles estavam tentando cortar o orçamento porque era algo que sempre tentavam fazer. E uma das coisas mencionadas era reduzir o tamanho do elenco. Porque, àquela altura, quantos fixos existiam na série? Vinte e dois ou algo assim? Era bastante. De longe, o maior elenco de qualquer programa na televisão, comédia ou drama. Greg disse: "Não acho que seja uma boa ideia. As pessoas investem nesses personagens. Todos têm um personagem favorito diferente". E eles diziam: "Bem, temos que encontrar o dinheiro em algum lugar, e só estamos faturando 780 milhões de dólares por ano com essa coisa". Então voltamos e tivemos uma reunião com Steve, e ele recusou por completo. Ele disse: "Não, isso não vai acontecer. Este é o programa. Estas são as pessoas no programa. É assim que o programa vai ser até o final. É isso. É isso".

BRIAN BAUMGARTNER: Nossa.

MIKE SCHUR: Tinha uns executivos na sala e isso encerrou a discussão. Ele não estava zangado. Ele não estava batendo na mesa. Steve apenas disse: "Não, isso não vai acontecer. Isso não tem a menor possibilidade. Vamos para a próxima. O que vem a seguir?". É assim que ele é. Era essa liderança silenciosa que ele mostrava o tempo todo.

GREG DANIELS: Uma das coisas que pude aproveitar trabalhando com Steve foi que eu realmente não tinha um histórico de improviso. E descobri que isso era de fato a chave para a forma como ele trabalhava. Steve nos salvou um monte de vezes. Uma das minhas recordações favoritas como produtor é quando estávamos fazendo "The Dundies". Recebemos uma ligação dos advogados do Chili's e eles falaram algo do tipo: "Acabamos de ver o roteiro. A parte em que Pam está tão bêbada que acaba vomitando não vai funcionar para nós. Estamos sendo processados por servir além da conta aos clientes". Já tínhamos terminado dois terços da nossa sessão de filmagens. O que íamos fazer? Então eu estava passando mal no canto, enlouquecendo, e Steve percebeu e disse: "O que foi?". Contei a ele a situação e me desliguei completamente. Eu ia estourar meus miolos. E então Steve veio com essa ideia de o gerente ser entrevistado e dizer que Pam tinha sido banida para sempre do Chili's [por roubar bebidas de outras mesas], e tudo ficou resolvido. Essa era a coisa do improviso. Steve tinha fé absoluta de que seria capaz de encontrar uma resposta quando fosse necessário. Essa é uma maneira de viver diferente daquela com a qual estou acostumado. Quem pensa demais não faz isso.

STEVE CARELL: Como ator, temos sorte de trabalharmos, recebermos e nos sustentarmos fazendo isso. Peraí, isso é tudo o que qualquer um de nós queria. Ninguém [em *The Office*] almejava nada além disso. Então havia um contentamento completo com o que tínhamos lá. E com o fato de trabalharmos em um grupo de pessoas com quem nos importávamos tanto, a ponto de ficarmos ansiosos para nos vermos no dia seguinte.

BRIAN BAUMGARTNER: Você estava apreensivo em relação a ir embora?

STEVE CARELL: Claro. Mas eu costumo fazer isso. Em termos de carreira, costumo ir embora. Saí do Second City quando era o melhor emprego do mundo. Não imaginava que pudesse ser melhor. Eu me divertia muito. Tenho que ir. Porque eu não quero ficar confortável. Fiz a mesma coisa no *The Daily Show*. Fiquei lá por mais ou menos quatro anos. Nancy, minha esposa, nós dois éramos correspondentes. Isso é fantástico! Adorei. Estávamos nos divertindo. E nós dois decidimos: "Temos que ir. Vamos apenas seguir em frente". Eu meio que fiz a mesma coisa em *The Office*. Talvez seja por medo. Talvez seja por não querer virar a esquina de qualquer maneira. Você não quer que seja menos do que já foi um dia. Eu estava tão orgulhoso de fazer parte disso. E, pra mim, foi muito difícil sair porque eu adorava todo mundo.

Perder Steve (e Michael) não significava apenas perder um amigo e líder. De repente, havia um grande buraco em nosso programa, e isso levantou muitas perguntas assustadoras. Principalmente se *The Office* sobreviveria sem Michael Scott.

PAUL LIEBERSTEIN: Não sabíamos o tamanho da porrada com a partida de Steve, mas foi bem grande. Quando tive reuniões com os superiores, acho que éramos apenas algo decepcionante na época. Eles queriam que os números subissem. E todos os índices de audiência estavam caindo. Steve saiu como uma estrela de cinema gigante e de talento incrível. Nós lhe proporcionamos uma despedida que foi catártica, mas perdemos um monte de espectadores. Fato. Na casa dos milhões. Podia até ter acontecido se ele tivesse ficado. Não tinha como saber.

BRIAN BAUMGARTNER: Eu me lembro de ficar muito mais emocionado com a partida dele até do que com o fim do programa, porque me sentia como uma criança quando a mãe e o pai saem ou algo assim. A sensação é "e agora?".

PHYLLIS SMITH: Eu estava muito nervosa sobre como esse vazio seria preenchido, sabe?

CREED BRATTON: Acho que provavelmente comentei com algumas pessoas. Eu disse: "Sabe de uma coisa? Acho que pode ser hora de simplesmente parar". Realmente achei isso. Pensei: "Sem ele, como isso pode continuar? Como vai continuar?".

Como vai continuar? Estávamos prestes a responder a essa pergunta, e o que veio a seguir decidiu se *The Office* continuaria em um mundo sem Michael Scott.

11

"Quem deve ser o chefe?"

A BUSCA POR UM NOVO GERENTE REGIONAL DA DUNDER MIFFLIN: OITAVA E NONA TEMPORADAS

Era o fim da nossa sétima temporada e Steve Carell tinha ido embora. Quem deveria substituí-lo – e se ele deveria ser substituído – era um assunto que ocupava a mente de todos.

Uma coisa que ajudou a amortecer o golpe da partida de Steve foi a chegada de um novo gerente regional (temporário), Deangelo Vickers, interpretado por Will Ferrell.

GREG DANIELS: Uma das ideias realmente boas que Paul [Lieberstein] teve foi trazer Deangelo Vickers. Ele funcionou como um limpador de paladar.

ANGELA KINSEY: E isso foi brilhante. Facilitou a transição.

JENNA FISCHER: Eu tinha feito um filme com Will Ferrell [ela atuou com Ferrell na comédia *Escorregando para a Glória*, de 2007] e sempre pensei: "Uau, [Steve Carell e Will] devem concorrer para o título de melhor pessoa com quem trabalhar". Will é tipo o homem mais legal de Hollywood.

KATE FLANNERY: Eu adorava trabalhar com o Will. Nossa, simplesmente o melhor. Ele lembrou que tínhamos jantado em 1994 em Nova York quando ele foi contratado pela primeira vez para o *SNL*. Eu não conseguia acreditar que ele se lembrava disso. Fiquei envergonhada porque fui ao jantar com um ex-namorado horrível, que era um verdadeiro idiota. Will não se lembrou dele. Ele disse: "Fiquei muito intimidado porque todos vocês eram de Chicago". Eu fiquei, tipo: "Como é que é?".

Deangelo esteve conosco apenas por quatro episódios na sétima temporada, saindo em "The Inner Circle", em que ele quase morre tentando enterrar uma bola pulando da linha de lance livre. O personagem deixa o depósito em uma ambulância. Mas não foi só o personagem de Will que escapou por um triz.

BRENT FORRESTER: Você estava lá quando Will Ferrell teve que enterrar a bola de basquete?

BRIAN BAUMGARTNER: Sim, ele enterrou em cima de mim.

BRENT FORRESTER: Bem, os dublês entraram e disseram: "Vamos colocar um equipamento de segurança nele, então ele vai subir até uma polia, e vamos puxar toda essa corda, e ele vai voar no ar". E Greg comentou: "Nossa, isso parece um pouco perigoso. Vocês não querem testar antes?". E eles: "Não precisa. Vai ser tranquilo. Confie na gente". Então, na primeira tomada, Ferrell passou pela quadra e pulou. Ele estava usando o equipamento, e eles puxaram uma corda que estava presa a uma polia, e ele simplesmente voou para cima a uma velocidade quatro vezes maior que qualquer humano poderia atingir ao pular, e a cabeça dele bateu no aro da cesta de basquete. [*Risos.*]

BRIAN BAUMGARTNER: Eu perdi isso porque a piada da cena era ele me fazer sentar de pernas cruzadas no chão para enterrar a bola em cima de mim, então eu não conseguia ver o que estava rolando. Escutei tudo, mas isso aconteceu literalmente bem atrás de mim. Abaixei a cabeça e rolei. Eu me lembro de tentar sair do caminho porque não sabia o que estava acontecendo.

Will ficou bem após sua colisão com o aro da cesta. E depois que ele saiu, ainda ficamos com a pergunta: o que viria a seguir?

JOHN KRASINSKI: Eu sabia que o programa poderia continuar. Mas não sabia qual era o plano. Eu não enxergava o todo. Mas confiava no Greg.

RAINN WILSON: Eu tinha grandes reservas em relação ao programa existir sem Steve. Achei que seríamos uma droga e um fracasso sem Steve? Não. Seríamos prejudicados ao perder um dos maiores atores cômicos de todos os tempos como personagem principal? Claro que sim. Ninguém pensou o contrário.

PAUL LIEBERSTEIN: Havia muitas boas razões para continuarmos. O show poderia encontrar um novo rumo ou não funcionaria. Em última análise, eu queria continuar porque tínhamos um ótimo elenco.

FICHA DE RECURSOS HUMANOS

Craig Robinson

Profissão: ator e músico

Cidade natal: nascido e criado em Chicago, Illinois

Formação: Bacharel em Música, Illinois State University, turma de 1994; Educação Musical, Saint Xavier University

Empregos anteriores: professor de música na escola Horace Mann Elementary, no sul de Chicago; papel coadjuvante na série *Lucky* (2003), no FX; pequenos papéis em programas como *Curb Your Enthusiasm*, *Friends*, *The Bernie Mac Show*, *LAX* e *Arrested Development* (2004)

Trabalhos pós-*The Office*: papéis em filmes como *Segurando as Pontas* (2008), *É o Fim* (2013), *A Ressaca* e *A Ressaca 2* (2010, 2015); interpretou o Pontiac Bandit na série de TV *Brooklyn Nine-Nine* (2014-2020)

Projeto paralelo: tecladista de Kevin and the Zits (grupo fictício) e cantor/tecladista em The Nasty Delicious (banda real), um grupo de funk-comedy formado por cinco integrantes

ALLISON JONES: Achei que o programa deveria ter terminado, exceto pelo bem dos atores. Eu pensei, tipo: "Temos que manter Phyllis empregada. Todos eles precisam manter seus empregos".

A partida de Steve foi um grande golpe para o nosso programa. Mas Greg Daniels, sempre encarando a situação sob a perspectiva do copo meio cheio, considerou isso como uma oportunidade para apresentar melhor o elenco.

GREG DANIELS: A parte dolorosa do meu trabalho é que você tem que editar todas as coisas, reduzir o programa. Nossos cortes brutos tinham trinta e oito minutos de duração e precisávamos reduzir para vinte e um minutos, por aí. É uma quantidade enorme de filmagem jogada fora. E era muito doloroso, porque conseguíamos reduzir o episódio para vinte e seis minutos apenas tirando a gordura. Mas, depois disso, era preciso cortar o músculo. Havia cenas boas que não entravam. E como já tinham cinco ou seis anos de show, todos do grupo eram capazes de conduzir uma história importante. Então, para mim, o melhor argumento para continuar foi: se não tivéssemos Steve naquele momento, ainda tínhamos nosso grupo vencedor do SAG Award. E isso permitiria que todas aquelas pessoas que não apareciam tanto tivessem mais tempo na tela.

RAINN WILSON: Tínhamos um ótimo grupo, melhor do que qualquer outra coisa que estava rolando na TV na época. Era hora de todos nós do elenco nos apresentarmos e carregarmos mais peso.

Mas seríamos autorizados a carregar esse peso no que acabariam sendo nossas duas últimas temporadas? Isso ainda estava em aberto.

"Eles queriam um grande gorila"

Quem fica com a sala de Michael Scott?

JENNA FISCHER: Essa era a conversa. Quem deveria ser o chefe? Me lembro de estar na sala dos roteiristas e as pessoas me perguntarem quem eu achava que deveria ser o chefe. E eu: "Gente, não sei. Não sei quem deveria ser o chefe". Eles ainda estavam buscando sugestões. "Alguém tem alguma opinião a respeito?"

GREG DANIELS: Tínhamos muitas ideias do tipo "trazemos alguém novo ou promovemos um funcionário"? E acho que o sentimento era, bem, caramba, já temos caras na equipe que são tremendos. Tínhamos Krasinski e Craig Robinson [que interpretava Darryl].

PAUL LIEBERSTEIN: Com Darryl e Jim, não ia funcionar porque eles eram muito competentes. Precisávamos de alguém que pudesse cometer erros.

BRIAN BAUMGARTNER: Craig, você queria que Darryl conseguisse o cargo de gerente regional?

CRAIG ROBINSON: Não. Não. Não. Uma vez, fui até Paul e disse: "Ei, cara, coloque isto no bolso". Dei um dólar a ele. [*Risos.*]

BRIAN BAUMGARTNER: Você tentou subornar Paul para que ele não promovesse Darryl?

CRAIG ROBINSON: Achei interessante que meu nome foi mencionado e foi legal. Pensei sobre isso, mas a coisa é, parecia... dar muito trabalho. [*Risos.*]

BRIAN BAUMGARTNER: Jim era o mais qualificado. Quer dizer, ele era preguiçoso.

JENNA FISCHER: Ele era o mais adequado do ponto de vista técnico.

BRIAN BAUMGARTNER: Em termos da interação dele com as pessoas, a capacidade de liderar e inspirar as pessoas. Mas, de certa forma, isso estraga as histórias.

GREG DANIELS: A dificuldade é que esses personagens não são criados para serem principais. Dwight, por exemplo, tinha sido criado para ser o contraste.

BRIAN BAUMGARTNER: Ser o chefe mudaria a essência dele. Dwight como chefe não é Dwight.

Dwight teve um gostinho de seu emprego dos sonhos no episódio "Dwight K. Schrute, (Acting) Manager", da sétima temporada, mas foi uma breve gestão. (Durou apenas um episódio.)

DWIGHT: Nunca serei mais feliz do que agora. Eu também nunca serei menos feliz.

```
Estarei no meu nível normal de felicidade
para o resto da minha vida.
```

JENNA FISCHER: Dwight é o personagem que quer ser o chefe. Ele está sempre querendo ser o chefe, mas, na verdade, não tem autoridade. Então, se você faz dele o chefe, quem é esse cara?

PAUL LIEBERSTEIN: Estávamos sendo muito pressionados pela emissora. A emissora, que historicamente nos apoiou bastante, passou o bastão para a Comcast quando Steve estava de saída, e eles queriam um grande gorila.

BRIAN BAUMGARTNER: Queriam que uma grande estrela entrasse e assumisse o comando.

PAUL LIEBERSTEIN: Mas lutamos contra isso.

BRIAN BAUMGARTNER: Havia um nome específico que a Comcast queria que assumisse?

PAUL LIEBERSTEIN: Muitos nomes foram sondados. Como Julia Louis-Dreyfus. E James Gandolfini, com quem nos encontramos para explorar o assunto. Mas isso seria algo mais no esquema de regime parcial.

Enquanto as negociações com a Comcast sobre a nova liderança do show continuavam, um monte de outros famosos fizeram aparições em "Search Committee", o último episódio da sétima temporada. Atores famosos como Ray Romano, Jim Carrey, Will Arnett, James Spader e Catherine Tate, além do investidor bilionário Warren Buffett, apareceram (como personagens) para fazer a entrevista para o cargo de gerente regional.

KATE FLANNERY: Eu me lembro de Ray Romano. Me encontrei com ele algumas vezes depois disso, e ele disse que foi de fato assustador [estar em *The Office*]. Porque os filhos dele eram grandes fãs, e ele comentou: "Não quero estragar isso".

BRIAN BAUMGARTNER: Não é uma coisa fácil.

KATE FLANNERY: Você se lembra de quando Warren Buffett veio com Charlie Munger [o sócio dele]? Meu Deus, foi uma loucura! Ele concordou em fazer o show se o deixássemos filmar algo conosco, o que foi incrível.

Steve, Rainn e Kate, todos no personagem, apareceram com Buffett em uma paródia de cinco minutos de *The Office*, que foi exibida apenas uma vez na reunião anual de acionistas da Berkshire Hathaway, em 30 de abril de 2011. No esquete, Michael Scott comenta que Buffett tem "pelo menos noventa anos e comanda uma empresa chamada Berkshire Hathaway, que produz todos os filmes de Anne Hathaway".

Em troca do favor, Buffett concordou em fazer a participação como um candidato desconhecido para o cargo de gerente regional.

KATE FLANNERY: Ele usou o banheiro masculino falso. Ele ou Charlie, um deles, acidentalmente usou o banheiro masculino falso [no set de *The Office*], o que não é bom porque o ralo não funciona. Sei disso por causa do meu namorado, Chris, que era o fotógrafo do set de *The Office*. É onde ele sempre ficava, no banheiro masculino falso, então eu sempre sabia onde encontrá-lo. Acho que ele não pôde ficar lá por um tempo, porque eles literalmente tiveram que refazer a parede.

BRIAN BAUMGARTNER: Ele urinou em um mictório falso?

KATE FLANNERY: Um mictório sem escoamento.

BRIAN BAUMGARTNER: Isso é loucura. A lição que fica é que, não importa se você é Warren Buffett ou qualquer outra pessoa, é difícil ser uma estrela convidada em *The Office*.

KATE FLANNERY: Isso é verdade. Todo o dinheiro do mundo e ainda assim não é fácil.

Obviamente, Warren Buffett não ia fazer parte do nosso programa, mas Paul e a emissora tinham que concordar com alguém para comandar a temporada seguinte. Alguns no elenco não estavam felizes que a emissora estava procurando em outro lugar.

JENNA FISCHER: Esta é a única vez que eu disse isso publicamente, na verdade, mas sempre me desapontou o fato de não confiarmos o suficiente em nosso grupo principal de *The Office* para continuar o programa sem trazer esses grandes atores convidados para ocupar o lugar de Steve. Sempre me perguntei como seria aquela temporada. Se tivéssemos dito: "Somos o suficiente. O elenco consegue dar conta. Aqui tem talento. Podemos manter o barco navegando com o que temos".

RAINN WILSON: Ed Helms foi um dos protagonistas de *Se Beber, Não Case!*, que foi a maior comédia já feita. Ele já era nosso e não acho que precisávamos de grandes nomes. Nós *tínhamos* o grupo.

PAUL LIEBERSTEIN: Acabamos ficando com James Spader em regime parcial.

Spader não era apenas uma estrela de cinema – conhecida por filmes como *Sexo, Mentiras e Videotape* (1989) e *Secretária* (2002) –, mas tinha acabado de sair de *Boston Legal*, pelo qual ganhou duas premiações Emmy. Sua primeira aparição foi no episódio final da sétima temporada, como o excêntrico Robert California. Ele aparece para fazer a entrevista para o cargo de gerente regional e acaba impressionando e assustando alguns funcionários.

ROBERT CALIFORNIA: Vão me oferecer o trabalho. Já recebi várias ligações assim. Uma pequena esperança na voz, a pausa dramática... enquanto esperam ouvir minha resposta. E então, minha resposta.

OITAVA TEMPORADA

Guia de episódios

TÍTULO	DIRIGIDO POR	ESCRITO POR	DATA DE EXIBIÇÃO ORIGINAL
"The List"	B. J. Novak	B. J. Novak	22 de setembro de 2011
"The Incentive"	Charles McDougall	Paul Lieberstein	29 de setembro de 2011
"Lotto"	John Krasinski	Charlie Grandy	6 de outubro de 2011
"Garden Party"	David Rogers	Justin Spitzer	13 de outubro de 2011
"Spooked"	Randall Einhorn	Carrie Kemper	27 de outubro de 2011
"Doomsday"	Troy Miller	Daniel Chun	3 de novembro de 2011
"Pam's Replacement"	Matt Sohn	Allison Silverman	10 de novembro de 2011
"Gettysburg"	Jeffrey Blitz	Robert Padnick	17 de novembro de 2011
"Mrs. California"	Charlie Grandy	Dan Greaney	1 de dezembro de 2011
"Christmas Wishes"	Ed Helms	Mindy Kaling	8 de dezembro de 2011
"Trivia"	B. J. Novak	Steve Hely	12 de janeiro de 2012
"Pool Party"	Charles McDougall	Owen Ellickson	19 de janeiro de 2012
"Jury Duty"	Eric Appel	Aaron Shure	2 de fevereiro de 2012
"Special Project"	David Rogers	Amelie Gillette	9 de fevereiro de 2012
"Tallahassee"	Matt Sohn	Daniel Chun	16 de fevereiro de 2012
"After Hours"	Brian Baumgartner	Halsted Sullivan e Warren Lieberstein	23 de fevereiro de 2012
"Test the Store"	Brent Forrester	Mindy Kaling	1º de março de 2012
"Last Day in Florida"	Matt Sohn	Robert Padnick	8 de março de 2012
"Get the Girl"	Rainn Wilson	Charlie Grandy	15 de março de 2012

"Welcome Party"	Ed Helms	Steve Hely	12 de abril de 2012
"Angry Andy"	Claire Scanlon	Justin Spitzer	19 de abril de 2012
"Fundraiser"	David Rogers	Owen Ellickson	26 de abril de 2012
"Turf War"	Daniel Chun	Warren Lieberstein e Halsted Sullivan	3 de maio de 2012
"Free Family Portrait Studio"	B. J. Novak	B. J. Novak	10 de maio de 2012

James permaneceu ao longo da oitava temporada. Como novo membro do elenco, ele trouxe uma energia muito diferente para o set.

JENNA FISCHER: Ele queria ensaiar o tempo todo, e nós dissemos: "Ah, sim, paramos de fazer isso na terceira temporada, James". Mas ele disse: "Eu quero ensaiar". E isso meio que nos introduziu a essa nova maneira de trabalhar. Ele ensaiava aquelas cenas comigo na recepção por quarenta minutos e nós dizíamos: "Meu Deus, *ainda* estamos ensaiando".

RAINN WILSON: Ele queria que tudo desse certo. Se você jogasse algo, se dissesse: "Quero um pouco de espaguete", isso o confundia completamente. Ele não tinha ideia do que viria a seguir ou de como retomar a fala dele. Spader é um grande ator, ele é um dos grandes atores coadjuvantes com personagens marcantes. Olhe para a obra dele nos últimos vinte anos. Ele é tão presente, interessante e estranho. Mas [atuar em *The Office*] envolve um conjunto de habilidades muito diferente.

ANGELA KINSEY: Eu estava conversando com Kenneth Paul [Schoenfeld], que fazia a minha maquiagem, sobre minha filha gostar de dormir na cama comigo e eu me sentir mal por isso. Ela estava crescendo, tinha quatro anos, e eu sabia que não deveria deixá-la subir na minha cama e dormir comigo, mas ela se sentia aconchegada. Quando James chegou para fazer a maquiagem, parecia que ele tinha entrado em transe. Ele parecia estar meditando, dormindo. Mas, de repente, se sentou, olhou para mim e disse: "Angela, tire esse bebê da sua cama se você quiser um homem do seu lado". Eu fiquei, tipo, "Como é que é?". "Você está vivo e falando? Tudo bem, James. Tudo bem."

KATE FLANNERY: Fiquei intimidada com Spader porque ele é uma estrela de cinema e havia muita tensão sexual entre nós dois. Muita! Minha nossa!

BRIAN BAUMGARTNER: Eu sentia que havia tensão sexual entre mim e Spader.

KATE FLANNERY: Provavelmente ainda mais.

BRIAN BAUMGARTNER: Não, sério, tem tensão sexual entre Spader e qualquer um.

KATE FLANNERY: Isso é verdade. No episódio de Natal da oitava temporada, houve uma tomada em que Meredith acha que ela tem uma chance com ele e ele meio que toca a bochecha dela...

> **ROBERT CALIFORNIA:** As linhas em seu rosto cansado são caminhos que levam para lugar algum. Seu cabelo é o fogo do inferno. [*Abraça Meredith.*] Espero sinceramente que encontre um parceiro sexual esta noite.

KATE FLANNERY: Em uma tomada, eu agarrei a bunda dele, e imediatamente paramos. Fiquei, tipo, "Desculpa, desculpa. Sinto muito!". Ele disse: "Não, era a coisa certa a fazer". [*Risos.*] Eles acabaram não usando a cena, mas pensei: "Você agarrou a bunda de James Spader, Kate.

O que diabos há de errado com você?". Eu estava muito nervosa. Fiquei, tipo: "Ai, não, não!".

Robert California era uma figura polarizadora, tanto entre fãs quanto entre críticos.

EMILY VANDERWERFF: Os personagens saem. Os substitutos nunca são tão bons porque estávamos muito familiarizados com os originais. Robert California nunca poderia ser Michael Scott porque conhecemos Michael Scott por sete temporadas. E como ele se atreve a entrar e tentar tomar o lugar dele?

BEN SILVERMAN: Não acho que fizemos um favor a ninguém trazendo James Spader – nem a James nem ao programa. Ele é tão talentoso e claramente conseguiu *The Blacklist* um segundo depois, mas esse papel parece ter sido feito sob medida para ele.

Spader passou a estrelar *The Blacklist*, série de espionagem e ação aclamada pela crítica, que estreou na NBC em 2013 e ainda (pelo menos no momento que este livro foi escrito) é um sucesso da emissora.

BEN SILVERMAN: A maneira como ele interpretou [Robert California] no programa não funcionava e não soava bem em nosso formato.

RAINN WILSON: O experimento com Robert California não deu certo. A energia dele simplesmente não se encaixava.

Robert California nunca se tornou o gerente regional da filial de Scranton. Em vez disso, ele de alguma forma conseguiu ser CEO da Sabre. Ele visitava a filial com frequência, mas o antigo escritório de Michael Scott permaneceu desocupado.

PAUL LIEBERSTEIN: Eu realmente não queria colocar uma nova pessoa no escritório, na cadeira do Michael. Só pensava: "Nunca vamos fazer isso direito". Então [Robert California] era para meio período. Não trouxemos um novo Michael Scott. O novo gerente veio de dentro.

E era ninguém menos que Andy Bernard, interpretado por Ed Helms.

> **ANDY:** [*Rufando os tambores com as mãos.*] Isso é inacreditável. Verdade, eu posso ter sido a segunda opção, mas fui a primeira escolha da primeira opção.

ED HELMS: Eu estava emocionado, superanimado e com medo. Pensei muito nessa ideia de não estar tentando ocupar o lugar de Steve. Eu queria seguir um caminho diferente. Ao mesmo tempo, havia uma percepção de que seria mais difícil para o grupo. Steve de fato orientou o programa por muito tempo. Então, havia uma sensação de que, mesmo com Andy naquele escritório como gerente, todo o peso não recairia necessariamente nos meus ombros. Recorreríamos a todo o elenco.

GREG DANIELS: Andy Bernard foi criado para ser a versão de Dwight em Stamford. Ele é um esquisitão engomadinho, um tipo diferente de esquisito.

BRIAN BAUMGARTNER: Ele também era um idiota. Dwight também era um idiota, à sua maneira. Mas Andy deveria ser ruim no trabalho, certo?

GREG DANIELS: Exato. Ele socava a parede. Precisaria do mesmo tipo de mudança de personagem que fizemos na segunda temporada...

BRIAN BAUMGARTNER: Com Michael Scott.

GREG DANIELS: Isso. E acredito que Paul estava fazendo isso com Andy. Mas era diferente porque todo mundo estava prestando muita atenção ao programa naquele momento.

EMILY VANDERWERFF: Quando Michael Scott deixou o programa, era preciso torná-lo algo diferente, e nunca se descobriu uma maneira de fazer isso de forma interessante. É uma coisa complicada de fazer quando você tem que substituir a principal figura de um programa. Não acho que *The Office* conseguiu, mas não acho que outro programa tenha conseguido. Não dá pra fazer isso.

JENNA FISCHER: Foi complicado. Mas passamos por isso, tivemos ótimos episódios naquela temporada e então entramos na nona temporada, na qual meio que já não tínhamos um chefe por um tempo. Andy era nosso chefe, mas aí se perdeu no barco.

No sexto episódio da nona temporada, "The Boat", Andy se reúne com seu irmão alcoólatra (interpretado por Josh Groban) e os dois decidem velejar com o barco da família para o Caribe, a fim de passar "um tempo como irmãos".

JENNA FISCHER: E então nós dissemos: "Ah, aqui está uma resposta. É um escritório vazio".

NONA TEMPORADA
Guia de episódios

TÍTULO	DIRIGIDO POR	ESCRITO POR	DATA DE EXIBIÇÃO ORIGINAL
"New Guys"	Greg Daniels	Greg Daniels	20 de setembro de 2012
"Roy's Wedding"	Matt Sohn	Allison Silverman	27 de setembro de 2012
"Andy's Ancestry"	David Rogers	Jonathan Green e Gabe Miller	4 de outubro de 2012
"Work Bus"	Bryan Cranston	Brent Forrester	18 de outubro de 2012
"Here Comes Treble"	Claire Scanlon	Owen Ellickson	25 de outubro de 2012
"The Boat"	John Krasinski	Dan Sterling	8 de novembro de 2012
"The Whale"	Rodman Flender	Carrie Kemper	15 de novembro de 2012
"The Target"	Brent Forrester	Graham Wagner	29 de novembro de 2012
"Dwight Christmas"	Charles McDougall	Robert Padnick	6 de dezembro de 2012
"Lice"	Rodman Flender	Niki Schwartz-Wright	10 de janeiro de 2013
"Suit Warehouse"	Matt Sohn	Dan Greaney	17 de janeiro de 2013
"Customer Loyalty"	Kelly Cantley	Jonathan Green e Gabe Miller	24 de janeiro de 2013
"Junior Salesman"	David Rogers	Carrie Kemper	31 de janeiro de 2013
"Vandalism"	Lee Kirk	Owen Ellickson	31 de janeiro de 2013
"Couples Discount"	Troy Miller	Allison Silverman	7 de fevereiro de 2013
"Moving On"	Jon Favreau	Graham Wagner	14 de fevereiro de 2013
"The Farm"	Paul Lieberstein	Paul Lieberstein	14 de março de 2013
"Promos"	Jennifer Celotta	Tim McAuliffe	4 de abril de 2013
"Stairmageddon"	Matt Sohn	Dan Sterling	11 de abril de 2013

"Paper Airplane"	Jesse Peretz	Halsted Sullivan e Warren Lieberstein	25 de abril de 2013
"Livin' the Dream"	Jeffrey Blitz	Niki Schwartz-Wright	2 de maio de 2013
"A.A.R.M."	David Rogers	Brent Forrester	9 de maio de 2013
"Finale"	Ken Kwapis	Greg Daniels	16 de maio de 2013

"Esta última temporada é para os fãs"

Encontrando o final perfeito para Jim e Pam

Na oitava temporada, não tínhamos mais Steve ou uma visão clara de como substituí-lo. O streaming estava acabando com a nossa audiência. A emissora estava em outras mãos agora. E no fim da temporada, Paul Lieberstein se aposentou como showrunner, passando a desenvolver um spin-off de *The Office*. Com todas essas incertezas, tivemos que encontrar um caminho a seguir e decidir quanto tempo o show deveria durar.

CLAIRE SCANLON: Inicialmente, Greg não estaria lá. Dan Sterling e Brent Forrester seriam os showrunners. Mas Greg continuou vindo, e então era, tipo, "OK, Greg está aqui". Mesmo que tecnicamente ele não comandasse o programa, ele estava no comando.

GREG DANIELS: Percebi como é muito mais agradável ser o showrunner do que ser um produtor-executivo que dá sugestões que às vezes são acatadas e outras vezes, não. Não é tão divertido.

No início, Greg não tinha certeza se voltaria oficialmente para comandar o programa na nona temporada. Mas aí ele teve uma conversa com John Krasinski...

GREG DANIELS: John, na verdade, me motivou. Ele veio até mim e disse: "Olha, acho que precisamos fazer nossa última temporada e não continuar, e quero que você faça isso". E ele era o líder. Depois que Steve saiu, John passou a ser mais o líder do elenco.

JOHN KRASINSKI: Quando eles nos procuraram para a nona temporada, tive uma conversa muito honesta com Greg. Ele me ligou sobre a nona temporada e perguntou: "O que você acha?". E eu disse: "Você tem que terminar o programa. Você tem que encerrar o show antes que encerrem por nós. Está chegando ao fim de qualquer maneira". Eu não disse nada que ele não soubesse.

GREG DANIELS: Eu definitivamente queria contar o fim. Se fosse ter um fim, eu queria contar aquela história.

JOHN KRASINSKI: Me lembro dessa sensação de "nós não queremos ser negligenciados, deixados de lado". [*Risos.*] "Não nos deixe de lado como em *Old Yeller*. Não quero ficar de lado".

BRIAN BAUMGARTNER: Eu me lembro de ficar em conflito, mas no fim senti que era a decisão certa. Podíamos ter continuado para sempre. Chamo isso de "Síndrome de *ER*". Depois que Steve saiu, outras pessoas poderiam começar a sair. Então fica, tipo, "Vamos fazer igual a *ER*? Vamos partir para vinte temporadas?".

JOHN KRASINSKI: O show poderia ter partido para vinte temporadas, porque todo mundo teria saído lentamente, e nós nos ateríamos à realidade daquilo. Minha pergunta é se as pessoas iriam querer ver aquilo, ou se arruinaríamos o relacionamento com os fãs.

GREG DANIELS: A versão *ER* poderia ter acontecido. Quer dizer, isso era com certeza uma possibilidade. Havia uma questão de: o show deve continuar com um novo elenco? Pensei numa versão assim, que é quando Clark Duke e Jake Lacy entraram na história.

Clark e Jake interpretaram Clark Green e Pete Miller, respectivamente, os "novos caras" introduzidos na nona temporada, que alguns integrantes da equipe chamavam de "Jim Júnior" e "Dwight Júnior".

GREG DANIELS: Pensei: "Esta é uma maneira legal de motivar o final, fazer com que Jim e Dwight vejam uma versão de si mesmos, mais jovens, e meio que sintam que talvez seja hora de seguir em frente. Nossa pequena história agora está acontecendo com uma geração diferente". Acho que todos também queriam encerrar, e não ser substituídos por pessoas diferentes. Se o programa seguisse o esquema de *ER*, eu estaria em parte preocupado em não conseguir controlar a situação. Quem sabe quando terminaria? Então acho que fizemos a escolha certa. Acho que foi bom ter um último "viva!".

Como esta era a nossa última temporada, tudo estava sendo cogitado. E todos foram convidados a contribuir.

GREG DANIELS: Tínhamos levantado um monte de ideias durante toda a execução do programa. Muitas vezes, eu recusava ideias dos roteiristas e não queria apenas dizer: "Eu não quero fazer isso". Eu diria: "Essa é uma ideia da sexta temporada. Vamos revisitar isso em três anos ou sei lá". Tínhamos uma caixa de ideias.

BRENT FORRESTER: Foi muito legal na nona temporada a maneira como os atores foram convidados para a sala dos roteiristas em uma frequência maior do que o normal. "Conte tudo o que você sempre quis fazer neste programa." Porque esta é nossa última chance. Jenna e John foram convidados a oferecer uma importante contribuição criativa. Eu me lembro de John dizer algo muito legal e interessante. Ele disse: "Não precisamos cativar um público agora. Esta última temporada é para os fãs. Vamos imaginá-los como o público principal". Isso ajudou em um monte de decisões criativas.

Às vezes as coisas podiam ficar estranhas. Houve um episódio totalmente ambientado em um ônibus: "Work Bus", dirigido por Bryan Cranston, astro de *Breaking Bad*.

ELLIE KEMPER: Esse foi o episódio em que quase morremos.

BRIAN BAUMGARTNER: Quase fomos envenenados por monóxido de carbono.

ELLIE KEMPER: Para citar um dos muitos problemas. Acho que na hora eu não estava curtindo. E agora, olhando pra trás, penso: "Aquilo foi divertido!". Lembra que me mijei no ônibus? Não sei o que vocês estavam fazendo, não sei exatamente o que me fez rir, mas tive um ataque de risos e acabei me mijando. Tive que trocar de saia e tudo mais.

Não conseguimos fazer tudo o que queríamos, como filmar na cidade de Scranton, na Pensilvânia.

ANGELA KINSEY: Essa é uma das coisas que me deixa triste. Eu realmente gostaria que eles tivessem tentado.

JENNA FISCHER: Todos os anos eles brincavam com a ideia de nos levar lá, e o custo era sempre um impeditivo.

ANGELA KINSEY: São muitas partes envolvidas para deslocar todo o elenco e a equipe para uma semana de filmagens.

JENNA FISCHER: Sei que o sonho de Greg era filmar o desfile do dia de São Patrício em Scranton. Eu me lembro de um ano em que eles estavam realmente cogitando essa ideia, e [a cidade de Scranton] concordou em antecipar o desfile em dois meses para que pudéssemos filmar um episódio. Eles iam ter desfile do dia de São Patrício em janeiro. A emissora simplesmente não conseguiu descobrir, em termos de custos, uma forma de levar todo o elenco e a equipe para lá.

Uma coisa que tínhamos que acertar na temporada final era Jim e Pam, que era parte da razão pela qual Jenna e John acabaram se tornando produtores.

JENNA FISCHER: Recebemos esses títulos porque fomos levados para discutir o arco Jim-Pam da temporada final. Passávamos muito tempo na sala dos roteiristas, falando sobre todos os pontos dessa história e o que seria.

BRENT FORRESTER: O que é interessante sobre esses arcos narrativos românticos de longo prazo é que descobrimos que não precisam avançar um pouco em todos os episódios. Eles podiam apenas ficar circulando por ali e, em seguida, seis episódios depois, eles poderiam avançar. Então tivemos uma virada louca na nona temporada, em que separamos Jim e Pam, e o público odiou.

A tensão começou na oitava temporada com Cathy Simms (interpretada por Lindsey Broad), uma funcionária temporária que substituiu Pam no período de licença-maternidade.

JIM: Não, não vou dizer à minha esposa grávida de nove meses que acho que a substituta dela é objetivamente atraente. Assim como não direi à minha filha de dois anos que videogames violentos são mais divertidos. É verdade, mas isso não ajuda ninguém.

GREG DANIELS: Era preciso injetar um pouco de aborrecimento na tranquilidade daquele momento e tentar recuperar a intensidade. Algo que eu acho de fato importante no show é a intensidade dele. Você quer realmente *sentir* alguma coisa, certo? E para fazer as pessoas de fato sentirem algo, você tem que colocar um pouco de perigo.

JOHN KRASINSKI: Greg disse: "Precisamos criar uma boa história para Pam-Jim". E sugeri: "Acho que devemos quase nos separar, podemos fazer isso e depois voltar". Ele concordou totalmente com isso.

O episódio que colocou o casamento de Jim e Pam à prova foi "After Hours", da oitava temporada, dirigido por Brian Baumgartner. Durante uma viagem de negócios à Flórida, Cathy inventa uma desculpa para passar um tempo no quarto de hotel de Jim, e a tensão sexual é bastante aparente. De acordo com John, havia rumores de que talvez Jim fosse longe demais e realmente tivesse um caso com Cathy.

JOHN KRASINSKI: Foi a única vez que me lembro de ter batido o pé. Porque [Greg] estava dizendo: "Você vai de fato dar uns amassos nela nessa cena". Lembro que disse coisas que nunca pensei que diria, do tipo: "Não vou filmar isso". Eu me lembro de Paul Lieberstein estar na sala, e eu acho que ele era muito a favor dessa cena. Ele disse: "Não. Você vai fazer isso". Não de forma agressiva, mas era como se ele visse o benefício de fazer aquilo. Eu me recordo de dizer a Greg: "O meu sentimento é o de que, para o nosso público, existe um limite até onde você pode avançar. Eles são tão dedicados. Nós mostramos muito respeito por eles. Mas há um momento em que, se você pressioná-los demais, nunca mais voltarão. E acho que, se você mostrar Jim traindo, eles nunca mais vão voltar".

Mas a relação dos dois ainda não estava fora de perigo. Jim decidiu ir atrás do seu sonho de abrir uma empresa de marketing esportivo na Filadélfia. Mas quando se tratou de se mudar para a Filadélfia...

PAM: Eu não sei se eu quero isso.

JIM: [*Pausa longa.*] Hum... Isso é meio inesperado.

PAM: É mesmo? Eu gostava da nossa vida em Scranton.

JIM: E eu acabei de abrir um negócio na Filadélfia.

Para complicar ainda mais o relacionamento dos dois, outro personagem ameaçou ficar entre eles. A ideia começou com uma sugestão de John.

JOHN KRASINSKI: Tinha essa ideia que apresentei a Greg, e ela veio de Chris Workman [operador de câmera de *The Office*]. Ele tinha abaixado a câmera e a deixou gravando. E eu disse que queria ver a filmagem. Nós vimos, e eram apenas pés, e você podia ouvir as pessoas falando. Eu disse a Greg: "Cara, você deveria fazer isso. Peça a alguém da equipe de filmagem para abaixar a câmera, sem saber que eles estão registrando um momento, e saem para almoçar ou algo assim". E então foi parar no episódio com o cara responsável pelo microfone boom.

Em uma cena de "Customer Loyalty", episódio da nona temporada, Pam e Jim discutem ao telefone. E, pela primeira vez, a câmera se vira para o operador de microfone, que pousa seu equipamento para confortar Pam. Como espectadores, nunca víamos a equipe do documentário. Mas, nesse momento, percebemos que Brian, o cara do microfone boom, interpretado por Chris Diamantopoulos, estava lá o tempo todo, assistindo a tudo se desenrolar. E ficou instantaneamente claro que, naqueles dez anos, ele havia desenvolvido uma queda por Pam.

BRIAN: Ei, você está bem?

PAM: O que estou fazendo de errado, Brian?

BRIAN: Nada. Você está fazendo o melhor que pode.

JENNA FISCHER: Fiz muitos testes diante da câmera com vários [atores querendo interpretar] Brian, e depois tive muitas discussões sobre quem exatamente deveria ser. Havia um ator que era simplesmente fenomenal, que se parecia tanto com John Krasinski que tivemos toda uma discussão sobre se Brian deveria ou não se parecer com John Krasinski.

GREG DANIELS: Não sei se Brian, o cara do boom, era particularmente querido pelos fãs. Meu palpite é que talvez tenha sido um tiro pela culatra. As pessoas não pareciam gostar dele. Isso remonta à ideia de que ninguém quer ver problemas com Jim e Pam. Mas não se pode ter um final feliz sem uma ruptura. E eu sinto que esse tipo de preocupação era bom em termos de engajamento dos fãs. Acho que eles sabiam o que estava por vir. Eles estavam muito confortáveis com o programa que recebiam, e eu precisava colocar uma pulga atrás da orelha mostrando que talvez eu fosse oferecer um final ruim para que eles ficassem felizes quando tivessem um final legal. Era assim que eu pensava. Pode ser excessivamente negativo, mas era o meu pensamento.

EMILY VANDERWERFF: Grande parte da temporada final gira em torno da questão: "Os sonhos individuais são mais importantes do que os sonhos que se tornaram um desejo compartilhado pelos dois?". Há uma beleza nessa ideia de que há uma impermanência na vida. Aquela flor que brota nas rachaduras do asfalto provavelmente vai ser esmagada por um carro e morrer. Mas, de qualquer forma, há uma beleza naquilo.

Aquela flor no asfalto não morre. O relacionamento de Pam e Jim parece estar em perigo até o fim. Mesmo no penúltimo episódio, "A.A.R.M.", que foi ao ar em 9 de maio de 2013 – Pam se preocupa que ela tenha cometido um erro ao pedir a Jim para ficar em Scranton e não ir atrás de seus sonhos na Filadélfia. Mas então ele a surpreende com um vídeo que a equipe do documentário o ajudou a criar, uma montagem dos melhores momentos dos dois juntos enquanto as câmeras estavam rodando (e às vezes pegando-os em momentos desprevenidos).

Há um retorno ao episódio "Christmas Party", da segunda temporada, em que Jim esconde um bilhete em um bule de chá, seu presente de amigo-oculto para Pam, e, em seguida, no último minuto, coloca-o no bolso de trás da calça. Nunca descobrimos o que ele escreveu. E quando Jim finalmente entrega o bilhete para Pam neste episódio da nona temporada, dizendo a ela...

JIM: É do bule de chá. Tudo o que você precisa saber está nesse bilhete.

... ainda não sabemos o que diz.

MIKE SCHUR: Eu escrevi o episódio ["Christmas Party"], com o bule de chá e o bilhete e tudo, e então era a nona temporada e eu estava assistindo, apenas como um fã, e fiquei, tipo, "Ah, meu Deus, ele voltou!". Eu mesmo pedi a John que escrevesse o bilhete e disse: "Não conte a ninguém o que você está escrevendo. Escreva o que quiser, escreva o que achar que Jim escreveria". E não sei o que ele escreveu. Não faço ideia. Eu nunca vi. Acho que ele nunca contou a ninguém. Acho que Jen nunca contou a ninguém. Acredito que é como um segredo compartilhado pelos dois e talvez pelo departamento de arte.

Vimos a história deles se desenvolver ao longo de nove temporadas. Lembra quando Greg contou a Ricky Gervais e Stephen Merchant que ele pensava em *The Office* como uma história de amor? A roteirista Claire Scanlon diz que foi uma história de amor que Greg levou muito, muito para o lado pessoal.

CLAIRE SCANLON: A bússola moral do programa era Pam, e sempre que Greg estava em dúvida com relação ao que Pam faria, ele de fato se perguntava: "O que Susanne faria aqui?".

Susanne, é claro, é a esposa de Greg desde 1991.

CLAIRE SCANLON: É como a melhor carta de amor. Achei que era a coisa mais romântica. Ele ama tanto a esposa que a vê na Pam. Você acha que *The Office* gira em torno de Michael Scott, mas também gira em torno de Pam. Você quer ser tão boa quanto Pam ou, se você é Jim, quer ser bom o suficiente para tê-la. Para mim, toda a série tem a ver com crescimento. E quando um personagem cresce, ele não precisa estar no escritório.

JENNA FISCHER: Acho que tinha isso. Sim, acho. Quer dizer, era meu trabalho como atriz enxergar o programa pelas lentes do meu personagem. Mas não perdi de vista o fato de que, quando Pam estivesse pronta para se libertar da Dunder Mifflin, o programa acabaria. Então pensei que era a jornada de uma menina se tornando uma mulher, encontrando-se, indo para o mundo. Quando a conhecemos, ela está presa atrás dessa mesa, faz um movimento lento para a área de vendas e, em seguida, encontra o homem que ama e começa uma família. Quando está pronta, ela luta contra a partida, mas quando ela vai, está tudo acabado. O documentário não acaba quando Michael sai. Eles decidiram parar de fazer o documentário quando Pam sai.

Os personagens finalmente podem ver o documentário finalizado no episódio "A.A.R.M.", quando toda a filial de Scranton, empregados antigos e atuais (bem,

a maioria deles), se reúne no Poor Richard's Pub para assistir à estreia mundial do programa na PBS.

JENNA FISCHER: Essas pessoas se veriam em um documentário e seria possível observar como isso afeta a vida delas. E eu acho que, na verdade, é um grande encerramento para o programa também.

PHYLLIS: É, não estou pronta para isso.

STANLEY: Ninguém está pronto para isso. Ninguém pode estar pronto para isso. Nem sabemos o que é isso.

OSCAR: Uma coisa que sabemos é que nada vai ser como antes.

"Nada vai ser como antes." Nisso Oscar estava certo.

KATE FLANNERY: Bem, não só deixei de ser garçonete como conheci o meu namorado no programa. Estamos juntos há quatorze anos. E eu tinha o dedo mais podre de todos. Você não quer conhecer nenhum dos caras com quem namorei, principalmente nos anos 1990. Eu era a pior. Mas eu meio que me encontrei quando trabalhei naquele programa e acabei aceitando quem eu era, ao contrário daquilo que eu achava que deveria ser.

JOHN KRASINSKI: Sem parecer hiperbólico, o programa mudou a minha vida inteira. Eu tinha 23 anos quando começou, então eu não tinha nem mesmo formado uma identidade de quem eu era. Eu tenho uma vida inteira que se deve a esse programa. Eu não estaria fazendo nada do que vocês já me viram fazer: escrever, dirigir, atuar. Mas como pessoa, isso me deu essa bagagem quintessencial que posso carregar para construir o resto da minha vida.

CLAIRE SCANLON: Chamo isso de "ir para a Universidade de Greg Daniels". Ele era nosso mestre.

GREG DANIELS: Acho que há algo muito pessoal em relação ao programa. Quer dizer, parte de toda a coisa do documentário, o realismo, as pessoas, a verdade, a beleza e todo esse tipo de coisa, que era tudo o que eu achava ser importante em relação a escrever para a TV, foi possível de acontecer em *The Office*. Então, depois que o show acabou, eu estava muito desgastado, com sentimento de "ai, cansei. Acho que não preciso de mais nada".

Mas havia mais um episódio para escrever. O último adeus, por assim dizer.

GREG DANIELS: Parte de como fazer bons finais tem a ver com mostrar o crescimento das pessoas, mas quase todos [em *The Office*] cresceram. Angela foi a última pessoa que foi uma espécie de idiota até a nona temporada. Então eu disse: "Vamos fazer Angela passar por algumas merdas. Angela merece um final feliz".

Angela não foi a única a ter um final feliz. (Devo... resistir dizer... "foi o que ela disse".) E foi apenas uma das poucas surpresas reservadas para nós no final.

12

"É isso, pessoal, acabou"

O FINAL DA SÉRIE

GREG DANIELS: Me lembro de estar de férias e de caírem lágrimas de verdade quando estava escrevendo [o fim da série]. Tínhamos passado por essa experiência maravilhosa juntos, e eu queria que fosse um tipo de final de todos juntos. Eu me sentia muito ligado a todos. E minha impressão dos desejos do elenco foi um grande final com todos juntos e não com certo tipo de distanciamento.

Para Greg, o final era sua chance de dizer adeus, tanto ao elenco de *The Office* que ele reuniu quanto aos personagens que ele ajudou a moldar desde o início.

MATT SOHN: Ele continuou escrevendo mais e mais e mais. Era quase como se ele não quisesse que o programa terminasse.

KEN KWAPIS: Ele estava muito emocionado com o final e também ansioso com isso. Acho que, para ele, as apostas eram muito altas. Não quero chamar de filmagem de despedida, mas esta foi a última chance de dizer o que ele precisava dizer com essa série. O elenco sentia o mesmo. Não houve um dia na gravação do último episódio em que todos não estivessem afiados com o personagem, porque não iam ter a chance de conseguir fazer isso depois.

Para sua declaração final em *The Office*, Greg estava reunindo a antiga banda novamente. E um dos primeiros a assinar foi Ken Kwapis, que dirigiu nosso piloto e alguns dos maiores episódios das primeiras temporadas, como "Booze Cruise", "Casino Night" e "Gay Witch Hunt". A última vez que tinha dirigido a série foi no centésimo episódio, "Company Picnic", lá na quinta temporada.

KEN KWAPIS: Greg me pediu para voltar para o episódio final. Já fazia duas ou três temporadas que eu tinha saído do programa, mas acho que ele queria criar uma sensação de contornar o círculo inteiro e retornar às origens do programa. Fiquei muito lisonjeado e animado, e também muito intimidado. A vida de todos os personagens evoluiu. E senti que, apesar de conhecer o programa como espectador, eu precisava me aprofundar um pouco mais e me envolver na vida dos personagens. Eu tinha que voltar e ver as coisas de uma maneira diferente. Muitos dos personagens que começaram a série em papéis secundários viram seus papéis crescerem. Todos tinham uma história interessante e complicada para contar. Como íamos fazer isso? Bem, demorou mais do que um programa normal, isso é fato.

Greg estava planejando a história do final, em que a equipe do documentário retorna a Scranton, desde a terceira temporada. Dwight ainda é o gerente regional da Dunder Mifflin. Andy está agora trabalhando no escritório de admissão de alunos em Cornell, tentando esquecer a humilhação pública de sua audição para *America's Next A Capella Sensation*. Darryl está morando em Austin, trabalhando na empresa de marketing esportivo de Jim, a Athlead. Stanley escapou para a Flórida, e Creed fingiu a própria morte para evitar ser processado (ele foi acusado, entre outras coisas, de traficar carnes de animais ameaçados de extinção). Kevin tinha sido demitido, assim como Toby. Mas todos estavam voltando a Scranton para o casamento, um evento que todos esperávamos desde que Dwight e Angela ficaram juntos pela primeira vez em uma casinha de cachorro no churrasco de Jim.

Era um roteiro robusto, e isso era exatamente o que os atores e a equipe podiam/tinham autorização para ler.

KEN KWAPIS: Havia quarenta e cinco páginas de ideias alternativas que podiam ou não entrar no roteiro final.

Muitos momentos incríveis não foram para a edição final, como a agora infame pegadinha de *Matrix*, em que Jim tenta convencer Dwight de que ele está vivendo em uma simulação de computador – um enredo emprestado do filme de ficção científica de 1999, *Matrix*, estrelado por Keanu Reeves.

DAVID ROGERS: Tem um gato que passa pelo escritório do Dwight, e então o mesmo gato passa de novo, como uma falha, e então Jenna diz...

PAM: `Treinar o gato foi mais fácil e mais chato do que eu pensei que seria.`

DAVID ROGERS: E então tínhamos Hank, o segurança, como Dorpheus, que é irmão de Morpheus, e está usando o mesmo tipo de jaqueta que Morpheus. Alguns caras iam sair correndo, como os personagens tipo Hugo Weaving. [Hugo Weaving interpretou o Agente Smith, o vilão de terno preto em *Matrix*.] Tínhamos uma coisa toda planejada, nós só nunca finalizamos os efeitos visuais. O episódio estava muito longo. Essa parte seria o teaser, mas cortamos por falta de tempo.

Todos nos reunimos em 4 de março de 2013 para a leitura de mesa final. Normalmente, na leitura de mesa, participam apenas os integrantes do elenco, alguns roteiristas e talvez alguns produtores. Mas dessa vez havia centenas assistindo, pessoas que trabalharam no programa nos últimos dez anos e alguns amigos e familiares.

MATT SOHN: Eu estava muito animado para sentar e assistir [como um integrante do público], mas dez minutos antes de começar, Greg disse: "Ei, Matt, você poderia pegar uma câmera e filmar a leitura de mesa final?". E perguntei: "Sério?". Ele disse: "Sim, será ótimo para nós". Então filmei como um cinegrafista e não consegui realmente absorver o acontecimento.

A leitura de mesa completa, com duração de uma hora e dezessete minutos, foi compartilhada on-line e assistida por milhões de fãs de *The Office*. Houve muitos momentos hilariantes – Rainn era o único do elenco com o figurino, todos choraram no final e John olhou para a câmera com o sorriso perfeito de Jim Halpert – mas também havia muita emoção envolvida.

“Eu vou dizer que amo todos vocês... [*voz embarga*] sem desmoronar.”

— Greg Daniels, durante seus comentários de abertura na leitura de mesa

JENNA FISCHER: Eu estava chorando. Foi muito emocionante. Chris Workman, nosso assistente de operador de câmera, tirou uma foto da última leitura de mesa, e Angela a ampliou e pendurou na parede de casa.

ANGELA KINSEY: Eu estava começando a sentir isso. Ah, eles vão ser pessoas que eu talvez não veja por muito tempo. Porque é isso que acontece. Todos entram em outros projetos, e as pessoas se separam. Eu sabia que manteríamos contato, mas só de ver as pessoas, almoçar com elas, ter uma ótima conversa perto do caminhão de café, sabe? Tem um grupo da nossa equipe em que todos eram como uma família.

BRIAN BAUMGARTNER: Éramos uma família.

ANGELA KINSEY: *Somos* uma família.

GREG DANIELS: Não era apenas ficção. Era um grupo de amigos emotivos que foi estreitando os laços ao longo do show. Tem esse clichê que, se você fizer um piloto com as pessoas e o piloto não for para a frente, vocês serão amigos para sempre. Se o programa fica no ar talvez por uma ou duas temporadas, todos ainda conseguem falar uns com os outros. Mas se durar muito tempo, todos vão se odiar. Acho que é muito raro funcionar do jeito que aconteceu para nós.

"Ele estava muito nervoso de mentir para a NBC"

O *misterioso elenco estrelado do episódio final*

Ken Kwapis não foi o único ex-integrante de *The Office* a voltar para o episódio final do programa. B. J. Novak e Mindy Kaling, que tinham saído no ano anterior para trabalhar no *The Mindy Project*, estavam de volta, assim como Mike Schur, que (relutantemente) apareceu nos episódios finais como ator.

MIKE SCHUR: A razão pela qual sou mais conhecido, e a mais irritante para mim, é porque interpretei o personagem Mose Schrute.

BRIAN BAUMGARTNER: Ai, meu Deus. Não falamos de Mose.

MIKE SCHUR: Achei que seria a sua primeira pergunta.

BRIAN BAUMGARTNER: Você não estava feliz interpretando Mose?

MIKE SCHUR: Não. Eu odiava. Odiei cada segundo. Eu vestia roupas de lã, tinha uma barba no pescoço e estava sempre muito quente. A piada era que eu não falava, e isso não é uma piada engraçada. Eu tinha que levantar às quatro e meia da manhã, dirigir para o meio do nada e usar roupas de lã. Tudo o que eu queria fazer era voltar para a sala [de roteiristas] e arrebentar nas histórias. Não deveria ser isso que vocês queriam que eu fizesse? Aí a piada continuava com os roteiristas, porque eles sabiam o quanto eu odiava aquilo: "E se você estiver sem camisa? E se você estiver em uma gangorra? E se você estiver em um trampolim? E se você estiver correndo o mais rápido que puder ao lado de um carro, como um cachorro?". Eu estava em *Parks and Recreation*, e me ligavam dizendo: "Precisamos de Mose!". E eu ficava, tipo, "Eu tenho um emprego. Tenho uma vida. Tenho filhos pequenos". Eles me obrigavam a fazer aquilo. Eles competiam um com o outro para encontrar a situação mais humilhante possível em que pudessem me colocar.

BRIAN BAUMGARTNER: Eu adoro o fato de que Mose existia principalmente para fazer os roteiristas rirem.

MIKE SCHUR: E era para me deixar infeliz. Como andar de ciclomotor e pular com ele sobre um monte de carros [do episódio da oitava temporada "Garden Party"]. Eu não sei dirigir um ciclomotor. Ninguém me ensinou a dirigir um. Eles disseram: "Apenas suba e acelere". Porque a questão era, se eu desaparecer ou escorregar e cair e quebrar minha pélvis, vai ser muito engraçado. Nas entrelinhas, era sempre "quanto pior, mais engraçado vai ser".

Alguns rostos novos foram acrescentados ao elenco para o último episódio. Durante a sessão de perguntas e respostas para o documentário fictício, uma mulher na plateia (interpretada por Joan Cusack) faz uma pergunta a Erin sobre sua mãe biológica.

JOAN: Você não a odeia? Eu só consigo imaginar que você está muito brava com ela a ponto de odiá-la.

ERIN: Algumas vezes talvez. Mas não tipo *ódio*, ódio. Mais como: "Mãe, eu te odeio!". E então ela diria: "Vá para o seu quarto, mocinha".

Assim que Erin percebe que a mulher misteriosa é sua mãe, um homem (interpretado por Ed Begley Jr.) dá um passo à frente e pega o microfone.

ED: Erin... Mesma pergunta, mas sobre o seu pai. [*Eles se abraçam.*]

ELLIE KEMPER: Erin nunca teve uma família permanente. Adorei que os roteiristas conseguiram fazer com que ela conhecesse os pais biológicos.

CRAIG ROBINSON: Nossa, e quando Erin se reuniu com os pais? Vou chorar só de pensar nisso. Eu não sabia o que estava acontecendo. Foi de partir o coração.

ELLIE KEMPER: A propósito, você sabia que eu ainda tenho o cardigã de Joan Cusack? Ou elogiei o casaco dela, ou disse que o cheiro era gostoso, algo assim. Isso foi no último dia. Ela tirou o cardigã e deu para mim.

BRIAN BAUMGARTNER: Ela deu para você usar rapidinho? Ou foi tipo: "Aqui, leve isso para sempre"?

ELLIE KEMPER: Ela disse: "Você pode ficar com ele". Mas talvez ela quisesse dizer "Você pode pegá-lo emprestado", e então eu nunca o devolvi. É bem possível que eu tenha entendido errado.

O elenco do episódio final também incluiu algumas pessoas que não estavam acostumadas a estar do outro lado da câmera.

BRENT FORRESTER: Você deve ter notado que Greg escalou toneladas de pessoas que trabalhavam nos bastidores.

O roteirista Brent Forrester foi uma dessas pessoas, o primeiro "membro da plateia" a fazer uma pergunta durante o painel de perguntas e respostas.

BRIAN BAUMGARTNER: Foi a sua estreia como ator?

BRENT FORRESTER: Certamente foi.

BRENT: Como se sentiram ao ver suas vidas na TV?

BRENT FORRESTER: Antes de a gravação começar, me virei para você e disse: "Como você interpreta? Eu tenho uma fala. O que é interpretaaaarrr?!". Tínhamos dois minutos para você me ensinar como dizer uma fala. Você meio que traduziu para "apenas imagine que está realmente acontecendo".

GREG DANIELS: Eu coloquei um monte de gente. Todos os roteiristas foram escalados. [Os roteiristas Amelie Gillette, Allison Silverman, Dan Sterling e Steve Hely fizeram perguntas durante a sessão de perguntas e respostas.] Minha esposa estava no ar. [Susanne era a moderadora da sessão.] Parte disso é que eu queria pessoas comuns, porque é um documentário, e se elas estão um pouco desconfortáveis na frente da câmera, ótimo. O microfone boom está na cena, o não ator está parecendo estranho, isso tudo funciona.

Jen Celotta finalmente realizou seu sonho de interpretar uma Schrute. O nome de seu personagem foi listado como "Jen Celotta Schrute" na ficha de chamada, e ela apareceu no bar de Kevin com os outros parentes de Dwight.

JEN CELOTTA: Eu disse não a todas as outras ofertas. Do tipo Pessoa nº 3 na fila e Garçonete nº 4. Eu disse "É Schrute ou nada" por cerca de cinco anos. E aí Greg me ligou, principalmente porque acho que ele queria todos os amigos de volta para o final. Ele disse: "Tudo bem. Você pode ser uma Schrute".

BRIAN BAUMGARTNER: Como foi?

JEN CELOTTA: Fantástico. Eles ficavam me microfonando e depois tirando, porque tinha uma cena de Pam-Jim que precisava acontecer, e estava escurecendo. Então não consegui fazer a cena com um diálogo que eu estava muito animada para fazer. Eu estava muito, muito nervosa, porque fiquei, tipo, "Isso vai ser terrível". Mas quando tiraram o microfone, fiquei meio triste. E aí disseram que talvez fossem conseguir, e colocavam o microfone de volta. E então disseram: "Não, não vamos conseguir". Passei por uma montanha-russa de emoções.

Kate Flannery teve um momento na tela com seu integrante favorito da equipe, o fotógrafo Chris Haston.

KATE FLANNERY: Eles deixaram meu namorado, Chris, dançar comigo durante o casamento de Dwight e Angela. Estou com o cara alto com o rosto vermelho de vergonha. Foi um belo presente, sutil e maravilhoso, e realmente foi muito significativo.

O garoto que zomba de Andy na churrascaria é na verdade o ex-motorista/ assistente de Greg, Jonah Platt. Jennie Tan, a superfã de *The Office* que publicou o blog *OfficeTally*, enviou um e-mail para Greg e perguntou se ela poderia aparecer no episódio final, e ele disse, "Claro", e deu a ela um papel com fala na sessão de perguntas e respostas. (Ela é a única que pergunta a Jim e Pam se o relacionamento deles é "como Harry Potter".) Os convidados pós-festa que posam para uma foto de grupo incluem os editores/diretores David Rogers e Claire Scanlon, a supervisora de roteiro Veda Semarne e os diretores de arte Rusty Mahmood e Phil Shea. A voz de Matt Sohn aparece. É a do integrante da equipe que entrevista Dwight em seu Dodge Challenger SRT8 durante o teaser.

MATT SOHN: Eu estava certo de que eles substituiriam minha voz por uma mais masculina, típica de documentários. Eles me disseram: "Vamos mudar isso na edição". Para a minha surpresa, eis o meu primeiro e único crédito por qualquer coisa relacionada à atuação.

A mulher na festa no depósito que diz a Phyllis que as canecas são para executivos da PBS é Allison Jones, extraordinária diretora de elenco.

ALLISON JONES: Ai, meu Deus, eu estava horrorizada. Lembro que Greg queria que todos que trabalharam no show estivessem no episódio final. E eu disse que só faria isso se a Phyllis estivesse comigo, porque eu não sei como fazer. Então eu tinha uma fala com Phyllis, e agora é claro que acho que foi terrível. Toda a situação era aterrorizante para mim.

BRENT FORRESTER: O que Greg estava fazendo era criar uma espécie de anuário para si mesmo, em que ele conseguiu fotografar todas essas pessoas com quem ele se importava. Então, quando ele assiste a esse episódio, é uma reunião emotiva para ele também.

Havia apenas uma pessoa faltando nesse grupo, um cara que estava fora havia alguns anos e de quem todos sentiam muita falta. Poderíamos ter um final sem Michael Scott?

GREG DANIELS: Era essencial para mim que Steve voltasse. Então eu me aproximei dele muito antes, e ele não achava que havia razão suficiente para Michael voltar. O Michael que havia crescido como pessoa não se importava mais com a fama.

STEVE CARELL: Pra mim, a história de Michael tinha definitivamente terminado. E quando o show estava acabando, eu estava reticente em voltar.

GREG DANIELS: Acho que ele estava ansioso para que não fosse tudo relacionado a ele. Era o fim da história de todos aqueles que continuaram nos outros dois anos [depois que ele saiu]. Então Steve não queria muito fazer.

STEVE CARELL: Só achei que não era certo que o retorno de Michael tirasse alguma coisa dos outros. Esse era o final de todos os outros. Michael já tinha tido o dele. Mas, ao mesmo tempo, senti que deveria, por respeito a todos vocês e por meu amor a todos, reconhecer o fim dessa coisa toda. Então esse foi o meu raciocínio por trás disso. Eu queria fazer o mínimo possível para apoiar.

GREG DANIELS: Ele realmente gostou da ideia de voltar para o casamento de Dwight, como se ele achasse que o personagem tivesse aprendido alguma coisa. Ele não precisava de autopromoção naquele momento. Ele não precisava voltar para estar no documentário. Ele voltou pelo seu amigo Dwight, com quem tinha uma espécie de relação humana muito profunda.

STEVE CARELL: Eu só não queria que isso tirasse algo do programa. Esse era o meu maior medo.

KEN KWAPIS: Além da emoção de reunir toda a gangue novamente, o fato de Michael aparecer no casamento diz muito a respeito do caráter do personagem. Emocionalmente, parecia que, com a evolução de Michael ao longo da série, fazia todo o sentido que ele não fosse perder isso.

O casamento de Dwight foi a desculpa perfeita para trazer Steve de volta. Só havia um problema. Não queriam que mais ninguém soubesse disso.

DAVID ROGERS: Mentimos para todo mundo sobre Steve.

Bem, quase todo mundo. O editor Dave Rogers foi um dos poucos escolhidos para receber a notícia sobre o retorno iminente de Steve.

DAVID ROGERS: Lembro que Greg se sentiu mal por mentir para as pessoas. Ele estava mentindo para a família e os amigos. Lembro que disse a Greg: "Escuta, é tipo uma festa-surpresa. Alguém pergunta, 'Você está organizando uma festa-surpresa?', e você diz, 'Não', e aí, duas horas depois, 'Surpresa!'. É exatamente isso. Sei que é difícil, mas temos que manter isso em segredo".

Mentiram para todos os outros, incluindo a maioria do elenco e da equipe.

MATT SOHN: Eu não contei a ninguém, exceto à minha esposa. Mas conto tudo pra ela.

Tudo bem, algumas pessoas descobriram.

JENNA FISCHER: John e eu estávamos na sala dos roteiristas falando sobre o final e juramos manter segredo. A impressão é a de que eu sabia por muito tempo e eu sabia que tinha um monte de truques rolando. Não tinha nada escrito no roteiro ou na leitura de mesa finais. Havia uma cena entre Dwight e Steve, mas foi escrita como sendo entre Dwight e Creed.

GREG DANIELS: Tínhamos toda a leitura de mesa falsa com Creed de alguma forma assumindo todas as falas de Michael. É, foi muito empolgante. Estávamos mentindo para todos sobre Steve voltar. A NBC não sabia. Menti na cara dura. Fiz o produtor de linha mentir. Eu disse a ele: "Eu cuido de você se você for demitido por causa disso". Ele estava muito nervoso de mentir para a NBC.

KEN KWAPIS: Ainda é marcante para mim que tenha sido mantido em segredo. Eu estava sendo importunado por jornalistas diferentes e acabei aperfeiçoando minhas habilidades de mentir.

CLAIRE SCANLON: Greg ficava com a consciência pesada. Ficava, tipo, "Ah, essas pessoas estão perguntando se Steve vai voltar e temos que mentir e dizer não". E perguntava: "Ken, você não se sente uma pessoa terrível por mentir para todo mundo?". E Ken respondia: "De jeito nenhum. Não sinto nada. Não ligo". [*Risos.*]

BRIAN BAUMGARTNER: A razão pela qual eles tiveram que mentir foi porque não confiavam na emissora para manter o segredo.

DAVID ROGERS: Nós até transferimos as filmagens de Steve para outro local. Normalmente fazemos todas as nossas coisas no lote da Universal.

É onde nos encontrávamos. Mas pegamos as cenas dele e as transferimos para outro lugar. Não queríamos que os executivos da NBC tivessem acesso à filmagem bruta, não editada, porque não queríamos que eles fizessem propagandas do tipo: "Steve Carell vai retornar!". Steve não queria isso.

CLAIRE SCANLON: Ele não queria que os executivos estragassem tudo. E eles teriam feito isso. *Sabíamos* que Steve estaria nas propagandas.

BRIAN BAUMGARTNER: A NBC não notou que as cenas estavam faltando?

DAVID ROGERS: Enviávamos as versões editadas sem as filmagens de Steve. É só tirar a cena de Jim e Dwight e inserir aquela em que Steve aparece.

DWIGHT: [*Vira-se.*] Michael. Não acredito que você veio.

MICHAEL: Foi o que ela disse.

DAVID ROGERS: E depois disso, há a marcha nupcial, em que Steve está apenas parado em pé. Cortei uma versão alternativa para a emissora.

Até o dia da filmagem, muitos dos integrantes do elenco não sabiam que Steve estaria no episódio.

ANGELA KINSEY: Naquela manhã, eu estava entrando no trailer para fazer cabelo e maquiagem, e disseram: "Steve está aqui agora. Ele está fazendo cabelo e maquiagem". Eu fiquei, tipo, "Você está brincando comigo". Quer dizer, ele ficou lá algumas horas e depois foi embora. E escute, obrigada, Steve Carell, porque você definitivamente deu à minha história um belo final.

A emissora teve que esperar mais um pouco.

BRIAN BAUMGARTNER: Mas você teve que entregar o episódio em algum momento.

DAVID ROGERS: Nós entregamos naquela manhã. Às nove da manhã.

Às nove da manhã de 16 de maio de 2013, exatamente nove horas antes de o show ir ao ar na costa leste dos EUA.

CLAIRE SCANLON: A NBC só soube na manhã em que o episódio foi ao ar. Eles ficaram muito irritados.

DAVID ROGERS: Mostrei a Lauren Anderson [vice-presidente sênior de programação do horário nobre da NBC] naquele dia, e ela ficou chateada. Estava brava por não fazer parte do segredo. Mas o show ganharia promoção e as pessoas sintonizariam de qualquer maneira. Não é como se precisasse de uma chamada do tipo: "Ei, aqui está o final da série *The Office* e quem sabe se um certo personagem vai aparecer!". [*Risos.*]

No fim das contas, era exatamente o que o final precisava: apenas o suficiente de Michael Scott para fazer parecer uma reunião de família de verdade.

DAVID ROGERS: São imagens na medida certa para surpreender e deixar todos emocionados. Minha mãe se encolhe de vergonha com Michael Scott. Mas ela assistiu àquele momento final e voltou a cena para rever a aparição de Michael pelo menos umas cinquenta vezes. Ela disse: "David, não consigo parar de assistir".

"Mal posso esperar para mostrar para minha filha quando ela crescer"

A última cena

Depois de filmar em locações por quase duas semanas – de um prédio de escritórios da AT&T usado como centro cultural de Scranton a um pub escocês em Los Angeles para a despedida de solteiro de Dwight ao rancho Golden Oak da Disney em Newhall, Califórnia, para o casamento de Dwight e Angela –, era hora de nossa família voltar ao escritório.

> **KATE FLANNERY:** Eu me lembro de tentar estar o mais presente possível, para aproveitar tudo aquilo. Levamos duas semanas para gravar o episódio final, e senti que era o objeto cintilante. Íamos a todos aqueles lugares diferentes, e isso era o objeto cintilante para nos distrair do fato de que aquilo estava acabando. [*Risos.*] Então, o último dia mesmo foi quando estávamos de volta ao escritório. E foi aí que começou a parecer muito mais intenso e real. Estávamos na fazenda, que era uma loucura. Nem tinha sinal de celular lá. Éramos só nós. Parecia que estávamos distraídos. E depois estávamos ali, e havia uma reverência e um senso de honra em terminar essa adorável jornada juntos. Recordo que John nos chamou para o trailer e todos tomamos um shot, lembra? Foi demais! Eram só os atores. [*Suspira.*] Muito bom!
>
> **PHYLLIS SMITH:** Foi uma noite difícil, especialmente quando Creed começou a cantar.

Nos momentos finais do último episódio, Creed surge de um armário – onde ele estava morando – e toca uma música original para os colegas de escritório, "All the Faces".

CREED BRATTON: [*Toca o primeiro acorde de "All the Faces".*] Vocês já vão começar a chorar, né?

BRIAN BAUMGARTNER: Adoro o fato de que você só soube na leitura de mesa.

CREED BRATTON: Eu não sabia. Ninguém me disse que eu iria cantar minha música. Você lembra da história de John segurando o microfone? Eu não conseguia esconder o microfone da guitarra, então John disse: "Bem, vou apenas segurar o microfone debaixo do braço".

BRIAN BAUMGARTNER: Porque ele estava mais perto?

CREED BRATTON: Ele era quem estava mais perto. Ele estava sentado lá, olhando para Pam, mas o tempo todo segurando o microfone ali do lado do buraco do som.

BRIAN BAUMGARTNER: Isso me emociona toda vez. É um daqueles momentos incríveis. Nunca vou me esquecer de todos nós sentados lá.

CREED BRATTON: Foi mágico, foi realmente mágico. Eu só estava preocupado de não conseguir terminar a música. Eu a conhecia muito bem. É uma das minhas músicas mais antigas. Eu fico bem emotivo, e às vezes choro no palco quando estou cantando. Quando a toco ao vivo, sempre digo: "Estou deixando vocês agora como o nosso programa deixou vocês". E todos ficam [*imita uma multidão chorando*]. Antes mesmo de eu atingir a primeira nota, já era. [*Risos.*] Adoro fazer as pessoas chorarem.

Todo mundo fez a cena de uma última conversa com a câmera, uma reflexão final no escritório.

CLAIRE SCANLON: Tem uma em que Pam fala: "Mal posso esperar para mostrar para minha filha quando ela crescer".

PAM: `Mas o meu coração dispararia se alguém lá fora assistisse a isso, e ela dissesse para si mesma: "Seja forte, confie em si mesma, ame a si mesma. Domine os seus medos. Apenas vá atrás do que você quer e aja rápido, porque a vida simplesmente não é tão longa".`

CLAIRE SCANLON: Foi tão poderoso. Até pensar nisso me deixa emocionada. Falando como mulher, não víamos isso na TV, sabe? Era uma mensagem tão poderosa. E Jenna acabou fazendo lindamente. E agora ela tem uma garotinha para quem pode mostrar isso também. Todo o processo final foi triste e especial, e a lembrança é toda meio vaga porque estávamos passando noites inteiras fazendo isso.

Pam ficou com a última conversa com a câmera, e é sem dúvida um dos monólogos mais emocionalmente poderosos de toda a série.

PAM: `Achei estranho quando vocês nos escolheram para fazer um documentário. Mas, de modo geral, acredito que uma empresa de papel comum como a Dunder Mifflin era um ótimo assunto para um documentário. Há muita beleza nas coisas comuns. Não é esse o ponto?`

ANGELA KINSEY: Assistimos a Jenna fazer aquela conversa com a câmera, todos nós nos enfiamos naquela salinha do set principal que tinha uma

TV pequena. Nós a chamávamos de Video Village. É do tamanho de um banheiro apertado. E estávamos todos amontoados num sofá pequeno. Logo depois que ela fez isso, Ed Helms disse: "Circule essa pra mim", que é o que diríamos ao nosso coordenador de roteiro, para circular as falas que achávamos que eram ótimas. Parecia mesmo que era um adeus. Era um adeus a Scranton, à Dunder Mifflin, àquelas pessoas.

JENNA FISCHER: Eles tinham originalmente agendado [a conversa de Pam com a câmera] para ser a última coisa a ser filmada. Ken achou que seria uma boa ideia, e acho que foi John ou outra pessoa que disse: "Ah, cara, nem todos querem ser o último a gravar". Greg disse algo como: "Ah, sim, sim, temos que ter a última cena com todos". Então filmamos a cena da minha conversa com a câmera, e acho que vocês estavam lá fora assistindo. Depois que terminei, filmamos a continuação, em que tiro o quadro da parede, e todos nós saímos pela porta.

O quadro, é claro, era a pintura de Pam do prédio da filial de Scranton, aquela que Michael Scott comprou na exposição de arte de Pam (fazendo todo o caminho de volta para o episódio "Business School", da terceira temporada).

JENNA FISCHER: Filmamos aquilo. Não sei quantas vezes, cinco ou seis, talvez. Ficamos amontoados no elevador.

KATE FLANNERY: Eu me lembro de Greg dizer: "Mais uma tomada". Estávamos todos duas horas atrasados para a nossa própria festa de encerramento. As pessoas estavam mandando mensagens e ligando: "Onde vocês estão?". É como se ninguém quisesse que acabasse.

JENNA FISCHER: Teve um momento em que estávamos esperando para ver se eles iriam dizer: "Corta, vai de novo" ou "Corta, é isso, pessoal, acabou". Fico engasgada só de pensar nisso. Aqueles segundos de espera, e toda vez eu só queria que eles dissessem: "Corta, vai de novo". Porque eu sabia que, quando dissessem "É isso, pessoal, acabou", *acabaria de fato*. Seria isso. Eu nunca mais gravaria *The Office*. E quando eles disseram:

"É isso, pessoal, acabou", eu apenas comecei a chorar e a abraçar quem estava ali por perto.

RANDALL EINHORN: Greg sempre falava sobre isso no último episódio: o que quer que fosse, terminaria com "é isso, pessoal", e a câmera se viraria e seria Ricky Gervais sentado lá [na cadeira do diretor]. [*Risos.*]

KEN KWAPIS: Eu me lembro de um final diferente para o último episódio. Pelo que me recordo, todos os personagens decidem que precisam pegar a planta que está no escritório há nove temporadas. Planty era o nome dela. Alguém sugere que Planty precisa ser libertada. Então, todos saem do escritório, com dois ou três deles carregando Planty, e todos estão cantando "Planty, Planty!". Todo mundo vai para o estacionamento lá fora e planta a Planty. E o final original, como Greg e eu discutimos, era todo mundo indo embora, se sentindo um pouco triste, mas, sabe, de modo festivo. O plano original de Greg era que passaria o tempo até a manhã seguinte, e apenas veríamos o estacionamento vazio ao amanhecer com essa planta e a nova casa dela. Não me surpreende que Greg tenha decidido terminar com o desenho de Pam. Mas devo dizer que amei a ideia de um show que terminava com a filmagem de um estacionamento vazio e uma planta.

O quadro de Pam e Planty não foram os únicos a escapar do escritório. Muitos objetos cênicos foram surrupiados no último dia de filmagem. Como o pote de vidro de M&M's de Kevin, que sempre estava presente.

BRIAN BAUMGARTNER: Eu o pus em cima da minha mesa em casa. Um ano se passou, e olhei e percebi que o nível de M&M's tinha diminuído. E fiquei, tipo, "Humm, isso é estranho". Com certeza não vou comê-los. Sei quantos anos eles têm. Meses se passaram e os M&M's estavam só diminuindo de quantidade. Ninguém na minha casa tinha tocado neles. A única hipótese em que consegui pensar foi que minha faxineira estava pegando uns punhados do pote.

JOHN KRASINSKI: Parece um pote comunitário.

BRIAN BAUMGARTNER: Então entrei em pânico e os joguei fora, porque percebi que eu poderia a estar envenenando.

JOHN KRASINSKI: É um ótimo experimento científico. M&M's com duração de cem anos é provavelmente algo que devemos investigar.

BRIAN BAUMGARTNER: Provavelmente deveríamos. Mas tive que jogá-los fora. O pote ainda está lá, só não tem M&M's.

JOHN KRASINSKI: Claro que peguei a placa de identificação [da mesa de Jim], mas eu queria algo que não dá pra negar que é do nosso set. Depois que a última cena foi filmada, fomos direto para a festa, e corri de volta escondido, cinco minutos depois que todos se foram, e roubei o letreiro da Mifflin.

BRIAN BAUMGARTNER: Aquele lá de dentro?

JOHN KRASINSKI: Isso, o da frente, pelo qual sempre costumávamos passar e filmar as conversas com a câmera. Fiquei um pouco envergonhado por não ter contado a ninguém, mas eu realmente queria a placa. Então cheguei à festa e perguntei: "Greg, o que você pegou?". E ele disse: "Ah, estou muito chateado. Alguém pegou o letreiro da Mifflin, era o que eu queria". E ele perguntou: "Você sabe quem pegou?". E eu respondi: "Não". [*Risos.*] Menti na cara dele e falei algo do tipo: "Isso é terrível. Se você quer algo, aquilo tem que ser seu. A boa notícia é que você tem toneladas de outras coisas pra pegar". Lembro que ele estava falando sobre doar o set para o Smithsonian ou algo assim. Ele tinha esse plano. E eu falei, tipo, "O set tem muita coisa!". Mas aí, quanto mais eu pensava nisso, mais eu ficava, tipo, "Você mentiu para seu pai da TV".

BRIAN BAUMGARTNER: Você tem a placa na sua parede agora?

JOHN KRASINSKI: Ah, sim, está no meu escritório. Emoldurei. Ficou ótima.

“Não fiquem tristes porque acabou, fiquem felizes por ter acontecido”

A festa de encerramento

Com o nosso show oficialmente encerrado, havia apenas uma coisa a fazer: ir para a festa de encerramento.

Em 16 de março de 2013, uma festa de encerramento “oficial” (mais para a mídia do que para nós mesmos) foi realizada na Galeria Unici Casa, em Culver City, Califórnia. Mas, depois, fomos todos a uma comemoração privada no Chateau Marmont.

> **KATE FLANNERY:** A festa pública foi tipo OK. Mas a privada foi fantástica. Conseguimos aquela suíte [no Chateau Marmont], e estávamos todos brindando a Greg Daniels, que estava tão desconfortável com aquilo, mas era necessário. Eu me lembro de me levantar e expressar gratidão e as coisas que não dá para normalmente fazer em um set. Porque tudo é negócio, sabe? É divertido, mas é tudo negócio.

A festa de encerramento foi só o começo. Queríamos sair pela porta da frente, e não havia lugar melhor para isso do que a cidade com uma conexão mais próxima com *The Office* do que qualquer outra.

Scranton, Pensilvânia, sempre foi uma parte muito específica, muito especial do nosso programa. Quando começamos *The Office*, Ken Kwapis e Greg se dedicaram muito a acertar todos os detalhes, até arranjando os adesivos da Froggy 101 e incluindo as batatas fritas Herr na máquina de venda automática. Tinha a ver com capturar a realidade, fazendo parecer que eram personagens reais que trabalhavam em uma empresa de papel real em alguma cidade da Pensilvânia. Então fazia sentido irmos a Scranton para uma festa de despedida que duraria o dia todo (e a noite toda).

JOHN KRASINSKI: Brian, eu me lembro de que você foi fundamental para que tudo isso acontecesse. Você foi uma espécie de embaixador disso.

BRIAN BAUMGARTNER: Eu disse: "Temos que fazer isso".

JOHN KRASINSKI: Eu me lembro de um dia no set você estar, tipo, "A questão é a seguinte. Temos que fazer isso em Scranton, isso é inegociável".

As pessoas que realmente fizeram isso acontecer foram Michele Dempsey e Tim Holmes, copresidentes da Convenção de *The Office* (que estreou em 2007 e funcionou por mais de uma década), e do partido *The Office* Wrap. Os dois surgiram e foram desenvolvidos em Scranton.

MICHELE DEMPSEY: Se você é daqui, não pronuncia o *T*.

BRIAN BAUMGARTNER: Certo. Então fica "*Scranon*".

A ideia de fazer uma festa de encerramento em "Scranon" foi sugerida pela primeira vez a Greg durante a Convenção *The Office* em 2007.

TIM HOLMES: Greg estava em um dos últimos voos saindo de Scranton. Tivemos um momento com ele em que dissemos: "Se não podemos fazer algo assim todos os anos, pelo menos considere fazer uma festa de encerramento aqui, sabe? Basta pegar um avião, fazer uma festa a trinta mil pés e vamos fazer isso aqui".

Nos anos seguintes, Tim e Michele mandavam mensagens para Greg, apenas lembrando a ele da oferta. Michele até apresentou a ideia para o chefe.

MICHELE DEMPSEY: Eu me encontrei com Steve Carell e ele disse: "Eu adoraria participar de um desfile em Scranton. Ouvi dizer que vocês têm um grande desfile". Eu estava, tipo, "Steve Carell, se você quer um desfile em Scranton, você terá um desfile em Scranton. É só falar". E nós fizemos. Tivemos um desfile.

O desfile acabou sendo parte de nossa enorme festa de encerramento em Scranton. Foi em 4 de maio de 2013.

TIM HOLMES: Brincando, tinha umas vinte mil pessoas nas ruas em uma área muito pequena. Tudo parecia ir muito bem. Tirei uma foto bonita da rota do desfile, com todos esses belos carros abertos e tudo mais. O primeiro cara que desceu foi Craig Robinson. Ele estava na traseira de uma caminhonete e simplesmente começou a dançar. Ele começou a acenar para a multidão se aproximar. "Vocês estão muito longe! Venham!" Foi assim que aconteceu. Perdemos o controle total. Estávamos literalmente afastando, com cotoveladas, as garotas de 18 anos do John Krasinski.

RAINN WILSON: Foi uma loucura. Completamente louco. Deveríamos fazer isso de novo. Se fizessem agora, seriam tipo milhões de pessoas descendo em Scranton.

GREG DANIELS: Sim, foi épico.

JOHN KRASINSKI: Eram milhares e milhares de pessoas. Achei que seriam apenas os moradores de Scranton que apareceriam para o desfile, por terem achado legal que filmamos na cidade. Mesmo bem depois do fim do programa, ainda não estava claro para mim quão grande o nosso show era. Lembro quando *Cheers* filmou em Boston, porque eles não filmavam lá, mas fizeram uma cena lá e descemos para ver. Tinha talvez algumas centenas de pessoas lá fora assistindo à filmagem da cena. Não milhares. Quando chegamos a Scranton, eram *milhares*, como ondas de pessoas. Eu me lembro de passar pela minha cabeça: "Meu Deus, tem pessoas lá atrás, sessenta fileiras atrás, que nem podem nos ver".

KATE FLANNERY: Eles não tinham muito policiamento e havia pouquíssimos seguranças. Eu não podia acreditar que as pessoas estavam literalmente subindo nos carros. E eu ficava, tipo, "Olha, cuidado com os pés". E aí eu dizia ao cara que estava supostamente no comando do meu carro: "Você pode dizer isso a eles? Não quero ser a pessoa que policia os fãs". Não queria que o carro passasse por cima do pé de alguém, porque a multidão estava indo em direção ao carro em movimento.

Steve Carell não participou do desfile, mas ele viajou para uma sessão de perguntas e respostas com o elenco no PNC Field, o estádio de beisebol de Scranton, que era o único local grande o suficiente para acomodar todos que queriam estar lá. O episódio final só iria ao ar uma semana depois, então os fãs não tinham ideia de que Steve participaria dele, muito menos que ele apareceria em Scranton para fazer parte do nosso adeus.

JENNA FISCHER: No momento em que Steve apareceu naquele campo de beisebol, nossa. A multidão simplesmente foi à loucura.

MICHELE DEMPSEY: Aquele estádio era a cara da felicidade. Alegria é isso.

TIM HOLMES: Alegria personificada.

MICHELE DEMPSEY: O rosto de todos se iluminou, incluindo o de Steve. Ele saiu e era possível ver que, mesmo com aquele nível de fama, ele realmente apreciava o fato de aquelas pessoas estarem lá.

Depois das perguntas e respostas, fomos ao Backyard Ale House tomar uma ou duas cervejas... ou três.

JOHN KRASINSKI: Enquanto estávamos filmando, eu estava muito desligado do fato de que estava terminando. Realmente não deixei meu cérebro dizer: "Nossa, faltam apenas duas semanas, faltam apenas dois episódios, faltam apenas duas cenas", ou o que quer que fosse. Uma grande coisa que ajudou muito foi quando fomos para Scranton. Ficar juntos e ter uma experiência de vida que parecia uma comemoração, isso ajudou. Porque eu não sei se teria ficado bem se o episódio final saísse e eu me questionasse: "O que eu faço? Será que ligo e digo: 'O que você achou do episódio de ontem à noite?'". Eu não sabia o que fazer. Então ajudou quando fomos para Scranton. Foi uma experiência muito especial para mim.

BRIAN BAUMGARTNER: Quero te mostrar uma coisa.

JOHN KRASINSKI: [*Olha para a foto.*] Sou eu atrás do bar?

BRIAN BAUMGARTNER: Esta é a foto comigo, você e Jenna, atrás do bar em Scranton, de que eu mais gosto.

JOHN KRASINSKI: Uau.

BRIAN BAUMGARTNER: Agora estou mostrando a John uma foto dele segurando um iPad com a letra de "Roxanne". Isso é o que eu estava cantando para uma multidão gigante.

JOHN KRASINSKI: Você pode me enviar essas fotos? Tudo isso.

BRIAN BAUMGARTNER: Claro!

JOHN KRASINSKI: Eu não sei se eu teria [*servido como garçom no evento*] se o amor pelo show não fosse tão caloroso. Nunca pareceu fanático, mercenário ou algo negativo.

BRIAN BAUMGARTNER: Era autêntico.

JOHN KRASINSKI: Todos no bar respeitavam o fato de termos aquele momento, em que estávamos todos celebrando o programa juntos. Elenco e fãs estavam todos juntos. Parecia tão orgânico, e não uma ação de publicidade. Tinha apenas cinquenta ou sessenta pessoas no início, e aí, no final, tinha umas quinhentas. Obviamente, enviaram mensagens espalhando a notícia. Lembro que até o Steve ficou por lá até o fim. E eu pensei que ele iria embora. Não porque ele seja uma má pessoa. Ele é a mais legal do mundo, mas, de todos os atores, imaginei que ele fosse ter a orelha arrancada. Mas ele estava muito empolgado e ficava dizendo: "Cara, olha isso". Imagine estar em casa agora e receber uma mensagem dizendo: "Você tem que vir pra cá porque Denzel Washington está no bar". Se eu fosse um adolescente do ensino médio, eu diria: "O *quê?!*". Steve voltou para trás do bar, não foi?

BRIAN BAUMGARTNER: Sim, com certeza.

JENNA FISCHER: Você ficou muito bêbado naquele bar? Porque eu fiquei muito bêbada naquele bar. Ellie e eu fechamos aquela festa. Ellie é sempre a última pessoa a sair de uma festa. Ela se orgulha disso.

BRIAN BAUMGARTNER: Não naquela noite. Garanto que fiquei lá até tarde.

JENNA FISCHER: Você estava logo atrás de mim e da Ellie. Eu me lembro de voltar para o hotel com ela. E no elevador me virei para ela e disse: "Você realmente é a última pessoa a deixar uma festa", e ela disse: "Gosto de fazer disso meu objetivo". Acho que ela acredita que as melhores coisas acontecem no final. Gosto de ser a primeira pessoa a chegar em uma festa. Gosto de ser a primeira convidada porque então tenho a chance de falar com todos à medida que chegam, e posso sair de fininho, voltar para casa e já estar na cama a uma hora razoável. É assim que festa funciona pra mim.

BRIAN BAUMGARTNER: Você é mais do tipo avó.

JENNA FISCHER: Ah, sempre fui assim, desde quando era muito jovem. Estou esperando chegar aos setenta e cinco para que eu faça sentido para as pessoas.

MICHELE DEMPSEY: Quando eu for uma senhora idosa em uma cadeira de balanço na casa de repouso, ainda vou contar às pessoas sobre aquela noite. Ouvi Steve Carell dizer a um pequeno grupo de pessoas na festa de encerramento: "Não fiquem tristes porque acabou, fiquem felizes por ter acontecido". Quando eu estiver na minha cadeira de balanço, é como eu vou me sentir em relação à minha vida também. *The Office* nos proporcionou isso e é algo que não tem preço. Faz com que as pessoas comuns sintam que têm importância, certo? Que todos nós somos importantes.

É esse o motivo pelo qual as pessoas ainda assistem a *The Office* hoje, tantos anos depois de ter deixado de ser o "compromisso com a TV" na quinta-feira à noite? Por que ainda significa tanto para as pessoas? O show pode ter acabado, mas nossa relação com ele estava longe de terminar.

13

"A beleza nas coisas ordinárias"

O LEGADO DE *THE OFFICE*

BRIAN BAUMGARTNER: 57,1 bilhões. Essa é a quantidade de minutos assistidos de *The Office* em 2020, de acordo com a Nielsen. Isso é cerca de quatro bilhões de minutos a mais do que os números da série em 2018.

PAUL LIEBERSTEIN: O quê? Caramba...

Não há novos episódios de *The Office* desde 2013. Mas, de alguma forma, a série tornou-se um fenômeno cultural maior do que foi enquanto estava no ar. Uma pesquisa da empresa Maru/Matchbox descobriu que mais pessoas se inscreveram para um serviço de streaming de vídeo em 2021 para assistir a *The Office* do que qualquer outro programa de TV licenciado, incluindo grandes sucessos como *Grey's Anatomy* e *Os Simpsons*.

RAINN WILSON: Meu Deus, isso é loucura. As pessoas só precisam arranjar alguma coisa pra fazer na vida. Escute, pessoal, eu amo todos vocês. Obrigado por assistirem a *The Office*. Mas há tantos outros grandes shows por aí.

Rainn tem razão, mas raramente o melhor desses programas consegue algo que se aproxime do sucesso de *The Office*. Considere o seguinte: cada piloto de TV tem apenas 6% de chance de ser exibido na televisão, de acordo com a *Variety*. Dos que são escolhidos – há cerca de quinhentas séries de TV originais e roteirizadas produzidas a cada ano –, apenas 35% vão ao ar depois de uma única temporada. Uma porcentagem ainda menor de shows é sindicalizada. E daqueles que têm uma segunda chance nas reprises, apenas um punhado continua a ser descoberto por públicos mais jovens.

Então como *The Office* conseguiu esse feito? Como um programa sobre uma pequena empresa de papel em Scranton, Pensilvânia, produzido durante uma época em que você ainda tinha que memorizar números de telefone e em que uma assinatura da Netflix envolvia o uso de uma caixa de correio, se torna um fenômeno atemporal?

Ainda estamos tentando descobrir. Ainda ficamos chocados quando completos desconhecidos, alguns que mal tinham largado as fraldas quando *The Office* foi ao ar, vêm até nós como se fôssemos velhos amigos.

BRIAN BAUMGARTNER: Não posso entrar em um bar sem ter vários drinques [comprados para mim]. Chega ao ponto em que tenho que dizer: "Não. Estou satisfeito. Eu tenho que parar agora, pessoal". Sou um grande fã de esportes e vou jogar nesses torneios de golfe de celebridades. Acabo conhecendo todos esses atletas que querem sair comigo por causa do show. É doido demais.

PHYLLIS SMITH: Pelo menos as pessoas chamam você de Kevin. Quando as pessoas gritam "Phyllis", eu tenho que pensar por um momento: "Nossos caminhos se cruzaram antes? Conheço você?". Será que frequentei a mesma escola ou algo do tipo? Mas, na realidade, essas pessoas me conhecem porque eu estive no quarto, na sala de estar e na cozinha, antes que fossem para o trabalho ou fossem dormir. Somos uma parte da vida delas, sabe? Quando vou me encontrar com alguém pela primeira vez, me perguntam: "Já nos conhecemos, certo?".

GREG DANIELS: Vocês do elenco sentem mais do que eu, porque eu ando por aí e isso não surge o tempo todo. Mas se eu andar com Paul [Lieberstein], aí sim. Eu estava andando pela rua com Paul outro dia e ouvi um carro freando. Alguém deu meia-volta com o carro porque viu Paul de relance e saltou para dizer o quanto o show era importante.

ANDY BUCKLEY: Me divirto muito com isso agora. Eu ando propositalmente por aí usando meus óculos de David Wallace ou uma camisa da Dunder Mifflin. Tipo, se faço um discurso corporativo, sei por que estou lá. Não é por causa da minha incrível performance em *Silk Stalkings*. Para tirar foto, é muito mais divertido se eu estiver com a camisa da Dunder Mifflin.

Tivemos alguns fãs famosos ao longo dos anos. E como tantos outros, eles nos descobriram muito depois que o programa terminou. John Legend brincou no Twitter em 2018 que ele já investiu na Michael Scott Paper Company. Jennifer Garner e seus filhos maratonaram *The Office* em 2020, e ela compartilhou um vídeo no Instagram chorando depois de assistir ao

final, dizendo que o show "suscitou muitas emoções". E há um certo amado presidente dos EUA, Barack Obama.

OSCAR NUÑEZ: Steve chegou com essa carta e disse: "Talvez vocês queiram ler isto". Era algo como: "Querido Steve, só quero que você saiba que, na Casa Branca, *The Office Thursday* é a minha noite em família". Foi uma carta que o presidente enviou a Steve Carell porque os Obama são fãs do show.

BRIAN BAUMGARTNER: Isso é bem significativo.

OSCAR NUÑEZ: Steve disse que mostrou aos filhos, e eles eram pequenos e perguntaram: "Podemos pegar?". E ele falou: "Não, só olhem. Só olhem". [*Risos.*]

JOHN KRASINSKI: É a diferença entre fãs que se sentem parte de algo e fãs que apenas assistem a algo. Havia muito poucas coisas a que eu assisti quando criança com as quais me sentia conectado. Era mais, tipo, "Ah, eu gostei do filme *E.T.*", mas nunca senti que as pessoas [que estrelaram o filme] e eu compartilhamos um momento da vida. Se eu tivesse conhecido Chris Farley, eu teria dito isso, porque eu assisti a *Mong e Loide* tantas vezes, e ele não sabia que ele era meu melhor amigo, mas ele era. Provavelmente o mais perto que cheguei disso foi encontrar Conan O'Brien quando eu era estagiário dele.

John, assim como Ellie Kemper, Mindy Kaling e Angela Kinsey, foi estagiário em *Late Night with Conan O'Brien*.

JOHN KRASINSKI: Porque eu ficava, tipo, "Acho que você é a pessoa mais talentosa que já conheci pessoalmente". Acho que nossos fãs me veem e, em vez de ir até um ator para tirar uma foto, me consideram um amigo deles que está na mesma cidade. Ninguém olhava para Jack Ryan...

Em 2018, John interpretou o icônico personagem dos romances de Tom Clancy, na série homônima do Amazon Prime.

JOHN KRASINSKI: ... e dizia: "Ah, meu Deus, meu amigo Jack Ryan! Você é ator, não percebi". Elas pensam isso com o Jim. Acham que o conhecem. Teve uma mulher que insistiu que tínhamos estudado juntos. Eu fiquei, tipo: "Acho que não". E ela disse: "Sim, estudamos juntos". Então perguntei: "Onde você estudou?". Ela disse o nome de alguma escola e aí eu falei: "Nunca frequentei essa escola". E ela insistiu: "Frequentou, sim!". Eu falei, tipo, "Tudo bem...", e então fui embora.

"Tem um Dwight na minha sala de aula"
Por que as crianças não se cansam de *The Office*

BRIAN BAUMGARTNER: Seus filhos assistem a *The Office*?

STEVE CARELL: Nunca.

BRIAN BAUMGARTNER: Não? Qual é...

STEVE CARELL: Eu entendo completamente. Por que veriam? É estranho ver seu pai fazer aquilo. Mas minha filha é caloura na faculdade e está fazendo um curso de Comunicação, e [*ri*] o assunto é o paradoxo da comédia ou algo assim. Eles estão estudando um episódio de *The Office*, que ela nunca tinha visto. Ela me mandou uma mensagem, tipo, "Isso foi muito engraçado". [*Risos.*] Ah, obrigado, querida. Mas ela disse: "É tão estranho. Nunca pensei que estaria estudando em um curso algo que meu pai fez".

A garotada não só descobre *The Office* no currículo da faculdade. Muitos acabam descobrindo por conta própria, o que é meio confuso, já que estão crescendo em um mundo muito diferente do que aquele retratado em nosso programa. Por que as gerações mais jovens são tão fascinadas com um programa de TV sobre adultos trabalhadores que de alguma forma sobreviveram sem smartphones ou mídias sociais?

STEVE CARELL: Isso sempre foi um choque para mim. Quando estávamos fazendo o show, pensei: "Bem, as pessoas que trabalharam em um ambiente de escritório terão um contexto. Acho que terão algo aqui com o que possam se identificar". Mas o fato de não só os adolescentes, mas também pré-adolescentes, se identificarem? É surpreendente que essas gerações mais jovens... Nossa, pareço um idoso de oitenta anos. Mas quase parece ser algo passado do irmão mais velho para o mais novo. Tipo "tenho dezessete anos, vou para a faculdade no ano que vem. Ei, irmão ou irmã de doze anos, venha dar uma olhada nisso".

ANGELA KINSEY: Minha filha tem onze anos e ela nunca tinha visto o show. Ela cresceu no set. Ela nasceu na quinta temporada. Ela estava lá todos os dias. Eu tinha um pequeno berço que ficava no set. Mas quando ela voltou para a escola este ano – ela está no quinto ano –, ela disse: "Mãe, todos na minha sala assistiram a *The Office* no verão. Todos". Vejo crianças que conheço desde o jardim de infância com camisetas da Dunder Mifflin. Ela perguntou: "Posso assistir agora?". Eu fiquei, tipo, "Tudo bem, certo". Acho que há algum conteúdo que pode não ser apropriado, mas vamos descobrir juntas. Ela curte e meus enteados também. Eles têm onze e nove anos. Eles adoram. E sinto que eles me veem de uma forma diferente. Meus próprios filhos ficam, tipo, "Uau, você fez isso?". Perguntei: "O que vocês acham que eu faço quando saio daqui?". "Mãe, você fez outra coisa além de me trazer alguns Goldfish [biscoito salgado] e pretzels? Uau."

JOHN KRASINSKI: Uma criança de quatro anos veio até mim no aeroporto e disse: "É o meu programa favorito". E eu: "Você entende alguma coisa?". E eles dizem: "Sim, é totalmente universal". [*Risos.*]

BRENT FORRESTER: Assisti à coisa toda, do começo ao fim, com a minha filha quando ela tinha catorze anos, e isso estabeleceu uma ligação emocional com o show que era ainda maior do que eu tinha quando eu estava lá. Fico muito orgulhoso de ter feito parte disso. Isso faz minha filha me admirar um pouco, o que é extremamente incomum e raro. Mas aceito.

OSCAR NUÑEZ: Quando começamos a fazer essas convenções de *The Office*, as pessoas vinham com crianças de onze anos e diziam: "Olha, meu filho assiste ao programa". Às vezes eram crianças de oito anos. E tudo bem? E eles dizem: "Sim, as crianças adoram. Tudo certo".

RAINN WILSON: Há uma situação em que me sinto muito mal às vezes. Teve uma garota que veio até mim e disse: "Eu assisti a todos os episódios de *The Office* quinze vezes". Essa garota tinha uns catorze anos e a mãe dela estava lá. Pensei coisas do tipo: "Você é a pior mãe do mundo. Sua filha poderia ter aprendido italiano. Ela poderia ter aprendido a tocar tuba. Você literalmente poderia escrever uma tese de doutorado nessas horas todas. Isso é loucura".

CLAIRE SCANLON: Meus colegas não assistiram quando eu estava trabalhando na série, mas estão assistindo agora com os filhos porque as crianças os estão forçando. As crianças de nove anos amam Dwight, crescem vendo a série e querem ser Jim e Pam. É como interpretar papéis.

GREG DANIELS: No começo, não entendia por que seria atraente para as crianças. Mas é realmente muito semelhante à experiência de ser uma criança na escola. O professor é o chefe, e você está sentado em sua pequena mesa ao lado de outra pessoa de quem você pode ou não gostar, e é forçado a ouvir qualquer porcaria chata que está vindo de cima.

KEVIN MALONE: Às vezes sinto que todos com quem trabalho são idiotas. E quando digo às vezes quero dizer o tempo todo. O tempo todo. Todo o tempo.

KATE FLANNERY: Michael Scott, ele é o chefe, mas é como um professor. Acho que as crianças podem relacionar com ter que se sentar ao lado de alguém que elas não necessariamente escolheram, e acabam ficando meio presas umas às outras por anos.

CLAIRE SCANLON: Você vê muito da mesma dinâmica na escola. Há um valentão e alguém que defende o cara frágil. Tudo aparece em *The Office*.

STEVE CARELL: São arquétipos. E mesmo que [esses personagens] sejam adultos e alguns sejam de meia-idade, os adolescentes podem se identificar com esses arquétipos.

EMILY VANDERWERFF: Conversei com uma garota de doze anos que adora o programa. Ela assistiu umas quatro ou cinco vezes, e é algo que ela pode assistir com os pais. Ela pode assistir com os amigos. Mas uma das coisas que ela me disse foi que "tem um Dwight na minha sala de aula". Essas relações aumentam. Estão presentes na turma do sétimo ano e em um lar de idosos. Literalmente, todo mundo tem uma relação assim com alguém. Assim que você passa da fase muito básica de "ser uma criança pequena e apenas se importar com as próprias necessidades" e começa a perceber que outras pessoas existem e têm as próprias necessidades, você começa a perceber que há Dwights no mundo, e Michaels e Jims e Pams e Ryans. Essa especificidade se aplica a todas as faixas etárias.

VEDA SEMARNE (SUPERVISORA DE ROTEIRO): Os personagens são meio desajustados. E todos eles são muito falhos, o que dá esse tipo de sentimento de vergonha quando você assiste, especialmente Michael Scott e sua necessidade óbvia de ter o amor e o respeito de todos. Você pode se identificar com eles e de maneiras diferentes. Acho que é com isso que as crianças se relacionam, sabe? Todas elas estão lidando com assuntos muito difíceis e questões de identidade e coisas que as crianças têm que enfrentar, encontrar os amigos certos e fazer parte das coisas ou ser deixado de fora delas. Todas essas questões são importantes para as crianças.

BRIAN BAUMGARTNER: Acho que a série atrai jovens que se sentem marginalizados por causa da idade ou do bullying ou porque não se encaixam em um padrão. *The Office* aprecia pessoas de todas as formas e tamanhos e denominações e credos. E faz isso de uma maneira engraçada.

AMY RYAN: Eu tenho amigos que me dizem que os filhos assistem porque a série tem um efeito terapêutico. Se eles estão tendo um dia ruim, eles vão e assistem a *The Office* e isso levanta o ânimo deles.

GREG DANIELS: A sociedade em que vivemos é muitas vezes guiada por vencedores, celebridades e pessoas ricas. Ter essa parcela de normalidade é importante.

EMILY VANDERWERFF: Nos últimos quinze anos, o capitalismo americano enlouqueceu. Tudo está horrível agora. E digo isso de uma posição de relativo privilégio, mas vivemos em um mundo onde parece que o capitalismo não se importa mais com o trabalhador médio. *The Office*, quando começou, era um show que capturava a labuta da vida diária. Mas se tornou uma ficção escapista. Não sobrou nenhuma Dunder Mifflin. Se fizéssemos *The Office* hoje, teríamos que inventar algum outro negócio para todos trabalharem. As pessoas perguntam por que o programa é tão popular com a Geração Z. Não sei se eles estão cientes disso, mas quem tem dezessete anos vai se formar e fazer parte de uma força de trabalho que não tem empregos como esses da série. Só há muito trabalho temporário, como ser motorista de Uber ou colocar o apartamento próprio para alugar no Airbnb, coisas que, por definição, são instáveis e não fornecem um terreno firme para se sustentar. Diga o que quiser sobre a Dunder Mifflin. Aposto que todas essas pessoas tinham um plano de saúde sólido. Agora vivemos em um mundo onde a Dunder Mifflin parece um ótimo lugar para trabalhar. Parece Oz, e isso é estranho e uma merda e diz muito sobre a nossa sociedade. Também diz algo sobre a nossa sociedade o fato de esse programa ser tão popular que podemos dizer algo do tipo: "Ah, olhe para essa ficção escapista sobre trabalhar em uma empresa de papel".

"Foi feita para o streaming"

Por que os fãs voltam para *The Office* de novo e de novo e de novo...

Uma grande razão pela qual *The Office* possui apelo com tantas gerações, de várias faixas etárias, é que nunca pareceu ser um programa que pertencia a determinada época. Claro, tinha algumas referências à cultura pop – "Lazy Scranton", a homenagem a "Lazy Sunday", de *Saturday Night Live*, e Michael declarando: "Eu sou Beyoncé, sempre" –, mas assistir à série nunca dá a impressão de destravar uma cápsula do tempo de uma década passada.

RAINN WILSON: Você assiste a outros programas como *Desperate Housewives* e parece muito datado. Mas em *The Office*, ninguém está na moda. As pessoas estão usando o mesmo tipo de porcaria da Sears e JCPenney em Scranton agora, assim como faziam há vinte, há quarenta anos. Nem dá para dizer em que época se passa a série. É contemporânea? É dos anos 1990? É da década de 1980? Foi há dez anos? Não dá pra dizer de fato. Há algumas piadas de Obama lá, mas há uma atemporalidade que Greg teceu em *The Office*.

KEVIN REILLY: Não havia penteados. Não havia algo como "ah, isso foi uma roupa dos anos 1980", ou "olhe para essa paleta ou escolha musical". *The*

Office era apenas monótono. E o monótono daquela época é o mesmo que o de hoje.

MIKE SCHUR: Costumávamos tentar constantemente colocar referências à cultura pop no show. E Greg disse: "Não, esse programa precisa parecer atemporal. Como se pudesse estar acontecendo a qualquer momento desde os anos 1970 até 2050". E, na época, eu me lembro de pensar: "Você está se achando muito, cara, pensando que esse programa vai ser relevante [no futuro]". E agora, olha, passaram-se vinte anos, e o programa é tão importante quanto. Meu filho não sabe que o programa não está mais passando. Ele nasceu na quarta temporada e agora tem onze anos e assistiu a todos os episódios, e todas as crianças do ano dele assistem a todos os episódios. O programa não parece datado.

PAUL FEIG: *Monty Python em Busca do Cálice Sagrado* é um dos meus filmes favoritos, porque cada cena que surge é, tipo, "Esta é a minha cena favorita. Ah, espere, não, esta é que a minha favorita". Com *The Office* é assim. Você ama esses personagens e se lembra desses momentos e pode vê-los uma e outra vez, porque não são forçados e não é piada e piada o tempo todo. O humor é comportamental, bonito e relacionável.

PAUL LIEBERSTEIN: De certa forma, foi feita para o streaming. O melhor streaming é levemente serializado. Estávamos fazendo isso sem saber o que era o streaming. Foi assim que pensamos que o show seria melhor. Contamos histórias ao longo dos anos e fizemos isso em miniarcos.

Miniarcos são basicamente histórias dentro da série que se desenrolam ao longo de quatro a seis (e às vezes mais) episódios, como a transferência de Jim para a filial de Stamford ou o breve período em que Holly foi a nova representante do RH.

PAUL LIEBERSTEIN: Como espectador, se estou assistindo a algo no streaming e tenho que esperar muito tempo por uma conclusão, fico bem bravo e desisto. *The Office* tinha esses arcos de seis episódios. [A cada temporada] criava-se algo em torno de "OK, o que vai acontecer ao longo desses seis episódios?", o que é perfeito para o streaming. É muito gratificante assistir a seis episódios, ver o início de algo e o fim disso. Como no caso da Michael Scott Paper Company, em que há um percurso em seis episódios. No final, voltamos para onde estávamos.

BRIAN BAUMGARTNER: Você pode continuar de onde parou, e não é como se você tivesse que brigar para acompanhar a história.

PAUL LIEBERSTEIN: Exatamente. As pessoas estão assistindo de formas diferentes agora. Às vezes assistem a um episódio ou a uma série de episódios, às vezes têm pouco tempo e aí param no meio do episódio. Tivemos muito poucas daquelas cenas porcarias de resolução forçada em que você chega ao fim do episódio e agora isso tem que acontecer, sabe? Então, mesmo que haja apenas três minutos restantes em um episódio...

BRIAN BAUMGARTNER: Não vai ser um fim entediante, do tipo "com certeza sobrevivemos àquela coisa louca".

PAUL LIEBERSTEIN: Isso. Ainda vai ser agradável.

MIKE SCHUR: Fizemos duzentos episódios. Não há mais muitos shows que façam isso. Essa era acabou. Quantos novos shows vão chegar até cem? Estamos em uma era de temporadas de seis, oito, dez episódios. Até mesmo programas que duram dez anos fazem oitenta episódios ou algo assim. Acho que o motivo pelo qual muitos descobriram *The Office* e realmente gostaram é porque é possível assistir a um novo episódio todas as noites.

EMILY VANDERWERFF: Há um ritmo em *The Office*, há uma paz nisso. Há algo de reconfortante, como assistir a um desses pequenos brinquedos *bat-beg* que vão e voltam. Vou usar uma palavra que muita gente vai pensar que é uma crítica, embora não seja o caso de forma alguma, mas há uma previsibilidade nisso.

RAINN WILSON: Greg sempre disse: "É 90% engraçado, mas 10% verdadeiro e comovente". Você não quer avançar mais do que 10%, porque então começa a ficar sentimental e cheio de lamúrias. Mas se tiver

10% de realidade por episódio, de conexão real e verdadeira, então isso fundamenta o show. Isso provoca muito sentimento. Além disso, o estilo da comédia nunca diz quando rir ou mesmo se você *tem* que rir. Não há uma fórmula para o riso. Você pode escolher rir de algo ou não. Talvez na terceira vez que for assistir, vai achar ótimo, o que não aconteceu da vez anterior. Tem uma grande quantidade de detalhes ali, por isso resiste ao fato de assistir àquilo repetidas vezes.

MIKE SCHUR: Não dá para terminar um episódio sem aprender algo novo sobre alguém. No episódio "Christmas Party", com a troca de presentes do inimigo-oculto, minha ideia original de presente para Angela era um daqueles livros cristãos de autoajuda de Joel Osteen. E não tinha uma história relacionada ao presente da Angela. Era tipo, o que alguém daria para Angela? E Greg disse: "Deveria ser outra coisa". E eu perguntei, "OK, por quê?". Ele respondeu: "Porque já sabemos que ela é uma pessoa religiosa. Não se está aprendendo nada de novo com esse presente". E eu fiquei irritado: "Nossa, há tantas coisas acontecendo neste episódio e isso nem é um ponto da história, e você está me dizendo para reescrever essa parte?". Então outra pessoa mencionou aquelas fotos feias em que pegam os bebês e os vestem com fantasias de palhaço ou algo parecido. E eu fiquei, tipo, "Eu consigo imaginar Angela curtindo isso". Acabou sendo um ponto-chave do enredo mais tarde [no episódio "Conflict Resolution", da segunda temporada].

ANGELA: Ganhei este pôster de Natal e tenho vontade de vê-lo todos os dias. Isso me faz sentir que os bebês são os verdadeiros artistas, e Deus tem um senso de humor muito bonito.

MICHAEL: Qual é. É sério isso?

OSCAR: Eu não gosto de olhar para ele. É assustador e de mau gosto, e é ofensivo para mim. Isso me faz pensar nas mães horríveis e frígidas que forçaram os bebês a isso. É cafona. É o oposto da arte. Destrói a arte, destrói as almas.

MIKE SCHUR: É por isso que você faz isso dessa maneira. Mesmo que não importe nesse episódio, pode acabar importando muito mais tarde. Acho que as pessoas acabam acompanhando o programa porque parece que você está comendo a sobremesa mais deliciosa do mundo, mas um pouquinho de cada vez. É possível de fato seguir a psicologia das pessoas e de suas vidas à medida que elas crescem ao longo de nove anos. Um programa como esse é muito raro.

KATE FLANNERY: Há tantas coisas sutis, você pode assistir a um milhão de vezes e ver coisas diferentes que não viu antes, se estivesse prestando atenção. Há muitos Easter eggs ali. Como no episódio "Weight Loss" [da quinta temporada], em que as pessoas ainda têm perguntas sobre a pele de Meredith. Há toda uma história em que Meredith teve uma insolação em um barco de pesca, que ficou cada vez pior com o passar da semana e isso nunca foi explicado. Lembro que Steve [Carell] achava brilhante que eles simplesmente não se preocupassem em explicar. Porque quantas vezes você trabalha com pessoas que não são tão próximas e algo está acontecendo e você diz: "Não quero nem saber". Entende?

CLAIRE SCANLON: Sempre fico frustrada quando trabalho em algo novo em que subestimam a sofisticação do público. Sinto que muitos programas são, tipo, "Precisamos sinalizar isso". Ou, em outras palavras, é preciso anunciar ao espectador o que você vai fazer. Mostrar ao público o que fez e depois lembrar o que acabou de fazer. Você sinaliza todo o caminho. É sempre melhor estar um passo à frente do público. Ele vai nos alcançar.

O público é esperto e consegue perceber a mentira rapidinho, sabe? A maioria das coisas que fiz em reality shows não dá pra trapacear. Não dá pra fabricar algo. Não é possível transformar alguém bom em um cara mau. O público é muito sofisticado. Isso também vale para a televisão roteirizada. Se quer ficar agradando o tempo todo, nunca funciona.

JOHN KRASINSKI: Não nasceu de uma moda ou tendência ou seguiu para onde as coisas estavam indo. Era peculiar e permaneceu assim. E nunca mudou, na minha opinião. Greg nunca mudou o DNA do programa para refletir o que as pessoas gostam. A coisa toda era: "Vamos apenas manter o show em nosso pequeno lago. E se você quiser visitar nosso pequeno lago, pode fazer isso a qualquer momento". Acho que minhas preferências se solidificaram naquele programa, provavelmente sem que eu soubesse. Vejo o que é possível agora em tudo o que faço. Eu nunca teria dirigido e escrito *Um Lugar Silencioso* [longa-metragem de 2018] se não fosse por Greg. Porque lembro dele me dizendo um dia: "Não olhe para isso como uma comédia. Basta estar no momento. Seu personagem não sabe que ele é engraçado. Nós é que decidimos. Então não estamos fazendo uma comédia, só estamos contando a melhor história que podemos. E se acabarem rindo do que estamos fazendo, ótimo. Se chorarem em um momento com Pam, ótimo. Mas apenas conte a melhor história". Quando me ofereceram *Um Lugar Silencioso*, pensei: "Eu não sei nada sobre terror". Eu me lembro de me sentar antes de escrever o roteiro e dizer: "Não vou fazer um filme de terror. Não vou fazer um filme de gênero. Vou contar a melhor história que eu posso sobre esta família. E se ficarem com medo em alguns momentos, a responsabilidade é da pessoa. Porque meu único trabalho é contar a história mais concisa e forte que eu puder. E aí cada emoção que a pessoa sentir dependerá dela e de como ela experimenta isso". Nunca teria tido coragem de fazer o filme, porque eu teria dito a mesma coisa que disse a Greg naquele dia, que foi: "Não quero estragar isso. Quero ter certeza de que sou muito engraçado na cena para você." E ele falou: "Não, não, não. Eu não quero que você seja engraçado. Quero contar a melhor história e deixar que as pessoas decidam se a cena é engraçada".

GREG DANIELS: A abordagem que adotamos valorizou a comédia e o comportamento dos personagens em oposição às piadas. As piadas não duram tanto tempo. Mas você se apaixona pelos personagens e sempre tem algo para ver. Isso proporcionou aos episódios a característica de serem revisitados. Você pode assistir ao show inteiro prestando atenção a um personagem, e é interessante porque eles estão fazendo as coisas deles, sendo engraçados ao fundo.

PAUL FEIG: Existem poucos programas que você sente vontade de assistir várias vezes. Com *Taxi*, *All in the Family* e *Seinfeld*, acontecia isso. Mas *The Office* sempre vai ser assim porque é tipo comida reconfortante, sabe? É tão relaxante nos sentarmos com essas pessoas. Eu amo o fato de que não tivemos nenhuma trilha sonora. Não havia música no show. Nossas mixagens de som eram sempre coisas do tipo "onde colocamos o telefone tocando?". Estávamos sempre colocando telefones tocando no fundo. Acabou se tornando um lugar de fato discreto, relaxante e feliz que você pode visitar ao assistir aos episódios.

ANGELA KINSEY: Você liga e sabe onde todo mundo vai estar. Você sabe que Pam está na recepção, sabe onde todo o pessoal da contabilidade senta. Essas pessoas passam a ser uma extensão da sua família. E você está meio que ligando pra saber como estão. Várias pessoas me dizem o tempo todo que colocam o programa no final de um longo dia ou depois de um dia difícil, ou talvez num momento em que estão ansiosas. Colocam a série e é reconfortante.

ED HELMS: Dunder Mifflin é meio agressivamente mundana, mas quando você olha de perto e entra no coração dessas pessoas, é extremamente complexo, bonito e familiar ao mesmo tempo.

ALLISON JONES: Acho que todo mundo pode estabelecer uma relação com o trabalho em um escritório como aquele, mas nem todo mundo consegue se relacionar com *Friends*. Você pode se inserir em *The Office* com muita facilidade. Deve haver algum conforto nisso.

JEN CELOTTA: Eu li que Billie Eilish [a superestrela pop] assistiu à série inteira, todos os episódios, pelo menos onze vezes, e ela deixa passando no ônibus da turnê.

“A maioria das coisas que eu sei é por causa de *The Office*”

BILLIE EILISH SOBRE SEU ESTRANHO VÍCIO EM *THE OFFICE*

Billie Eilish, uma jovem que tinha quatro anos de idade quando a versão britânica de *The Office* estreou, é uma cantora pop americana com vários singles número um, incluindo a música-tema do filme *007: Sem Tempo Para Morrer*. Em 2020, aos dezoito anos, ela foi a artista mais jovem a vencer quatro das principais categorias do Grammy – gravação do ano, canção do ano, álbum do ano e artista revelação – em um único ano. E, em 2019, ela gravou “My Strange Addiction”, uma música que incluía trechos de diálogo do nosso episódio “Threat Level Midnight”, da sétima temporada. O episódio, você deve se lembrar, é quando finalmente assistimos à versão do filme de ação e aventura de Michael, *Threat Level Midnight*, cuja produção durou onze anos. Alguns dos diálogos usados na música de Billie incluem Steve (como Michael Scott, interpretando o agente secreto Michael Scarn) dizendo: *No, Billy, I haven't done that dance since my wife died*” (Não, Billy, eu não faço essa dança desde que minha esposa faleceu).

Brian Baumgartner e Steve Carell participaram de uma chamada no Zoom com Billie (e, logo saberíamos, sua mãe) para descobrir por que uma adolescente ganhadora do Grammy é tão fascinada por uma empresa de papel em Scranton, Pensilvânia.

STEVE CARELL: É tão bom dizer oi.

BILLIE EILISH: Ai, meu Deus. É tão louco ouvir sua voz de verdade e olhar para o seu rosto. É muito louco. É muito insano. Nossa.

BRIAN BAUMGARTNER: Qual é o seu personagem favorito em *The Office*?

BILLIE EILISH: Isso é uma armadilha.

STEVE CARELL: Apenas diga Dwight e acabe com isso. Faça isso! Dwight é o favorito de todos.

BILLIE EILISH: Honestamente, acho que é o Michael.

BRIAN BAUMGARTNER: Isso é justo.

STEVE CARELL: Que gosto terrível.

BRIAN BAUMGARTNER: Ele só fez sete temporadas, mas tudo bem.

BILLIE EILISH: Ai, meu Deus. Isso é loucura.

STEVE CARELL: Onde você está? Em Los Angeles?

BILLIE EILISH: Isso. Estou meio que em Los Angeles.

MÃE DE BILLIE: Estamos em Palmdale.

BILLIE EILISH: Ah, essa é minha mãe.

MÃE DE BILLIE: Oi.

BRIAN BAUMGARTNER E STEVE CARELL: Oiiii!

MÃE DE BILLIE: Billie assiste ao programa de vocês o tempo todo.

BRIAN BAUMGARTNER: É o seu vício estranho? *The Office* é seu vício estranho?

BILLIE EILISH: Com certeza. É por isso que eu tive que usar [as vozes de vocês] naquela música. Eu estava dizendo a verdade. É um fato. [*Risos.*] Isso é loucura. Eu não sei se vocês entendem o quanto isso significa para mim. Obrigada por falarem comigo.

STEVE CARELL: Bem, sim, é muito importante que você faça isso. Só estou dizendo. [*Risos.*] Foi um prazer.

BRIAN BAUMGARTNER: Quando você começou a assistir a *The Office*? Quantos anos você tinha?

BILLIE EILISH: Acho que tinha doze anos.

BRIAN BAUMGARTNER: Doze. E por quê?

BILLIE EILISH: Eu já assisti à série toda catorze vezes, o que é realmente uma loucura. E honestamente, toda vez que assisto, porque estou ficando mais velha, entendo algo novo. Se perguntar aos meus pais, a maioria das coisas que eu sei é por causa de *The Office*.

STEVE CARELL: Não, não, não diga isso.

BRIAN BAUMGARTNER: Não diga isso. Ah, não.

STEVE CARELL: Isso é terrível. Não, não!

BILLIE EILISH: É uma merda. Isso é uma merda! O que posso fazer?

STEVE CARELL: Criamos esse problema!

BRIAN BAUMGARTNER: Eu sei. O que aconteceu? Não!

STEVE CARELL: Não. Droga. Não!

BILLIE EILISH: Mas, tipo, meus pais vão fazer referência a coisas que eu só entendo por causa de *The Office*. Há literalmente palavras, Steve, que você disse no show e eu pensei que eram verdadeiras, mas são falsas.

STEVE CARELL: Eu sei o que você está pensando. "Dinkin flicka." [*Risos.*]

BILLIE EILISH: Com certeza é essa.

Em "Casino Night", "dinkin flicka" foi uma das frases que Darryl ensinou a Michael "para ajudá-lo com suas conversas inter-raciais".

BRIAN BAUMGARTNER: Ah, isso é incrível. Então você assistiu [à série inteira] catorze vezes?

BILLIE EILISH: Sim.

BRIAN BAUMGARTNER: Você já começou a décima quinta vez?

BILLIE EILISH: Não. Tive que fazer uma pausa, para que da próxima vez ficasse com ar de novidade.

[*Todo mundo ri.*]

STEVE CARELL: Talvez você queira esperar por dez ou doze anos, para que fique de fato com ar de novidade. Eu mesmo não vi todos os episódios de *The Office*. Então você ganha de mim, tipo, de catorze a zero.

BRIAN BAUMGARTNER: Seus amigos assistem?

BILLIE EILISH: Sim. Meu melhor amigo tem o mesmo nível de obsessão que eu.

BRIAN BAUMGARTNER: Do que você gosta no programa a ponto de ver catorze vezes?

BILLIE EILISH: Não sei. Não é estressante. Em muitos programas, você realmente tem que prestar muita atenção para entender. Eu não sei se é porque eu já vi tantas vezes. Coloco no meu celular – eu assisto apenas no meu telefone, meu telefone pequenininho. Eu nunca assisto em uma TV ou algo assim. Coloco meu celular em uma mesa e então limpo meu quarto ou saio do quarto ou estou no chuveiro.

STEVE CARELL: [*Risos.*] Essa é a melhor maneira: colocar o episódio e depois sair do ambiente.

BILLIE EILISH: Mas estou ouvindo, porque já vi tantas vezes que posso imaginar exatamente qual é a cena. Meu cérebro fica, tipo, "Ah, sim, eu sei o que está acontecendo". Mesmo que eu esteja em um avião e veja alguém assistindo a *The Office* a três fileiras de mim, sou capaz de dizer quais são a cena e o episódio só de ver os que personagens estão vestindo. [*Risos.*]

BRIAN BAUMGARTNER: Isso é reconfortante para você?

BILLIE EILISH: Totalmente. Faz eu sentir, eu não sei, que é um espaço seguro. Acho que isso me afasta da realidade da minha vida.

"Melhor do que qualquer remédio"

Como *The Office* conforta, cura e faz com que os espectadores se sintam parte de uma família

PAUL FEIG: Simplesmente faz você se sentir bem com sua vida e faz você se sentir bem com as outras pessoas. Isso torna você tolerante com os outros de uma maneira estranha, porque você está assistindo a um grupo tão diversificado de pessoas que não têm razão para estar juntas além do fato de estarem presas dentro daquele prédio. Você não escolhe estar lá e acho que poderia se quisesse, mas você não consegue de fato. Há algo muito bonito nisso. As pessoas estarão assistindo ao programa enquanto o planeta existir.

EMILY VANDERWERFF: Há outra coisa nesse programa que sempre é mencionada quando eu converso com fãs. Eles dizem: "Esta é a minha opção para quando tenho ansiedade. Será a minha escolha para quando tiver depressão. É o meu refúgio para quando estou passando por momentos difíceis". A vida real parece enorme o tempo todo. Não é fácil lidar com a vida, e isso provavelmente vale para Steve Carell também, embora ele seja um ator muito bem-sucedido e pareça um homem muito bom. Mas tenho certeza de que ele tem dias em que não quer sair da cama. Conversei com tantas pessoas que disseram: "Quando estou ansioso, este é o show a que assisto". É outro mundo para o qual se pode escapar.

JENNA FISCHER: Tenho mais orgulho do fato de o show ser uma coisa que conforta as pessoas quando estão com dor ou sofrendo. Ouço tantas vezes de pessoas que estão doentes ou perderam um filho; elas me dizem que a primeira vez que riram depois dessa perda foi assistindo ao nosso show. Me sinto muito honrada de fazer parte de algo que traz conforto às pessoas. E entendo porque já sofri perdas na minha vida e eu recorri ao entretenimento para me ajudar a passar por isso. Saber que as pessoas apenas colocam a série de fundo e que faz parte da vida doméstica delas - enquanto preparam o jantar e coisas assim - é profundamente significativo para mim. Tudo o que eu queria era um emprego. Eu só queria ser uma atriz em atividade. Nunca nos meus sonhos mais loucos pensei que faria parte de algo tão especial e significativo. Eu tento fazer jus a essa responsabilidade.

BRIAN BAUMGARTNER: Estive recentemente na Carolina do Sul e fui ao hospital infantil de lá. Eles me pediram para ir lá falar com algumas das crianças, e é claro que aceitei. Eu estava com outras pessoas e fomos de quarto em quarto. Havia alguém lá que estava meio que preparando tudo e certificando-se de que estávamos autorizados a entrar em cada quarto e de que não haveria uma enfermeira lá ou quem quer que fosse. A pessoa voltou e me disse: "OK, no quarto ao lado... ele não sabe que você está aqui. E não contamos à mãe e ao pai dele". Eu entro e tem um garoto na cama e há tubos. Claramente, ele está sofrendo e está deitado lá na cama e assistindo a *The Office* na TV.

JENNA FISCHER: E aí você simplesmente entrou?

BRIAN BAUMGARTNER: Eles nem me disseram nada! Entrei na sala e vi o que estava acontecendo, vi o rosto dele e disse: "Oi". Quero dizer, é isso, certo? É por isso que estou fazendo isso e não teatro.

CRAIG ROBINSON: As pessoas têm essas histórias de, sabe, "Minha mãe tinha câncer e nós assistimos a *The Office* e conseguimos superar isso". Histórias incríveis e tristes como: "Nossa família não se fala, mas nos unimos quando assistimos a *The Office*". Por que diabos esse programa ainda é relevante depois de estar fora do ar por tantos anos? Acho que isso é um grande aspecto do programa. As pessoas realmente se conectam através do show com membros da família ou qualquer outra pessoa.

GREG DANIELS: Costumávamos receber muitos visitantes de diferentes tipos de fundações. Sempre achei que isso fosse indicativo de algo.

Pessoas com todos esses problemas de saúde se consolavam com o programa. Eu sempre tive orgulho disso, porém eu realmente não sabia o que era. Mas parece que foi algo valioso a ser feito. Fizemos um bom trabalho, e as pessoas gostam e isso proporciona algo bom para elas.

CLAIRE SCANLON: Não sou uma pessoa religiosa, mas posso ver por que as pessoas vão à igreja de *The Office*. Porque acho que o programa defende a melhor versão da religião. Não se trata de ficar rico. Não se trata de ser popular. Tem a ver com ser feliz e gentil com os outros. Quero dizer, você vê as pessoas sendo tão gentis umas com as outras em outros programas?

RAINN WILSON: Não estávamos tentando fazer isso, mas acredito que *The Office* foi um show espiritual. Quando falo com as pessoas, sempre que sou reconhecido, elas dizem: "Obrigado pelo programa. Meus pais estavam se divorciando ou meu irmão mais novo estava com câncer, e nós assistíamos juntos e chorávamos. Isso me ajudou a passar por alguns dos momentos mais difíceis". Todos os dias há pessoas escrevendo no meu Facebook, "[*The Office*] me ajudou a passar por momentos muito difíceis. Eu estava passando por depressão, eu tinha problemas de ansiedade e saúde mental, e *The Office* me ajudou a enfrentar isso". Produzimos algo que, em última análise, fez as pessoas rirem e se distraírem dos problemas. É disso que elas precisam. No fim, não é um show cínico. São pessoas que se amam, por mais estranho que seja, e têm sido uma força positiva no mundo.

BRENT FORRESTER: Um grande roteirista chamado Mike Reiss, um cara originalmente de *Os Simpsons*, me disse que o segredo de todo programa de TV de sucesso é o subtexto da família. Acredito que isso seja verdade, e com certeza é o caso com *The Office*. E também para os atores de *The Office*. Você pode sentir o amor que eles têm uns pelos outros e o respeito que eles têm pela atuação do outro. Existem certos programas que fazem você se sentir bem em gostar deles. As pessoas gostavam de *Frasier* porque isso as fazia se sentirem inteligentes. *The Office* tem um pouco disso. Tem a ver com comportamento em vez de brincadeiras, e com uma prioridade no realismo. Estas foram frases que fluíram pela sala dos roteiristas de *The Office* e são as marcas do bom gosto em drama e comédia. Então os jovens sabem que gostar disso indica que têm bom gosto.

RAINN WILSON: Tudo que é bom na televisão tem a ver com famílias improváveis, e *The Office* é a família mais improvável. E você adora estar com essa família. Há algo realmente reconfortante em aparecer para assistir, ouvindo a música-tema.

OSCAR NUÑEZ: Não importa o que Michael Scott fizesse, ele ainda era protegido e amado no escritório. Não importa quão horrível ele era, sabíamos que seu pequeno cérebro tinha parafusos a menos e ele realmente não queria dizer aquilo. Todos nós protegemos uns aos outros através de todas as nossas fraquezas, traição, insanidade. Sempre havia pessoas cuidando umas das outras. [Meu personagem] curtiu com o noivo de Angela, e eu ainda falava: "Angela, você pode ficar comigo". Dwight era louco, mas Jenna o amava e cuidava dele. Eram BFF (melhores amigos para sempre). Então essas coisas eram muito doces. O único relacionamento que nunca funcionou foi entre Michael e Toby. O Toby nunca conseguirá conquistar Michael Scott. Fora isso, correu tudo bem.

CLAIRE SCANLON: É dar tempo igual a muitas pessoas que normalmente não conseguem ter isso. Quer dizer, apenas o fato de que a bússola moral do show é uma mulher. Todo mundo tem suas histórias, não importa se é um gay latino ou um afro-americano acima do peso ou uma mulher acima do peso. Qual outro programa do horário nobre teve alguns dos momentos sinceros que Phyllis teve? Fico repetindo a palavra "humanidade", mas é de fato uma sociedade utópica. Não surpreende que as crianças estejam gravitando em direção a isso hoje, porque acho que vemos exatamente o oposto todos os dias nas notícias e é tão desanimador. Quero ir para Scranton, no mundo de *The Office*.

RAINN WILSON: Conversei com tantos jovens que disseram: "Quero trabalhar em um escritório como o da Dunder Mifflin". De alguma forma, eles estão pensando que o mundo do trabalho vai ser remotamente parecido com *The Office*. [*Risos*.] A coisa mais equivocada conhecida pelo ser humano.

ED HELMS: Há algo que acho que faz as pessoas quererem fazer parte da família Dunder Mifflin quando assistem. É mundano, mas é acessível, é compreensível e não muda. As pessoas naquele escritório passam por tantas coisas, mas nunca se questionam se estarão lá no dia seguinte. Você nunca questiona se elas ainda se amam.

JENNA FISCHER: As pessoas sempre nos perguntam se somos todos amigos na vida real. E eu nem acho que dizer que somos amigos na vida real expressa com precisão quão profundamente me importo com todos [do elenco]. É igual ao amor pela família. Não dá para explicar. Você acha que, se tivéssemos feito o show na era dos smartphones e tal, estaríamos tão profundamente conectados? Eram as circunstâncias de estarmos presos no set na primeira temporada sem computadores funcionando, sem telefones, sem internet, nada. Apenas uma trupe de atores e artistas presos em uma sala atuando doze horas por dia. Improvisávamos e interpretávamos constantemente. Nunca ficávamos absortos em nossos telefones ou e-mails ou qualquer coisa. Acho que isso levou a algo, à parte da magia. Se você tentasse colocar todos nós em uma sala hoje, estaríamos em nossas mesas mexendo no nosso celular.

BRIAN BAUMGARTNER: Em um mundo que está em constante agitação, acho que *The Office* pode ser exatamente o que precisamos.

CREED BRATTON: Se quisesse trabalhar com pessoas e fazer amizades, você ia querer estar na Dunder Mifflin. Não em uma Staples impessoal, porque você se perde. *The Office* é como a comunidade ficcional Mayberry, de certa forma. É *Green Acres*. Há árvores lá fora. É outono e eles vão trabalhar na Dunder Mifflin e veem as estações passarem, e os bebês nascem, e as pessoas se apaixonam e se desapaixonam e é doce. Precisamos dessas coisas em nossa vida. Estamos perdendo muito disso, infelizmente.

JEN CELOTTA: Há algo acontecendo agora em que todos estão tão fragmentados e divididos. É possível correr para *The Office* quando as coisas estão caóticas lá fora. Conheço essas pessoas, elas são como eu. Eu me sinto segura aqui. Me senti assim com o filme do sr. Rogers. Eu fiquei, tipo, "Ah, Deus, apenas venha me abraçar, sr. Rogers, de novo e de novo." Há uma coisa estranha que é quase subversiva. Faz você sentir que pode desaparecer com eles e ficar com eles por um tempo.

"Um único dente-de-leão crescendo pela rachadura do asfalto"

Verdade, beleza e o sonho americano

Falar sobre o que tornou *The Office* tão notável não é uma tarefa fácil, especialmente para as pessoas que criaram a série. Mark Twain uma vez comparou a análise da comédia à dissecação de um sapo: "Você aprende como funciona, mas acaba com um sapo morto", escreveu Twain. (Algumas fontes atribuem a anedota do sapo a E. B. White.) Greg Daniels tem uma analogia semelhante.

GREG DANIELS: Há aquela parábola da centopeia. Ela tem centenas de pernas, e quando tentou descobrir como todas funcionavam corretamente, as pernas ficaram emaranhadas e a centopeia não podia mais andar. Há algo que sempre me preocupa quando falo de comédia. Não quero perder a habilidade de fazer isso.

Mas, de qualquer forma, vamos tentar. O segredo para o sucesso e a longevidade de *The Office* pode estar contido nas últimas linhas do programa, escritas por Greg Daniels, que Pam compartilha em sua conversa final com a câmera. Citamos essas linhas anteriormente, mas vamos trazê-las de volta:

> **PAM:** Achei estranho quando vocês nos escolheram para fazer um documentário. Mas, de modo geral, acredito que uma empresa de papel comum como a Dunder Mifflin era um ótimo assunto para um documentário. Há muita beleza nas coisas comuns. Não é esse o ponto?

Era esse o ponto? Será que Pam esbarrou na única ideia que definia por que *The Office* importava (e continua a importar) para tantas pessoas?

PHYLLIS SMITH: Isso é lindo.

BRIAN BAUMGARTNER: Greg é muito inteligente.

JOHN KRASINSKI: Meu cérebro explodiu de novo.

MIKE SCHUR: Havia um monte de expressões que se tornaram mantras no início [da série]. A número um mais repetida de Greg foi "verdade e beleza". Ele dizia: "Tudo o que fazemos deve ser verdade e deve ser real". A tentativa deve ser encontrar a beleza em tudo o que você está fazendo no roteiro e na atuação, e na direção, e na cenografia, e no figurino, e em tudo mais. Verdade e beleza, verdade e beleza. Isso ficou profundamente enraizado em nós. Ele nos deu uma analogia para o que era o show na primeira temporada. Ele disse: "Imagine um estacionamento completamente pavimentado em um complexo de escritórios, com apenas asfalto rachado e linhas de estacionamento amarelas. Os olhos não alcançam o fim do estacionamento. Você está andando sobre ele em um dia quente e está em um terreno baldio industrial corporativo. Então você olha para baixo e há uma rachadura no asfalto e há um único dente-de-leão crescendo pela rachadura do asfalto. O programa tem a ver com encontrar aquele dente-de-leão. Encontrar aquele pequeno vislumbre de verdade, beleza e felicidade em uma paisagem agressivamente feia".

GREG DANIELS: Essa era a minha coisa com o Randall [Einhorn]. Eu dizia: "Verdade e beleza, verdade e beleza".

BRIAN BAUMGARTNER: E o que isso significava para você?

GREG DANIELS: Eu não tenho certeza de onde isso surgiu. Algum poeta romântico, alguém como John Keats ou algo assim. Não sei. E nem sei o que ele quis dizer com isso.

Em "Ode on a Grecian Urn", um poema de 1819 de John Keats, poeta romântico inglês, ele escreveu: ***Beauty is truth, truth beauty, – that is all / Ye know on earth, and all ye need to know*** **(A beleza é a verdade, a beleza de verdade – isso é tudo que / você sabe na Terra, e tudo o que você precisa saber).**

GREG DANIELS: Mas o jeito que usei com o Randall foi: deixe a câmera procurar a verdade. Isso é o que ele está tentando encontrar. Esse é o objetivo de um documentário, certo? Então qual é a *verdade*? Não uma verdade cínica e negativa. Onde está a beleza? É outro princípio da fotografia, encontrar a erva daninha saindo da rachadura no concreto. Entende? Onde encontrar algo que é inspirador, mas de uma forma verdadeira?

Em ***The Office,*** **havia verdade e beleza em todos os lugares, desde as câmeras que mal capturaram o primeiro beijo de Jim e Pam, em uma filmagem a distância e através das persianas, até Michael se apaixonar pela pintura de Pam da Dunder Mifflin, às maneiras simples como esses personagens encontraram dignidade e alegria no tedioso mundo das nove da manhã às cinco da tarde de uma empresa de papel em decadência.**

KEN KWAPIS: Eu me pergunto se a popularidade contínua do show tem a ver com o fato de que ele parece tão real para as pessoas. Não parece um programa. A maioria de nós tem empregos muito sombrios e se sente presa no local de trabalho. E eu sinto que o programa de fato honra essa experiência. Eu tenho um irmão mais novo que trabalha em uma loja em nossa cidade natal. E quando você entra, atrás do balcão da loja, há todos os bonecos *bobbleheads* de *The Office*. Todos eles. Acho que, de uma forma estranha, tem menos a ver com o fato de que fiz parte do programa e mais sobre o fato de que as pessoas que trabalham se conectam com esses personagens.

EMILY VANDERWERFF: *The Office* preenche aqueles minúsculos momentos de solidariedade, de amizade, de amor. Quando falamos em lutar pelo sonho americano, não é apenas "Eu vou conseguir a casa maior", ou "Eu vou conseguir o melhor carro" ou "Casarei com a pessoa mais bonita". O sonho americano é você encontrar um lugar a que pertence e onde sente que tem pessoas que se preocupam com você, que querem o melhor para você, e todos estão trabalhando por um objetivo comum. Muitas vezes a cultura pop americana se esquece disso. Tem a ver com conseguir a melhor casa, o melhor carro e a mais bela esposa. Tudo bem, isso é divertido. Isso é uma fantasia de realização de desejos. Eu também quero superpoderes. Mas há uma beleza nessa solidariedade, nesse encontro de mentes, no caminho que um coletivo de pessoas se torna algo maior do que ele mesmo. Esse é o seu próprio tipo de sonho americano. E acho que *foi* um sonho americano. Não sei se *The Office* conscientemente fez isso, mas tocou nisso. E acho que é por isso que foi tão significativo para tantas pessoas. Acho que é por isso que as pessoas voltam sempre. É um tipo de sonho que esquecemos de ter para nós mesmos com muita frequência.

BRIAN BAUMGARTNER: A jornada de Michael é essencialmente a jornada do programa para as primeiras sete temporadas. O que quer que ele esteja procurando, há um fragmento do sonho americano lá. Ele está à procura de uma família, e, em última análise, o amor dele pelas pessoas com quem ele trabalha transita e se volta para Holly.

PAUL FEIG: Sim, totalmente. Ele está à procura de sucesso, de amor e de aceitação, e isso é tipo algo que todos nós realmente queremos. Talvez até nessa ordem. Mas estamos todos tentando encontrar isso em qualquer situação com que nos deparamos. Alguns de nós podem escolher a situação em que estamos, mas a maioria de nós não, sabe? Isso é o que é tão adorável em relação a *The Office*. Transitamos por esses lugares todos os dias. Onde quer que você esteja, toda vez que você está dirigindo, você passa por esses parques industriais. Cada um desses lugares está cheio de pessoas que têm esperanças e sonhos. Esse programa é tipo, se pegássemos uma câmera e estivéssemos dirigindo pela rua e jogássemos uma moeda e disséssemos: "Vamos parar aqui, vamos apenas ver como elas são". Encontraríamos um milhão de histórias interessantes. Encontraríamos as pessoas mais engraçadas do mundo. E as mais tristes. Encontraríamos pessoas felizes, todas essas coisas. Então, sim, é realmente o sonho americano retratado de uma forma que faz você não se sentir mal sobre sua vida.

Talvez seja isso. *The Office* estava procurando o sonho americano e o encontrou no lugar menos provável possível. O apelo do show certamente teve muito a ver com a forma como foi elaborado, e o elenco de pessoas de aparência comum que nem sempre foram vencedoras, e a mistura de humor subversivo e torto com sinceridade, e, claro, as histórias de amor. Mas a verdadeira faísca, o coração pulsante do show, era algo menos tangível, uma ideia que só era sussurrada nos bastidores e não foi mencionada em voz alta até o fim: verdade e beleza nas coisas ordinárias.

GREG DANIELS: Acho que essa ideia estava muito ligada a todo o tecido do show desde o início. E pode ser por isso que ressoou. A mensagem é que a vida real importa e que as pessoas reais são interessantes. Esse é o objetivo de um documentário, certo? A voz do programa é muito humanista. Se há uma mensagem ali, trata-se da importância da decência e de cuidar uns dos outros, e de que vidas comuns são dignas de aparecerem na TV.

Agradecimentos

Percebemos que esta é a parte do livro que todos tendem a pular, a menos que pensem que podem ser mencionados aqui. Mas você vai acabar perdendo se não ler tudo. Por exemplo, você nunca aprenderia sobre Linh Le, uma mulher que temos certeza de que tem superpoderes. Sem sua infinita paciência, humor e habilidades organizacionais, este livro provavelmente nunca teria existido ou, na melhor das hipóteses, teria sido uma pilha de notas adesivas e um caderno cheio de rabiscos ilegíveis. Ela nos manteve unidos quando toda a esperança parecia perdida. Linh, nas palavras de Kevin Malone: "Você. É. Incrível". Muitas pessoas maravilhosas e talentosas participaram do podcast que inspirou este livro, e somos gratos pelo tempo e pela vontade de compartilhar suas histórias conosco. Vamos listar todas, e você deve ler todos os nomes, mesmo que ache que não há surpresas aqui. Talvez tenhamos enfiado um nome que não pertence ao grupo. Você consegue identificar o nome que não é de *The Office*?! (Está vendo? Dissemos que valeria a pena.) Muito obrigado a Greg Daniels, Kevin Reilly, Paul Feig, Allison Jones, Ricky Gervais, Stephen Merchant, Teri Weinberg, Steve Carell, John Krasinski, Rainn Wilson, Jenna Fischer, Angela Kinsey, Phyllis Smith, Kate Flannery, Ed Helms, Creed Bratton, Andy Buckley, Oscar Nuñez, Amy Ryan, Craig Robinson, Ellie Kemper, Melora Hardin, Paul Lieberstein, Mike Schur, Jen Celotta, Lee Eisenberg, Bill Russell, Brent Forrester, Ken Kwapis, Randall Einhorn, Dave Rogers, Claire Scanlon, Matt Sohn, Veda Semarne, Laverne Caracuzzi, Debbie Pierce, Kim Ferry, Emily Vanderwerff, Billie Eilish, Tim Holmes e Michele Dempsey. (Você pescou o nome misterioso acrescentado aqui para ter certeza de que você está prestando atenção? Se conseguiu, você é um fã dos Celtics.)

Há tantas outras pessoas não incluídas nesta lista, que desempenharam papéis vitais no programa, tanto na tela quanto fora dela, mas devido a restrições de tempo ou a acontecimentos históricos sem precedentes (alô, pandemia...), não conseguimos realizar as entrevistas. Nós amamos vocês e todos sempre farão parte da família de *The Office*.

Um agradecimento extraespecial à incrível equipe do podcast que nos ajudou a criar nosso primeiro podcast *The Office, Deep Dive*: Joanna Sokolowski, Julia Smith, Benny Spiewak, Tessa Kramer, Alyssa Edes, Emily Carr, Russell Wijaya, Diego Tapia, Margaret Borchert, Christian Bonaventura, Liz Hayes, Hannah Harris, Alec Moore, Seth Olansky, Bart Coleman, Ellen Horne, Charles Michelet, Sheldon Senek, Joe Berry, Rich Boerner, Matthew Rosenfield, Alex Mauboussin, Lucy Savage, Syeda Lee, Judson Pickward, Jack Walden, Jonathan Mayor, Andrew Steven, David Lincoln e, claro, Bill Russell, cinco vezes jogador mais valioso da NBA. (Nota do editor: Bill Russell realmente não teve nada a ver com o podcast ou o livro que você está lendo agora. Lamentamos pelo erro.)

Um agradecimento a Ian Kleinert, nosso agente literário, que preferimos considerar nosso conselheiro de guerra, e a nosso destemido líder, o diretor editorial da Custom House, Peter Hubbard, que é tipo o Gandalf da edição, e ao resto da incrível equipe da Custom House/HarperCollins: Molly Gendell, Jessica Rozler, Alison Hinchcliffe e Michelle Crowe. Somos gratos a Kevin Anderson & Associates pelo apoio, especialmente a Eric Spitznagel, que nos ajudou a montar este quebra-cabeça de entrevistas. Sua prosa é tão bonita quanto a sua alma. (Espere, aprovamos isso? Peter, por favor, corte esta linha antes de ir para a impressão, OK? [PH: A linha permanece!])

Obrigado à incrível equipe da NBC que nos ajudou a garantir as fotos e a arte da capa: Pearlena Igbokwe, Masami Yamamoto, Rebecca Marks, Eric Van der Werff, Jason Hoffman e Geoff Hansen. Muito obrigado a Chris Haston, que tirou muitas dessas fotos. Sentimos que fomos vistos.

Agora gostaríamos de dispensar o plural majestático para que dois de nossos autores possam fazer alguns agradecimentos pessoais. Recomendamos a leitura dos dois na íntegra para desbloquear as "pistas" especiais sugeridas anteriormente no livro. (Lembre-se de usar seus anéis decodificadores especiais para a história dos bastidores!)

Brian Baumgartner ainda se lembra daquele momento, em outubro de 2019, quando estava "nos escritórios da Propagate, em Hollywood, e se deparou com uma ideia: contar a história de *The Office* sob a perspectiva de todos os principais atores. Este aqui é o resultado. Quero agradecer a Ben Silverman e a Greg Daniels por acreditarem em mim. Obrigado à minha equipe: Ryan Zachary, Megan Smith, Ben Jaffe e Ted Gekis. E aos meus maiores fãs: meus pais. Eu literalmente não estaria aqui sem vocês. Acima de tudo, agradeço à minha família pelo apoio incondicional, pela energia eterna e, principalmente, pela paciência. Das várias viagens a Nova York e Scranton até as sessões de gravação e edições noturnas, eles sempre estavam lá para me manter firme e me ajudar a passar por tudo. Este livro é para eles".

Ben Silverman gostaria de agradecer a "todos os nossos amigos e parceiros no Reino Unido, incluindo Henrietta Conrad, em cuja casa descobri o show pela primeira vez; Charles Finch, meu parceiro na administração da William Morris durante o auge do Cool Britannia e que me apresentou ao melhor da Europa; Ricky e Stephen, que nos deram essa oportunidade; ao brilhante Greg Daniels, o coração e a alma por trás do show; e, claro, a Brian Baumgartner, meu colaborador e parceiro. Por fim, nada seria possível sem o excelente bom gosto que me cercou por toda a minha vida, tanto dos meus pais, Mary e Stanley, quanto agora dos meus filhos, Meyer e Madeline, que me motivam, assim como a minha companheira de vida, Jennifer, a contar e a compartilhar nossa história". Por último, mas não menos importante, queremos agradecer aos nossos parceiros da Propagate. Vocês sabem quem são, mas vamos compartilhar seus nomes de qualquer maneira. Howard Owens, Drew Buckley, Greg Lipstone, Isabel San Vargas e, especialmente, Leili Mostajeran, Diego Tapia, Hannah Harris, Christian Bonaventura e Max Evans pelo trabalho com o livro.

Parabéns! Você leu todos os agradecimentos. Seu compromisso com *The Office* foi reconhecido e seu prêmio Dundie será entregue em seu endereço nas próximas semanas.